U0927083

中青年 新时代中青年学者文库

教育部哲学社会科学研究后期资助（重大）项目（16JHQ006）
国声智库重大专项课题（2018001）

沈悦 戴士伟 李涛 著

人民币国际化进程中的金融风险研究

RENMINBI
GUOJIHUA JINCHENG ZHONG DE
JINRONG FENGXIAN YANJIU

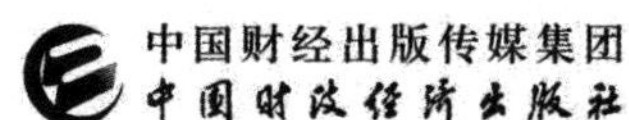

图书在版编目（CIP）数据

人民币国际化进程中的金融风险研究／沈悦，戴士伟，李涛著．-- 北京：中国财政经济出版社，2019.12

ISBN 978－7－5095－9429－2

Ⅰ．①人… Ⅱ．①沈… ②戴… ③李… Ⅲ．①人民币－金融国际化－金融风险－研究 Ⅳ．①F822

中国版本图书馆 CIP 数据核字（2019）第 248680 号

责任编辑：陆宗祥　　　　责任印制：党　辉

封面设计：卜建辰　　　　责任校对：李　丽

中国财政经济出版社 出版

URL：http：//www.cfeph.cn

E－mail：cfeph@cfemg.cn

社址：北京市海淀区阜成路甲 28 号　邮政编码：100142

营销中心电话：010－88191537

北京财经印刷厂印装　各地新华书店经销

710×1000 毫米　16 开　26.25 印张　448 000 字

2019 年 12 月第 1 版　2019 年 12 月北京第 1 次印刷

定价：98.00 元

ISBN 978－7－5095－9429－2

（图书出现印装问题，本社负责调换）

本社质量投诉电话：010－88190744

打击盗版举报热线：010－88191661　QQ：2242791300

序

研究货币国际化不能仅限于经济和金融领域的范畴，其更深层次的意义还在于其链接国家安全问题。过去受限于国际核武器条约，美国使用的最后的“杀手锏”就是“金融制裁”，冻结他国的美元账户。如果美元不再是国际货币了，那么其“杀手锏”也会自然失效。为此，在当前的形势下将货币国际化与金融风险结合在一起研究具有强烈的现实意义。

沈悦教授承接教育部社科项目历经六年撰写了《人民币国际化进程中的金融风险研究》，是一本好书。本人与沈教授也是在同一领域的研究中，通过切磋和交流互相认识并获得很大收益。人民币国际化的里程碑是2016年10月1日中国人民币纳入国际货币基金组织的特别提款权（SDR）。之后伴随着中国“一带一路”倡议，与货币国际化的各种民间和官方的努力一直在进行之中。

本书条理清晰，首先对货币国际化和金融风险相关变量的界定、评价体系和背后的理论支持进行背景铺垫。其次温习货币国际化的世界历史，从理论上予以经验解释。再次，围绕人民币国际化进程中的三个主要风险（汇率过度波动风险、招标项目开放风险、货币政策操作风险）展开深入的研究。最后，设置与验证一套包含24个指标的金融风险预警系统；将金融风险进行了归类后建立了一套金融风险控制系统和流程。该书的突出观点：认为资本项目开放风险在人民币国际化进程中最容易突然爆发。具体对短期国际资本流动、货币替代、过度债务风险等生成机理和传导机制进行了专门分析，推导出了人民币国际化进程中的最优资本项目开放政策选择。

在对六种主流金融风险预警方法的优缺点进行了高度综合总结的基础上，本书运用新的方法论对风险进行测度和预警，这也是书的最大特色，诸如用选择BP人工神经网络模型对人民币国际化进程中的金融风险进行预警；还有系统动力学以及数理经济学等。

首尾巧妙呼应，让读者脑海中一直萦绕着货币国际化与风险防范对立统一的“主旋律”。值得本领域的业界和学界读者阅读和参考。

丁剑平

Ding Jianping

2019 年 11 月 4 日于上海

前　言

人民币国际化是2008年华尔街金融危机发生之后中国对外开放战略中的一个重要组成部分。伴随着“一带一路”倡议的提出，人民币国际化的步伐不断加快，中国也共享了一系列收益。与此同时，货币国际化的理论和国际经验告诉我们，除了可以获得收益之外，人民币国际化进程中还有可能面临一系列风险。因此，如何从“一带一路”倡议与人民币国际化之间的内在逻辑关系出发，顺利推进人民币国际化，防范人民币国际化进程中的金融风险就成为一个需要认真研究的重要问题。

自1986年硕士毕业后我一直从事银行信贷管理、金融市场理论与投资方面的教学与研究工作。在2000~2003年攻读博士学位期间，主要研究方向为金融自由化理论、国际经验以及中国的实践，分别发表了一系列相关论文，顺利完成博士学位论文答辩。2006年得到国家社科基金资助，研究中国金融自由化进程中的风险预警问题，发表了一系列阶段性论文，并出版了《中国金融自由化进程重点安全预警研究》一书，分别获得教育部人文社科优秀成果三等奖、陕西省哲学社会科学优秀成果三等奖、西安市人文社科优秀成果一等奖。自2009年我国推出《跨境贸易人民币结算试点管理办法》之后人民币国际化进程大大提速，我的研究视野也转到了人民币国际化的理论逻辑、推进战略以及金融风险防范等方面，并以“资本项目开放：美国经验”为题申报“中美富布莱特研究学者项目”，2009~2010年赴美国加州大学开展研究。回国后我和我的研究团队成员（戴士伟、王宝龙、马俊国、袁伟、李逸飞、韦星、石向荣、李明东、田皓森、贾靓、张莹洁）继续开展人民币国际化进程中的金融风险问题研究。经过六年多努力，这本《人民币国际化进程中的金融风险研究》书稿终于完成。

我们在研究工作中发现，顺应“一带一路”倡议大背景，人民币国际化进程正在不断提速，有些进展已经远远超出了学术界的预期。因此，研究者需要不断挑战自我，及时跟上人民币国际化进程的步伐，才能做出更有价值的研究成果。但受时间、知识结构、研究能力等方面的限制，本书稿还有许多需要进一步完善的地方。希望在接下来的时间继续修改，使内容更加成熟、完善，以达到出版的要求。另外，特别需要说明的是，由于写作时间较长，书中的部分统计数据没有及时更新到2018年，但并不影响得出的结论。

沈 悦

2019年8月30日

于西安大雁塔脚下

摘　要

作为国家对外开放整体战略的重要组成部分之一，人民币国际化自2009年以来加速推进①。2013年，中国国家主席习近平先后在访问哈萨克斯坦和印度尼西亚时提出共建“丝绸之路经济带”和“21世纪海上丝绸之路”。自“一带一路”倡议提出以来，人民币国际化驶入快车道，推进步伐史无前例。2016年10月1日，人民币正式加入国际货币基金组织（以下简称“IMF”）特别提款权（以下简称“SDR”）的货币篮子，成为继美元、日元、欧元和英镑之后的第五种入篮货币，标志着人民币国际化又向前迈出了重要一步。进入2017年，随着国内外环境的改善，人民币跨境使用企稳回升。2017年9月8日，中国人民银行发布与跨境人民币存款和外汇交易准备金政策相关的两项新政，从政策上释放了人民币国际化的新信号。2018年3月26日上海原油期货交易顺利起航，以人民币作为计价货币更是人民币国际化进程中的里程碑。

在人民币国际化顺利推进的同时，我国经济发展面临的内外部环境正在发生相应变化，影响我国经济发展的国际、国内因素也相应地变得越来越复杂。从国际上看，全球货币政策分化、美元走强等可能会引发我国资本流出，带来国内流动性紧缩和人民币贬值压力。从国内看，中国经济已进入新常态下的供给侧结构性改革，经济发展速度放缓，L形走势持续，货币政策也以中性为主。国内外环境的变化使得我国在成为资本输入大国的情况下资本流出也增多，人民币汇率“双向波动”幅度加大。因此，尽管国内外环境有利于人民币国际化的向前推进，截至目前也没有遇到什么严峻挑战，但从今后来看，人民币国际化可能会面临来自不同方面的挑战。

国际经验表明，美元、日元、欧元等主要货币的国际化进程都不是一帆风

① 国务院常务会议于2009年4月8日正式决定，在上海、广州、深圳、珠海、东莞等城市开展跨境贸易人民币结算试点，标志着人民币国际化迈开了关键一步，有利于人民币国际地位的逐步提升。

顺的，总会遇到各种各样的“艰难险阻”。从目前人民币国际化所具备的条件看，中国既没有20世纪70年代末日元国际化时其制造业强大的“硬件”基础，也没有20世纪末欧元诞生时欧盟经济体所形成的特殊区域合作关系，更没有20世纪40年代美元国际化时美国在布雷顿森林体系中强大的软实力。因此，人民币要走出国门，成为国际货币，难免会遇到来自国内外的一系列金融风险的挑战，如人民币汇率过度波动风险、资本项目开放风险、货币政策操作风险等。在这种情况下，如何在稳步推进人民币国际化的同时保持中国经济金融稳定运行，已经成为一个重要的理论和现实问题。

有鉴于此，本书以“一带一路”倡议为背景，基于人民币国际化战略快速推进的现实，针对人民币国际化进程中可能面临的各种金融风险，在综述国内外最新研究动态及可进一步研究空间的基础上，开展了以下研究：

首先，利用经济学和金融学相关理论，采用定性分析方法，从货币国际化的一般理论出发，总结主要国际货币的国际化经验，对人民币国际化的理论逻辑和推进战略进行理论分析，指出人民币国际化的必要性和可行性，勾勒人民币国际化的推进战略，为研究人民币国际化进程中的金融风险问题寻找切入视角，提供理论基础。

其次，运用金融风险管理理论梳理人民币国际化进程中可能会危及我国经济金融安全运行的各类金融风险爆发源及其传导路径，分析各爆发源相互之间的影响关系，以此为基础，梳理人民币国际化进程中的风险生成和传导渠道，并利用“系统动力学”方法识别出其中的主要风险爆发源，建立本书研究的理论分析框架。

再次，针对识别出的三个主要风险爆发源——人民币汇率过度波动风险、资本项目开放风险、货币政策操作风险，运用经济学、金融学分析方法，分别分析以上三种风险的生成机理和传导路径，在此基础上，运用数理经济学方法推导出人民币国际化进程中的最优汇率政策选择、最优资本项目开放策略以及最优货币政策规则。

最后，在比较的基础上提出人民币国际化进程中的金融风险控制体系。包括两部分：一是设置与验证一套包含24个指标的金融风险预警系统，对人民币国际化进程中的金融风险进行总体评价；选择BP人工神经网络模型对人民币国际化进程中的金融风险进行动态监测和提前预判。二是运用系统工程学理论将人民币国际化进程中的金融风险进行归类，根据“顶层设计”理念建立一套金融风险控制系统和控制流程，并从不同方面提出人民币国际化进程中的金融风险防范对策。

本书共得出以下主要结论：

(1)“一带一路”倡议与人民币国际化的内在逻辑具有一致性

“一带一路”倡议和人民币国际化都是我国在新的时代环境下推出的具有更高力度、更高水平的对外开放战略。“一带一路”倡议的本质是加强沿线国家之间的合作，进而逐步形成横跨亚欧大陆的区域深度合作大格局，构建跨国经济合作的新模式，打造中国与周边国家政治互信、经济融合、文化包容的利益共同体、命运共同体。而人民币国际化本身就是我国更有效参与经济全球化、积极完善现有国际货币体系的体现，是我国新一轮高水平对外开放战略中的一个基础部分。随着我国对外开放的深入和全球经济格局的变化，我国原本依靠出口的传统对外开放模式已经出现“瓶颈”。在如今的大国博弈中，金融因素处于越来越重要的地位，人民币成为国际货币可以为解决我国对外开放的低效问题提供资金保障，为我国“资本输出＋跨国企业”的对外开放新模式的形成提供坚实基础。

(2)在“一带一路”倡议中人民币国际化有其内在的理论推进逻辑和现实可行性

主权货币国际化并非易事，一旦货币国际化失败，将会给开放国带来一系列负效应。因此，任何货币的国际化必须有其坚实的理论基础和现实可行性。人民币作为中华人民共和国的唯一合法货币，其国际化进程可能会充满艰难险阻，但人民币国际化有其一系列有利条件，如现有国际货币体系改革、中国在国际经济舞台上的地位提高、经济发展实力增强、国际贸易规模不断扩大、外汇储备充足、人民币币值稳定等，这些有利条件充分说明，人民币国际化战略的实施有其内在的理论推进逻辑和现实可行性。为此，中国应当抓住这一历史机遇，适时推进人民币国际化。在推进战略上，基于货币职能维度，人民币国际化应遵循首先成为“交换媒介”，然后成为“计价货币”，最后成为“储备货币”的逻辑思路；基于货币流通范围维度，应当遵循“周边化”“区域化”“国际化”的战略安排。

(3)人民币国际化进程中潜伏着一系列金融风险

在当今世界各主要货币处于竞争格局的时代，人民币国际化进程中不但会面临各种金融风险，而且在推进过程中如果稍有不慎，或者改革措施之间相互不匹配，就有可能加大金融风险溢出效应，甚或引发金融危机。本书从货币国际化面临的金融风险出发，系统、全面地梳理了人民币国际化进程中可能出现的各种金融风险来源，分析了不同金融风险的特征、传导机理以及相互之间的关系，识别出人民币国际化进程中潜伏的一系列风险来源：汇率过度波动风险、资本项目开放风险及货币政策操作风险、国际贸易风险、系统性风险溢出效应增大、资产价格过度波动、人民币在岸市场和离岸市场互通机制不畅以及贸易结算不平衡等。其中，汇率过度波动风险、资本项目开放风险及货币政策操作风险是主要风险来源。

（4）汇率过度波动风险是人民币国际化进程中的首要风险来源

进入2014年以来，人民币汇率一改单边升值趋势而出现“双向波动”格局。不但如此，人民币对不同货币的汇率变化还出现了分化走势，对有的货币升值而对有的货币贬值。本书的实证分析结果表明，自2005年7月汇率制度改革以来，人民币汇率过度波动对我国经济增长、国际贸易、价格、利率以及就业都产生了不同影响。短期内，人民币汇率贬值对经济增长具有扩张效应，但是从长远来看，人民币汇率稳定对我国经济增长具有正向促进作用；人民币汇率波动对净出口的影响比较小；人民币升值对国内物价的影响不确定，且对价格具有“不完全传递效应”；人民币升值对利率的影响除了符合利率平价理论之外，与汇率变动的预期也有关。为此，本书推导出了人民币国际化进程中的均衡汇率，并提出了开放经济条件下的最优汇率政策选择，指出，为了防范人民币国际化进程中的汇率过度波动风险，应当进一步完善人民币汇率形成机制的市场化改革方向，减少外汇储备损失，完善外汇市场体系等。

（5）资本项目开放风险在人民币国际化进程中最容易突然爆发

金融开放应当与经济开放保持同步，当经济开放进程大大加快之时，金融市场也应当加快开放。这样，在金融市场开放进程中必然会倒逼资本项目的开放。尽管目前世界上还没有一个国家完全放开资本项目管制，即使是金融市场已经高度开放的美国也存在一定的资本管制，但开放资本项目是所有实行对外开放经济战略的国家或地区必然的选择。对于中国来讲，正是由于没有过早地开放资本项目，当1997年亚洲金融危机发生时幸运地躲过了一劫。但是，今天中国经济金融改革的进程已经与1997年的情况完全不同，资本项目开放程度已经很高。特别是2013年9月上海自贸区成立，2014年11月沪港通的成功开通，大大加速了中国资本项目开放的进程，同时也加大了资本项目开放的风险。为此，我们对短期国际资本流动、货币替代、过度债务风险等生成机理和传导机制进行了专门分析，推导出了人民币国际化进程中的最优资本项目开放政策选择，并提出“引进来”和“走出去”均衡发展、防范国际投机资本攻击、建立资本项下的人民币回流机制、加强打击资本外逃等政策建议。

(6) 货币政策操作风险有可能会随着人民币国际化进程的加快而放大

针对现有研究基本上处于定性分析和经验描述，缺乏对人民币国际化进程中货币政策操作风险的系统分析和最优货币政策选择等研究的不足，本书基于对现代国际货币制度理论中的两个著名命题——“特里芬难题”及“三元悖论”的解读，从货币政策的内容构成出发，探讨人民币国际化对货币政策的影响以及人民币国际化进程中的货币政策操作风险，得出如下结论：人民币国际化进程中的货币政策操作风险是因国内外对人民币的需求加大而产生的货币需求管理难度加大、中央银行运用货币政策操作工具失灵、货币政策传导机制不畅通、不能达到宏观调控的目的等。为此，本书从开放经济条件下市场经济主体的博弈行为以及由此带来的总供给和总需求之间的关系出发，分别推导出开放经济条件下的最优货币政策目标规则和最优货币政策工具规则，并提出应实现货币政策决策的民主化和透明化、充分发挥三大货币政策工具的作用、加强同各国间的货币政策协调、注意货币政策和财政政策的协调配合等政策建议。

(7) 对人民币国际化进程中的金融风险预警非常必要

为了有效防范人民币国际化进程中的金融风险对我国经济金融运行所造成的冲击，有必要建立一套金融风险预警系统并对金融风险进行动态监测。为此，本书把理论和现实相结合，设置与验证了一套人民币国际化进程中的金融风险预警指标体系；比较了不同预警模型优缺点，选择 BP 人工神经网络模型对人民币国际化进程中的金融风险进行预警。结果显示，综合金融风险预警系统的输出向量为［0100］，表明 2014 年人民币国际化进程中的金融风险总体上处于基本安全的状态，所面临的金融风险程度不高，人民币国际化的基础经济条件具备，中国金融市场环境较好，同时国际环境也有利于人民币国际化战略的推进。建立一套人民币国际化进程中的金融风险预警系统很有必要，可以及时监测风险大小，防范因金融风险过大而演化为金融危机。

(8) 应动态监测人民币国际化进程中的金融风险变化

金融风险呈现一种动态变化形态。随着国内外环境的不断变化，不同子系统之间的风险变化程度也会发生变化，有些子系统目前的风险很大，但随着环境的变化，风险反而会降低。而有些子系统目前来看风险并不大，但随着国内外环境的变化，特别是人民币国际化速度的加快，风险可能会突然暴露。从中国目前面临的国内外环境来看，目前国际力量的对比正在发生巨大变化，一些新兴大国的崛起正猛烈地冲击着西方国家长期以来积累的传统国际优势，挑战其国际主宰地位及由其主导的国际格局。在这一新的博弈中，国际大国并不甘心退让，仍然会通过各种办法威胁或制约新兴国家的强大；在国内，经济发展出现了速度减慢，产能过剩等新问题，经济发展已经进入“新常态”，金融市场发展也出现了因金融改革深化而带来的一系列新挑战。以上变化意味着在今后人民币国际化进程中各种风险来源会呈现动态变化，对此应密切关注。

（9）防范人民币国际化进程中的金融风险应基于顶层设计思想

为了对人民币国际化进程中的金融风险防范做到严而不漏，我们引入了“顶层设计”这一系统工程学的思想，首先，对人民币国际化进程中的金融风险进行归类，将金融风险因素划分为两个大类：来自金融系统内部的因素（金融机构自身的脆弱性、金融制度安排不合理、金融市场中个体行为非理性）和来自宏观经济的外部因素（各种经济基本面因素、政府政策以及国内外制度环境因素等）。其次，根据一系列原则，构建了“两个方面、五项内容、十一条防范措施”的全面金融风险防范体系框架和包含“七个步骤”的金融风险防范流程。最后，在“深化人民币汇率制度改革、稳步推进资本项目开放、完善货币政策调控手段、顺利推进利率市场化改革以及完善金融监管”等方面提出防范人民币国际化进程中金融风险的对策。

目　录

1 绪　论

一国货币能否成为国际货币，对本国经济金融发展以及该国在国际经济中所处的地位非常重要。2008 年华尔街金融危机爆发后，以美元主导的国际货币体系表现出诸多问题，中国面临着国内外环境的不断变化、国内经济发展实力增强，中国迅速启动并加速了人民币国际化进程。特别是 2013 年以来，随着习近平主席分别于 9 月出访中亚、10 月出访东南亚国家期间，先后提出共建"丝绸之路经济带"和"21 世纪海上丝绸之路"（以下简称"一带一路"），人民币国际化步伐不断加快。2015 年 3 月 28 日，国家发展和改革委员会、外交部、商务部联合发布了《推动共建丝绸之路经济带和 21 世纪海上丝绸之路的愿景与行动》（以下简称《愿景》），人民币国际化的步伐更是日新月异。根据中国人民银行 2017 年 10 月 18 日发布的人民币国际化报告，2016 年人民币国际使用稳步推进，人民币在全球货币体系中保持稳定地位。另据环球银行金融电信协会（SWIFT）统计，截止到 2016 年 12 月，人民币已经成为全球的第六大支付货币，市场占有率为 1.68%。2016 年，跨境人民币收付金额合计 9.85 万亿元，占同期本外币跨境收付金额的比重为 25.2%，人民币已连续 6 年成为中国第二大跨境收付货币。

以上数据充分说明人民币国际化步伐正在不断加快，这对人民币进一步走向国际、提升中国的国际经济地位非常有利。与此同时，各种内外部条件的限制也会加大人民币国际化进程中的金融风险①。为此，需要学术界和实践部门认真思考以下问题：在国际货币竞争格局日渐明显的情况下，人民币国际化进程今后能否一如既往地顺利推进？人民币国际化进程中是否潜伏着不同的金融

---

① 在关于人民币国际化问题的研究中，有很多学者认为，人民币国际化会给我国带来一系列收益。但是中国社会科学院学部委员余永定却认为，人民币国际化不可操之过急；中国不应急于推进人民币国际化，应当先筑好一道防火墙，防止资本外流。

风险？如果是，则主要风险爆发源有多少、在哪里？主要金融风险的生成机理和传导机制如何？不同风险爆发源相互之间形成一种什么关系？对于人民币国际化进程中的金融风险能否做到动态监测、及时预警？能否做到有效防范人民币国际化进程中的金融风险？

带着这些问题，本书对人民币国际化进程中的金融风险问题进行多视角研究，总结了现有研究文献的贡献，揭示了现有研究存在的不足，从理论和实证两个方面对人民币国际化进程中的金融风险问题进行深入剖析。下面主要介绍研究的背景及意义、研究思路和研究方法、研究的主要内容以及结构安排等。

1.1 研究背景

经过改革开放 40 年的实践，我国经济社会已经发生了翻天覆地的变化，在全球经济、贸易、金融等方面的占比大幅度提高。国家主席习近平在中国共产党第十九次全国代表大会报告中明确指出：面对世界经济复苏乏力、局部冲突和动荡频发、全球性问题加剧的外部环境以及我国经济发展进入新常态等一系列深刻变化，中国坚持稳中求进工作总基调，迎难而上，开拓进取，取得了改革开放和社会主义现代化建设的历史性成就。

随着中国经济不断增强，“一带一路”倡议不断向纵深推进，人民币“走出去”的步伐也需要不断加快。回顾历史不难发现，人民币国际化是一种历史的必然。2008 年华尔街金融危机的爆发提高了世界关注中国经济金融发展和人民币国际化问题的程度。在国内外学术界，学者们除了思考美元滥发、诟病现有国际货币体系存在的问题之外，开始探寻并思考如何改革现有国际货币体系，其中人民币国际化问题引起了越来越多学者的兴趣，受到越来越多学者的关注。由此可见，世界政治经济格局的变化和现有国际货币体系的缺陷从外部为人民币国际化带来了历史机遇。

自 2009 年 4 月 8 日国务院决定开展跨境贸易人民币结算试点工作以来，在一系列政策措施的感召下，人民币国际化进程大大加快。2013 年 9 月，上海自贸区的成立标志着人民币国际化进入了一个新阶段。2014 年 11 月，沪港通的开通，更是为人民币国际化注入了一剂“强心针”[①]。截至2017年7月6日，中国人民银行已先后与36个国家或地区的货币当局签署了货币互换协议，总额度为30 510亿元（不含已失效未续签）。中国人民银行已经与全球12个国家和地区的中央银行签订了人民币清算安排。目前，共有16家境内金融机构赴境外发行人民币债券，总额达1 055亿元，境外企业也可以在境内发行人民币债券，目前共计5亿元；已有169家境外金融机构进入中国银行间市场开展融资活动。全球已有超过30家国家和地区的中央银行或货币当局将人民币纳入其外汇储备篮子。

值得一提的是，2015年3月28日，国家发展和改革委员会、外交部、商务部联合发布了《推动共建丝绸之路经济带和21世纪海上丝绸之路的愿景与行动》，其中设计的一系列金融改革措施，尤其是亚洲基础设施投资银行（以下简称“亚投行”）和丝路基金的设立，对扩大跨境贸易结算中人民币的使用、增加以人民币计价的海外融资等提供了强有力的政策支持。2015年11月30日，IMF执董会决定将人民币纳入特别提款权（SDR）货币篮子，这是人民币国际化道路上重要的里程碑。根据中国人民银行2017年10月18日发布的人民币国际化报告，2016年人民币国际使用稳步推进，人民币在全球货币体系中保持稳定地位。

目前，人民币的国际地位仍然与中国在国际经济发展格局中的地位不相匹配，主要表现为人民币作为中华人民共和国的唯一主权货币，仍然是一个国别货币。尽管人民币在中国与周边国家的边境贸易中使用时间超过20余年，一般货币国际化的第一步——“周边化”已经实现；人民币的国际流通范围越来越大，“区域化”进程也在加快推进。但是，人民币的“国际化”的程度仍然很低[②]。这在一定程度上限制了中国在国际经济、政治领域的话语权，并导致我国在国际经济舞台上“位高而权不重”的尴尬局面[③]。

随着人民币国际化战略的继续向前推进，今后我国经济金融运行受到来自

① 在2015年3月21日召开的“中国发展高层论坛2015”上，中国人民银行行长周小川表示，在第十二个五年规划的最后一年即2015年，中国将通过各方面改革的推进来实现人民币国际化。如要使境内外的个人投资更加便利化，则资本市场会更加开放；有关方面提出，如果实现资本项目可兑换，则能满足人民币变成可自由使用货币的要求。

② 根据中国人民大学2017年7月15日发布的《人民币国际化报告》，截至2016年12月底，人民币国际化指数（RII）为2.26。

③ 学术界一般认为，根据货币流通的范围，货币国际化应遵循先实现“周边化”，后实现“区域化”，最后实现“国际化”的发展路径。

国内外各种因素的影响将会越来越大。就中国目前的经济发展水平看，我们既没有日元国际化时制造业强大的“硬件”基础，也没有欧元诞生时欧盟经济体的特殊区域合作关系，更没有美元国际化时美国在布雷顿森林体系的特有地位和强大软实力。在人民币国际化进程中一旦爆发金融风险，特别是系统性金融风险，中国经济金融体系的安全性就会受到严重威胁[①]。在这种情况下，如何保持人民币国际化进程中中国经济金融体系的安全运行就成为一个摆在学术界和决策层面前的一个重大的理论和现实问题。

根据中国人民大学国际货币研究所发布的《人民币国际化报告(2016)》，人民币加入SDR后宏观金融政策调整及其过程中可能诱发国内宏观金融风险，因此要特别重视提高宏观金融管理能力，应基于国家战略视角构建宏观审慎政策框架，将汇率管理作为宏观金融风险管理的主要抓手，将资本流动管理作为宏观金融风险管理的关键切入点，全力防范和化解极具破坏性的系统性金融危机，为实现人民币国际化最终目标提供根本保障。据环球同业银行金融电讯协会（SWIFT）发布的报告，2017年9月，人民币国际支付占比继续回落至1.85%，排名下滑至第六；8月国际支付占比为1.94%，排名第五。可以看出，尽管中国已经在全球多个地区建立了人民币的离岸中心，但是，人民币国际化进程仍不顺畅，相较于欧元、英镑等国际性货币，人民币的国际使用范围依然有限。“一带一路”倡议将会给人民币的国际化带来积极影响，但还需要时日才能使人民币跻身美元、欧元等重要国际货币之列。

从人民币国际化在“一带一路”沿线国家的进展情况看，2016年，在国际市场持续低迷、中国总体贸易有所下降的情况下，中国同“一带一路”沿线国家（地区）的双边贸易额高达6.3万亿人民币，比2015年增长0.6%，这说明发展我国同“一带一路”沿线国家（地区）的双边贸易是新形势下实现中国经济稳定增长的重要抓手。然而，人民币在跨境贸易计价结算中的比重不到一半，因而美元依然是最主要贸易计价结算货币，双边贸易往来势必要受到美国货币政策的掣肘。若能够在同“一带一路”沿线国家

---

① 针对周小川在2015年3月21日“中国发展高层论坛”上的讲话，中国社会科学院学部委员、前央行货币委员会委员余永定表示担心。他认为，一旦放开管制，加之中国经济面临下行压力，中国富人的资本外流或将对经济造成较大冲击。因此，“资本账户打开要采取渐进方式，这种方式在过去也是成功的，而且现在也没必要太过加速，毕竟中国金融稳定、企业债务、劳动供给减少等问题并非资本自由化能够解决的。”

的贸易中使用人民币计价结算，就可以规避汇率波动风险，降低贸易成本，从而提升沿线国家贸易往来的活跃度，保障“一带一路”倡议的顺利实施（张帆、余淼杰、俞建拖，2017），因此诸如“清迈协议”等寻求区域货币互换的金融合作显得越发重要。目前来看，签订货币互换协议多被用于外国央行与中方的贸易结算、储备，被认为是人民币国际化战略的重要组成部分。

有鉴于此，本书拟以“一带一路”倡议中的人民币国际化为背景，分析人民币国际化的理论逻辑和推进路径，识别人民币国际化进程中的金融风险爆发源，分析主要金融风险的生成机理和传导机制，预警人民币国际化进程中的金融风险程度，建立一套相应的金融风险预警系统，并根据“顶层设计”理念提出一系列金融风险防范对策。

1.2 研究意义

人民币国际化不仅是中国金融领域的大事件，更是中国对外开放战略的重要组成部分之一。研究人民币国际化进程中的金融风险问题既是人民币国际化能否成功推进的关键所在，同时也对我国经济金融的平稳健康发展具有重要意义。

（1）有利于“一带一路”倡议的顺利推进

在全球经济发展速度放缓、经济增长重心东移与“新常态”的时代背景下，“一带一路”倡议的实施有非常重要的时代意义。在远东地区，俄罗斯国内经济状况堪忧，与邻国冲突不停，内忧外患严重影响本国发展；在朝鲜半岛，朝鲜国内政治动荡，亲美的韩国与中国在政治经济领域内摩擦不断；在太平洋上，与中国隔海相望的日本作为美国在亚洲的实力代表，从未停止过给中国制造麻烦；在中国台湾海峡，两岸关系多年来进展甚微，岛内反对势力依旧猖獗；在东南亚，印度和越南在边境上和中国存在领土争端和政治矛盾，国家关系并不融洽；在印度洋上，马六甲海峡作为中国海上运输的关键要塞，实际上也面临着西方势力的不断渗透，一旦出现问题将直接影响外国的经济安全。在这种情况下，转变对外发展的方向就显得尤为重要。

目前，“一带一路”倡议已经进入实质性实施阶段，亚投行、丝路基金已经设立。仅2015年习近平主席出国访问期间，已经与巴基斯坦、俄罗斯、印度等分别签订了460亿美元、280亿美元、220亿美元的大额合约，与更多国家的合作也在快速推进中。这使得中国能够在“一带一路”倡议实施中抢占先机。2017年10月12日，在美国华盛顿世界银行总部举行的“一带一路”主题研讨会上，各种观点在交流中坦诚相见。作为2017IMF与世界银行秋季年会的活动之一，出席年会的各国政府、国际组织、金融机构和非政府组织代表等与会人士纷纷表示，“一带一路”倡议已经成为最受欢迎的国际公共产品。

但是，由于各种主、客观因素的影响，在倡议的具体实施过程中无疑会遇到这样和那样的问题和难以克服的困难。如何在大国博弈中占据主动、摆脱他人牵制是“一带一路”倡议实施的目的所在。货币作为人们生活中必不可少的一部分，能够渗透到经济生活的每一处，掌握了货币主动权，就等于把握了货币使用国的金融命脉。作为本地区竞争力最强的货币——人民币，如果能够如美元一般在“一带一路”沿线发挥计价、结算等功能，进而将人民币国际化推得更远，则会改变目前在经贸往来中受牵制的被动局面，更好地以人民币为支撑，发挥金融要素的支持功能，为“一带一路”倡议保驾护航。

（2）有利于人民币国际化战略的顺利推进

虽然2008年华尔街金融危机的爆发削弱了美元的国际地位，加深了国际货币体系改革的紧迫性，对于人民币国际化来说遇到了一个千载难逢的历史机遇，近年来人民币国际化的推进也比较顺利。但是，货币国际化的国际经验表明，任何货币国际化的前进道路上都充满着艰难险阻，随时都会遇到来自国内外的各种金融风险的考验，如果对金融风险认识不清，处理不当，都有可能葬送货币国际化的前程。

在这种情况下，对人民币国际化的前景虽然要乐观预计，但对推进过程中的金融风险也要有清醒的认识。因此，前瞻性地研究人民币国际化进程中的金融风险不仅可以指导战略推进中涉及的战略制定、推进时机、风险控制措施以及推进步骤等现实问题，更重要的是，能够厘清人民币国际化进程中的金融风险是如何生成、怎样传导，给经济金融安全运行带来哪些负效应，从而做到胸中有数，保证人民币国际化战略的顺利推进，进而实现国家整体的对外开放战略目标。

（3）有利于维护我国经济金融安全

国际经验说明，只有大国货币才具备国际化的基础条件。但是，任何大国货币要走向国际都需要本国的经济金融制度，特别是金融体系的改革和提升。我们从中应当得到启示，即在人民币国际化进程中，影响人民币国际化进程的人民币汇率形成机制、汇率制度设计、利率形成机制等都应当更加市场化。同时，人民币可自由兑换以及资本项目开放步伐等都应当逐步加快，国内的金融服务业也必须进一步放开，金融监管水平也必须全面提升，宏观经济政策的制定和执行也应适应经济形势，灵活把握。

在全球经济一体化、金融自由化的今天，人民币国际化将使我国经济与世界经济的联系越来越紧密。但是，我国的金融市场发育还不成熟，金融体系还不健全，当国内金融市场的大门向外打开后，容易受到外部消极因素的冲击，金融安全得不到保证。因此，对人民币国际化进程中的金融风险充分认识、提早防范，将有利于我国经济金融的安全运行。

（4）有利于维护我国在国际经济舞台上的形象

国际经验表明，一个国家的货币要走出国门，在全球范围内流通、支付，最后成为国际储备货币，一般都会经历很长一段时间，不可能在短期内完成。伴随着我国“一带一路”倡议的实施，越来越多的企业走出国门参与国际市场投资，海外投资规模不断增大。如果人民币走出国门，成为国际货币，使用人民币进行计价和结算，则可以为中国企业的海外投资带来较多便利条件，为我国对外开放提供更加优越的外部环境。但是，主权货币要成为国际货币是需要付出代价的，如果对货币国际化进程中的金融风险认识不清、处理不当就会带来一系列问题，破坏开放国在国际经济舞台上的形象。

对于人民币国际化进程中的金融风险进行全面而系统的梳理不仅仅是为应对未来将要面临的各种金融风险，更重要的是为经济的平稳健康发展提供良好的内、外部环境，进而提升我国在国际经济舞台上的形象。国家经济实力增强是实现人民币国际化的基础，而后者又可以为经济的发展增添动力，两者是相互促进的关系。但如果对人民币国际化进程中所面临的金融风险认识不清、处理不当，不但会影响到整体经济的发展，而且还会在国际金融市场出现风云变幻时束手无策。因此，防范人民币国际化进程中的金融风险有利于为经济的平稳健康发展提供良好的内外部环境，提升我国在国际经济舞台上的形象。

1.3 研究思路和方法

1.3.1 研究思路

本书的研究思路是：以人民币国际化为背景，以经济、金融学理论为指导，在综述国内外相关研究文献、总结国际货币国际化经验教训的基础上，系统研究人民币国际化进程中的金融风险生成、传导、预警以及防范问题。首先，对人民币国际化的理论逻辑和推进战略进行分析，指出人民币国际化的必要性、可行性以及应采取的推进战略，为识别人民币国际化进程中的金融风险提供理论基础；其次，梳理人民币国际化进程中可能会危及我国经济金融安全的各类金融风险及其相互之间的影响关系，以此为基础，识别出其中的主要风险爆发源（货币过度波动风险、资本项目开放风险以及货币政策操作风险），建立本书研究的理论分析框架；再次，针对识别出的主要风险爆发源，分别分析其生成机理和传导路径，提出人民币国际化进程中的最优汇率政策选择、最优资本项目开放策略以及最优货币政策规则；最后，构建一套人民币国际化进程中的金融风险预警系统，对人民币国际化进程中的金融风险进行动态监测和提前预警，并根据“顶层设计”这一系统工程学的思想建立一套风险控制系统和流程，分别从不同方面提出人民币国际化进程中的金融风险防范对策。

1.3.2 研究方法

由于本书研究内容较多，体量较大，在不同章节分别采取了不同的研究方法。具体来看，主要有：

(1) 归纳法

在根据本书研究的需要梳理国内外相关文献、总结现有文献研究的贡献、揭示现有文献存在的不足，然后提炼出本书拟突破的研究方向和拟解决的关键问题时，主要采用的是归纳法。

(2) 定性研究法

在对人民币国际化的理论逻辑和推进战略进行研究时，在对人民币国际化进程中的金融风险来源进行梳理和识别时，在对主要金融风险的生成机理和传导路径进行研究时，在根据预警结果对中国金融运行中的金融风险程度做出判断时，分别采用的是经济学理论分析和定性研究法。

(3) 定量研究法

在对人民币国际化进程中的金融风险预警指标体系进行设置与验证时；在采用层次分析法（AHP法）确定每个指标在子体系、子体系在总体系中的权重，并利用乘数归一法对AHP法得到的预警指标体系权重进行熵权法调整时；在经过比较与选择，采用选择“BP人工神经网络模型”对人民币国际化进程中的金融风险进行预警时，所采用的研究方法均为定量研究法。

(4) 系统动力学方法

当采用归纳法和定性研究法对人民币国际化进程中的金融风险来源梳理出来之后，分析不同金融风险来源的生成机理和传导路径以及各风险来源之间所形成的共生演化系统时，采用的是系统动力学分析方法。

(5) 数理经济学方法

在分析了人民币国际化进程中的主要金融风险生成机理和传导机制之后，从理论上提出什么是人民币国际化进程中的最优汇率政策、最优资本项目开放策略以及最优货币政策规则时，采用的是数理经济学方法。

(6) 系统工程学方法

当人民币国际化进程中的金融风险预警结果计算出来以后，在根据“顶层设计”思想设计人民币国际化进程中的金融风险控制方案和控制流程时，采用的是系统工程学方法。

1.4 研究内容和结构安排

1.4.1 研究内容

本书的研究内容主要有：

(1) 人民币国际化的理论逻辑和推进战略分析

从货币国际化的国际经验看，任何货币的国际化都有其特殊的内、外部环境，推进逻辑和推进路径各不相同。为了研究人民币国际化进程中将会遇到哪些金融风险及其风险程度的大小等问题，本书首先从货币国际化视角出发，分析货币国际化的理论基础，总结货币国际化的国际经验，并从必要性和可行性两个维度论证人民币国际化的理论依据，从理论上梳理清楚人民币国际化的演进逻辑。在此基础上，本书对人民币国际化的推进战略进行了研究，认为根据货币职能，应遵循先成为“交换媒介”，后成为“计价货币”，最后成为“储备货币”的逻辑思路；根据货币流通范围，应遵循先实现“周边化”，后实现“区域化”，最后实现“国际化”的推进路径。以上研究主要是为系统研究人民币国际化进程中的金融风险生成机理和传导机制提供理论铺垫。

（2）人民币国际化进程中的金融风险识别

风险是指损失的不确定性。人民币国际化进程中的金融风险识别，就是要找到造成这种“不确定性”的源头，分析不同金融风险的生成机理和传导机制，找出主要风险爆发源。在人民币国际化进程中需要识别的金融风险既有一般货币国际化进程中金融风险的特征，又有包含在人民币国际化进程这一特殊情况下的独有特征。根据人民币国际化的理论逻辑和推进战略，本书梳理出人民币国际化进程中的金融风险来源主要有：汇率过度波动风险、资本项目开放风险、货币政策操作风险、国际货币竞争风险、国外金融危机传染风险、系统性金融风险溢出效应增大风险、资产价格过度波动风险、人民币在岸与离岸市场互通机制不畅以及贸易结算不平衡风险等。以上风险来源相互作用、相互影响，形成一种网状的共生演化系统，为此，本书引入“系统动力学”分析方法，将以上风险的生成、传导及其相互之间的因果关系进行梳理，并从中识别出三个主要金融风险爆发源：汇率过度波动风险、资本项目开放风险以及货币政策操作风险①。

（3）人民币汇率过度波动风险分析

风险识别只是进行风险研究的第一步工作，对金融风险的生成机理和传导机制进行分析更有利于准确预警并防范风险。汇率过度波动风险之所以成为人民币国际化进程中的首要风险来源，是基于 2005 年 7 月汇率制度改革以来人民币汇率的现实表现。从 2005 年 7 月至 2014 年初，由于汇率制度改革以来人民币汇率一直处于上升状态，给我国企业出口、外商直接投资、外汇储备等带来了一系列问题。但是，正当人们担心人民币汇率进一步升值后会给我国经济

① 汇率过度波动风险、资本项目开放风险以及货币政策操作风险构成人民币国际化进程中的主要风险爆发源，因此本书拟对这三类主要风险爆发源分别进行专题研究。

金融运行带来的风险时，2014 年 3 月开始，人民币汇率一改 9 年来的“单边升值”走势而呈现了“双向波动”状态，不但如此，还出现了波动幅度不断加大、持续时间不断加长的趋势，这让很多企业和宏观管理部门难以适应。基于此，本书对人民币国际化进程中汇率波动风险的生成机理和传导机制进行理论和实证分析，揭示汇率过度波动对我国经济增长、国际贸易、价格、利率以及就业等宏观经济的影响，并采用数理经济学方法推演出人民币国际化进程中的最优汇率政策选择。

（4）资本项目开放风险分析

资本项目开放是人民币国际化进程能否加快的一个重要条件。虽然 2009 年 4 月国务院正式决定在上海、广州、深圳、珠海以及东莞等城市开展跨境贸易人民币结算试点，迈开了人民币国际化进程的关键一步，但资本项目开放的进程却一直不温不火。然而，自 2013 年 9 月上海自由贸易试验区政策出台后，我国资本项目开放的速度大大加快；2014 年 12 月，沪港通的开通更是加快了资本项目开放的进程。在这种情况下，“硬币的另一面”出现了：资本项目开放的风险也同时增大了。为此，本书从人民币国际化与资本项目开放的内在联系出发，在借鉴国外相关经验和教训的基础上，分析资本项目开放进程中金融风险的生成机理和传导机制，并从“短期国际资本流动风险、货币替代风险、过度债务风险”三个方面分析具体的风险生成和传导路径。最后，提出人民币国际化进程中的最优资本项目开放策略选择。

（5）货币政策操作风险分析

货币国际化会影响一国的货币政策操作，而货币政策操作不当也会影响货币国际化的顺利推进。理论和国际经验均表明，“特里芬难题”和“三元悖论”是货币国际化进程中货币政策操作面临的普遍难题。在人民币国际化进程中是否也会面临这两个问题，需要认真研究。为此，本书从人民币国际化和货币政策的关系入手，基于对“特里芬难题”与“三元悖论”的解读和美元国际化进程中货币政策选择的经验总结，分别对人民币国际化进程中的货币政策操作风险生成和传导机制进行分析，并从“市场主体行为、总供给和总需求关系”入手，推导出人民币国际化进程中的最优货币政策规则（包括目标规则和工具规则）选择。

（6）人民币国际化进程中的其他风险分析

除了汇率波动风险、资本项目开放风险以及货币政策操作风险外，人民币国际化进程中还会出现其他一系列金融风险。虽然这些风险的生成和传导不构成主要途径，但如果其中任何一个风险源爆发，都有可能影响人民币国际化的顺利进行，甚至诱发金融危机。为此，本书还专门安排一章内容对人民币国际化进程中的其他风险进行集中研究，主要内容包括：国际货币竞争风险、国际金融危机传染风险、系统性风险溢出效应增大风险、资产价格过度波动风险、人民币在岸与离岸市场互通机制不畅风险以及贸易结算不平衡风险等。

（7）人民币国际化进程中的金融风险预警

金融风险的爆发虽然防不胜防，但却可以采取科学措施提前预警。因此，如果能够建立一套人民币国际化进程中的金融风险预警系统就可以进行提前预警，将金融风险“扼杀在摇篮中”，或掌握在可控范围之内。为此，本书基于对金融风险生成机理和传导机制的分析，构建并验证一套风险预警指标体系，并通过比较主流预警模型的优、缺点，采用 BP 人工神经网络模型对人民币国际化进程中的金融风险进行预警。在具体操作中，拟利用 MATLAB 工具箱中的 BP 网络来建立、训练风险预警模型，使之逐步达到理想状态，得出科学预警结果，在此基础上，采集所需数据对 2014 年中国金融运行的风险程度进行分析，并对 2015 年的风险程度进行预判，并根据风险程度对主要金融风险爆发源进行排序。

（8）人民币国际化进程中的金融风险防范

识别、分析、预警金融风险是为了更好地应对金融风险以防其演化为金融危机。本书从国家经济金融安全角度出发，引入系统工程学中的“顶层设计”理念，对人民币国际化进程中的金融风险来源重新进行归类，以此为基础，构建一个人民币国际化进程中的全面金融风险防范体系架构和风险防范流程，并根据对金融风险爆发源由高到低进行的排序，提出一系列风险防范对策，如深化人民币汇率制度改革、稳步推进资本项目开放、完善货币政策调控手段、顺利推进利率市场化改革以及完善金融监管等。

1.4.2 结构安排

根据研究内容的构成，本书的逻辑思路、结构安排以及相关的研究方法如图 1－1 所示。

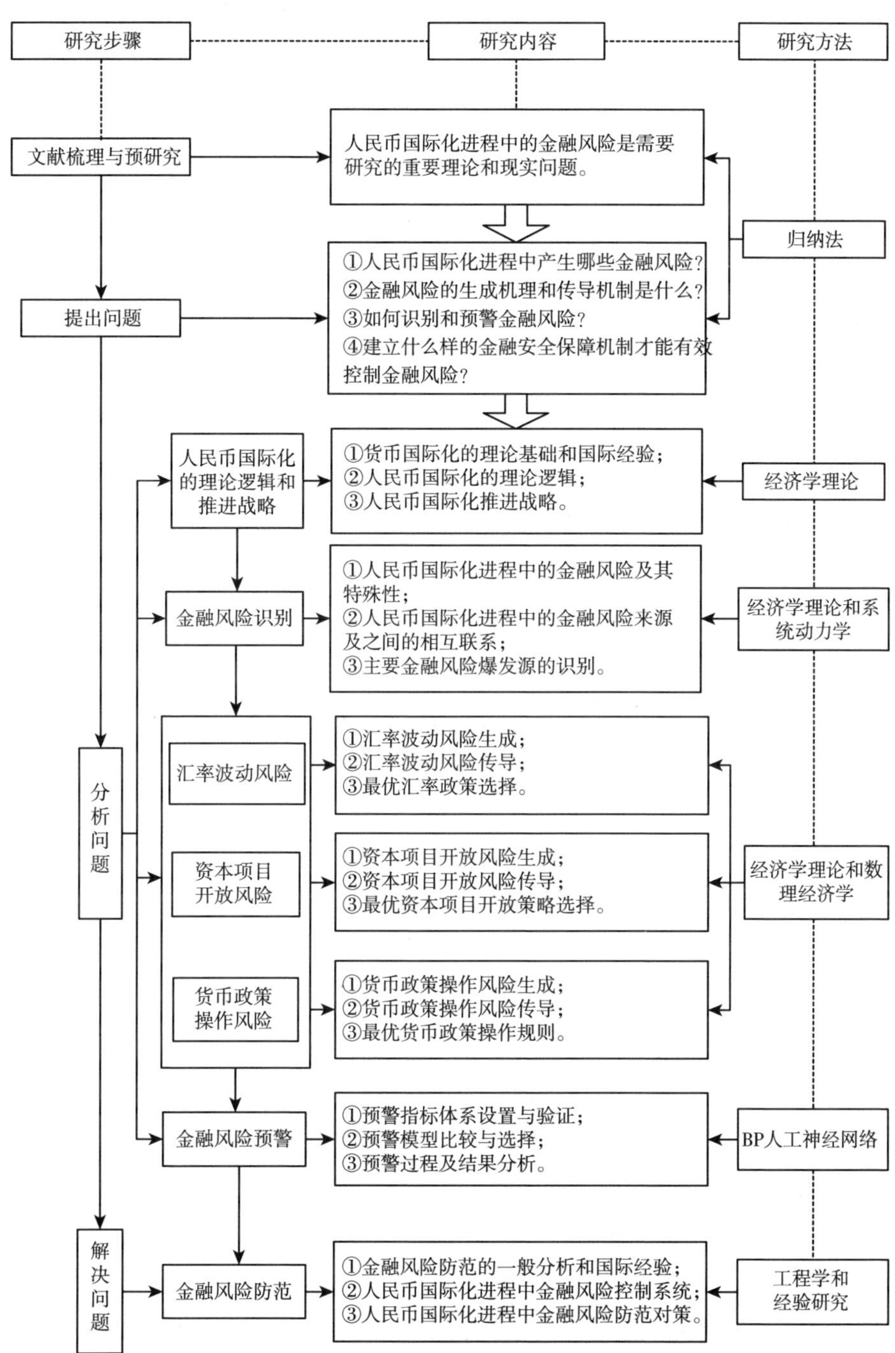

研究步骤
研究内容
研究方法
文献梳理与预研究
人民币国际化进程中的金融风险是需要研究的重要理论和现实问题。
归纳法
提出问题
①人民币国际化进程中产生哪些金融风险?
②金融风险的生成机理和传导机制是什么?
③如何识别和预警金融风险?
④建立什么样的金融安全保障机制才能有效控制金融风险?
人民币国际化的理论逻辑和推进战略
①货币国际化的理论基础和国际经验;
②人民币国际化的理论逻辑;
③人民币国际化推进战略。
经济学理论
金融风险识别
①人民币国际化进程中的金融风险及其特殊性;
②人民币国际化进程中的金融风险来源及之间的相互联系;
③主要金融风险爆发源的识别。
经济学理论和系统动力学
分析问题
汇率波动风险
①汇率波动风险生成;
②汇率波动风险传导;
③最优汇率政策选择。
资本项目开放风险
①资本项目开放风险生成;
②资本项目开放风险传导;
③最优资本项目开放策略选择。
经济学理论和数理经济学
货币政策操作风险
①货币政策操作风险生成;
②货币政策操作风险传导;
③最优货币政策操作规则。
金融风险预警
①预警指标体系设置与验证;
②预警模型比较与选择;
③预警过程及结果分析。
BP人工神经网络
解决问题
金融风险防范
①金融风险防范的一般分析和国际经验;
②人民币国际化进程中金融风险控制系统;
③人民币国际化进程中金融风险防范对策。
工程学和经验研究

图 1-1 研究框架图

1.5 创新之处

本书的创新之处可以概括为以下方面：

（1）构建了一个“一带一路”倡议下人民币国际化及其金融风险研究的理论分析框架

本书基于近年来人民币国际化进程不断加快的现实，研究了人民币国际化的理论逻辑及人民币国际化的推进战略，并基于货币国际化的国际经验和人民币国际化的特殊情况，识别出人民币国际化进程中的主要金融风险爆发源以及相互之间的影响关系，这两部分合在一起共同构成本书研究的理论分析框架，即对人民币国际化战略是否应当推进、如何推进以及潜伏在其中的金融风险生成机理和传导机制进行理论分析。

（2）识别出了人民币国际化进程中的主要金融风险爆发源

人民币国际化是中国一项长期对外开放战略，要实现这一战略目标需要经历相当长时间，自然要面临一系列金融风险。为此，需要系统梳理、逐项识别，并从中筛选出主要的金融风险爆发源。本书运用经济学、金融学相关理论首先分析了人民币国际化进程中主要金融风险的生成机理和传导机制，然后运用系统动力学方法对不同金融风险之间的相互影响关系进行分析，识别出汇率过度波动风险、资本项目开放风险、货币政策操作风险是人民币国际化进程中的三大风险爆发源。

由于人民币国际化才开始扬帆起航，因此，本书对人民币国际化进程中的金融风险研究仍然属于一种前瞻性尝试。为了防范人民币国际化进程中的三大风险爆发源演化为金融危机，本书在理论分析和实证检验的基础上运用数理经济学方法从理论上推导出了人民币国际化进程中的最优均衡汇率、最优资本项目开放策略以及最优货币政策规则，为学术界开展进一步研究提供了理论铺垫。

（3）提出了人民币国际化进程中的最优汇率政策选择

本书通过梳理相关文献，对人民币国际化进程中的汇率波动水平进行统计分析，度量了近年来的汇率波动水平，发现人民币国际化已经由 2005 年 7 月以来的“单边升值”转化为 2014 年以来的“双向波动”，并且随着汇率制度改革的不断深入，人民币汇率波动幅度不断加大。为此，本书构建了“引入中央银行干预后的汇率混沌模型”，提出了人民币国际化进程中的最优汇率政策选择。

（4）提出了人民币国际化进程中的最优资本项目开放策略

人民币国际化与资本项目开放之间存在内在联系。可以说，开放资本项目是人民币国际化的必要前提，原因是如果人民币不可以自由兑换，就意味着在国际范围内人民币被接受的程度会受到限制。同时，如果人民币国际化推进过快，则必将成为一种高风险货币。为此，在人民币国际化进程中如何防范资本项目开放风险尤为重要。本书在总结国际经验的基础上，构建了“资本项目开放最优时点选择模型”，提出了人民币国际化进程中的最优资本项目开放策略。

（5）提出了人民币国际化进程中的最优货币政策规则

国际经验表明，在一国货币国际化进程中，若货币政策操作出现偏差，同样也会带来金融不稳定，加大金融系统的运行风险。为此，本书基于“三元悖论”分析了人民币国际化进程中的货币政策操作风险生成和传导机理，首先从理论上推导出开放经济条件下的市场经济主体博弈行为以及总供给和总需求之间的关系，然后分别推导出开放经济条件下的最优货币政策目标规则和最优货币政策工具规则。

（6）构建了一套人民币国际化进程中的金融风险预警系统

基于对人民币国际化进程中潜伏的各种金融风险的识别，本书设置并验证了一套包含“汇率波动风险子系统、资本异动风险子系统、政策操作风险子系统、国际环境风险子系统、银行体系风险子系统以及资产价格波动风险子系统”等六个方面，共 24 个预警指标，通过比较主流金融风险预警模型的优、缺点，发现国际上目前没有任何一个预警模型是十全十美的，每个模型都各有优、缺点。经过反复权衡，本书认为采用 BP 人工神经网络模型预警人民币国际化进程中的金融风险是一个相对较好的选择。本书将这一方法进行适当修正，并用其预警了人民币国际化进程中的金融风险。对 2015 年的中国金融风险进行了预测。

（7）设计了一个人民币国际化进程中的金融风险防范体系

本书针对人民币国际化进程中可能出现的主要金融风险爆发源，根据顶层设计的思路和原则，设计了一套包含“两个方面、五项内容、十一条防范措施”的全面风险防范体系，并提出为了防范人民币国际化进程中的金融风险演化为金融危机，应当在“汇率、资本项目开放、货币政策”等方面提出一系列风险防范对策。

2 国内外研究文献综述

作为中国金融改革开放进程中的一个重要战略，人民币国际化问题是近年来国内外学术界最为关注的热点研究问题之一。对于这一进程中可能出现的各种金融风险，学术界进行了程度不同的研究。为了能够全面识别、系统梳理人民币国际化进程中的各种金融风险，也为了能够对人民币国际化进程中可能出现的金融风险进行动态预警和有效防范，本章首先对来自国内外的各类研究文献进行梳理，总结贡献，指出不足，进而揭示本书研究的空间。同时，人民币作为中华人民共和国的法定货币，其国际化问题属于货币国际化研究的范畴。面对人民币国际化进程中可能面临的各种金融风险，需要总结货币国际化的理论逻辑，汲取现有货币国际化的经验教训，因此本章对国内外研究的文献梳理遵循“货币国际化→人民币国际化→金融风险生成和传导→金融风险防范”的逻辑思路进行。

2.1 关于人民币国际化问题的研究

人民币国际化问题属于货币国际化研究的范畴。早在20世纪80年代，国内部分学者已经开始讨论人民币国际化的相关问题。但是，直到2008年金融危机之前，学术界关于人民币国际化问题研究的文献相对较少。影响全球的2008年金融危机发生之后，人们对以美元为主导的国际货币体系产生质疑。随着国内外学术界对现有国际货币体系的诟病，在关于改革现有国际货币体系的讨论中，人民币国际化问题受到越来越多的关注。本节首先介绍学术界对货币国际化研究的文献。然后，对人民币国际化问题进行综述。

2.1.1 货币国际化

自20世纪60年代以来，随着国际货币体系逐渐演变为以美元为主之后，不少西方学者就开始研究货币国际化问题。进入20世纪80年代后，美元的霸权地位开始动摇，日元的国际化进程受到阻碍，而欧洲货币的一体化成功推进并诞生了能与美元抗衡的欧元，自此，关于货币国际化问题的研究越来越多。学者们分别从货币国际化的内涵、外延、条件以及货币国际化的影响等方面进行了深入探讨。

需要说明的是，由于中国的金融体制改革时间较短，金融市场开放程度不高，在货币国际化问题的研究中，主要以西方学者的研究为主，国内学者在货币国际化研究方面的文献相对较少。

（1）货币国际化的定义及条件

货币国际化研究中首先涉及的是如何对其准确定义。自布林顿森林体系崩溃，美元开始担当国际货币的角色后，就有学者开始研究货币国际化问题。Cohen（1971）最早基于货币职能定义了国际货币的概念。他认为货币国际化是指某一国的国内货币职能被延伸到国外。当国际、国内环境发生改变后，市场参与者出于各种各样的目的将一种货币的使用扩展到其货币发行国之外时，则该种货币就被推到了国际货币的范围。随着美元的流通范围越来越广，在国际金融领域影响越来越大，学术界对货币国际化的研究也越来越深入。Tavlas（1997）通过研究得出结论，他认为某种货币成功实现国际化的主要表现为，该货币的流通脱离了本国国际贸易的范畴，能够在国际贸易中直接充当记账单位和交换媒介，并且能够同时作为价值储藏手段。Mundell（2003）的研究结论是，某种货币能否成为国际化货币不取决于别的，关键是取决于人们是否对该货币有信心。决定人们信心的主要因素包括：该货币的流通范围及规模，该货币发行国的货币政策稳健性，货币发行国是否具有强大和持久的综合国力以及高货币币值是否稳定等。国内学者姜波克（2004）提出了“国际本位货币”的概念，认为当某种货币在国际贸易中，在商品计价、贸易结算、支付、国际投资以及官方储备中占有绝对优势或处于垄断地位时，则该货币就可以被称为国际本位货币了。徐奇渊（2008）认为，货币国际化是一个动态过程，主要表现为某种货币的部分或全部职能逐渐由国内扩大到周边地区或更广地区甚或全球，最终成为全球通用的国际货币。

在关于何种货币可以作为国际货币的研究中，IMF（1971）将之概括为：自由兑换性、普遍接受性以及稳定性。意指一国货币是否能成为国际货币，其关键取决于该国的经济实力及其在国际贸易、投资以及国际金融中的影响力。可见，经济实力是决定一国货币能否充当国际货币的基础。Bergsten（1975）认为，一种货币要成为国际化货币必须具备政治和经济两方面的基础条件。实际上，当美元逐渐充当国际货币角色后，关于何种货币可以充当国际货币职能的认识已逐渐统一。李稻葵、刘霖林（2008）针对前人的研究成果，将一国货币在世界各国中央银行的外汇储备中所占的比重作为标准进行分析，认为决定一国货币国际地位的首要因素是货币发行国的经济规模占国际经济总量的比重。另外，货币发行国的资产市场规模、经济开放度及政治、军事力量等也是影响国际货币地位的重要因素。Ito（2010）的观点是，一国货币能否成为区域性关键货币，一个重要条件是本国货币与邻国货币汇率之间能否共同浮动。Eichengreen（2011）指出，一国货币能否成为国际货币的基础条件是一国能否成为全球数一数二的经济体，建立有深度、流动性好的金融市场，并且具有巨大的对外贸易与外资流入规模等。Subramanian（2011）认为，包括GDP、贸易和净债权国地位在内的广义经济优势是一种货币能否成为国际储备货币的关键性因素。他由此推测，人民币将在2020年前后挑战美元的主要国际储备货币地位。Subramanian和Kessler（2012）认为，当某国在经济上崛起并能在某区域处于主导和支配地位时，其货币一般会成为其他国家货币盯住的锚货币。

（2）货币国际化对本国国际贸易的影响

货币国际化是否有利于本国国际贸易条件的改善？这涉及货币国际化的收益问题。Grossman（1973）、Page（1977）、Carse（1980）以及Tavlas（1998）等研究认为，国际贸易的计价货币必须具有两个准则：币值稳定和硬通货。根据以上研究结果，Donnenfejd、Zilcha（1991）、Fiberg（1998）等重点研究了作为计价货币的微观经济基础，通过实证检验未知汇率变化情况下企业在贸易中对货币选择的行为，发现当以出口方的货币计价时，企业利润上升，出口企业倾向于使用本币计价；反之，则更愿意采用对方国家的货币进行计价。但是，Hamada、Horiuchi（1987）的研究却表明，企业之所以愿意采用外币计价完全是出于国际竞争压力。而Bacchanta、Van Wincoop（2005）的研究则表明，一般情况下，当出口国的市场占有率高且产品差异化大时，在国际贸易中更容易采用出口国的货币进行计价和结算；相反，则纷纷容易采用进口国的货币计价和结算。随着研究的深入，更多观点被提出来。Kannan（2006）在前人研究的基础上提出了一个不同于以往的理论模型，主要研究货币国际化给本国带来的福利水平。不同于以往的从铸币税切入进行研究，Kannan 的理论重点研究如何通过改善贸易条件而改善社会福利。基本思路是，当越来越多的人愿意使用本币计价和结算时，以该货币为价值尺度所能购买的商品价值必然会增加，最终，社会福利会得到改善。与 Kannan 的观点类似，Subacchi（2010）的研究结论是，如果扩大某国货币在国际贸易中的使用范围，就可以减少该国对美元的过度依赖，既可以增加社会福利，还可以降低国家危机。与此观点相同的还有：Eichengreen（2011）认为，货币发行国的企业和金融市场中的投资者借助货币国际化在国际贸易中更广范围地使用本国货币还有利于减少汇率风险。但是，与之形成截然相反观点的是，Frankel（2012）认为，货币国际化反而有可能给货币输出国带来一系列的风险。如，本币需求增大且波动剧烈，加剧汇率波动、本币升值，出口竞争力减弱等。针对以上两种截然不同的观点，Cohen（2012）认为，实际上货币国际化对国际贸易的影响并不绝对，利益与风险相辅相成，密切相关。当某货币履行国际贸易和劳务供应中的计价货币和结算货币时，仅能在一定程度上提高微观经济主体的利益（比如降低交易中的成本），并不能给国家宏观经济带来太多福利；只有当某货币充当国际货币的价值贮藏职能时，货币发行国才能够获得可观的铸币税收益，国家的宏观经济才能得到更好地发展。

总体看来，在货币国际化条件下，一国的出口企业采用何种货币计价、国内外通货膨胀程度、经济发展水平以及产业政策是否合理等宏观经济因素才是决定一国的国际贸易条件能否改善的关键因素。同时，从微观角度分析，一国的出口市场份额、国际竞争压力、产品差异化程度等也在很大程度上影响着一国国际贸易的条件。在本币国际化进程中，如果一国能够根据国内外环境变化选择正确的货币计价方式，则既可改善其贸易条件，也可提高其福利水平。

（3）货币国际化对本国货币政策的影响

很多学者认为，货币国际化也会影响本国的货币政策取向。众多研究表明，货币国际化可以改善本国的国际贸易条件，也会给本国的货币政策带来影响，而且主要是挑战。如当美元作为国际货币后，Triffin（1961）首先发现，在布雷顿森林体系下美元充当国际货币面临特有困境，即既要保证美元按照官定价格兑换黄金、以维持对美元的信心，同时又要保证美国可以提供足够的清偿力。但是这两者之间是不可能同时实现的，因为两者是有矛盾的。这一发现被学术界称为“特里芬两难”或者“特里芬难题”。Triffin 提出上述理论之后，引起了很多经济学家的关注。Bergsten（1975）在“特里芬两难”的基础上将研究进一步深入，认为美元发挥国际货币作用后降低了美国货币政策独立的能力。Frankel（1984；1991）认为，货币国际化过程中来自国外的货币需求可能使货币当局管理货币政策复杂化，货币国际化可能导致该货币需求的巨大波动。Tavalas（1998）认为，在一国货币国际化进程中，如果采取钉住汇率制，则外国投资者的偏好转移会引致资本大量流动，破坏货币发行国货币当局对基础货币的控制能力，进而引起国内经济活动发生相应变化；反之，如果实行浮动汇率制，当外国投资者的投资偏好发生转移后会引起本币汇率大幅度波动，限制货币当局的国内货币政策执行权限。为了证明这一观点，Otani（2002）则以日元国际化为例，说明在日元国际化进程中，日本的国内、国外企业的非对称计价决策是如何影响日本的货币政策的。Otani 的实证研究表明，日元作为国际计价货币，随着日元的流通范围逐渐扩大，日本国内的货币政策外部性也加大了，这对日元国际化和日本经济健康发展反而不利。Chinn、Frankel（2005）认为，一国货币国际化后对货币政策的不利影响主要包括：货币需求波动加大使得本国中央银行很难控制货币供应量；货币需求增加、责任加大，导致拥有国际货币的主权国货币当局不能单纯为了国内经济目的而自由运用货币政策，而不得不考虑其行动对国际市场的影响。

尽管如此，也有学者持乐观看法。Park、Shin（2009）认为，在发达国家，货币政策的主要操作手段是利率，而不是货币供应量。只要货币当局能够维持目标利率，则货币存量便是内生决定的，这样，货币当局就可以自动调节货币供应，额外的货币需求不会添加太多麻烦。

但是，Ito（2011）却不同意他们的观点。他认为，一旦本币大规模回流，则会导致国内的货币供给迅猛增加，中央银行的货币政策调控能力被削弱。另外，离岸市场的发展会引起国际投机资本攻击，如果处理不好，就会引发货币危机。Eichengreen（2011）认为，货币国际化后，国内的金融及非金融企业可以使用本币在国内外金融市场融资，这反而有利于中央银行货币政策保持独立性，使得中央银行不必担心国内金融机构和实体企业的资产负债表出现“货币错配”，能够放开手脚调整本币汇率。Maziad 等（2011）等人并不认同上述观点，认为当某国货币成功国际化之后，因在岸市场与离岸市场之间存在紧密联系，减弱货币政策当局的货币供给总量和国内利率调控能力，加大货币管理难度。另外，伴随着资本项目的逐渐开放，国际资本流动更复杂、更容易遭受国际投机资本的攻击，从而降低金融体系承受巨额资本流动的能力。Bottelier、Dadush（2011）对此的观点是，货币国际化要求资本项目完全开放，对商业银行的信贷政策会产生重要影响，进而影响货币政策效果。同时，在开放资本项目进程中还会出现一国货币当局很难在货币政策独立性与汇率管理之间做出权衡。Frankel（2012）认为，一国货币国际化后，货币管理当局在制定货币政策时就必须考虑本国出台货币政策后对其他国家是否会产生溢出效应，出于对相应的国际责任的考虑，货币当局就不能单纯针对实现国内目标而实施原有的货币政策，从而对货币政策产生影响。

由此可见，国内外学术界在关于货币国际化对本国货币政策影响问题的研究上，虽然有学者持乐观态度，但主流研究基本都认为，随着一国货币国际化进程的加快，货币政策将面临很大挑战。

（4）货币国际化对本国金融市场的影响

一国货币国际化会对本国金融市场和金融机构产生较大影响，学术界分别从不同角度进行了研究。Tavalas（1998）认为，在货币国际化进程中，由于货币的国际使用范围扩大，对包括商品交易、服务、贷款、投资等在内的货币需要一般都要通过货币发行国的金融机构进行，因此，货币发行国的金融部门会增加收益，从而改善国内金融市场环境。Frankel（1991）指出，根据比较优势理论，当货币国际化完成后，企业再不需要在银行业务的币种和国别之间进行转换，也不需要存款者和借款者在国别和不同的金融机构之间相互匹配。如果以美元为例，通过货币国际化使得美国和英国的银行都能够通过美元和英镑的交易实现比较优势。Giovannini、Mayer（1991）通过实证研究后发现，在欧元国际化进程中，欧洲区内的各商业银行因为欧洲区域内的金融管制放松后业务成本降低，并在一定程度上减小了欧洲区域内的金融交易成本。另有很多学者发现，在欧元国际化加速进程中，欧盟金融管理机构不得不进行相应的金融机制改革以适应新的金融格局。McCauely、White（1997）的研究也认为，通过欧洲经济一体化和货币统一可以强化银行业之间的竞争，减小金融交易成本，进而提高金融市场运作效率。Portes、Rey（1998）认为，在欧元诞生及进一步国际化进程中，欧盟各国不但整合了现有金融市场，降低了交易成本，还增强了资产的流动性，最终形成了一个影响广泛而深入的统一金融市场。Portes、Rey（1998）的研究表明：欧元的国际货币地位提升非常快，对欧洲经济复苏、欧洲统一金融市场的形成功不可没，欧元未来有可能挑战美元在国际货币体系中的霸主地位（现实也表明，欧元自诞生以来确实发挥了很大作用，目前已经成为全球的第二大货币）。Wyplosz（1997）认为，在美国，银行监管机构一般只监测国内银行，以美元交易的外资银行已经超出了美国监管机构的管辖范围。如果出现银行倒闭，当地中央银行可能没有足够的美元来偿还存款。在这种情况下，联邦储备银行可能会因压力过大而印刷货币。这意味着美联储有实施干预以保证美国金融机构没有任何风险的动机。这种诱因有可能会带来美联储不负责任和不正当的货币发行。

由于货币国际化与资本项目开放的关系密切，有些文献研究了资本项目开放对国内金融市场的影响。Stiglitz（2002）认为，资本项目自由化增加了资本流动的波动性，给金融稳定造成严重障碍。Park（2007）认为，在许多东亚经济体完全和部分开放资本项目后，资本流动比以前变得更加不稳定，造成了股价和汇率的波动程度提高。事实上，资本项目自由化对新兴经济体稳定国内金融市场提出了严峻挑战。Park、Shin（2009）认为，如果外国投资者广泛持有国内货币金融工具，新兴经济体可能变得易受货币危机的攻击。同时新兴经济体在货币国际化进程中可能要忍受其汇率更大的波动。

货币国际化对本国金融市场的稳定也有影响作用。在研究货币国际化对本国金融市场的影响时，有些学者从金融安全视角研究了货币国际化对本国金融稳定的影响。Ferguson（2007）等认为，国际货币发行人虽然行使的是最后贷款人的职责，但缺乏应对国际金融危机的能力。从20世纪下半叶以后，全球经济和国际货币制度已明确由美国主导。在此期间，全球历史上最大的金融危机也发生在美国。据Bordo（2007）的研究，金融危机在近代出现的频率比以往任何时候都频繁。自1973年以来金融危机发生的频率甚至超过了两次世界大战期间，比1914年英镑国际霸权时期即全球化早期时代要大三倍。Tadokoro（2010）认为，美国金融发展过度引发2008年的危机与美元作为国际主要货币的角色是密切相关的，即美元的国际交易货币的定位有可能使美国从国外借款过度，从而使得美国可以承担巨额经常项目赤字以发展国内经济。此外，美元国际化使得美国金融机构在全球金融市场中享受巨大的比较优势，通过在世界各地销售次级金融产品获得巨大利润，从而拖累整个世界进入金融危机。Ito（2011）认为，一国货币国际化以后，国内企业与金融机构便可以从国外金融市场进行融资，外国企业与金融机构同样也可以在货币发行国金融市场上筹资，如发行以货币发行国货币计价的债券等，这有利于货币发行国的国内金融市场深化发展，实现与国际金融市场的接轨，当然，也会存在国内市场与离岸市场的套利行为。这既有利于提高国内金融市场的效率，缩小国内外市场价差，节约交易成本，同时也因市场的深度和流动性得到提高，使得市场价格更加趋于稳定，有利于国内投资者或债务人从中获益。与 Ito 的乐观态度截然不同，Otero（2011）指出了货币国际化对国内金融市场发展带来的负效应。他认为，由于投资者预期货币国际化后会出现升值，投资者会急于持有更多的以货币发行国的货币计价的资产，这种投机行为会引发国内资产价格泡沫，导致金融不稳定甚或发生金融危机。更新一些的研究成果要数 Islam、Bashar（2012）进行的研究。他们认为，货币国际化有可能导致本币出现贬值风险而不是出现升值预期。他们提出这一观点的理由是，当非居民大量持有某一货币或以该货币计价的金融资产时，如果出现与该货币相关的国外金融资产价格大幅下跌时，非居民就会竞相抛售其手中持有的货币发行国的资产，导致该国的货币出现供大于求，遭受巨大贬值风险。

看来，金融市场环境与货币国际化能否成功之间关系密切。一国货币国际化能否成功还取决于是否具有宽松的金融市场环境。同时，货币国际化也会对一国的金融市场环境产生重要影响。

2.1.2 人民币国际化

早在 20 世纪 80 年代末，中国就有人开始研究人民币国际化问题（胡定核，1989；周凯，1989；李翀，1991）。但是，由于当时中国的经济发展水平不高，金融市场发展不完全，有关人民币国际化的讨论基本限于国内部分学者。随着中国经济改革开放步伐加快，金融市场开放程度不断推进，特别是 2005 年人民币汇率制度的改革，关于人民币国际化的讨论逐渐增多。但是，2008 年金融危机发生之前，由于人民币国际化的步伐相对较慢，学术界对这一问题的关注相对较少，特别是国外学者的研究成果更少。2008 年金融危机发生后，随着美元霸权地位的动摇和改革现有国际货币体系呼声的提高，关于人民币国际化研究的成果迅速增多，其中主要以国内学者的研究成果为主。因此，本节将按照国内外研究现状分别进行综述。

（1）国外研究现状

早在 2003 年，Nakagawa 就注意到了人民币国际化的动向，他认为在人民币国际化进程中，中国政府需要对外汇系统和资本兑换的自由度做出调整，以承受资本冲突以及人民币的贬值，同时必须警惕资本流动，制定风险防范措施。在后续的研究中，Nakagawa（2008）分析了中国面临的国内外环境，认为有理由相信在2010～2020年间，人民币的可自由兑换将发生本质性改变，给亚洲货币体系带来根本性变革。届时，东亚各国货币制度必须做出选择。如果反应错误，将会带来金融不稳定甚至发生对本国货币的攻击。人民币国际化对东亚各货币之间汇率风险管理提出了更高要求，当下的东亚货币体系还不能应对这个变化；同时，在人民币国际化进程中，人民币汇率对东亚各国货币波动的影响会提高，因此东亚各国应当采取应对措施。Stier、Bernoth、Fisher（2010）认为，中国2005～2008年谨慎开放资本项目和允许一定范围内的汇率波动是人民币国际化的第一步，将香港作为人民币国际化试验中心也是正确的一步。在当前形势下，中国应优先考虑灵活的货币制度，而不是资本项目的自由度。对资本流动的持续控制可以防止巨额投机资本流入给经济和货币带来的破坏性影响，更灵活的汇率制度将有助于降低资本保护主义的风险。Park（2010）认为，在人民币国际化进程中应该进一步加强区域合作战略，在建立起本国高效的现代金融体系的同时，在东盟区域内构建国际化货币框架。

但是，与之形成相反观点的是Tadokoro（2010）。他认为，即使中国的经济增长令人印象深刻，但人民币在没有实现完全兑换的前提下，是不可能成为美元的竞争对手的。Cheung（2011）也指出，针对中国宏观经济面临的两个困境（一是国内需求不足，特别是消费需求；二是因流动性过剩被迫采取政策调控），中国政府应当积极推动人民币国际化。Subramanian和Kessler（2012）是采集一组包含新兴市场经济体的样本进行实证研究的，结果表明人民币正逐渐成为一个区域性锚货币，并且在东亚地区已经形成了一个人民币区，可能在21世纪30年代中期会形成一个更加全球化的人民币区。在这一进程中，如果中国当局能够加大金融市场开放力度，进行配套改革，那么人民币国际化的进程还会大大加快。Yeh（2012）等运用主成分分析法构建了人民币和其他32个主要国家货币国际化程度的两个指标，研究发现人民币国际化程度指标仍然偏低，远远落后于4个最重要的国际货币。Bowles（2013）指出，目前人民币正处于对国际货币体系的演变和美元的主导地位产生撼动的国际化进程中，他利用Cohen的分类方法来论证人民币国际化的重要性，并在简要地总结分析了货币国际化的三种方法基础上提出了一种可行的新方法。Eichengreen和Kawai（2015）认为，借助香港离岸金融中心，人民币国际化已经取得了很大进步，但是，由于资本账户自由化没有实现，人民币国际化仍然受到很大限制。他们认为应当进一步放开资本账户，增加人民币汇率弹性，同时保持中央银行货币政策自主性。对中国当局来说，这样做也面临一个挑战，因为过快的资本账户自由化可能使中国金融市场出现危机。Yu（2015）认为，中国的贸易规模和使用人民币结算的便利性是人民币国际化能否顺利推进的重要因素。Ito 和 Kawai（2016）考察了美元、日元和德国马克 20 世纪 70 年代至 20 世纪 90 年代将本国货币用于国际贸易结算的经验，试图为人民币国际化提供经验教训。他们发现，以上国家在国际贸易中大量使用本国货币。由于其人均收入水平较高，经济发达、金融市场开放，往往使得本国货币结算在国际贸易中被大量使用。对于中国来说，要想使人民币成为一种国际货币，应当进一步开放金融市场，提高人均收入水平。

看来，在国外学者的研究视野里，部分学者认为人民币国际化的前景喜人，具有可行性。但在另一些学者眼里，人民币过早国际化并不现实。

（2）国内研究现状

鉴于人民币国际化对中国经济金融发展战略的重要意义，国内学者从 20 世纪 80 年代末已开始了对人民币国际化的研究。尽管研究的队伍不大，时间较短，但却形成了一系列极有见地的研究文献。总体而言，国内研究文献主要集中于以下几个方面：

①人民币国际化的基础条件及可行性分析

国内学者主要从货币职能角度研究人民币国际化的基础条件。其中很多学者认为人民币国际化的基础条件正在具备，人民币国际化前景乐观。李婿（2006）就按照货币职能的递进顺序，对人民币国际化做出了“四阶段”设想，即“边贸和旅游消费中的流通手段阶段→亚洲的存贷资产阶段→投资资产阶段→储备资产阶段”。李稻葵随后（2008）明确界定了何为人民币国际化，以此为基础设想了人民币国际化的基础条件应当包括以下方面：人民币在境外稳定流通；各主要国际金融机构和中央银行的投资工具以人民币计价，人民币在金融市场上计价的规模不断扩大；在国际贸易中以人民币结算的比重稳定。这一研究对人民币国际化做出了基本肯定。周道许（2009）也认为，随着人民币成为计价货币和境内外人民币债券的发行，人民币成为部分国家的储备货币，有些国家在其汇率体系中考虑人民币的影响因素以及境外人民币衍生市场的出现，这显示人民币国际化已经迈出了重要一步。中国应采取相关应对措施，继续推进人民币国际化。郭德双（2012）认为，后金融危机时期国际货币的趋势是向多元化发展，而中国正好可以借助人民币国际化之机提高在国际社会中的话语权。

但是，有很多学者对人民币国际化的前景并不乐观。易宪容（2009）在对日元国际化的经验教训进行分析的基础上，结合中国当前的经济金融发展的现状，研究认为人民币国际化还面临着巨大的挑战。如果在此背景下，是不可能实现人民币国际化的，因此，要充分认识到人民币国际化进程中的困难与潜在挑战。李永宁（2010）研究认为，超主权货币多元化体系在当前这种国际货币体系下是不具可行性的，而人民币国际化的时机尚不成熟，在中国现阶段推行人民币国际化也是不现实的。综合货币国际化成功的案例来看，国际货币不仅代表的是大国货币，也代表的是富国货币。因此，现有国际货币体系将很难被临时改变，而会长期维持，也就是说人民币在短期内不会替代美元，也不可能成为国际货币体系中的一员。裴长洪（2010）研究认为，基于中国资本市场的现状来看，目前人民币不可能成为第四大国际货币，如果勉强去推行人民币国际化，中国的经济实力将无法匹配。王华庆（2010）认为，人民币如果要成为国际货币，必须满足的条件是：货币当局具备足够的独立性和专业的判断能力；一个能兼顾内外均衡的货币财政政策体系；金融市场具有一定的深度和高度的开放性；企业部门具有完善的公司治理结构和国际竞争力；合理以及恰当的政治制度改革等。显然，中国在短期内很难具备以上条件。余永定（2011）认为，人民币国际化不仅仅是在贸易结算和金融交易中尽可能多地使用人民币。而更多的是将人民币作为储备资产的意愿强烈，主要表现为在美元贬值和美国国债不再安全的时候。这虽然可以加快人民币国际化步伐，但中国必须为此付出代价。石淇玮（2013）通过分析美元、德国马克和日元国际化的经验和教训，得出结论认为人民币国际化的重要途径应通过跨境贸易而非资本输出；离岸市场在本国货币国际化初期的核心作用体现在促进本国货币的跨境贸易结算和与之相关的金融服务，而非一味追求金融交易额和资产规模；协调推进利率、汇率改革和资本项目开放将有力促进人民币国际化的进程，但资本项目开放过快将会导致国内货币政策的失控，最终影响货币国际化进程。万正晓（2014）认为，如果通过经常项目大规模输出人民币，必然会导致资本项目和外汇收支出现不平衡，迫使政府对资本市场和外汇市场进行干预或管制，而资本项目自由化和汇率自由浮动正是人民币国际化的两大前提。因而应改革汇率制度安排、完善金融市场体系、创新金融衍生产品以及塑造人民币国际主导货币形象等。

看来，在人民币国际化的基础条件和可行性研究方面，出现了两种截然相反的观点，有些学者对人民币国际化持谨慎态度，而更多学者则保持非常乐观的看法。

关于人民币国际化的推行应具备何种基础条件的研究当中，资本项目开放与人民币国际化的关系密切，是人民币国际化的一个重要基础条件，因此资本项目开放与人民币国际化的关系问题成为众多学者争论的焦点，对此国内学者主要形成了以下三种观点：

第一种观点认为，资本项目开放是货币国际化的基础条件或不可缺少的条件，资本项目开放应先于货币国际化。这方面较有代表性的文献是：黄达（2004）认为，人民币要想走向国际金融舞台，必须首先成为完全可自由兑换的货币，为此，必须实现资本项目的完全开放。吴念鲁（2009）认为，资本项目开放是人民币国际化的必要条件，但不是充要条件，中国可以在国际货币体系改革的大环境中逐步实现资本项目自由化，为人民币国际化提供宽松环境。谢平（2011）认为，资本项目开放作为人民币国际化顺利推行的基本性条件，中国试图在人民币资本项目未完全开放的同时推进人民币国际化是无法达到两全其美的。石巧荣（2012）基于中国债权国地位的视角开展了研究，认为资本项目开放是加快人民币国际化进程、摆脱非国际货币债权国困境的必要条件。景学成（2012）认为，人民币国际化是一个长期的过程，应首先开放资本项目，然后再落实人民币国际化推行的相关问题。如果不能实现资本项目开放，人民币国际化将是不完整的，其流通范围会受限制。董艳丽（2013）也认为，在中国现有的汇率管理制度和利率体系下，资本项目未完全放开下的人民币国际化进程将是极其漫长的。余永定（2015）认为，人民币国际化应服从资本项目自由化进程，中国要推行人民币国际化首先应充分考虑资本项目自由化的时序问题。曹远征、郝志远（2016）认为，人民币国际化能够走多远取决于人民币资本项目开放的进程，而发展真正有深度、能够提供安全稳定产品并具有流动性的金融市场是资本项目可兑换的实质所在。张春生（2017）的观点表明，人民币国际化隐含的先流出后流入、先短期后长期、先证券项目后直接投资、先交易市场后发行交易的开放路径与资本项目开放次序相冲突，导致资本项目事实上更为开放、离（在）岸市场大规模套利套汇、外汇流出入比例波动异常。

第二种观点则认为，资本项目开放并不是一国货币国际化的前提条件，货币国际化的推进甚至可以优先于资本项目的开放。这方面较有代表性的文献是：陈炳才（1999；2001）认为，人民币国际化是资本项目开放的前提条件。只有当本币成为国际化货币之后，一国的短期资本市场才可以大规模地放开，中国不能盲目推进资本项目的开放。李瑶（2003）反证了人民币国际化是资本项目实现可兑换的重要约束条件。沈建光（2011）认为，人民币国际化进程对资本项目开放有一定的促进作用，比如合格的境外机构投资和（QFII）开放可促进离岸市场上人民币的回流；境外居民的境内投资扩大，也将促进资本项目自由化。王元龙（2013）认为，国际上认为资本项目可兑换是货币国际化的前提的观点是错误的，人民币国际化是以中国的经济发展实力为基础，如果中国的境外投资、贷款、贸易与结算活动规模增加，人民币会自然而然地走向国际，最终成为国际化货币。杨荣海、李亚波（2017）认为，中国经济需要抓住新机遇，深化金融市场改革，不必等到人民币国际化的条件完全成熟再去开放资本账户，从而错失经济发展的好时机。

第三种观点认为，货币国际化与资本项目开放相辅相成，相互促进，不存在前后顺序问题。这方面较有代表性的文献是：赵海宽（2002）认为，虽然成熟的国际货币必然以自由兑换为前提，但货币国际化的起步阶段并不一定非要建立在资本项目完全开放的基础上。人民币资本项目开放和人民币国际化虽然关系密切，但不存在顺序上的承接关系，而是相互影响的关系。钟伟（2002）认为，中国应该将人民币国际化和资本项目开放进程合二为一。姜波克等（2003）认为，人民币逐步国际化的进程同时也应当是资本项目逐步自由化的进程。高海红（2010）认为，中国应选择人民币国际化和资本项目开放同步前行，形成一个互动过程。孙鲁军（2011）认为，1996 年 12 月中国实现了人民币经常项目可兑换后，推进资本项目对外开放已经成为人民币国际化进程中一路相伴的主要内容。马骏（2012）认为，人民币国际化如果要跨越贸易结算，进一步允许人民币进行跨境资本流动，将会涉及一系列资本项目开放的问题，应该同时推进人民币跨境资本流动和资本项目的开放，单方面地推动任何一个都有可能阻碍另外一个的发展。陈炳才、田青（2013）认为，本币项下的资本项目开放没有风险，因此人民币国际化完全可行。鲁政委（2016）认为，应加强外贸发展的金融支持，推动人民币国际化。杨荣海、李亚波（2017）认为，人民币已经成为全球大多数国家，特别是与中国有密切经济往来国家的隐性“货币锚”，进一步开放中国资本账户会强化这一关系。

综上所述，国内学者对于人民币国际化与资本项目开放的相互关系观点很不一致，尽管如此，但大多数学者都认为人民币国际化将是一个稳步推进的过程，在这一进程中离不开资本项目的逐步开放。

除资本项目开放外，关于对外直接投资与人民币国际化的关系研究也相对较多。肖丹丹、范爱军（2009）认为，对外直接投资是推动货币国际化的有效方式，应当进一步放松外汇管制，鼓励对外直接投资。叶华光（2010）认为，中国出口贸易规模、对外直接投资规模、金融市场发展水平以及人民币币值稳定等四个方面是影响人民币国际化的重要因素。高焰（2011）认为，在人民币国际化初始阶段，可以通过对外直接投资增加人民币的境外存量。李继宏、陆小丽（2011）认为，中国有必要长期坚持“走出去”战略，引导符合条件的企业和金融机构进行境外直接投资，强化人民币发挥“计价、结算和储备”的功能。殷剑峰（2011）认为，在国内金融改革实质推动并基本完成之前，人民币国际化应该从激进、危险的“贸易结算＋离岸市场/资本项目开放”模式转向渐进、稳定的“资本输出＋跨国企业”模式。李根（2012）通过实证研究发现，美国对外直接投资每增长1%，会使得美元在外汇储备中的占比提高0.14%，美元在外汇交易中的占比提高0.14%，美元在国际债券市场的交易中占比提高0.33%。顾延善（2013）认为，中国对外直接投资是人民币输出的重要手段之一。姚枝仲（2012）通过分析英镑、美元、马克以及日元等世界主要货币的货币国际化历程，发现对外直接投资是推动货币国际化的一个重要条件。林乐芬、王少楠（2016）认为，经济规模、对外直接投资、贸易规模、经济自由度等因素显著影响货币国际化水平。倪亚芬、李子联（2016）将境外人民币存款规模作为人民币国际化程度的度量指标，实证研究后发现，对外直接投资的直接作用在于提高人民币作为计价或结算货币的规模。

在关于对外直接投资会通过哪些渠道推动人民币国际化的研究中，于超、葛和平（2011）认为，中国对外直接投资与经济发展水平的相关关系符合邓宁的投资发展周期理论，长期内中国经济发展水平和对外直接投资互为因果关系。张纪凤、黄萍（2013），蒋冠宏、蒋殿春（2014），王杰、刘斌、孙学敏（2016）等学者通过实证分析指出，对外直接投资对出口贸易存在明显的促进作用。隋月红（2010）从对外直接投资的“二元”路径角度出发，研究发现我国对外直接投资较大程度促进了贸易结构的升级。乔晶、胡兵（2015）整合了“中国工业企业数据库”和“境外投资企业（机构）名录”，通过政策分析得出商贸服务型对外直接投资的出口促进效应显著，当地生产销售型对外直接投资可能带动资本品等的出口。姚山、古广东、杨继瑞（2016）认为，对外直接投资能够减少贸易壁垒，降低人民币作为国际货币结算与投资时的兑换成本，加速对外贸易发展，提高人民币的国际流通量，以贸易为基础推动人民币国际化。张海波（2010）在分析东亚新兴经济体对外直接投资对母国的就业效应后发现，对外直接投资对金融业（菲律宾除外）就业具有补充效应。李根（2012）实证分析发现，美国的对外直接投资会促进本国的金融业发展。姜浩（2014）认为，金融深化、金融结构优化、经济开放程度与对外直接投资之间存在长期的稳定关系。其中，金融结构优化与对外直接投资呈正相关关系，金融深化则与对外直接投资呈负相关关系。对外投资规模提高可以带动银行业的跨国发展，对于提高银行业的效率和国际化水平具有重要意义。张敬之（2015）通过实证分析发现，OFDI 对各货币国际化的脉冲效应均有显著的正向影响，能够提高本币的跨境结算规模并促进金融业发展。刘宏、梁文化（2016）在回顾对外直接投资技术进步效应相关文献的基础上，基于灰色关联理论的分析原理，实证分析出中国对外直接投资和产业技术进步有密切联系。涂永红、张铜钢（2017）认为，近年来，我国对外直接投资增长迅猛，正好可以通过"资本输出、带动贸易及促进金融机构国际化"等方式推动人民币在海外使用，为人民币国际化提供新动能。

通过梳理文献不难看出，国内学术界的研究大多围绕在对外直接投资与诸如经济增长、贸易水平等单一变量相互关系的探寻，缺乏对对外直接投资与货币国际化相关关系的系统性分析，且现有文献尚没有通过量化方法具体说明对外直接投资影响货币国际化的具体路径。

②人民币国际化的收益和成本分析

实施人民币国际化战略会给我国带来多少收益？中国为此需要付出多少成本？如果推进战略失败，中国将为之蒙受何种损失？对这些问题的思考成为人民币国际化进程中需要认真研究的重要课题。这里分别从人民币国际化的收益、成本两个方面对国内文献进行综述。

在人民币国际化的收益研究方面，何帆、李婧（2004）认为，人民币国际化后可以给我国带来五大潜在收益：降低人民币汇率波动风险，便利区域贸易；是国际收支赤字融资的重要媒介；增加灵活性；铸币税收入；提高中国在国际货币体系中的地位。刘仁伍（2008）以美元为借鉴，提出货币国际化可以带来丰厚回报，如铸币税收入、通货膨胀税收入、融资收益、转嫁经济泡沫、便利本国贸易和投资等。张宇燕、张静春（2008）的研究结论是，主权货币属于一国财富的创造工具，人民币国际化不但能为我国带来可观的铸币税收益和金融服务收入，还能使我国在国际货币体系中发挥制动作用，促进我国和其他国家经济发展。除此之外，还可以促进金融创新，为金融机构和金融市场发展带来便利。戴鸿广、蒋琳、潘文娣（2009）认为，人民币加入国际货币体系后能增强中国国际收支的调节能力，缓解中国经济内外失衡。王元龙（2009）认为，人民币国际化可以缓解中国高额外汇储备带来的压力，也能在短期内缓解人民币升值的压力。陆洋（2011）通过实证研究表明，人民币国际化有助于中国形成适度的外汇储备规模。马荣华（2013）将人民币国际化给中国带来的收益重新总结为：降低交易成本；增加铸币税收入；宏观经济调节灵活；国际影响力增强；中国的名誉水平提高。

总结来看，学术界认为人民币国际化可以使我国获得铸币税收益、降低中国企业面临的汇率风险，促进对外贸易和投资的发展、提高中国金融机构的竞争力，促进中国金融业发展、提升中国的国际地位和在国际金融体系中的话语权、有助于国际金融体系的完善和稳定发展。

在人民币国际化的成本研究方面，何帆、李嬉（2004）认为，人民币国际化面临三重约束：一是限制了国内金融政策的选择；二是约束了中国汇率政策的发挥；三是面临“特里芬难题”。巴曙松（2004）认为，研究成本收益对人民币国际化战略很有指导意义。基于货币国际化的成本考虑，20 世纪 80 年代，日本、韩国等分别限制本币的国际化。虽然从长远看人民币国际化的收益显而易见，但单纯的成本收益分析极有可能造成对人民币国际化的误判。为此，应将货币国际化的成本收益问题转换为风险问题进行研究，从系统性金融风险视角研究人民币国际化的战略决策，提高人民币国际化的收益，减少或避免潜在风险。李瑾等（2013）立足于人民币国际化的现状，分析了人民币国际化所面临的成本，并提出了减少损失的应对措施。马荣华（2014）认为，人民币国际化实际上只是一个程度问题，涉及多种角色和不同角度，因此，成本收益的混合是非常动态的，应全方位考虑。

可以看出，要实现人民币国际化需要付出相应成本。为此，国内学术界进行了认真研究。根据研究的视角不同，本节将其划分为以下内容：

首先是政策成本。李裕（2003）基于美元强势货币格局，认为一种主权信用货币要在国际流通，表明该国也应在国际上承担相应责任。否则，该货币将难以赢得国际声誉。在人民币国际化进程中，中国也必须考虑在推进人民币国际化的同时，制定和执行本国的货币政策、外汇政策时会给他国可能带来什么影响，应尽量减少负的外部溢出效应。但如果中国政府过多考虑别国利益，又会给自己制定货币政策和汇率政策带来约束。金发奇（2004）认为，加快推进人民币国际化意味着国内金融市场与国际金融市场之间的联系会越来越多，那么，如果国内出现负的溢出效应，不但影响别国金融市场，还会降低自身货币政策的效率，弄不好还会出现本国货币被替代（即货币替代）、资本外逃或大量流入，扰乱国内金融市场秩序。姜波克、张青龙（2005）也认为，人民币国际化会使中国面临政策“两难”（不好协调货币政策、财政政策、价格政策、国际收支维持、国际收支调节等之间的关系）及二元悖论（在享受铸币税带来的利益的同时政策自主权将受到影响）。马荣华（2009）的研究表明，人民币国际化在给中国带来收益的同时，中国不得不在全球货币体系中承担更大的管理责任。用 Mundell 的话来说，就是大国不仅拥有伟大的货币，也有可能肩负沉重的责任。刘文娟（2014）认为，人民币国际化的政策成本有五个：会增加中央银行货币政策调控的难度；将使中国可能面临“特里芬难题”；加大了人民银行和外汇局统计监测的难度；将冲击中国金融系统的稳定性；人民币国际化使中国政府在境外承担更大的金融稳定的责任。

其次是投机冲击成本。赵海宽（2003）认为，人民币若要成为国际货币，实现完全自由兑换，就会遭遇国际投机资本的攻击。他们有可能通过掌握一部分在国际市场上流通的人民币，在中国有困难时对中国金融市场发起冲击。当其突然抛出大量人民币时，如果中国没有充足的外汇实力和充分的准备，顶不住这种冲击，就有可能发生金融危机，遭受重大损失。刘骏民、刘惠杰、王洋（2006）等的研究结论是，伴随着人民币国际化进程深入，人民币自由兑换会随着资本项目的逐渐开放而加大，在全球经济金融一体化的时代背景下，国际投机资本就会进入中国，届时，可以通过大宗商品市场、房地产市场以及能源期货等市场进行对冲操作，追逐高额利润。一旦赚足利润，这些投机资本又会大批撤离，由此给经济金融发展带来不利影响，最终诱发金融危机。

最后是人民币汇率升值成本。自 2005 年汇率制度改革至 2014 年元月份，人民币一直处于升值状态，这对中国的进出口贸易等带来了一系列冲击。李婧（2011）认为，人民币汇率稳定是人民币国际化的重要条件。武亚静（2013）分析认为，人民币国际化对中国的经济贸易甚至国际经济贸易都有着巨大的负面影响。

总结来看，学术界认为人民币国际化需要中国付出相应成本，如增加宏观调控的难度，削弱宏观政策的自主性，维持国内金融市场稳定性的难度增加，加大金融监管的难度，致使中国面临“特里芬难题”，货币逆转风险等。

③人民币国际化的战略选择

货币国际化的基础条件不同，所选择的战略和路径也应不同。在人民币国际化的早期阶段，由于中国的经济发展水平不高，金融市场发育不良，不少学者对人民币国际化战略研究的态度也很谨慎。早在2000年，景学成就研究了人民币国际化战略在当时环境下的时代意义。他认为，人民币国际化还有待时日，资本项目可兑换的实现不可能是一蹴而就的。他还认为，人民币在周边国家和地区的流通不能被视为人民币国际化的开端。与此同时，有些学者对人民币国际化战略的实施则持乐观态度。但是，凌星光（2002）却认为，随着人民币购买力不断增强，人民币已具备迈向国际储备货币的条件。

有些文献从人民币国际化的基础条件出发设计战略步骤。主要代表人物是周林、温小郑（2001）以及钟伟（2002）等，他们分别提出了通过开放人民币资本项目，从而推动人民币国际化的观点。袁宜（2002）则基于货币国际化的国际经验和一般规律，认为实现人民币国际化的条件应是提高中国经济发展实力、积极参与经济金融全球化。姚校仲（2004）认为，人民币成为亚洲区域关键货币的基本条件是保持汇率稳定。曹勇（2005）认为，人民币国际化需要市场的自发演进与政府的协调相结合，应采取局部推进与系统整合有机结合的策略。李稻葵、尹兴中（2010）的研究成果较新，认为长期以来，中国的巨额贸易顺差已经为人民币国际化提供了基本条件，打好了基础，因此，中国有能力也应当积极、主动地参与国际货币体系改革。徐建国（2012）的研究成果是针对近年来人民币国际化的地位上升而提出的，他认为人民币币值是否稳定是决定人民币国际化能否长期、稳步推进的关键，这一点不可低估。

在人民币国际化战略的推进路径研究中，逐渐形成了两种流派：直接推进和渐进推进。以下分别综述。

主张直接国际化的学者认为，人民币国际化应当直接跳过这一阶段。原因是在区域金融合作过程中会出现各种阻挠因素，导致区域货币和汇率形成机制难以协调，这反而还会影响人民币国际化进程的顺利实施。例如，早在2001年，赵海宽就指出，直接进行货币国际化相对更加简单，开展货币的区域化合作并不是货币国际化的必要条件。提出这一观点理由是，从理论上说，货币区域化和国际化并不存在递进关系，两者的实现目标和方法并不相同。李婧（2004）认为，即使是没有意外冲击，国际经济金融环境运行良好，人民币国际化（区域化）也应当分步进行。刘群（2006）的观点是，与人民币国际化的直接道路选择相比，人民币在亚洲开展区域化合作难度也许更大。因为按照"最优货币区"标准，亚洲各国存在众多的差异性，如生产要素市场和资本市场难以融合，货币政策和财政政策不可能协调统一，这些都制约了人民币选择区域化的路径不可行。与此相比，直接国际化更为客观和实际。因此他们提出中国应当在对外经济交往中广泛使用人民币。与别的观点相比较，这一观点更为直接和果断。对于今天中国正在推进的人民币国际化战略具有很好的借鉴意义。自2009年我国推出人民币跨境贸易结算以来，人民币国际化加速推进，以上观点与人民币国际化的现实推进路径拟合度很高。从今后看，随着“一带一路”倡议的实施，人民币国际化正在以全方位视角进行，直接推进人民币国际化的观点具有较好的前瞻性。

然而，与直接推进人民币国际化战略不同，有更多学者主张渐进推进人民币国际化战略。这部分学者结合其他货币国际化的经验提出了人民币国际化的战略选择。如李建军、田光宁（2003）通过比较研究，发现美元、欧元、日元等都采取的是渐进式推进路径，不同货币的国际化路径各有不同：美元国际化战略的支撑是美国政府的全球性汇率协作制度；欧元国际化战略的支撑则是欧盟区域性制度，以最优货币区理论为基础；日元国际化战略的支撑则是日本政府的大力支持，实体经济的发展和金融的深化。据此，人民币国际化战略的支撑也应当是中国自身经济发展和国际环境变化。李晓（2005）以日元国际化为研究对象，指出“广岛协议”后日本面临美元霸权，采取的是跳过区域经济，选择了直接货币国际化战略，由此导致了日元国际化的不了了之。基于日元国际化的深刻教训，不能采取直接推进战略实施人民币国际化。既然如此，人民币国际化如何在区域进行？孙健、魏修华、唐爱朋（2005）进行了研究，认为人民币国际化首先应当在中国大陆、中国香港、中国澳门以及中国台湾之间选择合适的模式，在东亚区域范围内学习日元模式。

在如何推进人民币区域化战略的研究上，学者们广泛发表了自己的意见，分别提出了不同的思路。在中国加入WTO后的前期阶段，中国的经济实力和金融市场发育不足，因此，学者们对人民币国际化的态度相对保守，对人民币国际化的研究视野也主要聚焦于如何推进亚洲货币合作。覃延宁（2003）认为，人民币国际化的外部条件是中国与东盟签订了自由贸易框架协定，与东盟国家经济合作不断深入，因此，具备人民币区域化的良好外部条件。李晓、李俊久、丁兵（2004）提出，应在更大范围内首先实现“人民币的亚洲化”。李扬、曹红辉（2005）提出，人民币国际化战略的必经过程是中国必须参与亚洲债券市场的发展和改革。虽然中国（在当时）尚不具备人民币国际化的条件，但中国经济发展的总量不断扩张，在东亚经济中的地位已经无法撼动，人民币在一定程度和范围内的可接受性很强。在这种条件下，中国应当通过区域货币合作实现人民币国际化目标。

2008 年金融危机发生后，学术界对人民币国际化的信心大大增强，研究思路也发生了很大变化，研究视野大大拓宽。李稻葵、刘霖林（2008）的研究拓展了人民币国际化研究的视野，他们不同意人民币仅仅参与亚洲货币合作，认为在美元、日元称霸亚洲的格局下，一旦人民币成为“亚洲货币”，可能会在长期内受到日元的限制，失去成为国际化货币的历史机遇。为此，他们提出应通过“双轨制”推进人民币国际化路径：即在中国境内逐渐实行人民币的资本项目下的可兑换；在香港利用香港的国际金融中心优势，扩大以人民币计价和结算的交易规模和交易水平。有一些学者认为，香港应当成为人民币区域化和国际化的第一跳板，在香港发展人民币离岸业务前景广阔。从实践看，自 2009 年以来香港作为人民币跨境贸易结算中心，确实发挥了非常好的作用，从今后看，将香港作为人民币“出海”的第一站还应发挥更大作用。

在人民币国际化战略的路径选择上，学术界也进行了很多研究，提出了大量新观点。巴曙松（2004）提出的路径选择是走边境贸易之路，即从边境贸易起步开展人民币国际化，将人民币由区域结算货币过渡到全球贸易结算货币。而陶士贵（2003）则倾向于区域性制度合作，提出应建立一个中国人民币在周边国家或地区的自由汇兑圈。鉴于人民币国际化问题首先涉及的是人民币如何在大中华区内流通和支付，为此，陈岩岩等（2005）提出，应首先整合港元、澳元和人民币，在亚洲次区域范围内首先实现货币一体化。当这一尝试成功后，再以此为基础，加强人民币的东盟合作，在未来几十年内逐步建立一个统一的货币管理机构，在区域内实行统一货币政策，最后实现东亚货币一体化。如今看来，这一观点虽然很理想，但是，不符合中国经济发展的现实和对外开放的战略安排。中国人民银行课题组（2006）提出了人民币国际化的分阶段性实施目标，主要还是围绕人民币如何在亚洲区域内实现区域化。王元龙（2009）、唐双宁（2009）的观点基本类似，基于地域划分人民币国际化应当实行“三步走”战略，即人民币的周边化→区域化→全球化；基于货币职能人民币国际化应当遵循：结算货币→投资货币→储备货币，各个步骤应相互衔接、相互交叉。刘力臻（2010）则从货币国际化的功能提出人民币的国际储备货币→国际结算货币→国际投资货币的路径。与刘力臻的观点截然不同，有很多学者认为，人民币应首先成为国际本位货币，然后才能成为国际储备货币。代表性观点主要有：陈四清（2010）认为，人民币首先应成为国际贸易计价结算货币，然后逐渐成为国际投资中的计价和结算货币，最后才能成为国际储备货币，真正成为国际化货币。周小川（2011）提出，根据中国现实，人民币国际化应该稳步推进，走渐变之路。刘明康（2012）的观点是，作为中国对外开放进程中一揽子计划的重要部分，人民币国际化应当稳步推进。刘辉和巴曙松（2014）通过博弈模型论证了人民币国际化的现实选择，认为可通过货币竞争逐步实现对美元等货币的替代并实现区域化，在此基础上逐步推进人民币国际化。李婧（2014）认为，近年来人民币国际化进程已经突飞猛进，但还存在前进道路上的一系列问题，必须更合理、更细致地设计未来的人民币国际化进程，才能保证人民币国际化战略的顺利实施。彭红枫等（2015）认为，虽然人民币目前还无法与日元抗衡，但人民币国际化已取得了长足进展，极具成为区域关键货币乃至国际货币的潜力。

2.2 关于金融风险的研究

与现代经济发展相伴随的金融风险问题是困扰全球经济、金融发展的主要问题之一，也成为经济、金融学界的学者们普遍关注并倾注了很大精力进行研究的课题。经过长时间的研究，取得了一系列研究成果，其中有些已被应用于实践并取得了初步成效。正当人们沾沾自喜，自以为能够控制金融风险之时，2008 年华尔街金融危机的爆发给人们当头一棒，又一次给全球敲响了警钟。学术界对金融风险的研究又增添了新内容。人们对金融风险的定义、金融风险的生成和传导、金融风险的预警和防范等都重新进行研究，提出了很多新思路和新方法。这些研究成果对防范人民币国际化进程中的金融风险具有很好的借鉴价值。

2.2.1 金融风险的定义

学术界基于不同研究视角对金融风险做出了很多定义，但截至目前人们关于金融风险的定义还在进行，特别是 2008 年金融危机发生后金融风险被赋予了新的含义。下面分别对其进行梳理。

最早的研究是从微观金融视角出发，按照金融风险能否被转移和分散，对金融风险进行定义。这一定义最早始于 Markowitz（1952）的《资产组合的选择》一文。在该篇论文中，金融风险被定义为“金融变量的各种可能值偏离行为人期望值的可能性及其幅度”。同时，Markowitz 按照金融风险是否可以被分散或转移将其分为两类：系统风险（Systematic Risk）和非系统风险（Unsystematic Risk）。之后，关于金融风险的研究在很长时间内都沿用 Markowitz 的这个定义。

随着金融市场不断开放，金融自由化浪潮不断出现，金融危机发生的频率越来越高，学术界发现，一旦某一地区或某一金融机构出现危机后将会殃及众多金融机构，出现风险传染，最终酿成金融危机。于是，学术界越来越多地将目光聚焦在宏观视角的研究上。1997 年亚洲金融危机的发生可以算作是一个时间节点，而 2008 年的金融危机则是一个里程碑。危机发生之前，人们对金融风险的研究没有进行过多分类，只是沿用 Markowitz 的定义。在由次贷危机演化为金融危机的过程中，人们逐渐发现从宏观视角研究金融风险更重要，于是，对金融风险的定义开始由微观转化为宏观，并且大量使用“系统性风险（Systemic Risk）”或“系统性金融风险（Systemic Financial Risk）”一词。Borio 等（2007）将系统性风险定义为“由某种金融资产剧烈贬值引发的诸如股票和债券等金融资产的交易市场崩溃，这种金融资产贬值可以形成正反馈机制并且不断增强”。Schwarcz（2008）的定义更为简单，认为系统性风险是金融和实体经济同时发生一系列损失的可能性。Bemanke（2009）将系统性风险定义为并非一两个金融机构出现违约事件，而是威胁整个金融体系以及宏观经济运行的金融安全。张晓朴（2010）对系统性金融风险的定义进行了详细梳理。马勇（2011）基于对经典文献的解读，对系统性风险产生的内在制度环境、动态演变过程以及信贷传导机制进行阐述。他认为，理解系统性金融风险的关键在于其造成的冲击在特定条件下得以实现的基础和条件，这一点非常关键但被主流经济学界长期忽略。

与上述研究视角不同，有些学者根据风险的爆发源对金融风险进行定义。Minsky（1982）将金融风险归纳为因突发事件，而且通常是不可预期的突发事件所引发的金融市场信息中断，金融体系无法以有效率方式来分配资源的风险。与 Minsky 的观点基本相同，Mishkin（1995）将金融风险定义为是由一个不能预期到的突发事件使得金融市场信息处于混乱状态，不能形成有效的资金流通渠道，无法获得最大产出的投资机会。Pressacco（1995）根据损失发生的类型将风险分为固定损失风险、可控范围之外因素所引起的风险以及可控范围之内因素所引起的风险。按照风险范围的大小不同，可将金融风险分为狭义风险和广义风险，前者指金融机构从事金融活动产生的风险，后者主要指除了金融机构以外的家庭、非金融机构以及国家部门从事金融活动产生的风险。

从以上定义可以看出，学术界对金融风险的界定经历了一个从窄到宽、从微观到宏观的过程。2008 年金融危机发生后，学术界从系统性风险定义出发，研究金融危机生成和传导方面的研究成果基本都是从宏观视角出发，一些流行用语，如“系统重要性金融机构”“商业银行风险承担”“影子银行”“压力测试”等词的使用频率已越来越高。

需要特别说明的是，从人民币国际化进程中所面临的金融风险来看，更多的是从宏观方面。因此，本书对金融风险的定义和研究也主要基于宏观视角而展开。

2.2.2 金融风险的生成机理及传导机制

自从金融业诞生以来，因局部或整体出现的金融风险所导致的金融危机爆发就一直没有停止过。学术界也对金融风险的形成机理和传导机制进行了长期的理论和实证研究，取得了大批研究成果。这些研究成果虽然还不能从根本上揭示金融风险的内在规律，但已对金融风险的形成机理和传导路径进行了比较深入的分析。

(1) 金融风险的生成原因

学术界在研究金融风险成因时，认为不同环境下金融风险的成因复杂多变，金融风险的传导路径也各不相同。基于不同视角进行的长期研究，学术界积累了大量的学术文献，以下理论流派具有一定的代表性。

①金融脆弱性理论

金融脆弱性理论认为，现代经济条件下以商业银行体系为代表的金融体系本身具有内在脆弱性。这种内在脆弱性主要表现为金融制度和金融结构的非均衡所诱发的金融体系风险不断积聚，最终导致整个金融体系丧失部分或全部功能的金融状态。

金融脆弱性理论的代表性人物 Fisher (1933) 认为，金融体系脆弱与其债务清偿能力有紧密联系。因为银行是依附于实体经济之上的，当经济处于上行期时，经济主体一般会为了追逐利润而过度负债；相反，当经济处于下行期时，经济主体却无力偿还债务，这会导致经济运行中的货币收缩、周转速度下降。当实体经济出现这些状况后往往会引起产出减少、价格下降、市场信心下降、银行破产增加、失业率上升等。当出现以上情况时，银行贷款便无法收回，不良资产增多。另一代表性人物 Minsky（1982）认为，可以按照“收入—债务关系”将实体经济单位分为三种：对冲型、投机型和庞氏型融资单位。对冲型单位（Hedge Financing Units）的现金流可以覆盖其负债本息，在这类单位中，权益融资比重越高，负债融资比重越低，就反映该单位的偿债风险越低。投机型单位（Speculative Financing Units）的现金流不能覆盖负债本金，只能覆盖利息，这样，负债到期后只能借新还旧，因此，风险较大。而庞氏型单位（Ponzi Financing Units）的现金流对本金和利息都不可能覆盖，只能依靠资产价格不断上涨后出售资产来支付本息，但这种情况很难出现。现代经济条件下，普遍存在系统性金融风险，系统性危机的爆发不可避免。假如某一经济体中以对冲型融资单位为主，则该经济体就是一个“追求均衡并维持均衡型”体系；反之，假如以投机型或庞氏融资单位为主，则该经济体系就是一个“偏离增强型”体系，发生系统性金融危机的可能性就大。另外，系统性金融危机的发生也和经济发展阶段有关。当经济发展过热时，经济体往往会由对冲型融资单位为主导转变为由投机型或庞氏型融资单位为主导；如果投机型融资单位负债规模巨大，而经济体又恰好处于通货膨胀阶段时，当货币当局采取紧缩性货币政策时，投机型单位可能会转变为庞氏型单位。而庞氏型单位的财富净值会迅速蒸发，不得不出售头寸以维持资产、负债的平衡，当出售行为过多时必然会出现资产价格暴跌，导致金融危机发酵而成。在最新的研究中，有学者认为，系统性金融风险会随着银行规模的扩大而增加，与银行资本成反比关系（Laeven，Ratnovski，Tong，2016）。这一结论有助于基于银行系统性风险资本要求视角来思考问题。

②信息不对称及个体的非理性理论

这一理论来自信息经济学。早期的代表性人物是 Diamon 和 Dybvig（1983）。他们从研究银行挤兑危机开始，认为当发生挤兑时银行体系是脆弱的，特别是当没有存款保险制度和最后贷款人制度时更是如此。因此，当存在信息不对称时，一旦存款者对银行的风险状况发生变化，都会导致挤兑。挤兑具有传染效应，那些基本面相似的银行也可能被波及。这时，如果证券市场上恰好存在利空消息，则已经被放大的银行倒闭案例就会被放大到证券市场。伴随着银行信用的收缩，货币供给的下降等，实体经济从银行得到的贷款利率出现上升，而此时消费却出现萎缩，这又会进一步加大借款者的还债压力，引发实体经济的倒闭。

因存在信息不对称而导致的个体不理性行为成为自 1997 年亚洲金融危机

以来研究系统性金融风险成因的一个新方向。学者们通过研究发现，由于金融自由化改革、外资大规模流入后使得金融中介机构的信用规模过度扩张，风险投资规模过大，产生资产价格泡沫化。货币危机理论对投资者的个体不理性行为不能合理地解释，因此，许多学者跳出了经典的宏观经济学分析框架，试图从信息不对称视角研究在系统性风险形成中金融中介所发挥的作用。由此派生出了一系列新理论，如，金融体系不稳定理论、金融危机传染理论、信息传染理论以及信贷关系传染理论等，为研究系统性金融风险提供了新视角。

另一种根据信息不对称理论研究系统性金融风险生成和传导的是从道德风险和逆向选择出发。代表性人物 Davis（1998）等基于这一视角对银行业系统性金融风险的研究较为深刻。这种研究主要基于金融业的现实。如著名的巴林银行事件就是由于经营者的道德风险所致。近年来一个非常典型的案例是，在 2008 年华尔街金融危机中，由于华尔街在疯狂的衍生品交易中产生的巨额亏损由美国的纳税人买单，而华尔街自身却仍然获取高额奖金，这是由于华尔街的金融家们确信，出现问题后政府会保护他们，因此即使做出逆向选择策略也伤害不到自身，但这样做加大了系统性金融风险的积累速度，最终发生金融危机。

③金融监管缺位理论

20 世纪 70 年代，由于发生石油危机，美国等发达经济国家纷纷陷入经济“滞涨”。到 20 世纪 80 年代，随着经济全球化的进行，由 1973 年 McKinnon 和 Shao 建立的 M - S 理论（金融自由化理论）开始流行，并且逐渐发展壮大。该理论首先从两个方面对 20 世纪 30 年代以来的金融监管发起挑战：一是认为政府长期实施严格而广泛的金融监管带来一系列负效应，导致金融机构效率降低，不利于金融业健康发展；二是认为由政府出面进行金融监管，其监管效果会因政府在监管问题上的能力受到限制，出现政府失灵。基于此，他们主张解除金融管制，恢复市场竞争，提高金融业的运行效率。尽管 20 世纪 80 年代初南锥体国家按照他们的理论进行金融自由化改革，且均以失败而告终，但那些西方发达国家却普遍放松或取消了以往的限制性措施，金融市场变得更加自由了。

当人类进入 20 世纪 90 年代后，金融危机发生的频率越来越高。在美国，以时任美联储主席格林斯潘为首的监管者仍然认为，“最少的监管就是最好的监管”，监管阵营应与市场保持距离等。在长达 20 多年的时间里，美国等发达国家的金融市场一直运行良好，没有因金融创新和金融衍生市场的快速发展而出现明显的金融风险。但是，2008 年华尔街金融危机的发生给了这一理论致命一击，由于金融监管缺失，导致金融套利越来越多，杠杆化严重泛滥，最终酿成大祸。

（2）金融风险的传导途径

系统性金融风险之所以在 2008 年金融危机后成为理论界和实务界关注的热点问题之一，原因就在于与以往的金融风险不同，系统性金融风险可以迅速从一家机构或某一地区开始，然后迅速传播至其他金融机构，危及整个金融行业，破坏经济运行。近年来，随着金融自由化和全球化日益深化，金融衍生品大量涌现，金融业与实体经济之间的联系日趋紧密，对金融风险的研究已经由一般的金融风险转向对系统性金融风险的研究了。

①通过金融系统的流动性途径

Bernanke（1998）等人研究后认为，系统性金融风险传导的一个重要途径就是通过商业银行的信贷渠道。如果商业银行被破产清算，会产生三重连锁反应：第一是实体经济因难以继续获得足额信贷资金而维持困难，不得不关门；第二是金融危机会在金融同业之间相互传染，如果某金融机构倒闭，为了避免重蹈同行覆辙，其余金融机构不得不收缩贷款业务，但这样做对经济发展不利，会导致实体经济发展因缺乏资金而衰退；第三是因前两者的循环效应，导致社会中所有实体经济没法继续经营，破产清算频发，经济危机发生。基于 Bernanke 等人的研究成果，Elsingeretal（2006）进一步将系统性金融风险的传导途径划分为两条：一是由于银行的同质性引起的风险暴露所引致的系统性金融风险传导；二是因实体经济中企业的业务联系紧密引起的连锁反应所发生的系统性风险传导。

当金融衍生工具层出不穷、金融危机频繁发生后，近年来从金融系统的流动性视角研究金融风险渐成主流。Mitehell 等人（2007）研究了通过可转债市场的流动性渠道所引起的系统性金融风险传导途径。他们的观点是，当经济基本面出现恶化时，可转换套利基金面临大量赎回的压力，这时，许多基金经理因受到资本约束的限制而大量出售债券以变现，由此导致出售价格大幅下降，远远低于市场价值。即使如此，那些流动性提供者因要不断赎回，也会变成流动性需求者，这会进一步导致市场的流动性供应减少，最后出现因金融市场的流动性不足而引发动荡，最终出现系统性金融风险。Brunnermeier、Pedersen 等人（2008）研究了股票市场价格后发现，不同市场之间的流动性不足所具有的联动效应最容易诱发金融危机。当市场交易者出现资金紧张时，他们一般会选择尽快平仓，尽快套现，这无疑会导致市场资金的流动性供应紧张，进而产生过度波动，增加融资风险。而且越是在这种情况下，银行越是要求资金需求者追加保证金，加剧资金紧张气氛、放大金融风险，最后出现系统性金融风险。Aikman 等人（2008）研究发现，从根本上说，实体经济衰退才是导致系统性金融风险的元凶，由于企业融资能力不足，信用等级下降，必然导致其未来的融资成本上升，或者更极端地说，当某企业因无法融资而破产清算时，必然无法偿还银行的贷款。这不但会导致贷款银行出现不良资产，而且还会导致与给该企业贷款的银行关联的银行也受到牵连，出现连锁反应。即那些与贷款银行具有共同风险敞口的银行也厄运难逃，银行间市场的流动性更加不足，这会波及其他金融资市场，导致整个金融市场出现恐慌情绪。在恐慌情绪的支配下，人们纷纷到银行挤兑，银行资金更加紧张，银行大批倒闭，这时，系统性金融风险就在眼前了。Krishnamurthy（2010）对此进行了解释，指出因商业银行流动性不足所引发的金融危机存在两个放大机制：一是因市场冲击所引发的流动性需求不足，即投资者在市场上抛售资产所引发的资产价格下降、现金流萎缩；二是因投资者对市场的不确定性预期增加所引起的恐慌情绪所导致的流动性需求增加。

②通过市场信心和预期的传导途径

2002 年诺贝尔经济学奖颁发给在行为金融学领域做出杰出贡献的两位经济学家——Kahneman 和 Smith 之后，学术界从心理视角出发对系统性金融风险的研究热情高涨。众多研究认为，因信息不对称所导致的消费者对金融机构的流动性不足产生担忧，导致了消费者之间产生了恐慌情绪的相互传染，最后在对金融机构缺乏信任而出现挤兑情况后，系统性金融风险必然生成并传导。Kodres 等（2002）认为，“羊群效应”等可能也会导致金融危机直接或间接相互传染。比如，当某银行因欺诈活动或者因发生重大损失而遭遇负面报道甚或清算时，会导致投资者的恐慌情绪，当这种情绪在投资者之间继续发酵后就会出现“挤兑”现象，导致越来越多的银行被“挤兑”，甚至连原本与这个出现问题的银行毫无关联的银行也受到牵连。Bernardo 和 Welch（2004）认为，从本质上看，金融危机实际上不是因流动性冲击，而是因人们对未来流动性冲击的担忧所导致。Schwartz（2008）指出，银行“挤兑”最早源于存款人的恐慌情绪。当信任危机发生后，存款者会提前集中取款，而银行不可能在短时间内准备大量现金，当出现资不抵债时，必然出现银行违约，进而破产。Hasman 和 Samartin（2008）首次将“信息传染”作为新变量引入其模型分析中，认为系统性金融风险的发生是因为存在信息不对称、信息流通渠道不畅等所导致的债权人无法识别不同金融机构的信用水平差异，从而无法辨别哪些金融机构属于健康运行的，哪些又是有问题的金融机构。这样，一旦投资者发现某个大型金融机构（一般称系统重要性金融机构），或者很多一般性金融机构清偿力不足，甚至丧失清偿力时，就会对所有的金融机构都失去信任，在这种心理作用下，投资者必然要采取行动以保护自身的资产安全。比如，作为存款者，出于减少存款损失的心理，他们会纷纷到银行提现，就会出现银行"挤兑"现象。随着时间的推移，这种现象还会继续，引起更多投资者的恐慌，最后，这种挤兑行为会影响金融机构的健康程度。如果情况继续发生，就会导致整个金融体系出现崩溃，甚至发生金融危机。

③通过资产价格过度波动途径

因资产价格过度波动所导致的金融危机是近年来国际金融市场的新现象。为此，学术界进行了专门研究。Kiyotaki 和 Moore（2008）基于资产价格变量设计了一个"代际交叠模型"，指出当出现资产价格下降时，企业为了保持其流动性，即使遭受部分损失，也会在低价时出售一部分资产。资产价格下降也会导致企业与企业之间、企业与银行之间产生的违约事件不断发生。在这种条件下，即使银行能保持流动性，也会因企业违约而遭受损失。由于银行面临资本金约束，一旦出现企业经营不善，银行一般会收缩其信贷规模，这又会反过来导致资产价格出现进一步下降，当资产价格下降到企业无力承担的地步时，就只有破产清算。这样，因资产价格的过度波动所导致的金融危机便不可避免。为了将资产价格波动引起的金融风险进行定量研究，Daníelesson 和 Zigrand（2008）建立了一个"多元资产价格均衡模型"，充分揭示了资产价格过度波动是如何引发系统性金融风险的。Korinek（2008）以加入社会福利的一般均衡模型验证了资产价格波动是如何作用于系统性金融风险的引发和放大。我国学者吴智麟（2008）结合我国实际情况也研究了系统性金融风险传导的商业银行、投资银行以及保险业等途径。董青马（2008）构建了我国的系统性金融风险生成和传导模型，分别从"个体银行、银行系统、金融安全网"三个层面分析了我国的系统性金融风险生成和传导机制，指出在不同环境下，系统性金融风险具有不同的传导机制。齐贵全、张建平（2012）认为，在金融危机的孕育阶段，金融自由化、经济上升周期、货币政策、国际资本流动和心理等因素导致或助长资产价格向上运动和泡沫化现象。唐翰文（2014）从货币政策、金融创新、国际游资等方面论证了资产价格泡沫到一定程度后是如何引发金融危机的。童中文、范从来等（2017）通过构建 DSGE 模型进行研究，认为系统性风险的产生是内生的。由于其他变量的反应，简单货币政策意外收紧并不一定会降低系统性风险，当金融部门脆弱时往往会造成强冲击。宏观审慎货币政策添加了逆周期资本要求和金融脆弱性反应，高风险状态下其"逆周期缓冲"机制会减弱意外性货币政策的负面影响，获取更高的福利收益，同时兼顾通货膨胀和产出的目标要求，从而能更有效地平缓经济波动和维护金融稳定。

2.2.3 金融风险预警研究

鉴于历次金融危机的发生不但给经济、社会造成了重大损失，而且发生得非常突然，学术界一直试图寻找能够提前预报金融危机的方法，通过对金融危机进行动态预警以降低或消除金融危机的危害。

但是，对金融风险进行预警是一项艰难而复杂的工作。最初的预警方法比较简单，对金融危机预报的精确度也不高。随着金融危机爆发和金融监管不断演变，国内外学者对金融风险的认识不断深化，对金融风险预警的研究内容不断丰富，预警方法也越来越科学。预警方法经历了从微观审慎视角到宏观审慎视角的转变，从滞后的静态方法到前瞻性的动态方法的发展。

需要说明的是，从金融风险预警的研究进展看，国外学者步伐大大早于国内。早在 20 世纪 60 年代，国外学者就开始尝试借用军事领域的预警方法预警经济危机。虽然开始时很粗糙，但毕竟开辟了一个全新的研究领域。随着 20 世纪 80 年代末爆发拉美债务危机，1994 年爆发墨西哥金融危机，特别是 1997 年爆发亚洲金融危机，对金融风险预警的研究越来越多，研究成果日益丰富。2008 年华尔街全球金融危机的爆发更是将研究推向了高潮。

从学术界对金融风险预警研究的内容以及各国对金融风险预警的实践看，一般包括预警指标体系的设置与验证、预警模型的比较与选择以及对金融风险的即时预警，其中比较和选择预警模型是关键。因此，这里按照金融风险预警的一般步骤，分别从预警指标体系的设置与验证、预警模型的比较与选择等对现有文献进行梳理。

（1）预警指标体系的设置与验证

设置多少指标才能有效预测一国的金融风险程度？这是研究金融风险预警问题时需要回答的首要问题。伴随着金融危机的爆发和演进，国外学者、政府部门和部分国际组织都对系统性风险的预警指标体系给予了极大关注。最早的金融风险预警指标可以追溯到法国经济学家 19 世纪末用不同颜色标注的“经济状况指数”，但真正意义上的金融风险预警指标体系研究则主要是以四代金融危机理论为线索。从实践看，以 IMF、世界银行以及各国金融监管部门对预警指标体系的应用，为预警指标体系的完善提供了良好的政策支持。

在第一代金融危机理论中，Kugman 提出应采用“官方外汇储备、国内信贷、中央银行对公共部门的信贷以及预算赤字”等作为预警货币危机的指标。在第二代金融危机理论中，Obsfeld 提出应添加“产量、国内外利率水平、银行系统相关指标以及政治变量”等作为预警货币危机的指标体系。在第三代金融危机理论中，有学者认为，应考虑“金融部门的单独行为和脆弱性”。在第四代金融危机理论中，Kugman 提出应加入“资产价格”这一变量。

在具体如何设置预警指标方面，刘遵义（2007）曾在其研究中选取了 10 项预警指标并对危机进行预测，这些指标主要包括实际汇率变动、实际 GDP 增长率、相对通货膨胀率、国内外利差、国内外利差变化、实际利率变动、国内储蓄率水平、国际贸易情况、国际收支情况、经常项目是顺差还是逆差、外国组合投资与外商直接投资之比等。IMF 和世界银行在其金融部门评估规划（FSAP）中使用金融稳健指标（FSIS）来评估成员国金融体系的整体风险和脆弱性。该体系包括核心指标和鼓励指标两大类：前者只涵盖银行业，包括“资本充足性、资产质量、盈利能力、流动性以及对市场风险的敏感性”等 5 个方面共 12 项具体指标；后者则包括“存款机构、其他金融机构、非金融公司部门、市场流动性、住户部门以及房地产市场”等 6 方面共 27 项具体指标。如 IMF 等国际金融机构都分别做过此类工作并向全球其他国家进行过推广，并认为在构建预警指标体系过程中应特别重视金融系统与宏观经济之间的关联性。欧洲中央银行（2010）也建立了一套综合性系统风险预警指标体系（以下简称 CISS）。Frankel 等（2011）选取 GDP 增长率、货币贬值程度、外汇储备、股票指数、工业产出等 6 个指标作为危机预警指标体系。

国内学者郑振龙（1998）率先进行了危机预警系统研究，建立了一套包含 20 个预警指标的货币危机和银行危机的预警系统。刘志强（1999）较早介绍了国外关于金融危机预警的方法，并设计了一套金融危机预警指标体系。冯芸等（2002）将整个预警流程划分为长期、中期、短期三个层次，并基于这三个层次构建了危机预警指标体系。唐旭（2002）提出了一个建立中国金融危机预警系统的构架，其中包括一套预警指标体系。董小君（2004）系统地从宏观、市场以及微观三个维度设计了一套中国金融风险预警指标。刘遵义（2007）选取了10项预警指标对危机进行预测。沈沛龙（2011）选取了12个预警指标，减少了预测指标数量，这对提高预测水平和解决前期数据收集困难具有重要意义。沈沛龙（2011）则选取了12个预警指标，并利用多元变量系统诊断技术进行预警，大大地减少了预测指标的数量，这一研究成果在提高预测水平和解决前期数据收集困难等方面具有十分重要的意义。吕江林（2011）运用逐步回归法建立了一套金融系统性风险最佳预测方程，构建了一套金融系统性风险预警指标体系。卢芹（2012）在前人研究成果的基础上，依据“规范性、系统性、灵敏性、可操作性以及互补性”原则，分别从“宏观经济风险、银行体系风险、其他金融机构风险以及外部冲击风险”四个方面构建了一套包含20个指标体系的中国金融风险预警指标体系。孙立行（2012）分别从“宏观层面、中观层面、微观层面、资本流动以及对外债务”等方面，构建了一套包含4个子系统的中国金融风险预警指标体系。朱元倩、苗雨峰（2012）对系统性金融风险的度量模型进行了综述，但没有设计相应的预警指标体系和模型。孙立行（2012）构建了一套包含4个子系统的中国金融风险预警指标体系。沈悦等（2013）基于人民币国际化的视角，通过分析人民币国际化进程中的金融风险传染机制，构建了金融风险预警指标体系。刘霞等（2013）从宏观经济总体运行、银行体系、经济泡沫、国内外债务以及外部冲击影响等五个维度选取了19个量化指标构建了我国系统性金融风险预警指标体系。周华（2013）则将各种指标综合成能够分别反映“货币危机、银行危机、资产泡沫危机”的货币危机指数、银行危机指数、资产泡沫危机指数。王凯俊（2014）针对现有金融风险预警指标体系存在的缺陷，分别从宏观和微观两个维度，构建了围绕“金融机构、金融产品、金融市场”3个层面的27个具体预警指标，对中国金融风险程度进行预警。任碧云等（2015）从微观、中观和宏观3个方面选取了资本充足率、利率敏感性比率、GDP增长率等19个指标，建立了中国金融系统性金融风险预警指标体系。江艳波（2016）从宏观经济整体运行情况、金融机构本身经营状况、泡沫经济以及外部资本冲击4个方面选取了共16个指标构建我国系统性金融风险预警指标体系。

可以看出，国外学者在对金融风险预警指标体系方面的研究起步较早，成果较多，研究也较成熟。更重要的是，一些国际金融机构和主要发达国家的金融监管部门也纷纷选取不同的预警指标体系，对全球或某国的金融风险情况进行预警。相比较而言，国内对金融风险预警的研究成果相对较少，而且很多研究构建的预警指标体系大同小异，加上我国目前对金融风险预警的实践还在探索阶段，因此在预警指标体系研究方面还有很大空间。

（2）预警模型的选择及对金融危机的预警

要达到科学预警金融风险的目的首先需要选择科学的预警模型，预警模型的选择对能否科学、准确预测金融风险起着关键作用。早期的预警模型相对比较简单，主要以借用其他领域的模型为主，科学性较差。随着研究的逐步深入，学术界逐渐开发出了多种多样的用于预警金融风险的模型。特别是2008年金融危机之后，关于金融风险预警模型的开发步伐更加快了，学术界不断推陈出新，创新了一系列新的、综合不同传统模型优点的复合型模型。这里拟根据金融风险预警模型研究的几个阶段进行文献梳理。

①早期的非系统方法阶段

金融风险预警的非系统方法以 Bilson（1979）发表的《货币贬值的先行指标》为代表，主要选择货币系统中的一些先行预警指标，并采用定性分析方法进行研究，以预测货币危机是否发生。该方法主要分为三种：一是采用定性分析方法对较少的经济预警指标进行分析判断，并没有对这些预警指标进行适应性的假设检验（Amemiya，1981；Stock、Watson，1989；Diebold、Rudebusch，1989）。二是将经济指标在金融危机爆发前和经济运行状态良好时进行比较，借助于参数检验和非参数检验方法来分析这些经济指标是否出现异常，从而判断金融危机是否发生（Chamberlain，1980；Velasco，1987；Galbis，1993；Stoke，1994）。三是采用较为简单的定量分析方法。主要对货币贬值概率进行估算，试图通过预测货币贬值幅度来判断金融危机是否发生。但需要注意的是，当时采用的定量分析方法虽然简单，但这种由定性分析转向定量分析的研究思路为后来从定量方面进一步开发金融危机的预警方法奠定了基础（Edwards，1989；Calvo、Leiderman、Reinhart，1993；Obstfeld，1994）。

②标准系统分析方法阶段

随着20世纪90年代初期墨西哥金融危机和1997年亚洲金融危机的爆发，学术界主要开发了两类预警模型：第一种是非参数法，主要以 KLR 信号分析法为代表。另外，还有对金融风险进行预警的 DCSD 模型（Honohan，1997；Kaminsky、Lizondo、Reinhart，1997）。第二种是参数法，以虚拟变量分析的 Logit 模型，FR 的 Probit 模型以及 KMP Logit 模型为代表（Frankel、Rose，1996；Eichengreen、Rose，1998；Berg、Catherine1999a；Bussiere、Fratzscher，

2002)。在研究过程中，学者们分别对两类方法都进行了完善，使得预警的科学性进一步增强。在非参数模型完善方面，如 Berg、Pattillo（1999）对 KLR 方法进行了重新诠释，添加了两个新的预警指标以对原有模型进行改进。Brüggemann、Linne（2002）对 KLR 方法进行了拓展研究，主要关注 KLR 方法是否可以被运用到情况差别较大的国家中，如一些转型新兴市场经济国家。后来，也有学者在传统预警指标中加入一些微观指标如银行机构脆弱性等指标，以增大 KLR 方法在预警经济转型国家发生金融危机时的有效性。在参数模型完善方面，Kumar、Moorthy、Perraudin（2003）对标准 Logit 模型进行扩展并对货币危机预警问题做了研究，并运用非系统方法建立了一套能够正确评估预警系统预警能力的标准。

③新预警方法的开发阶段

近年来，学术界在金融风险预警研究中创新了很多新方法，如 Nag、Mitra（1999）利用人工神经网络（Artificial Neural Network，ANN）建立了货币危机预警系统。其后，很多学者对 ANN 模型进行了拓展研究。Zhang（2001）提出自回归条件风险模型，按时间依存的临界状态来确认金融危机是否发生，并对金融风险进行预警研究。Abiad（2003）扩展了马尔科夫状态转移模型。模型中除了使用传统的宏观经济预警指标外，还加入了微观经济预警指标，如金融机构稳定性指标等，从而提高了对金融风险预警的准确水平。Kumar、Ravi（2007），Ravi、Pramodh（2008）提出了主成分神经网络（Principal Component Neural Network，PCNN）并对商业银行破产进行了预测。Collins（2001）运用潜伏变量阈值模型，在假设潜伏变量遵循布朗运动的情况下，预测当某一不可观测的未知过程超过该变量的阈值时，就认定发生了货币危机。从实践看，虽然 ANN 是一个潜在且具有较强有效性的预警方法，但由于其难以在实践中操作，还需要对其进行进一步完善。近年来以 ANN 为基础的模型还在开发中。

在险价值法（Value At Risk，VaR）是近年来非常流行的一个新方法。Blejer、Schumacher（1998）提出，通过应用 VaR 方法对中央银行的资产负债表和清偿力风险进行评估可以预警货币危机的发生。因为该方法可以通过一个简单的数值来表示各种资产组合以及金融机构总体的市场风险，使分析者能够十分清楚地了解其资产在某段时间所面临的最大风险。但是，VaR 方法的主要缺陷表现为所谓的模型风险（model risk）值的计算。因为 VaR 值可以通过历史模拟法、蒙特卡罗法以及方差－协方差参数法等不同的方法来计算，这样使得 VaR 值的可靠性难以把握。此外，VaR 主要适应于正常条件下对金融市场的风险进行度量，而对于那些极端情况则无能为力。基于此，学术界近年来对 VaR 模型进行了改进，涌现了一批成果，形成了以 VaR 为基础的多种复合型模型。

对金融风险预警新模型开发的另一个方向是，基于马尔科夫状态转移模型（Markov - Switching Approach Model，Markov）。因为该模型能够避免把连续变量转变为离散变量时所造成的信息损失，学术界开始使用该模型来预测危机以弥补 KLR 信号法和 Probit/Logit 模型存在的多种缺陷。Fratzscher（1999）和 Jeanne、Masson（2000）建立了多重均衡货币危机模型，利用 Markov 转换变量模拟多重均衡间的相互转换过程。Martinez 和 Maria（2002）在前人研究的基础上建立了一个时变 Markov 过程，并利用它对欧洲货币体系中的投机冲击进行了模拟。研究证明，该模型不仅提高了辨别金融危机的能力，还对经济发展水平相近的发达国家没有影响，但不足是对于新兴市场经济国家不适用。为此，Abiad（2003）又在 Martinez 和 Maria 研究的基础上扩展了 Markov。扩展后的新模型除了使用传统的宏观经济预警指标外，还加入了微观经济预警指标，如金融机构稳定性指标等，从而增强了 Markov 对金融风险预警的准确水平。

在标准系统分析方法的拓展方面，学术界对两个代表性方法——KLR 信号分析法和 Probit/Logit 模型都进行了改进，形成了很多扩展形式。在 KLR 信号分析法研究方面，Berg 和 Pattillo（1999）通过添加两个新预警指标对 KLR 方法进行了重新诠释。Kamin、Schindler 和 Samuel（2001）将实际汇率变化作为投机压力指数来定义危机的发生，增加了预警的准确性。Brüggemann 和 Linne（2002）研究了 KLR 方法是否可以运用到一些转型新兴市场经济国家，并加入一些微观指标如银行机构脆弱性等指标来增大对金融危机预警的有效性。在 Probit/Logit 模型扩展方面，Hardy 和 Pazarbasioglu（1999），Bussiere 和 Fratzscher（2002），Ciarlone 和 Trebeschi（2005）分别提出了多元 Probit/Logit 模型，建立了多变量的多元 Probit 模型并对危机进行预测。Elinsson、Kreuter（2001）扩展了标准 Logit 模型，采用了一种连续状态 Logit 模型，大大增强了模型的解释能力。Kumar、Moorthy、Perraudin（2003）运用非系统方法建立了一套预警标准，同时也对标准 Logit 模型进行了扩展。

除对 KLR 信号法和 Probit/Logit 进行扩展研究之外，学术界还创新了一些的新预警模型：如 Vlaar（2000）建立的二元正态分布的金融风险预警模型；Burkart、Condert（2000）提出的 Fisher 判别式预警模型；自回归条件风险模型（Zhang，2001）以及潜伏变量阈值模型（Collins，2001）。这些预警模型的出现极大地丰富了金融风险预警方法的内容。Davis 和 Karim（2008）对 41 个国家的宏观经济数据分别运用 KLR 模型和 Probit 模型，并对两个模型的预测效果进行样本内和样本外的比较分析，发现在预测亚洲金融危机时 Probit 模型比 KLR 模型的预测效果好。Ross 和 Spiegel（2012）运用 MIMIC 模型，采集 107 个国家和地区的数据对金融危机的传染性进行了早期预警。Ognjen Vukovic（2015）运用琼斯、劳伦和亚历山大多项式进行理论分析，研究金融危机和危机传染机制，并通过多项式对其进行了预测。

国内关于金融风险预警的研究起步较晚，与国外学者的研究还有一定差距，最早的预警模型见于董文泉、高铁梅、姜诗章等（1998）致力于宏观经济风险预警系统的研究。随着 1997 年亚洲金融危机爆发，国内有学者开始关注金融风险预警的研究，各种具有学术价值的金融风险预警模型被开发出来。

董小君（2004）从宏观、市场和微观三个层面设计了中国金融风险预警指标体系，构建了金融风险预警模型，并对中国金融风险进行了评估。贺力平、赵新杰（2007）分析了亚洲金融危机之后十年间的预警系统改进和发展，指出通过建立经济数据库和管理信息系统来增强金融风险预警模型的有效性。陈守东、赵大坤、迟宪良（2006）利用金融机构内在稳定、市场风险和宏观经济稳定三个层次的预警指标体系建立了金融风险预警模型，并运用 Logit 模型进行了参数估计。南旭光、孟卫东（2007）在等比例风险模型（PHM）基础上建立了金融风险预警模型，并运用宏观经济数据进行了实证研究。沈悦、张珍（2007），沈悦、王小霞、张珍（2008），沈悦、闵亮、徐有俊（2009）利用层次分析法对中国金融风险预警进行分析，计算了各预警指标的权重和风险度的大小，并给出预警信号构建中国金融风险预警模型。沈悦、徐有俊（2010）基于贝叶斯模型构建了中国银行危机预警模型，并利用复合属性贝叶斯模型对银行危机进行预警，提供了精确的概率估计并提出了避免银行经营失败的对策。李梦雨（2012）通过对 16 项经济变量进行主成分分析，运用 K—均值聚类算法，把金融风险划分为四大类，并借助 BP 人工神经网络构建了中国金融风险的预警模型。朱元倩、苗雨锋（2012）对系统性金融风险进行度量并对预警模型进行了综述，但没有开展预警。王大庆（2013）建立了以模糊模式识别为基础的系统性金融风险预警模型。肖敬红、闻岳春（2013）基于 KLR 模型，对影响我国股市系统性金融风险的宏观、中观、微观等因素进行分析，构建 NSR 综合预警指数，并通过实证分析验证了其可靠性。王丽春、胡玲（2014），饶勋乾（2015），林宇、黄登仕等（2016），吴宜勇等（2016）虽然分别运用马尔科夫区制转移模型、运用因子分析法、ODR－ADASYN－SVM模型、MSBVAR模型预警了我国的金融风险，但都未提及如何预警系统性金融风险。

以上研究对建立中国金融风险预警系统，科学预警中国金融运行中的风险程度，维护中国金融安全具有非常重要的理论和现实意义。但是，总体来说，国内研究目前仍然处于一种借鉴、学习阶段，而原创性的、适用于中国的金融风险预警模型开发很少见到。

从中可以看出，关于金融风险预警研究中最重要的部分——预警模型的研究，国内外存在很大差距。国外研究起步早，相对较为成熟，原创新成果多；而国内研究起步晚，原创新成果过少。

2.2.4 金融风险防范研究

在经济、金融全球化的今天，金融危机发生的频率越来越高，破坏性越来越大。防范金融风险的发生已经成为各国学者和金融监管部门日益关注的问题。但是，由于金融风险生成的原因复杂，传导渠道各异，防范金融风险难度大，学术界对此的观点也因其分析的视角不同而各不相同。

国内外学者对系统性金融风险防范的研究主要集中在宏观审慎监管方面，全球金融稳定委员会（以下简称“FSB”）、IMF、BIS（2011）以及各国或地区的金融监管部门都已经将系统性金融风险作为新增变量纳入宏观审慎监管的范畴，并涌现了大量研究成果。

从国外研究来看，早在2008年金融危机爆发之前，国外学者就对宏观审慎监管有所研究。Crockett（2000）首次提出构建金融监管的宏观审慎框架问题，认为宏观审慎监管应关注整个金融系统，防范发生金融危机。Borio（2003）拓展了宏观审慎管理概念，认为金融体系的风险取决于金融机构的集体行为；从单个金融机构来看，其行为是理性的，但从整个金融体系的角度来看却是非理性的，可能会带来整个金融系统的风险。White（2004）构建了宏观审慎监管的政策框架，认为能够为维护金融稳定提供重要信息。Mishkin（2001）针对金融风险提出了12项金融改革内容，分别为：实施审慎监管；加强会计和披露要求；进行法律与司法制度改革；严肃金融市场纪律；规范外资银行的进入；加强资本监管；减少国有金融机构数量；限制外债水平过高；消除金融机构“大而不倒”的现象，安排好金融自由化改革的秩序；保持货币政策与价格稳定；建立合理的汇率管理体制和外汇储备。他还强调，加强银行和非银行金融机构的审慎监管有利于维护金融稳定，因此，应从7个方面防范金融机构倒闭，如建立及时纠正措施，而不是对问题机构进行注资；注重风险监管，而不是资产负债质量及资本监管；限制“大而不倒”政策；给予审慎监管部门足够的资源和恰当的地位；保持监管部门的独立性；明确监管者的责任和义务，建立监管不利的惩罚机制；严格限制关系人之间的贷款等。Herrero和del Rio（2003）认为，中央银行集中于对价格稳定性的监管可以减少银行危机发生的可能。Perrson（2004）提出应确保金融体系稳定的三根支柱：一是监管框架应由规章制度和法令组成；二是对个别机构应进行专门的风险评估和合规检查；三是中央银行对系统性风险及时监察。

2008年金融危机爆发后，FSB等（2009）在分析次贷危机成因时重提“宏观审慎”概念。White（2010）认为，宏观审慎政策是指为维护金融稳定、防范系统性金融风险而制定的如何运用潜在工具的政策。Caruana（2010）指出，宏观审慎政策是通过降低金融机构之间的共同风险敞口和相互之间的联系、缓解金融体系的顺周期性来降低系统性金融风险。Lim（2011）以49个国家的数据为样本，评估了宏观审慎政策工具降低系统性金融风险的有效性，认为大多数经常使用的工具降低系统性金融风险顺周期性的效果明显。Aguirre & Blanco（2015）考察了宏观审慎政策对主要宏观经济变量的影响，模拟结果提出实施严格宏观审慎政策的国家的产出、价格、信贷和利率的波动性较小。Akinci和Olmstead－Rumsey（2015）利用57个国家宏观审慎政策的季度数据建立了面板数据模型，实证结果表明紧缩的宏观审慎政策对降低银行信贷增长、房地产部门信贷增长和房价增长有效，尤其对调控房地产信贷的作用更为显著。

就国内研究来看，对系统性金融风险防范的研究起步较晚。周小川于2010年提出，宏观审慎政策是针对系统性金融风险的一剂良药。刘志红（2011）提出，要防范系统性金融风险，应深化对金融监管机构的审计。张敏锋、王文强（2014）建立了一个包含金融部门和金融加速器的多部门DSGE模型，研究表明宏观审慎政策能够有效影响信贷增长和经济波动。刘婵（2014）提出了中国防范金融风险的四个措施：一是明确预警主体；二是整合现有预警机制；三是建立健全监督机制；四是处理好金融市场进入与开放的关系。唐宏飞（2016）认为，要防范金融风险应构建宏观审慎政策框架，开发适用于我国宏观审慎管理的政策工具，构建央行宏观审慎框架下“大数据”平台。张文凯（2017）结合当前我国供给侧结构性改革的背景，分析了供给侧结构性改革与系统性金融风险的关系，提出了防范系统性金融风险的若干条建议。尚晓等（2017）认为，在供给侧结构性改革背景下，防范系统性金融风险应加强金融监管。此外，还有学者提出了防范系统性金融风险的对策建议（张泉泉，2014；苏玉峰，2016；郑联盛，2017）。

2.3 关于人民币国际化进程中金融风险的研究

随着国内外学术界对人民币国际化问题研究热情的提高，已经有学者开始关注人民币国际化进程中的金融风险问题。在这方面的研究中，国外学者的研究成果远没有国内学者的多，研究的针对性也没有国内学者具体。同时，需要指出的是，由于人民币国际化进程本身时间不长，近年来中国还没有出现因人民币国际化而发生金融危机，因此，学术界目前对人民币国际化进程中的金融风险研究只是一种前瞻性研究。

2.3.1 人民币国际化进程中金融风险的生成和传导

虽然学术界从一般意义上讨论金融风险生成和传导的文献很多，但对人民币国际化进程中金融风险如何生成，怎样传导方面进行研究的文献并不多，研究的深度也不够。

Dobson、Masson（2009）认为，人民币国际化放松对银行外汇业务的监管而完全建立在商业化的基础上，会使国有银行陷入困境，弹性汇率下银行的外汇业务也为金融风险打开了大门。Park（2010）认为，人民币国际化会给全球金融体系带来很大风险和不稳定性，因为人民币国际化进程中所需要的金融自由化程度和范围超出了中国未来十年的能力。因此，在人民币国际化进程中，应该加强区域合作，在建立起本国高效的现代金融体系的同时，在东盟区域内构建国际化货币的框架。McCauley（2011）认为，一旦中国资本管制放松，人民币国际化将导致债券市场的配给机制、存贷利率管制以及信贷规模控制政策失效。Eichengreen 和 Kawai（2015）认为，人民币国际化对中国货币政策当局来说会面临一个挑战，因为人民币国际化进程加快必然要求进一步开放资本账户、加大人民币汇率弹性，而如果资本账户自由化速度过快有可能使中国的金融市场面临危机。

鉴于人民币国际化对中国经济金融发展战略的重要意义，国内学者从20世纪末开始便对人民币国际化的风险生成机理进行研究。尽管只有短短十几年，却在理论界形成了极有见地的研究文献，同时也出现了大量关于人民币国际化进程中金融风险的研究文献。王元龙（2009）认为，人民币国际化除了加大宏观调控的难度外，中国还必须高度关注人民币国际化的相关金融风险，比如增加了国内金融的不稳定性，增加了金融监管的难度以及面临货币逆转的风险。黄梅波，熊爱宗（2009）认为，推进人民币国际化时应该密切关注人民币国际化带来的货币逆转风险，如果市场对中国经济运行状况做出悲观预期，或者中国不能对国际经济稳定承担相应责任时，货币逆转的发生将会给中国经济带来很大冲击和影响。黄亭亭（2009）认为，人民币完全自由兑换和资本跨境自由流动后，跨境套利资金大规模移动无疑会加剧中国金融市场和宏观经济波动，进而影响经济金融稳定运行。陈中伟、汪海涛等（2010）认为，即使条件成熟的人民币国际化也会使中国面临较大的金融风险，比如短期资本流动易造成汇率动荡，进而威胁经济金融稳定；国际化后的货币可能会引发经济危机，而当危机发生的时候，人民币需要承担更大的风险和义务。杜长江、刘俊民（2010）认为，人民币国际化的真正挑战在于资本项目的完全开放，但人民币完全开放会引起境外资金的大规模进出，进而引发金融危机。扬长湧（2010）认为，在人民币周边化过程中的风险较小，而在人民币区域化过程中风险显著增大，如果此时人民币过快升值，将无法支撑人民币区域化带来的巨大风险；而此阶段中国出口必然受到抑制，可能会出现如日本当年一样的政策失误。毕海霞（2013）专门研究了资本项目开放进程中面临的金融风险。陆磊、李宏谨（2016）从人民币纳入SDR视角出发，认为人民币国际化既是增强国际货币体系稳定性和韧性的重要举措，更是人民币国际化新的起点，对中国的金融改革开放提出了更高的要求。李扬、张东阳（2017）认为，金融安全是人民币国际化的前提。为防范人民币国际化进程中出现的货币政策风险、货币替代风险、财政政策风险、金融危机风险和金融监管风险，应有序推进资本项目开放并积极培育成熟金融市场，根据需求变化灵活使用货币政策和应对资本流动，同时要构建符合人民币国际化要求的金融风险管理体系。

可以看出，已有一些学者程度不同地揭示了人民币国际化进程中存在的金融风险，取得了不少研究成果，但现有研究存在的问题是线条太粗、不够具体，对金融风险的生成机理和传导机制梳理还不到位。现实地看，在人民币国际化进程中最容易出现风险的，首当其冲是人民币汇率过度波动；其次，人民币国际化与资本项目开放的关系非常紧密，在人民币国际化进程中必然要面临资本项目开放的风险；再次，当人民币走出国门流通后，必然对国内货币政策操作带来挑战。除以上三种主要风险外，人民币国际化进程中还会面临诸如国际金融危机传染、证券市场价格过度波动、国内金融市场发育不良、人民币与其他国际主要货币之间的竞争等一系列风险。这些风险不但各自具有生成原因和传导途径，而且还相互交织在一起，互相传染。这样，仅对人民币国际化进程中金融风险的生成和传导进行一般研究显然不够，必须在分类研究的基础上进行综合分析。

2.3.2 人民币国际化进程中金融风险的预警

由于人民币国际化进程中很明显的金融风险还未曾出现，目前这方面的文献还基本处于前瞻性研究阶段，国内外关于如何预警人民币国际化进程中金融风险的研究文献还不多，现有的研究主要以定性分析为主，目前还未发现采用传统或现代预警模型对人民币国际化进程中的金融风险进行定量预警的研究文献。

在现有研究中，虽然刘仁伍（2009）构建了货币国际化风险管理的基本分析框架，并在总结主要国际货币发展经验的基础上提出了人民币国际化风险控制的建议，但问题是在其研究中并未对人民币国际化进程中的金融风险展开预警。张云、刘俊民（2010）虽然提出了人民币国际化风险控制试验区的构想，但也没有预警人民币国际化进程中可能出现的金融风险。沈悦、董鹏刚、李善燊（2013）在对人民币国际化进程中的金融风险进行识别的基础上，构建了一套预警指标体系，并对现有金融风险预警模型进行了比较与选择，指出了不同模型的优缺点以及何者更适用于预警人民币国际化进程中的金融风险，这虽然比前人的研究前进了一步，但不足之处是并没有量化预警人民币国际化进程中的金融风险程度。沈悦、张澄（2015）利用 BP 人工神经网络模型对人民币国际化进程中的金融风险进行了预警，得出结论认为，中国 2015 年整体态势处于基本安全状态，其中汇率波动风险预警子系统、国际环境风险预警子系统和资产价格波动风险预警子系统处于警戒状态，表明以上风险因素对我国金融体系的稳定运行有一定影响。

可见，国内外对人民币国际化进程中金融风险预警的研究目前还是凤毛麟角。随着人民币国际化的进一步推进，今后这一方面的研究空间还很大。

2.3.3 人民币国际化进程中金融风险的防范

由于金融风险防范一直是学术界比较关注的话题，所以研究文献相对较多。但是，关于人民币国际化进程中的金融风险问题研究成果却相对较少。主要研究成果有：Nakagawa（2004）认为，考虑到国内外的经济金融环境，中国政府应当对外汇系统和资本兑换的自由度做出调整，一旦中国愿意做出调整，则能够承受资本冲击和人民币贬值所带来的风险，但必须在警惕金融市场资本流动的同时制定缜密的风险防范措施。陶士贵（2005）提出，人民币国际化过程中应建立“防火墙”机制。Stier、Bernoth 和 Fisher（2008）认为，中国在 2005～2008 年谨慎开放资本项目并允许一定范围内的汇率波动是人民币国际化的第一步，将香港作为人民币国际化离岸中心也是正确的一步。在当前形势下，中国应优先考虑建立灵活的货币制度，而不是资本项目的自由度。对资本流动的持续控制可以防止巨额投机资本流入给经济和货币带来的破坏性影响，而更灵活的汇率制度将有助于降低资本保护主义的风险。巴曙松（2008）从监管者的角度提出要建立国内协同和国际合作的监管机制。夏斌、陈道富（2011）提出，在创建人民币离岸市场的初期，应坚持一定的资本项目管制，并控制人民币回流的规模，建立风险应急机制，保留必要的临时资本项目管理的权力以应对人民币国际化带来的负面影响。张肃（2011）在借鉴日元国际化失败教训的基础上，对人民币国际化进程中的风险评估与控制进行了深入研究。陶士贵（2013）认为，除了防火墙机制之外，还需要相关配套措施，如修改现行人民币跨境交易管理办法，建立健全境外人民币清算体系，将“外汇人民币”纳入外债统计和管理范畴等。以上研究为防范人民币国际化进程中的金融风险提供了很好的决策思路和参考。保健云（2015）认为，依托于“一带一路”沿路国家和经济体的人民币国际化面临市场竞争的不确定性、政治不稳定性与政策变动、生态变迁与环境破坏、安全与利益冲突、货币与金融、外部力量干预等多方面的风险。刘翔峰（2016）认为，在人民币国际化进程中汇率是否稳定是应当关注的重要金融风险。只有维护人民币币值相对稳定的基础，继续进行人民币汇率制度改革，建立科学的人民币风险管理机制，才能持续推进人民币国际化。谭小芬等（2017）认为，在人民币国际化进程中应依托于“一带一路”倡议的大背景，完善人民币的国际循环机制；着重建设在岸金融市场，平稳、有序放松资本项目管制；加强国际交流与合作，主动承担相应的国际责任。刘凯（2017）的观点是，在当前美元进入加息周期的特殊时期，人民币国际化应该稳步推进且需防范对外金融风险。

2.4 对现有研究文献的简要评述

通过本章对国内外研究文献的梳理可以看出，人民币国际化问题作为金融领域研究的一个新话题，已经成为一个研究热点，且在不断深入。如果以2008年为时间节点的话，之前关于人民币国际化的研究成果相对较少，主流研究主要围绕人民币国际化的利弊、战略、成本收益等展开，关于人民币国际化进程中的金融风险问题较少有人提及。2008年后，随着美元国际地位的下降，建立新国际货币体系的呼声不断提高，与之相应的，关于人民币国际化的研究成果也越来越多，研究也越来越深入。总体来看，关于人民币国际化进程、利弊分析的文献较多，而关于人民币国际化进程中金融风险的文献很少。虽然已有学者在其研究中涉及人民币国际化进程中的金融风险问题，但仍然缺乏系统性研究成果。

2.4.1 现有研究的贡献

从20世纪60年代开始，学术界对货币国际化的研究成果就不断出现；20世纪90年代开始，围绕人民币国际化展开的研究逐渐深入，取得了一系列研究成果，做出了应有贡献。

（1）货币国际化研究方面

学术界关于货币国际化的研究成果已经很多，研究已很成熟。20世纪70年代以来，随着经济全球化、金融自由化发展，学术界对货币国际化的定义、产生机制、所需要的基础条件、收益和成本等进行了深入研究，取得了一系列很有价值的研究成果：如详细解析了一种货币要成为国际货币所需要的国内经济、政治等条件，明确提出货币国际化的前提和保障；指出了货币国际化给一国经济政策带来的影响以及后果和危害；对货币国际化影响国内外金融市场的机制进行了分析，揭示了货币国际化给一国乃至国际金融稳定带来的金融风险，并提出了如何降低金融风险，维护国家经济、金融体系稳定等。

现有研究成果的取得对货币国际化进程的推进顺序以及货币国际化之后给货币发行国带来的各种收益和影响等颇具解释力，为中国权衡人民币国际化的利弊得失，控制人民币国际化的节奏，顺利推动人民币国际化进程等提供了强有力的理论依据和政策支持。

（2）人民币国际化研究方面

作为货币国际化研究范畴的重要内容，人民币国际化研究时间较短。尽管如此，国内外学术界近年来开展了广泛研究，已经取得了一系列研究成果，特别是2008年金融危机过后，国内学者的研究成果逐渐增多。学者们围绕“人民币国际化的可行性、前景、成本收益及其推进路径”等展开了卓有成效的研究，取得了许多很有价值的研究成果，并在以下三个方面的研究上已基本形成共识：一是中国经济持续发展、人民币币值稳定、外汇储备充足等是人民币国际化的基础条件；二是人民币国际化既可以给中国带来收益，但同时也必须付出成本；三是人民币国际化进程将会很复杂、漫长，中国应实行人民币渐进式国际化的推进战略。

这些研究成果的取得不但为判断人民币国际化的可行性，确定人民币国际化的长期战略、推进路径等提供了重要的理论依据，而且在人民币国际化的具体推进中也发挥了政策支持作用。

（3）金融风险研究方面

学术界对金融风险的研究成果丰硕。由于研究的时间起点不同，国外学者的研究已经相对成熟，特别是在金融风险预警指标的选择、预警模型的设计两个方面进行的量化研究成果斐然。国内研究虽然时间较短，但在金融风险预警理论的建立、预警指标体系设置、预警模型的选择以及建立全方位预警系统等方面已经取得了一系列研究成果，如对金融风险产生的根源做了大量、详尽的研究，从而为金融危机的有效预防奠定了坚实的理论基础和强大的现实依据；完善了金融风险预警指标体系，将研究从初级阶段的定性分析深化到结合多学科、多层次、多方法的定量分析，为判断警情和有效防范风险提供了有力支撑；金融风险预警模型的开发也越来越多样化，在样本数据挖掘和检验、预测危机拟合优度以及精度分析、对预警结果评估、金融风险定量描述等方面取得了丰硕成果，使得预警模型的精确度越来越高，对金融风险的预警具有很好的前瞻性效果；在防范金融风险方面也进行了大量研究，提出了很多针对性很强的对策建议。

这些研究成果的取得对研究人民币国际化进程中的金融风险，特别是金融风险的生成机理和传导机制、预警指标体系的设置与验证、预警模型的比较与选择以及风险程度的预报等提供了非常好的理论依据和操作支持。

（4）人民币国际化进程中的金融风险研究方面

学术界虽然对人民币国际化进程中所面临的金融风险涉及不多，已有研究主要散见于人民币国际化研究的框架中，这些研究成果都研究了人民币国际化进程中可能产生的金融风险，有些研究还对金融风险的爆发源进行了识别，提出了应建立预警指标体系，选择合适的预警模型，对人民币国际化进程中的金融风险进行预警等。

现有研究成果的取得对进一步识别人民币国际化进程中的金融风险生成和传导，采取科学方法量化研究人民币国际化进程中的金融风险有很好的参考意义。

2.4.2 进一步研究的空间

尽管现有研究取得了不少成果，为研究人民币国际化进程中的金融风险提供了很好的理论依据和决策支持，但是，学术界对人民币国际化的理论逻辑、推进路径以及人民币国际化进程中可能面临的各种金融风险的生成和传导，如何量化研究人民币国际化进程中的金融风险等还很不深入。

（1）人民币国际化研究方面

学术界对人民币国际化及其进程的研究不但时间短、成果少，而且很多研究人云亦云，大同小异，缺乏独创性研究成果。在人民币国际化及其进程中的研究中存在以下不足：

①在人民币国际化的理论逻辑研究方面

虽然很多文献分别从国际货币体系改革、中国经济实力增强、对外贸易规模扩大等角度研究人民币国际化，但人民币作为中国的主权货币，从本质上讲也是一种信用货币，因此，人民币国际化的本质是中国主权信用货币的国际化。当美国和欧洲在货币国际化上取得了成功经验，而日本却以失败而告终的现实摆在我们面前的时候，人民币的国际化并不是由美元在国际货币体系中地位下降、中国经济发展水平提高、贸易规模扩大等几个因素决定，这些只是人民币国际化的先决条件，而不是人民币国际化的充分条件。作为正在崛起的中国，人民币国际化有内在理论逻辑，需要从更深层次深挖，而现有研究在此还很薄弱。

②在人民币国际化的推进战略研究方面

虽然不乏对人民币国际化推进战略进行设计的文献，但大多数研究都是根据人民币的流通范围提出“周边化→区域化→国际化”战略，或者从货币本质出发提出先储备货币，后支付货币、流通手段等，缺乏从中国经济金融发展的现实出发，提出人民币国际化推进路径的研究文献。

（2）人民币国际化进程中的金融风险研究方面

由于人民币国际化是一个新话题，目前关于其进程中金融风险的研究还基本停留于前瞻性阶段，因此，学术界对之进行专门性研究的成果还很少见。但是，摆在我们面前的现实却是人民币国际化的推进速度非常之快，已经远远超出了很多人的想象。当很多人以为人民币国际化只是2008年金融危机之后中国政府做出的一种政治姿态之时，事实上，人民币国际化的步伐已经悄然前行，大大加快了，理论研究已经大大落后于改革的现实了。当2014年1月人民币汇率一改长期升值趋势，掉头向下，改为双向波动时，很多人才终于认识到汇率过度波动对中国经济金融发展带来的危害。可见，在人民币国际化进程中的金融风险研究方面，现有成果不但少而分散，而且研究的系统性和深度还远远不够，目前存在的不足主要表现为以下方面：

①在人民币国际化进程中金融风险的生成机理研究方面

有些研究虽然程度不同地涉及这一话题，但对金融风险识别的研究还远远不够；有些研究虽然找出了一些金融风险来源，但对风险爆发源的系统梳理却不够全面和深入。更重要的是，很少有人将人民币国际化进程中主要金融风险（如汇率波动风险、资本项目开放风险、货币政策操作风险）的生成机理进行系统梳理和专门研究。

②在人民币国际化进程中金融风险的传导机制研究方面

现有文献中有一些虽然涉及了这一话题，但是，现有文献没有对不同的金融风险爆发源是如何以及通过哪些渠道一步步传导到实体经济和金融体系进行研究；更没有研究不同风险爆发源是如何相互作用，形成一种共生演化系统，综合作用于中国经济金融体系运行，最后可能导致金融危机的。

③在人民币国际化进程中的金融风险预警研究方面

由于中国的汇率制度改革时间较长，汇率波动幅度不断加大，目前已有文献对人民币国际化进程中的汇率风险进行预警。但是，对于人民币国际化进程中的另外两大风险爆发源——资本项目开放风险和货币政策操作风险则缺乏专门的研究。而且更重要的是，国内学术界还没有对人民币国际化进程中的金融风险进行预警。目前的大多数研究成果都只是根据一些原则，罗列出一系列金融风险预警指标，几乎没有看到对人民币国际化进程中的金融风险进行预警的研究成果。

④在人民币国际化进程中的金融风险防范方面

现有研究文献似乎都有涉及，并分别从不同角度提出了一系列对策建议。但是，由于没有采取科学方法进行政策设计，所提出的风险防范措施针对性较差。如何采用科学方法，建立金融风险控制的框架体系，并有针对性地防范风险，目前还是空白。这一方面可能是因为人民币国际化的进程才处于起步阶段，对将来可能产生的金融风险以及如何防范的预见性还不是很清楚；另一方面也说明国内外学者对这一问题的关注程度和投入的研究精力还不充分，在这一问题上的研究实力不强。

2.4.3 本书研究的突破点

人民币作为中华人民共和国的唯一主权信用货币，改革开放以来在充当了长达 30 多年的边境贸易货币和 6 年多的跨境贸易结算货币角色之后，是时候走向更广泛的国际化了[①]。但是，货币国际化进程中充满艰难险阻，人民币要实现国际化也必然会面临各种各样的金融风险。基于现有研究存在的不足，本书拟在以下方面尝试新的突破。

（1）人民币国际化的理论逻辑及推进战略分析

本书的核心是研究人民币国际化进程中的金融风险问题，但是，要搞清楚这一核心问题，首先必须对人民币国际化的理论逻辑和推进战略梳理清楚。为此，本书拟从货币国际化的理论基础出发，根据“最优货币区理论、金融自由化理论以及国际货币竞争理论”找到人民币国际化的理论依据，从主要货币（英镑、美元、德国马克、日元、欧元）的国际化实践中提炼出对人民币国际化有启示意义的经验。在此基础上，分别从必要性和可行性两个视角提出人民币国际化的理论逻辑；从货币职能和流通范围两个维度提出人民币国际化的推进战略。通过以上研究试图为识别、分析人民币国际化进程中的金融风险

---

① 2009 年 4 月 8 日，国务院常务会议决定在上海市和广东省内四城市（广州、深圳、珠海、东莞）开展跨境贸易人民币结算试点。

提供理论基础。

（2）人民币国际化进程中的金融风险生成机理和传导机制分析

既然伴随着人民币国际化步伐的不断加快，来自国内外的各类金融风险将会不断出现，因此，本书拟从货币国际化进程中面临的主要金融风险出发，在总结、归纳人民币国际化进程及其特殊性的基础上，对人民币国际化进程中可能产生的金融风险及其生成机理进行系统分析，然后，采用系统动力学方法对金融风险传导机制进行描述，梳理出金融风险的不同传导渠道，以此为基础，识别出人民币国际化进程中的主要金融风险爆发源。

（3）人民币国际化进程中的汇率波动风险分析

近年来，人民币汇率的改革实践最为丰富，自 2005 年 7 月实行“考虑一篮子货币的、有管理的浮动汇率制”以来，人民币汇率一直处于“单边升值”的趋势，但是，自 2014 年元月以来，人民币汇率却一改往日单边升值走势而呈现“双向波动”状态，可见，人民币国际化进程中的汇率波动风险首当其冲。为此，本书拟从近年来人民币汇率波动的特征入手，分析引起人民币汇率波动的国内外成因。在此基础上，分别从“境外人民币需求增加、人民币离岸市场需求、资本管制放松”三个方面分析汇率波动风险的传导途径，构建 FAVAR 模型并通过实证研究检验不同传导途径的风险大小。最后，提出人民币国际化进程中的最优汇率政策选择。

（4）人民币国际化进程中的资本项目开放风险分析

资本项目开放是自 2013 年以来讨论最为激烈的一个问题。从中国资本项目开放进程看，虽然中国于 1993 年就明确提出，外汇管理体制改革的长远目标应当是实现人民币的完全可自由兑换，但是，由于风险过大，实践过程中步伐并不快。然而，2013 年（上海）自由贸易试验区的出台、2014 年 11 月“沪港通”的实施突然大大加快了资本项目开放的速度。为此，本书拟从人民币国际化与资本项目开放的内在联系出发，在借鉴国外相关经验和教训的基础上，分析人民币国际化进程中资本项目开放所产生的金融风险的生成和传导机理，并从“短期国际资本流动风险、货币替代风险、过度债务风险”三分方面分析具体的风险生成和传导途径。最后，提出人民币国际化进程中的最优资本项目开放策略选择。

（5）人民币国际化进程中的货币政策操作风险分析

国际经验表明，在一国货币国际化进程中，如若货币政策调控出现偏差，同样会加大金融系统的运行风险，带来金融不稳定问题。为此，本书拟从人民币国际化和货币政策的关系入手，基于对“特里芬难题”与“三元悖论”的解读和美元国际化进程中货币政策选择的经验，分别对人民币国际化进程中的货币政策操作风险生成和传导机理进行分析，并从“市场主体行为、总供给和总需求关系”入手，提出人民币国际化进程中的最优货币政策（目标规则和工具规则）选择。

（6）人民币国际化进程中的金融风险预警

识别、分析人民币国际化进程中的金融风险的生成和传导，目的是建立相应的预警系统提供准备。为此，本书拟在理论分析的基础上，提出建立一套人民币国际化进程中的金融风险预警系统。根据该套预警系统所需要的要素：首先，基于一定原则，设置并验证一套风险预警指标体系，拟包括“汇率波动、国际资本流动、政策操作、银行体系、资产价格波动以及国际环境”等方面；其次，在比较与选择的基础上，拟采用BP人工神经网络预警模型动态监测人民币国际化进程中的金融风险变化，及时预报警情，以防人民币国际化进程中的金融风险传导→扩散→爆发→演化为金融危机。

（7）人民币国际化进程中的金融风险防范

基于以上研究，防范人民币国际化进程中的金融风险必不可少。为此，本书拟对货币国际化进程中的金融风险防范进行理论分析和经验分析（拟总结美元、日元及欧元国际化进程中的金融风险控制经验），依据“顶层设计”这一系统工程学的思想设计一套人民币国际化进程中的金融风险防范系统，并从“深化汇率制度改革、稳步推进资本项目开放、完善货币政策操作手段、顺利推进利率市场化改革、完善国内金融市场和监管体系”等方面提出一系列风险防范对策。

3 人民币国际化的理论逻辑与推进战略

一种主权货币能否成为国际货币并非主观臆想，而是市场选择的结果。从货币国际化所应具备的基础条件看，人民币国际化并不是在“万事俱备”的条件下向前推进的。虽然经过40多年的改革开放，中国已经具备了人民币国际化的一系列基础条件，但同时也面临实现国际化的一系列挑战。在这种背景下，如果不能对人民币国际化的理论逻辑和推进战略树立正确认识，则难免会发生因人民币国际化而引起的中国金融体系运行风险，甚或发生金融危机。基于此，本章首先从理论上阐明为什么以及应当如何推进人民币国际化。

3.1 货币国际化的理论基础

理论上讲，人民币国际化属于货币国际化研究的范畴；历史地看，学术界关于一国货币为什么要实现国际化的讨论从来就没有停止过；现实地分析，人民币为什么要国际化首先应当有理论依据。因此，从货币国际化的基本内涵和理论基础出发，揭示人民国际化的理论依据就成为探寻人民币国际化的内在逻辑和推进战略的前提条件。

3.1.1 货币国际化内涵

货币国际化是国际金融领域内出现频率非常高的一个词，通常指某国货币能够跨越国界，成为在国际上得到普遍认可的计价、结算及储备货币的过程。因此，一国货币的国际化过程实际上也是其由国内（或地区）货币变为国际货币的过程。那么，一国货币如何才能成为国际货币呢？很多学者从不同角度进行了定义。根据研究视角不同，可以将之划分为从货币的职能、货币的使用程度以及货币的流通领域等方面对货币的国际化进行定义。

Cohen（1971）最先从货币的职能角度给出了国际货币的定义，认为国际货币是货币的价值尺度、流通手段、支付手段以及储藏手段职能等在国际市场上的发挥和延伸。Tavlas（1997）认为，国际化货币是一种能够在国际交易中充当交易媒介、记账单位或价值贮藏手段的货币。Hartmann（1998）从Tavlas的观点继续出发，具体化了国际化货币的定义标准。他认为，一种货币可能只需要具备上述三种职能的一种或者两种便可被视为国际货币，而不一定需要同时具备三种职能；例如，特别提款权（以下简称“SDR”）就是一种只具备价值贮藏职能和部分支付手段职能的特殊国际货币。相比较之下，IMF对国际货币的定义则更强调综合性和全面性两项职能，认为国际货币是一种能够在世界范围内发挥类似金属货币的作用，并且可以被各国政府和中央银行持有并被作为外汇平准基金的货币。

除以上定义外，Mundell（2003）从流通的角度，认为当货币流通区域超出法定的流通范围时，就说明该货币成为国际化的货币了。Cohen（2009）认为，当货币的使用范围超出发行国的范围后就成为国际货币了。

对货币国际化的内涵进行定义非常重要，它关系到用什么标准衡量某一货币是否达到或实现了国际化的问题。据此，本书将货币国际化的内涵定义为：某种货币被货币发行国之外的国家、机构以及个人使用，并作为计价手段、支付手段和储藏手段的过程就是该种货币国际化的过程。以上过程越深入，表明该种货币的国际化程度越高。

3.1.2 货币国际化的理论依据

一种货币为什么要冲出国门，走向国际，并最终成为国际货币？这是货币国际化的理论基础，也是人民币国际化内在逻辑中需要首先解决的本质问题。以下分别从最优货币区理论、金融自由化理论以及货币竞争理论视角进行分析。

（1）最优货币区理论

最优货币区是一种由不同国家或地区组成的货币联盟，在该区域内实行单一货币的流通，或者存在几种互相具有无限可兑换性的货币，对内部的经常交易和资本交易采取互相盯住、保持不变的汇率政策。对外的汇率则实行统一浮动，从而在总体上达到宏观经济政策实施的最优效果：对内，保持物价稳定、失业下降；对外，维持国际收支平衡。

最优货币区理论由 Mundell 于 1961 年最早提出，背景是 20 世纪 70 年代初以来，布雷顿森林体系面临崩溃。该理论的主要思路是围绕固定汇率制度和浮动汇率制度对一国经济发展和国际收支平衡的作用而展开。学术界认为在当时，该理论实际上是布雷顿森林体系之外的一种汇率体系选择，即将美元、黄金双挂钩制度排除在外的一种平行货币联盟。

Mundell 并不认为，货币区的边界一定要与政治统治区域相一致。相反地，他认为在解决国际收支不平衡问题上，基于区域货币的浮动汇率制比基于国家货币的浮动汇率制更有效。

最优货币区理论的基本框架是：

①假设存在两个国家 A 和 B，每个国家都拥有自己的货币；

②假设两个国家都可以被区分为东部和西部两个区域，且东部生产产品 C，西部生产产品 D；

③假设产品 C 过度供给；

④假设产品 C 产量的增加会增加人们对产品 D 的需求。

如此，市场对产品 D 的需求增加后（即需求冲击）将会导致东部区域产生失业而西部区域出现通货膨胀问题。从两国决策者的角度出发，为了解决东部区域失业的问题，两国的中央银行都应增加货币供给量；而为了解决西部区域通货膨胀的问题，两国中央银行却应当减少货币供给量。当出现这一悖论现象时，只会给两国的经济发展带来两个结果：一是以西部区域的通货膨胀作为代价来解决两国失业问题，以东部区域的失业为代价解决两国通胀问题；二是两国在一定程度上都会出现通货膨胀和失业问题。

为了解决这两个问题，Mundell 创造性地提出了一个新的汇率制度安排，即基于某一货币区实行浮动汇率制，即在两国范围内对货币区进行重新安排，可以把 A 国和 B 国的东部区域设定为一个货币区 E，而把两国的西部区域设定为另一个货币区 F。在两个货币区内分别发行不同的货币，并在两个货币区之间实行浮动汇率制。这样做的结果是，在两个货币区内市场对产品 D 需求的增加都不会引起通货膨胀和失业问题，因为市场对产品 D 需求增加后会使东部货币区内的货币发生贬值，而西部的货币区内发生货币升值，最终实现两个货币区内的国际收支平衡。

基于此，Mundell 认为，以国家为界限的浮动汇率制并不必然优于固定汇率制。基于国家浮动汇率制并不能有效解决国际收支问题，而基于货币区的浮动汇率制（即区域内实行固定汇率制而区域间实行浮动汇率制）才是解决国际收支问题更为有效的方法。此外，Mundell 还认为，货币区内使用统一的货币可以减少经济冲击带来的危害。他提出，如果两个国家使用共同货币，虽然各国之间的购买力平价不会发生变化，但是要素的自由流动却能够使他们更加优化资产配置而获益。结果就是，他们不但可以摆脱由于汇率波动而产生的经济不确定性，并且其资产将更加多样化。因此，如果两个国家分别使用各自货币并且采取浮动汇率制，那么其风险就必须要自己承担，但如果他们使用共同货币，则就可以通过成员国之间的资本流动而共担风险。

从出发点来看，最优货币区理论产生于对汇率制度的安排；但是，从追求的结果来看，最优货币区理论则是在开放经济条件下实现宏观经济目标的理论指导。Mundell 的最优货币区理论中的“最优”的标准是实现内部和外部均衡的宏观经济目标。内部均衡的实现是在通货膨胀和失业之间的最优权衡点（如果这种权衡点实际存在的话）。外部平衡的实现则是区域内部的和区域外部的都实现国际收支均衡。事实上，最优货币区理论的突出贡献并不在于其对于固定汇率制度和浮动汇率制度优劣的判断，而在于其能够结合不同的经济特征来判断在什么样的条件下应该采用固定汇率制，在什么条件下应该采取货币同盟，也就是最优货币区的形成标准，这一标准由 Mundell 最先提出，之后经过众多学者的补充与完善，现已达到 6 个。本书根据现有研究文献将其进行归纳总结（如表 3 - 1 所示）。

表 3 - 1　　　　最优货币区的形成标准和主要内容

形成标准	主要内容
要素流动性标准（Mundell）	基于价格和工资的刚性前提，相关地区的要素流动程度是组成最优货币区的关键因素。假设劳动力和资本能够在区域内自由流动，这样形成的货币区可以降低国际贸易成本，提高交易效率，从而保持宏观经济稳定。
经济开放度标准（McKinnon）	一国的经济开放度（一国生产或消费中贸易品对非贸易品之比）是衡量能否建立最优货币区的标准。当外部价格稳定时，为了实现内外经济均衡和价格稳定，贸易关系密切的经济开放区应当组成一个货币区。同时，小开放经济区比大开放经济区更适合于固定汇率制。

续表

形成标准	主要内容
产品多样化标准（Kenen）	由于产品多样性可以降低商品受外界市场的冲击，因此，当外部环境发生变化后，提高产品多样性程度可以抵御外部冲击对本国经济总产出的影响。这样，具备产品多样性的国家之间应组成一个共同货币区，实行固定汇率制。其好处是：既能保持国内经济稳定，还能与其他成员国一起提高货币运用效率。
金融一体化标准（Ingram）	当某区域的金融市场一体化程度较高时，一国就可以通过资本的自由流动消除因国际收支失衡带来的利率不利影响，进而降低汇率波动带来的区域内贸易环境的恶化。
通胀偏好相似性（Fleming）	建立最优货币区的条件之一应当是通货膨胀偏好的一致性。由于不同国家之间的通货膨胀率程度不同，这样，汇率、利率变化后必然影响短期资本流动，进而引起国际收支失衡。如果货币联盟国对通货膨胀的偏好相似性不大，则超国家中央银行政策的制定就会受影响，引起人们对其可信度产生怀疑。
财政政策的统一（Keynes）	应建立同一货币联盟内的超国家财政体系。如果联盟内某一国遭遇非对称冲击，就可以通过财政而不是汇率调整，将资金转移到受冲击的国家，从而缓解失衡。这个标准意味着联盟中的各国在政治上要有一定程度的统一，从而统一和驾驭这样的财政安排。

最优货币区理论为货币国际化提供了一种全新路径：从理论层面看，最优货币区理论对现行的多元国际货币格局提供了理论依据，对于货币国际化的战略安排具有指导意义；从实践层面看，欧盟的形成过程是最优货币区理论的践行，充分肯定了最优货币区理论的应用价值。

（2）金融自由化理论

20 世纪 60 年代，发展中国家的金融市场由于发展幼稚、脆弱，很容易导致失败，必须频繁使用政府干预才能提供使社会满意的各种资本，使资金供应与政府的发展计划同步，并为弥补政府预算赤字服务。结果是金融市场的发展取决于政府干预而不是信贷资金的流向和价格，存款和贷款利率因金融体系受到抑制而很低。而政府在金融市场上不适当的管理极易导致滥用职权、寻租及无效率、资金逃离国内、政府干预失效。

1973 年，美国经济学家麦金农通过对南美洲社会主义国家进行考察后发现，制约这些国家经济发展的最主要原因是在这些国家存在严重的“金融抑制（或压制）”现象，为此，McKinnon 和 Shaw（1973）第一次为此开出“药方”，简称“M－S 理论”。该理论认为，发展中国家政府对金融市场过多地干预使得金融市场处于一种“受抑制”的状态，他们将这种状态称之为“金融压制或金融抑制（Financial Repression）”。为了解除金融抑制，发展中国家应当逐步地放松政府对市场的管制，进行金融自由化改革，以达到“市场出清”的水平。他们认为，金融自由化改革带来的直接收益是，提高利率后能极大地吸引储蓄、增加投资，促进经济增长。通过以高利率分配信贷资金的方式可以实现资金的有效配置，只有那些具有投资价值的项目或企业才可以从银行得到贷款并具有偿还债务的能力，也限制了不具备投资价值或价值不高的企业或项目从市场上融资。最终，增加的储蓄量将成为经济增长的间接动力。

随着时间的延伸，“M－S 理论”逐渐发展成为一种主流经济学流派，其详尽的理论解释和严格的实证检验逐渐吸引了一大批学者的研究兴趣，逐渐成为西方经济学界关注的一个焦点领域。从实践看，20 世纪 80 年代上半期，以拉丁美洲部分国家（简称“南锥体国家”）为首的许多发展中国家纷纷进行金融自由化改革，却引发了巨大灾难——金融危机。因为金融自由化的实践，拉丁美洲部分国家先后陷入了过度负债的尴尬境地，不得不依赖 IMF 和世界银行的帮助才能摆脱危机。

理论主张与现实实践的巨大冲撞激发人们对金融自由化理论进行重新思考和认识，结果导致金融自由化理论的反对派——新结构主义、新凯恩斯主义、新制度主义以及金融约束轮的相继诞生，并对 M－S 理论提出的尖锐批评。

事实上，自“金融自由化”理论提出以来，学术界对该理论的讨论之声从未停息，从金融自由化理论产生、发展直到今天，历史已经走过了 40 余年，但关于金融自由化理论与应用的讨论仍然如火如荼地进行着。从实践看，以南美洲社会主义国家为代表的发展中国家和以美国为代表的发达国家纷纷进行过程度不同的金融自由化改革。目前世界上几乎所有国家都希望实现金融自由化，使金融资源在国际范围流动。特别是随着 20 世界 80 年代以来经济金融全球化的速度加快，不管是发达国家还是发展中国家都试图通过更进一步金融自由来实现金融创新，在全球范围内的竞争中争取主动。在这场轰轰烈烈的改革中，绝大多娄经济学家都认为，资本项目开放应当是金融自由化实践中的最后堡垒。在金融自由化实践中，资本项目开放也是最难改革的内容。在全球不同国家的资本项目开放中既有成功国家或地区的经验，也有失败国家或地区的教训。

在后来的讨论中，Stigilitz 和 Krugman（1998）坚持认为，对资本流动进行限制是对付金融危机的一条好出路。就连 McKinnon 本人也在某种程度上放弃了原先比较激进的观点，认为金融自由化应更渐进地推进，并强调贸易自由化一定要先于金融自由化。而与之形成相反观点的是，Miller（1998）则认为发展中国家的金融市场开放还不够，应通过取消现行管制（特别是资本管制）而使市场更加开放。Fischer 和 Mussa（1999）也认为，货币必须被允许流动，他们反对任何性质和形式的资本流动管制。

随着全球经济的不断增长和金融一体化进程的不断推进，不管理论争论怎样激烈，金融自由化的潮流已经无法阻挡。因此，关于金融自由化理论的最新研究已由该不该自由化而转向如何金融自由化。

从金融自由化理论包含的内容看，当 M－S 理论最早出现的时候，由于发展中国家普遍存在信贷管制、低利率等金融抑制现象，因此，该理论主要强调了解除信贷管制和利率市场化，而对金融自由化核心内容之一的资本项目开放则关注不够。当南美洲部分国家初次开放资本项目而导致债务危机后，经济学家才意识到了资本项目自由化的重要性，于是，提出开放资本项目不但应成为金融自由化的核心问题之一，而且随着经济和金融的不断开放，资本项目应当成为金融自由化进程中的最重要内容之一。

金融自由化理论的另一重要内容是推进顺序是什么？最关键的环节在哪里？能否通过金融自由化改革实现经济增长，金融深化？

在 McKinnon 和 Shaw 的研究中，发展中国家的金融领域存在的最严峻问题是普遍实行利率最高限制、实行信贷配给制，为此，推进金融自由化改革的第一步就应当是解除利率管制和信贷配给制，这样，利率自由化改革就成为金融自由化改革的焦点问题。在当时，资本项目开放、商业银行民营化、金融机构进出自由等并没有成为经济学家关注的重要问题，也没有引起发展中国家的重视。但是，20 世纪 80 年代初发生的拉美国家金融自由化失败的教训激发人们对理论的指导性进行思考。围绕这一问题，经济学家们进行了广泛研究。

当金融自由化的反对派接连发出对 M－S 理论的批判后，McKinnon 终于在 1991 年“重出江湖”，对金融自由化进行了新的解释，提出了关于金融自由化优先顺序的新观点，矫正了早期提出的关于金融自由化顺序安排的激进观点，认为对于实行经济市场化的国家而言，客观上确实存在一个应如何安排金融自由化最优次序的问题。由于经济的市场化程度不同，推进自由化的初始条件不同，不同国家在金融自由化的次序安排上也应当有所不同。

随着理论的向前发展，经济学家发现，就金融自由化改革的全过程看，利率自由化只是第一步。当金融自由化改革的范围已经扩大到除利率管制和信贷管制解除之外，还包含资本项目开放、汇率制度改革、金融机构进出自由等一系列关键问题之时，如何合理安排金融自由化次序就成为金融自由化理论体系中的主要问题了。

根据金融自由化理论，如果一个国家能够通过实施金融自由化改革来实现经济增长，则就可以说达到了金融自由化改革的首要目的，否则，金融自由化就是不成功的。同时，对于金融业本身来说，如果一个国家能够通过金融自由化实现金融深化，就等于提高了这个国家金融资源流动的能力。因此，金融自由化是金融深化的前提条件，金融深化是金融自由化的应有结果。可见，就一个封闭或者相对封闭的国家来讲，为了本国经济能够得到更好发展，有必要，也应当通过开放金融市场成功推进金融自由化。

由此，进一步的推论是，金融自由化可以实现金融深化，而金融深化的最终结果是促进经济增长。但其中隐含的一个条件是，在金融自由化进程中必须伴随资本的跨境运动和本国货币的国际化；否则，不必要的兑换成本和汇率风险便会造成一国福利的外流。因此，货币国际化是一国经济发展和金融深化的内在需求，即：金融自由化→金融深化→经济增长→汇率制度改革、资本项目开放→资本跨国运动频繁→汇兑成本增加，汇率风险增大→催生本国货币国际化。

由此可以看出，尽管金融自由化理论中没有提到为什么以及如何推进货币国际化，但是，在金融自由化理论中包含的一个关键内容是如何推进资本项目自由化。而资本项目自由化和货币国际化的关系非常密切，如果资本项目自由化和货币国际化的逻辑关系理不顺，货币国际化进程不可能顺利完成。正如余永定（2014）指出，“以人民币国际化为手段推进资本项目自由化，或以资本项目自由化服务于人民币国际化，将导致资本项目自由化时序的错误，从而危及中国金融稳定，并最终危及人民币国际化目标的实现。”

（3）国际货币竞争理论

在国际货币体系发展过程中，任何一种主权货币若要成长为国际货币并在国际范围内充当计价货币、媒介货币甚至是储藏货币，都不可避免地会与他国货币产生竞争。人民币国际化的进程就是人民币参与国际货币竞争的过程。因此，其理论基础自然离不开国际货币竞争理论。

货币竞争是一个很古老的话题，国际货币竞争也不是一个新名词，对国际货币竞争的研究更不是一个前人还未触及的领域。从货币诞生以来，货币竞争就一直如影随形，只不过最初的竞争限于国内市场不同币材或不同私人发行者发行的各种货币之间的竞争；当政府垄断了货币发行权后，货币竞争问题自然消失；随着全球经济联系越来越多，经济对外开放程度不断提高，货币的竞争就突破了国界，变成了在国际市场上竞争；随着 20 世纪 70 年代布雷顿森林体系的解体，牙买加体系下浮动汇率制度的实施以及资本在全球范围内自由流动的日益便利，关于不同主权货币间的国际货币竞争问题逐渐成为学术界研究的焦点。因此，Mundell、Cohen 等认为，从货币竞争的历史经验看，强势货币总是在国际竞争中驱逐弱势货币，并在竞争中逐渐胜出而成为国际性货币（张振家、刘洪钟，2013）。

国际货币竞争理论研究的主要内容有三个：

①货币竞争

Hayek（1976）最早提出应引入自由竞争机制，废除政府对货币发行的垄断权，改由私人发行货币。根据 Hayek 的观点，由于私人发行者之间存在自由竞争关系，那些价值稳定、高质量的“良币”可以脱颖而出，出现多元货币竞争格局。但以 Friedman 为代表的经济学家却指出，自由发行货币的最大问题是容易产生货币超发，带来通货膨胀。另外，多种货币同时在一国流通不但交易成本巨大，而且也不符合现代经济的现实。然而，在国际范围内 Hayek 的多元货币体系构想却可以得到实现。这一理论构想得到了众多学者的广泛认同。

②货币替代

“货币替代”的概念最早由 Chilly 于 1969 年首先提出，其核心思想是指“在货币自由兑换的条件下，当某国出现汇率贬值预期时，为了降低机会成本，公众一般会选择增持外币”。如果这种趋势持续下去，则本币就有可能被外币替代。在 McKinnon 等人（1985）的研究中，还区分了“直接货币替代”和“间接货币替代”之间的不同，认为直接货币替代是指在相同商品领域内两种货币同时作为支付手段的竞争；而间接货币替代则是指投资者之间的非货币金融资产转移。Filho（1986）认为，货币替代仅是外币替代本币行使货币的计价、交易、储藏职能。Calvo、Vegh（1992）则以南美洲国家为例，实证研究了货币替代现象，认为货币替代是拉美经济美元化的最后阶段。

理论上分析，货币替代的本质是不同国家之间主权货币之间开展的竞争。在现实中，一旦替代现象发生，则反替代就几乎成为不可能的事，Guidotti 和

Rodriquez（1991）由此将货币替代的这种现象称作“棘轮效应[①]”。

从现实看，一旦发生货币替代现象，就会对被替代国产生一系列经济影响：从货币替代对汇率变化的影响看，很多学者认为，在货币替代条件下，即使被替代国实行浮动汇率制也难以避免国外通货膨胀带来的冲击；从货币替代对货币政策的影响看，Mile（1978）认为，当存在货币替代时，即便实行完全浮动汇率制，本国货币政策的独立性也很难保持。很多观点认为，货币替代影响通货膨胀税和铸币税，结果是本国居民大量持有外国货币，即本国要向外国支付巨额铸币税，极大地损害了本国政府的融资能力。从货币替代对国际收支的影响看，国外学者在这一问题上存在较大分歧，有人认为货币替代会恶化一国国际收支，而有些则认为不会。另外，还有学者认为，当货币替代大规模发生后，国内居民会大量用外币替代本币，导致本币贬值，最终引发国内货币危机。

③货币合作

随着全球经济一体化趋势的不断推进，很多学者认为货币的国际合作更为重要。李扬、黄金老（2008）认为，区域内有关国家或经济体有可能在货币金融领域进行协调和结合，形成统一体，实现货币一体化。Sachs（1998）认为，一个共同的中央银行能够比单一国家或经济体的中央银行对区域内的企业发挥更有效的最后贷款人功能，进而维持该地区货币秩序的稳定。如果几个国家能够在区域内开展货币合作，会形成更加一体化、更具流动性的资本市场，从而降低交易成本，提高实力相对较弱的国家的国际竞争力。Mundell（2000）提出了“世元”的概念，构想建立单一世界货币的途径和手段。更有学者（周小川，2009）甚至提出了“超主权国际储备货币”的概念，认为“国际货币体系改革的理想目标应当创造一种与主权国家货币脱钩的、并能够保持币值长期稳定的国际储备货币，从而可以避免主权信用货币作为储备货币的内在缺陷”。

由此可见，国际货币竞争理论包含的内容非常丰富，一国货币的国际化进程实际上也是其与国际在位货币的竞争和博弈过程。如果能够竞争成功，则货币的国际化进程就能够向前推进，否则，就有可能弄巧成拙，反而被其他货币

① 一般人的消费习惯形成之后有不可逆性，即易于向上调整，而难于向下调整。尤其是在短期内消费是不可逆的，其习惯效应较大。这种特点被称为“棘轮效应”。这里是指一旦本国货币被外国货币替代后便很难使已经习惯了持有外国货币的公众反过来持有本国货币了。

替代，不但没法实现货币国际化的目的，反而可能给经济金融发展带来灾难。

3.2 货币国际化的国际实践及启示

3.2.1 主要货币的国际化

（1）英镑

英镑成为国际货币的历史是伴随着金本位制的实施和其海外殖民地的不断扩张而形成的。英国在1816年以法律形式承认英镑发行，1821年确定每一英镑兑换7.32238克黄金。由于英国不断扩张海外殖民地，英镑便开始在海外殖民地及全球范围内大量流通，并逐步成为与黄金并驾齐驱的国际货币。同时，英镑的可自由流通反过来也为国际经济发展提供了便利，极大地促进了殖民地区的经济发展和世界贸易的繁荣。

但是，好景不长，随着其他西方国家工业革命的完成，综合国力显著提升，以美国、德国为首的西方国家与英国的经济实力差距迅速缩小，对英镑的国际地位产生了威胁。第一次世界大战爆发后，各参战国均实行黄金禁运的政策，并停止了纸币兑换黄金，国际金本位制已经名存实亡。之后各国也曾努力恢复金本位制度，但是较之前相比，黄金的地位大大降低。1929～1933年，金融危机的爆发促使各国纷纷向英国兑换黄金，使国际收支本已陷入困境的英国不得不于1931年放弃实行金本位制。自此，英镑作为主要国际货币的历史结束，金本位制度也彻底瓦解。

（2）美元

美元成为国际货币的历史源于布雷顿森林体系的“双挂钩”安排。诞生于独立战争时期的美元随着国内市场的统一开始作为官方货币而流通。伴随着工业革命和第二次科技革命的完成，美国实现了经济上的飞跃，并最终于1913年左右取代英国，成为世界工业强国，美元在国际上的地位也转而上升。由于第二次世界大战以及战后各国错误的货币政策致使国际贸易与金融秩序彻底混乱，为了维持良好的国际经贸秩序，44个国家在美国的布雷顿森林召开国际会议，确定美元与黄金直接挂钩，其他国家的货币与美元挂钩的可调整的盯住汇率制度。自此，美元国际化步伐大大加快。

布雷顿森林体系瓦解后，全球进入了牙买加国际货币体系，意味着浮动汇率制的合法化以及黄金的非货币化，也意味着推行美元国际化战略的可能性。因此，美元国际化可以被视作是布雷顿森林体系的“功劳”，是美元与黄金“双挂钩”政策将美元推到了国际货币的中心，成为最主要的国际货币，并且一直持续至今。布雷顿森林体系虽然崩溃，但美元在国际经济舞台上的霸权地位却越来越高，引起了国际社会的普遍诟病。学术界也纷纷提出了不同的改革现有国际货币体系的新设想，欧元、日元等货币在国际经济与贸易中也占有一定席位，但是，直至今日，美元的国际霸权地位仍然难以撼动。从这一角度看，美元的国际化是现代经济条件下最为成功的范例。

(3) 德国马克

德国马克诞生于1948年6月20日的币制改革，当时的德国正备受恶性通货膨胀煎熬。《通货法》规定，从6月20日起发行新货币，名称为“德意志马克”。布雷顿森林体系崩溃后，浮动汇率制度的尝试使西欧国家的汇率无序且混乱。为了解决这一问题，1978年12月，欧共体首脑在布鲁塞尔达成协议，最初决定于1979年1月1日成立由联邦德国、法国、意大利、荷兰、比利时、卢森堡、丹麦和爱尔兰等17国参加的欧洲货币体系（后英国、西班牙和葡萄牙也加入），确定了欧洲货币单位（ecu）的计算方法；欧共体的汇率机制，即共同体内不同国家的货币对欧洲货币单位的汇率；共同体对内实行可调整的固定汇率，对外实行联合浮动汇率制。在这一汇率安排下，德国凭借其强大的经济实力和在控制通货膨胀方面的专注，使其他成员国通过追随其货币政策，可以同样实现较低的通胀率。此外，体系内的固定汇率制度也确实能够达到稳定汇率，促进经济发展的目标。这对于绝大部分成员国来说，都是一个帕累托改进。因此，理所应当的，马克成为体系内各成员国“盯住”的对象，欧洲货币体系实质上推进了德国马克在欧洲担任“名义锚”的地位。

区域合作和货币联动机制为马克的国际化提供了条件，自此，德国马克的国际化步伐开始加快。从职能货币来看，交易媒介，1980年世界贸易中，美元结算的比重为56.1%；马克占15.3%，日元占2.1%；1991年，全球出口贸易中马克所占比重为15.3%，马克支付份额超过德国在全球贸易中份额40%。1998年，全球外汇市场交易中马克占比30.1%，接近日元、英镑交易量之和。作为官方市场干预货币，20世纪80年代，德国马克成为美联储最重要的外汇市场干预工具，占比50%以上，而在欧洲货币体系的干预过程中，德国马克也实现了从20世纪80年代初的23.7%到80年代末的59%这一飞跃。作为储备货币，1972年IMF首次提出以德国马克作为储备货币，之后，

1975 年，德国马克在外汇储备中的比重达到 10.8%，并于 1989 年达到历史最高 17.8%。到欧元诞生之前，德国马克以 13.8% 的比重在外汇储备货币中位列美元之后。

可以看出，德国马克的国际化的重要特征是借助区域合作力量而展开的。而能够有资格利用区域合作的力量，得益于德国维持多年的强大的经济实力以及德国马克稳定的购买力。

（4）欧元

作为“区域货币”诞生的欧元是欧盟区域经济一体化的结果，也是最优货币区理论最直接的实践结果。

自 1978 年欧共体建立“欧洲货币体系”后，欧共体委员会主席德洛尔 1988 年 6 月向欧共体内的 12 国财长提交了一份名为《欧共体经济与货币联盟》的分析报告，在该报告中，德洛尔提出，应实行货币自由兑换、资本自由流动、金融一体化以及固定成员国的汇率波动等金融改革。1991 年，欧共体内的 12 个国家达成了一个建立欧洲经济与货币联盟的协议，即著名的《马斯特里赫特条约》，根据该条约，最迟应于 1997 年元月成立欧洲中央银行，并于 1999 年 1 月 1 日正式启动欧元。为了尽快推出欧元，欧盟 15 国于 1997 年 6 月通过了《阿姆斯特丹条约》，该条约正式确定了分阶段启动欧元的日程安排，与此同时，欧洲货币联盟也如期启动。虽然欧共体内的经济贸易结构和联系十分紧密，但其成员国在国情和经济实力等方面存在较大差异，因此，欧元的启动遭受了一定的阻力。虽然比预想的时间晚了两年，但欧元最终于 2002 年 1 月 1 日正式诞生，取代了区域内流通的 12 种货币，成为区域内唯一合法的货币，直接完成了国际化过程。

虽然欧元自诞生之初并不那么稳定，但经过欧洲央行为代表的欧洲经济金融管理部门的努力，最终使欧元跨入国际货币的行列。因 2008 年金融危机引发的“欧洲主权债务危机”对最优货币区理论提出了挑战：欧元区内国家的经济实力差距悬殊，却采用完全的固定汇率制度，这意味着一旦区内国家面临危机，其只能依靠财政政策对国内经济进行调整。统一的货币政策和独立的财政政策对欧元的稳定性提出了巨大挑战。现在，虽然欧洲经济逐渐开始复苏，但是这一问题却并未解决，因此，欧元能否成为稳定的国际货币，只能且过且留意。

（5）日元

日元国际化大致可以分为三个阶段：第一阶段，始于 1973 年的浮动汇率制。由于日本经济表现强劲，而美国经济陷入滞涨，日元的国际需求显著增加，由此带来了日元升值压力。由于日元升值，用日元结算替代美元结算就形成了最初的日元国际化。虽然如此，但日本政府却对日元国际化采取了消极态度。理由是日本国内认为“日元国际化会搅乱国内金融政策”的言论占据主流。虽然日本大藏省于1978年12月提出一个“正视日元的国际化，使日元达到和德国马克一样的程度，以发挥日元国际通货部分补充机能”的方针，并采取“大幅度缓和欧洲日元债发行限制”“促进日元在太平洋地区流通”等鼓励日元向外流动的政策措施，但对日元在储备职能方面的国际化却避而不谈。

第二阶段，始于1984年成立的“日元美元委员会①”。日本大藏省该年发布了一份《关于金融自由化、日元国际化现状和展望》的报告，将日元的国际化正式作为大藏省的政策目标，并进一步完善了日元国际化的具体措施，从而形成了一系列体系化的政策方案，并正式开始了日元国际化战略的推进。但是，由于日美贸易摩擦不断升级，美国将日本的经常项目贸易顺差归结为日元被低估及日本金融市场封闭所致。迫于无奈，日本成立了一个日元美元委员会，以冲销巨额外汇占款所带来的通货膨胀及日元升值压力，试图在规避外汇风险的情况下顺利推行日元国际化。从日元国际化的最终结果看，与1980年相比较，1990年日本进出口额中以日元结算的比重分别为14.5%和37.5%，分别提高了12.1个百分点和8.1个百分点。与此同时，日元在世界各国的外汇储备中所占比重也升至8.0%，远远超过英镑（3.0%）的水平。但从长期来看，这一战略选择虽然阻隔了日元国际化对国内金融市场的影响，但也拖延了国内金融改革的进程。另外，日元国际化还为日本国内居民规避金融管制，从海外市场获得日元贷款提供了条件。这不仅制造了日元国际化繁荣的假象（欧洲日元市场大部分业务对象都是日本居民），同时也给日本国内的经济金融调控带来了很多干扰。特别是1985年“广场协议②”之后，日本放任日元升值，致使日本经济不堪重负，“十年衰退”终于在1991年爆发。

---

① 20世纪80年代初，由于日本对美国国际收支顺差扩大，两国之间贸易摩擦加剧。为了解决日美间贸易不平衡的问题，日本被迫同美国联合设立了“日元美元委员会”，旨在通过促进日元在国际上的使用来诱导日元升值。这被视为日元国际化的开始。

② 20世纪80年代初期，美国财政赤字剧增，对外贸易逆差大幅增长。美国希望通过美元贬值来增加产品的出口竞争力，以改善美国国际收支不平衡状况。1985年9月22日，美国、日本、联邦德国、法国以及英国的财政部长和中央银行行长（简称G5）在纽约广场饭店举行会议，达成五国政府联合干预外汇市场，诱导美元对主要货币的汇率有秩序地贬值，以解决美国巨额贸易赤字问题的协议。因协议在广场饭店签署，故该协议又被称为“广场协议”。

第三阶段：1998年借着金融大爆炸[①]，日本政府开始积极推进日元国际化。1998年4月，大藏省改变传统的金融保护政策，依照“自由、公正、全球化”三原则全面推进金融改革，在金融领域引入竞争机制，实现金融机构改革和重组，为日元国际化创造了有利条件。同时，亚洲金融危机的爆发让日本政府由最基本的“货币职能”国际化转为货币区域化，提出了“日元亚洲化”战略，即利用亚洲经济危机，日本政府对亚洲各国采取了经济援助手段：以日元的低息贷款或以日本债券为抵押的抵押贷款等措施进一步提升了日元在亚洲的影响力。2000年5月，东盟十国与中、日、韩三国的财政部长签订“清迈协议”[②]，就东亚地区的货币金融合作、建立双边货币互换机制等问题进行了广泛磋商并达成共识。虽然这对于日元国际化的后果有所缓释，但由于日本长期经济低迷，银行不良资产问题以及在金融危机中日元大幅度贬值等都导致国际金融市场对于日本经济出现悲观预期。尽管日本政府为此采取了一系列积极措施，但日元国际化仍然受到阻碍，甚至陷入停滞、倒退的局面。

总体来看，自1984年日元国际化正式启动，至今已走过30多年时间。但从日元国际化的进程看却非常缓慢，甚至可以说陷入了困境。

3.2.2 对人民币国际化的启示

从货币国际化的国际实践中可以看出，在主权货币国际化的竞技舞台上，从来都不乏跃跃欲试并成功者，也曾有失败者或短命者。由于不同的货币国际化路径不尽相同，因此，很难从别国的货币国际化进程中获取对人民币国际化直接有用的现成经验。尽管如此，我们还是能够从中总结出对人民币国际化有益的启示。

(1) 经济可持续发展是货币国际化的基础条件

经济实力的强弱决定了货币的国际地位。因此，货币国际化的过程也是主

---

① 1998年4月1日，日本启动一项名为“东京版金融大爆炸”（Tokyo Big Bang）的金融自由化改革方案，包括解除不同领域管制的一揽子措施，如股票市场、外汇管制和不同金融业务领域的进入政策等；同年修订了《外汇法》，对外汇交易实现完全自由化。

② 2000年5月4日，第九届东盟与中日韩“10+3”财长在泰国清迈共同签署建立区域性货币互换网络协议，即《清迈协议》。主要内容包括：一是扩大东盟互换协议（ASA）的数量与金额；二是建立中日韩与东盟国家的双边互换协议。

权国家经济实力不断增强的过程和反映。通过以上分析可知，无论是因工业革命而崛起的老牌帝国主义英国，还是得益于布雷顿森林体系而后来居上的美国，不管是二战后迅速崛起的德国和日本，还是因经济同盟而结成统一货币体系的欧洲，在货币国际化进程中都有非常强大的经济实力作为坚实基础。在具体表现上，作为货币国际化成功代表的德国长期稳定的经济增长促成了德国马克的国际化，而日元国际化虽然失败了，主要原因是其经济的低迷，但在日元国际化的前期阶段，日本国内经济保持稳定增长才使日元国际化能够顺利推进。可见，既然一国货币的国际化进程实际上也是一国经济国际化过程的反映，则强大的经济实力就成为货币国际化顺利实施的根本保障。

对于人民币国际化来讲，一个非常有利的条件是，改革开放40年的中国经济一直保持高速增长，为人民币提供了可以走出国门、实现国际化的基础条件，也才使得自2009年以来快速推进的人民币国际化能够实施顺利。作为中国改革开放进程中长期战略的一项重要内容，人民币国际化进程不可能一蹴而就，能否在今后的推进过程中顺利实施还需要中国经济持续健康发展为其保驾护航。

（2）国际贸易规模不断扩大是实现货币国际化的优势所在

既然货币国际化是一国经济国际化的客观要求，则反映一国经济对外实力强弱的关键指标——国际贸易规模就成为主权货币能否顺利实现国际化的重要基础。上述分析表明，那些成功国家或地区的货币国际化推进都是以充分的国际贸易规模为基础的。在货币国际化推进的前期阶段，那些经济体大多都出现过巨额贸易顺差，之后又有广泛的国际金融活动。例如，20世纪60年代至80年代，德国、日本两国的对外贸易几乎一直维持顺差。巨大的国际贸易额和广泛的金融活动有利于促进一国货币成为国际计价和结算货币，扩大该种货币的国际需求，有利于其国际化的顺利推进。当然，欧元、美国的情况稍有不同。就美国来说，在美元国际化进程中美国逐渐积累了大量的国际收支逆差，成为美元滥发的主渠道。但是，在美元国际化初期，美国还是有可观的外汇基础的，否则，全球44个国家也不会将布雷顿森林体系建立在对美元那么信任的基础上的。

对于人民币国际化来讲，目前最大的优势便是中国具有非常可观的国际贸易规模。根据McKinnon（2014）的观点，历史上不同货币的国际化进程中优势很不一样，中国目前最具优势的是国际贸易。但是，近年来，一个不容乐观的新现象是，由于美国一直紧盯中国是否操纵汇率问题，热钱流入、流出频繁。自2005年7月汇率改革以来，人民币一直处于升值预期。虽然中国拥有巨额外汇储备，但却很少有人使用人民币进行出口结算，从而出现经常账目顺差。因此，从这一角度看，中国仍然属于一个“不成熟”的国际债权国（McKinnon，2014）。但是，一个可喜的现象是，自2014年初以来，人民币汇率的双向波动特征明显。今后，随着人民币汇率变化，中国如何在保持巨额国际贸易规模的同时改善国际贸易条件，是一个必须认真思考的问题。

（3）国内金融市场发育良好是货币国际化的重要环境条件

一般地讲，金融市场的高效运行是货币国际化的必要条件。金融市场发达程度越高，越能发挥市场的“自我调节”功能，越有利于货币国际化的顺利推进。从这一视角看，日元国际化进程的表现尤为明显。日元国际化进程中选择的是金融深化和发展，即通过逐步改革金融体系使日本完成了外汇自由化、贸易自由化、资本流动自由化、利率自由化以及金融市场自由化，进而使日元成为国际金融市场上被普遍接受的货币。尽管后来的日元国际化进程中因日本国内经济低迷而陷入困境，但其前期的成功推进离不开国内金融市场的配合。除日本之外，欧元的国际化也是建立在欧元区国家普遍较发达的金融市场基础之上的，德国马克的国际化也是建立在德国管理规范、运行良好的金融市场环境基础上的。

从中国目前的国内金融市场发育情况看，经过长时间的培育，虽然目前已经具有了股权市场、债权市场、衍生金融市场等，但是，市场运作的质量仍然不高。以股票市场和债券市场发展为例，长期以来股票市场的发育远远快于债券市场，曾经出现市场发展过程中的“跛腿”现象，而人民币国际化进程中恰恰需要的是通过债券市场发展疏导人民币及时回流，进而再“走出去”。因此，今后国内债券市场的培育和发展将成为人民币国际化进程中需要重点培育的金融子市场。

（4）控制好资本项目开放节奏是货币国际化成功推进的关键内容

资本项目开放和货币国际化的关系问题一直是学术界讨论的主要问题。尽管有学者认为，一种货币的国际化并不等于要在货币主权国的资本项目自由化和本币可完全自由兑换实现后才可以进行，例如日本政府在推动日元国际化之前，并未完成资本项目的可自由兑换，但是，德国马克的国际化则是在经常项目和资本项目可自由兑换完成之后才开始的。可见，尽管各主要货币的国际化进程中面临的资本市场环境不同，但基本上都是在货币国际化进程中保持了资本项目自由化进程的合理推进。如果资本项目开放过程中出现问题，必然要影响到货币国际化的进程。

与美元等主要国际货币不同，目前，人民币国际化进程中资本项目可自由兑换步伐缓慢。从人民币国际化的条件看，应当通过资本项目开放为人民币国际化提供更广泛、更深入的国际流通创造条件，才有可能使人民币逐步成长为主要的国际交易和储备货币。在这种背景下，来自资本项目开放的风险有可能影响到人民币国际化的进程。尽管在理论上说，一种货币的国际化并不等于要在货币主权国的资本项目自由化和本币可完全自由兑换实现后才可以进行，但是，资本项目开放和本币可在一定程度上与别国的货币自由兑换则是一种货币国际化的基本前提。如果资本项目自由化进程中出现问题，必然要影响到货币国际化的进程。因此，如何在人民币国际化进程中控制好资本项目开放的节奏就成为人民币国际化能否成功推进的一个关键环节。

（5）防范金融风险的生成和传导是货币国际化成功的根本保障

2008 年华尔街金融危机的爆发已经充分说明，国际货币体系已经发生了很大变化，几个主要的国际储备货币的流通已经不能合理、全面反映国家间经济实力的新变化和经济结构调整的需要。全球经济出现不稳定，进一步加剧了国际货币体系出现混乱，成为诱发全球金融危机的主要导火索之一。

为了避免现有国际金融体系的不合理给我国经济金融发展带来的负面影响，推进人民币国际化战略已经成为非常现实的选择，符合我国金融开放的需要和利益追求。但是，目前来看，我国的利率、汇率市场化改革还未完成，资本项目还没有完全放开，经济金融结构还不太完善。在这种背景下，推进人民币国际化也有可能会有金融风险，如，人民币汇率过度波动风险、资产价格过度波动风险、国际金融危机传染风险、货币政策操作风险以及货币替代风险等。在这种背景下，人民币国际化的推进步伐和政策操作稍有失误，都可能会引起国内金融系统出现动荡，经济金融安全运行就会受到威胁。

3.3 人民币国际化的理论逻辑

货币国际化的理论基础和主要货币国际化的经验分析表明，任何经济体的主权货币要走向国际，都是基于一定的经济金融基础并且都要面临一系列严峻挑战。因此，主权货币国际化并非易事，既然国际上有成功经验，也有失败教训，而且一旦货币国际化失败，将会给货币开放国带来一系列负效应。那么，人民币作为中华人民共和国的唯一法定货币，当其自 1948 年诞生以来[①]，一直作为国内货币在国内流通，为什么当改革开放进行了 40 年后却一定要冲出国门，走向世界？这其中的内在逻辑应当如何梳理？

为了清楚梳理人民币国际化的理论逻辑，首先需要回顾人民币国际化的历史进程。事实上，随着 1979 年中国改革开放大门的打开，人民币就开始逐渐走出国门，开始向外流通。开始仅限于边境贸易中的一部分，随着时间的延伸，经过改革开放以来的长时间尝试，人民币目前已成为边境贸易被广泛接受的货币。同时，人民币作为结算与储备货币，也已经大大加快了速度。根据中国人民大学国际货币研究所（IMI）发布的《人民币国际化报告》[②]，近年来，人民币国际化指数（RII）一直保持良好上升势头。2012 年仅为 0.92，2013 年达到 1.69，全年增长幅度 84%；2014 年上升到 2.47；2015 年达到 3.6，全年增长速度为 46.00%。另据该所发布的《人民币国际化动态与展望》，2017 年第一季度人民币国际化指数有所下降，为 3.04%，与 2016 年同期相比增长 14.10%，未来随着贸易、投资双轮驱动功能的增强，特别是人民币金融交易功能的强化，人民币有望保持其国际货币地位。

另外，2013 年全球贸易中以人民币计价结算的份额已上升为 2.50%，实现了连续 3 年超过 60.00% 的年增长速度；全球资本和金融交易中人民币份额已达到 2.08%，增长速度明显加快。2015 年全球贸易中以人民币计价结算的份额已上升为 3.38%，促使我国对外贸易以人民结算比例达 30.00%。全球资本和金融交易中人民币份额已达到升至 5.90%，增长速度明显加快。可见，对于已经迈出人民币国际化初期阶段的中国来讲，前期阶段的推进非常顺利，目前正进入一个新的关键时期。2016 年 10 月 1 日，人民币正式加入 SDR 篮子后，用人民币进行国际贸易结算的比重进一步提高，标志着人民币国际化又向前大大迈进了一步。

基于此，本书分别从必要性和可行性两个视角对人民币国际化的理论逻辑进行梳理。

---

① 1948 年 12 月 1 日，中国人民银行成立并发行第一套人民币，共 12 种面额 62 种版别。统一发行人民币是为迎接全国解放采取的一项重大措施，它清除了国民党政府发行的各种货币，结束了国民党统治下几十年通货膨胀和中国近百年外币、金银币在市场流通买卖的历史。

② 中国人民大学国际货币研究所：《人民币国际化报告 2014——人民币离岸市场建设与发展》。

3.3.1　必要性视角

源于20世纪90年代的人民币国际化研究，理论界关于人民币国际化的必要性与可行性、利弊得失、风险收益等开展了激烈的讨论。但是，由于国内外环境尚不宽松，人民币国际化进程基本停留于“周边化”层面。在理论界的持续讨论声中，2009年我国正式开始加快人民币国际化步伐。随着人民币国际化进程的推进，2011年3月，在全国人民代表大会审议通过的“十二五”规划中，明确提出要“逐步实现资本项目可兑换”；2012年1月，国家发展和改革委员会发布《十二五时期上海国际金融中心建设规划》，其中明确提出了在“十二五”时期要将上海建设成为国际金融中心，力争至2015年将上海确立为全球性的人民币产品创新、交易、定价以及清算的中心。2014年，“沪港通”的开通；2016年“深港通”的启动，“一带一路”倡议的不断推进等都需要人民币国际化作为支付货币和结算货币发挥作用。可见，人民币国际化的必要性已经被提到了国家战略高度，成为中国金融改革开放战略中一项非常重要的内容。

（1）国际视角

①基于全球经济失衡局面

当人类进入20世纪90年代以后，全球经济运行中出现了两个明显的特征：一是随着各经济体对外联系的不断增强，国际贸易出现了规模持续扩大的趋势，同时国际投资活动也日趋活跃，出现全球经济快速增长的趋势。二是全球经济失衡问题愈演愈烈，金融危机发生的频率超过了历史上的任何时期，并且一直困扰着世界经济的发展。全球经济失衡不仅增加了全球经济金融的联动性，也增加了各国面对金融危机的脆弱性。就2008年华尔街金融危机爆发的导火索——美国次贷危机而言，它给国际社会敲响了一个警钟：人类要想防范金融危机的频繁爆发，就必须纠正已经失衡的全球经济格局。但问题是，怎样才能纠正已经失衡的全球经济格局？学术界对全球经济失衡的原因、表现以及与金融危机之间的关系等开展了激烈讨论，研究视野逐步拓展到如何改进现行国际货币体系。

从全球经济失衡的表现看，最突出的是美国国际收支的“双逆差”（且规模巨大）和大多数发达国家的经常项目逆差、中国国际收支项目“双顺差”（且规模巨大）和大多数发展中国家的经常项目顺差。导致这一结果的主要原因有三个：其一，在经济全球化大背景下，国际贸易的比较优势不仅在很大程度上扩大了各国间的货物与资本流动规模，也促进了国际产业分工，改变了世界经济结构，使发展中国家几乎成为资源采集地和加工制造业的生产基地，向外输送制成品或半成品，而发达国家几乎成为科技、金融中心，从外部吸纳各种资源、制成品或半成品。在这一过程中，发展中国家沦为贸易顺差国，发达国家则成为贸易逆差国；发展中国家赚取低的附加值，发达国家赚取高的附加值；发展中国家靠出口拉动经济，发达国家靠消费拉动经济。其二，以美元为中心的国际货币体系使美元的需求量随着日益扩大的国际贸易规模而增加，使美国需要贸易逆差对外大量输出美元，从而形成美国经常项目逆差（且规模巨大）。其三，发展中国家以其廉价的劳动力、丰富的自然资源和对于外商直接投资的开放程度成为发达国家（尤其是美国）转移生产力的理想之地，FDI的增加扩大了发展中国家的资本项目顺差，而FDI的产成品出口也直接导致了其经常项目顺差。

经过激烈的讨论，目前对于国际经济失衡问题研究的最新动态是：尽管分歧不小，但不容否认的现实是，今后相当长时期内国际经济调整的一条主线是如何推进“全球经济再平衡”。当全球经济失衡和金融发展格局之间的联系日益紧密之时，理论界形成的主流观点是：要纠正全球愈演愈烈的经济失衡局面，就必须改变现有的国际货币体系，增加新的国际货币要素。对人民币国际化而言，一个千载难逢的机遇是2008年金融危机的发生为中国创造了机会，使得人民币国际化可以“趁着危机而上”，被国际逐渐接受。因此可以说，金融危机给了人民币国际化一个难得的好机会，通过人民币国际化可以让现有国际货币体系逐步多元化进而增加全球经济与金融稳定性，成为纠正国际经济失衡的重要砝码。

②基于国际货币体系改革

当布雷顿森林体系崩溃后，国际货币体系进入以美元为主导的多元储备货币体系时代以来，美元已成为各国中央银行最为倚重的货币和事实上的超级货币；随着欧洲经济一体化形成，欧元也已兴起；美国货币政策以及美元的国际货币条件已对全球经济形成巨大的影响力和冲击力（李稻葵等，2010）。但是，现行国际货币体系在运行中却存在一系列天然缺陷，最明显的表现是占主导地位的货币仍然是美元、欧元等发达国家的货币。但是，发达国家的货币政策是根据其本国利益和经济形势变化而变化的。在经济全球化的今天，发达国家的货币政策必然要作用于其他国家的宏观经济。这就导致货币政策的制定者与货币政策效果的接受者之间出现不对称，从而造成货币政策制定者的激励是来自发达国家调节本国经济的需要，而发展中国家的经济发展被忽视的情况。这种情况持续存在必然导致独揽铸币税收入的发达国家货币的信用基础出现动摇，带来国际货币体系的不稳定。可见，现行国际货币体系存在的问题是："国际储备货币发行规则缺失、国际收支协调机制失灵、统一稳定的货币标准缺乏"等内在缺陷放任并加剧了全球的经济失衡，从而酿成了全球经济失衡程度高、规模大、持续时间久、金融危机频发等一系列恶果。在这种背景下，改革现行国际货币体系是矫正全球经济失衡，有效避免发生金融危机的重要途径。

那么，应该如何改革现行国际货币体系？2008 年华尔街危机爆发之后，尽管有人提出应恢复金本位制，也有人提出应建立商品本位，还有人提出应继续维持美元本位，中国人民银行行长周小川也于 2009 年提出要建立一种所谓"超主权国际货币体系"的设想，但从现实来看这些设想实施起来难度都很大。对此，理论界形成的主流观点是应当建立多元化国际货币体系。但是，现行国际货币体系就是一种名义上的多元货币体系，除美元之外，目前，主要国际货币还有欧元、英镑、日元等。尽管如此，在美国经济仍占绝对优势的现实面前，欧元、日元、英镑等货币仅能发挥部分国际货币的职能，可见，当前的国际货币体系仅仅是名义上的多元化，而实质上仍然是一个美元霸权下的多元货币体系。建立新的国际货币体系应当是在美元霸权地位削弱基础上对现行多元化国际货币体系进行修正，使除美元、欧元等主要货币之外，还应当有其他国际货币参与竞争。经济实力决定一国货币在国际货币体系中处于何种地位。当人类进入 20 世纪 90 年代后，随着全球经济一体化的深入，特别是在 2008 年全球金融危机爆发后，以中国为代表的新兴市场经济体保持了强劲的经济增长速度，成为国际经济格局中的重要一极。随着对国际货币体系改革方案的不断讨论，人民币国际化的呼声已越来越高。在这种历史背景下，如果中国能够抓住机遇，及时推进人民币国际化，既可实现中国本国的利益诉求，又能为改革国际货币体系做出贡献。

（2）国内视角

①基于中国的国际经济地位

经过改革开放 40 年的发展，中国无论从经济实力还是贸易规模上都对世界产生着越来越大的影响：从整体经济实力看，我国不仅经济规模巨大，且增速长期位列世界之首；从中国的对外贸易规模来看，近十年以来增长速度惊人。目前，中国已成为全球第二大经济体、第一大出口国和第二大进口国。具体情况见表 3 - 2 和图 3 - 1。

表 3 - 2　　2016 年世界主要国家 GDP 总值及其增长率

国家	美国	中国	日本	德国	法国	英国	巴西	俄罗斯	意大利	印度
GDP（万亿美元）	18.03	11	4.38	3.36	2.42	2.86	1.77	1.33	1.82	2.09
GDP 增长率	1.6	6.7	1.0	1.9	1.1	1.8	0.9	0.2	0.9	7.4

注：数据来源：中国统计局网站、IMF 数据库。

从表 3 - 2 可以看出，截至 2016 年底，我国 GDP 总额以 11 万亿美元居世界第二，远超过排名第三的日本。经济增长率则以 6.70% 的速度虽然慢于目前排名第一的印度，但远高于 GDP 排名前九的其他国家。

从图 3 - 1 可以看出，从 1981 年至 2015 年，我国的进口额、出口额以及进出口总额一直呈现上升趋势。尽管 2008 年华尔街金融危机发生后，由于国际市场不景气，我国的进口额、出口额以及进出口总额都有所下降，但是，经过短暂的下跌之后，又出现了回升态势。近年来我国的进出口总水平保持平稳，为人民币国际化提供了非常坚实的基础。

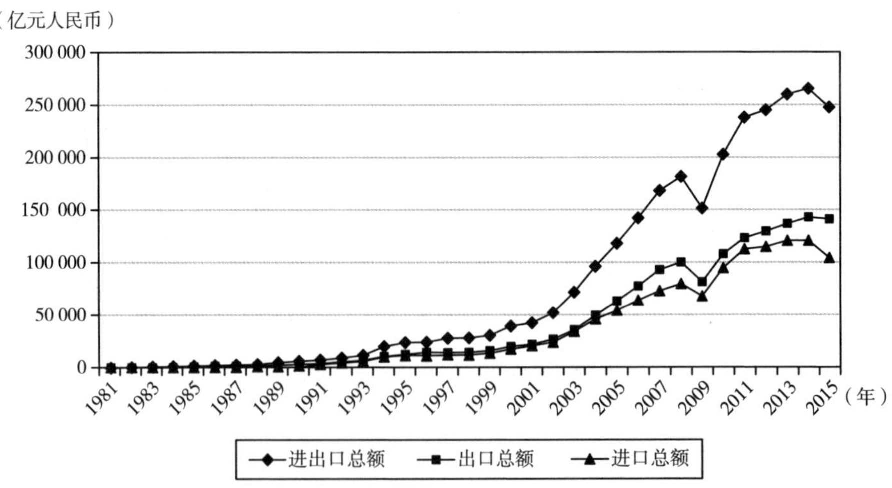

图 3 - 1　1981 ~ 2015 年中国进出口贸易总额走势图

数据来源：相关年度《中国统计年鉴》。

根据海关统计，进入 2016 年后，我国出口按人民币计同比下降 2.00%，进口按人民币计同比略微增长 0.60%；全年贸易顺差 3.35 万亿元人民币，同比减少 9.10%。但可喜的是，2016 年 4 季度我国的进出口、出口、进口值分别增长了 3.80%、0.30% 和 8.70%。2017 年上半年，我国货物贸易进出口总值 13.14 万亿元人民币，比 2016 年同期增长 19.60%。其中，出口 7.21 万亿元，增长 15.00%；进口 5.93 万亿元，增长 25.70%；贸易顺差 1.28 万亿元，收窄 17.70%。由此可以看出，中国经济在 L 形增长轨迹上运行的基础上底部已经稳定，我国经济发展向上突破的可能性正在加大。中国的经济发展水平已得到世界公认，其国际经济地位已基本筑牢。

尽管如此，人民币在国际经济发展及贸易往来中的地位却与之严重不匹配，原因之一是人民币作为中国的主权货币仍然是我国的国家货币。作为国家货币，其价格、数量均在很大程度上受到其他货币（尤其是美元）的影响，这在一定程度上限制了我国在国际政治经济领域的话语权。从长期来看，一国经济实力的强弱与其在国际上的影响力应当一致，否则，随着该国经济与贸易的增长，与国际的交流越多，其制定政策时的外部约束越大，尤其是制定政策的独立性将越来越差。因此，随着我国经济和贸易的发展壮大，改变我国在国际上“位高而权不重”的局面就成了必然，人民币国际化理所当然应当成为提升我国在国际舞台上话语权的一件利器，提高人民币的国际化程度实际上反映了我国经济高速发展的内在要求。

②基于中国经济结构调整

改革开放以来，中国经济发展一直遵循现代化建设的战略，使人民生活总体上达到小康水平。但是，随着人民生活水平的提高，我国经济社会发展中存在的不平衡、不协调和不可持续性问题更加凸显。主要表现为两个方面：首先是外部失衡，即中国经济发展过分依赖外部市场，出口在 GDP 的比重中占比过大，而贸易顺差在 21 世纪初经济高速时期高达 8% 以上。这种经济发展格局不但使中国经济发展过多地受国际经济波动影响，而且也给中国在国际政治上带来一系列压力。其次是内部失衡，表现为经济发展中国内居民消费占 GDP 比重过低，长时期一直处于 40% 以下的水平。经济结构的不合理不仅带来经济增长中投资所占比重过高、投资质量下降、国内有效需求不足、出口远远大于进口、贸易顺差居高不下等经济运行问题，而且更重要的是大幅降低了经济增长质量和居民福利水平。

为此，中国调整经济结构的重要任务就是要转变经济增长方式，将由投资和净出口拉动的经济增长方式转变为消费拉动，通过经济结构调整提高居民可支配收入和消费水平，保持投资和净出口稳步增长。由于人民币国际化的一个必备条件是必须对外保持一定程度的逆差，因此，人民币国际化过程同时也是降低中国对外贸易依存度过高的过程，是中国转变经济增长方式的过程。如果能够在人民币国际化进程中将中国的外贸依存度保持在20% -40%之间，将会对中国经济结构调整做出不小贡献。

③基于中国金融市场深化

从金融角度看，人民币国际化实质上也是中国金融市场对外开放的过程；反过来看，良好的金融市场环境是人民币国际化成功的前提之一。目前来看，中国的国内金融市场发育尚未完善，人民币离岸市场建设还不成熟。而国际经验表明，货币国际化的路径大都遵循将本国货币输出到国际市场，然后，通过构建顺畅的投融资渠道以促进本币的境内外流通，进而实现可在境外进行本币的结算、投资乃至作为外国储备货币的过程。可见，人民币国际化进程对中国金融市场体系建设提出了更高要求，要使境外投资者愿意持有人民币，就必须加快中国金融市场改革，培育更多合格的市场参与主体，提供更多创新产品等以适应市场对外开放的需要。

这样，通过人民币国际化进程的推进，不仅可以倒逼中国国内金融市场改革，还能促使中国金融业真正走出国门，参与国际金融市场竞争。在该过程中可能会在微观层面上使一些经营管理不到位的金融机构甚至实体企业受挫，但相应地也会使适应国际发展潮流、拥有核心竞争力的企业脱颖而出，从而促进金融市场深化发展。从今后看，伴随着人民币国际化的进一步推进，中国金融市场业务的地位和重要性将会得到显著提升，金融市场业务将向广度和深度进一步发展，部分市场的运行机制有可能出现根本性变革。

3.3.2 可行性视角

（1）人民币国际化面临历史机遇

对人民币国际化来讲，2008年是一个非常具有历史意义的一年。在此之前，尽管国内已有学者从20世纪90年代初就提出了人民币国际化的设想，但是，就国际学术界和国际社会来说，从来就没有人真正关注过人民币国际化的具体推进问题。在国际经济舞台上人民币一直默默无闻，被划定为仅在中国国内流通的“软通货”的范畴。但是，2008年美国华尔街金融危机的爆发给了人民币国际化一个千载难逢的历史机遇。危机的发生使全球学术界开始探寻和思考以美元为主导的现行国际货币体系存在的严重缺陷和所隐含的巨大风险，纷纷提出改革现行国际货币体系。

事实上，由于美国利用美元霸权地位滥发美元，促使美元大幅度贬值，向国际上的美元资产持有者转嫁金融危机，早就让世界各国恨之入骨，美元的国际霸权地位早就遭到诟病，而金融危机的爆发直接降低了各国对于美元的信心，一再贬值和可预见的美国经济的不稳定促使更多国家不愿意以美元作为贸易与结算货币。

当改革国际货币体系的呼声越来越高的时候，人民币正在以中国在此次金融危机中所展现出的大国魅力而受到广泛关注，更多国家和地区愿意接受人民币作为计价结算货币，愿意与中国签订双边互换协议来调整储备资产，以便利贸易与投资。借此机会，人民币国际化的步伐大大加快。因此可以说，国际政治、经济格局的突然转向为人民币国际化带来了历史机遇，使得人民币国际化问题瞬间发生了逆转，成为国际社会越来越受关注的对象。当然，中国政府也顺应时势加快了人民币国际化的步伐。

（2）人民币国际化已具备基本条件

①中国经济发展实力雄厚

国际经验表明，经济实力的强弱决定了一国货币的国际地位，也是货币国际化能否成功的基础条件。中国经过改革开放 40 年的快速发展，经济发展水平逐渐提高，经济实力不断增强。截止到 2014 年 10 月，中国经济规模已跃居世界第一，外贸总量跃居世界第一，对外直接投资世界第三。

表 3－3、表 3－4、表 3－5 分别为以不变价计算的我国经济增长率、七国集团经济增长率、金砖国家及部分亚洲经济体的经济增长率的对比。

表 3－3　　2001～2016 年我国 GDP 增长率（%）

年份	2001	2002	2003	2004	2005	2006	2007	2008
增长率（%）	8.30	9.09	10.02	10.08	11.31	12.67	14.17	9.63
年份	2009	2010	2011	2012	2013	2014	2015	2016
增长率（%）	9.21	10.44	9.30	7.90	7.80	7.30	6.90	6.90

注：数据来源：由中国统计局年度数据计算而来。

表 3－4　　七国集团 GDP 增长率（%）

年份	美国	英国	法国	德国	日本	意大利	加拿大
2011	1.8	1.1	2	3.3	-0.4	0.6	2.5
2012	2.8	0.1	0	0.7	1.4	-2.6	1.7
2013	1.9	1.4	0.2	0.5	1.6	-1.8	1.7
2014	2.4	2.9	0.2	1.6	-0.03	-0.3	2.5
2015	2.9	2.2	1.1	1.7	1.4	0.8	1.2
2016	1.5	1.8	1.1	1.9	0.9	0.9	2.0

注：数据来源：主要经济体官方统计网站。

表 3－5　　金砖国家及部分亚洲经济体 GDP 同比增长率（%）

年份	巴西	俄罗斯	印度	南非	韩国	印度尼西亚	马来西亚	菲律宾	泰国	中国香港	中国台湾
2011	2.6	4.3	6.2	3.1	3.7	6.5	5.1	3.6	0.1	4.9	4.2
2012	1	3.5	5	2.5	2	6.2	5.6	6.8	6.5	1.5	1.5
2013	2.4	1.6	4.7	1.9	2.8	5.7	4.5	6.9	2.9	3	2
2014	3.6	0.7	6.9	1.7	3.3	5.0	6.0	6.2	6.5	5.7	4.0
2015	-0.8	-2.8	7.5	1.3	2.8	5.6	5.0	5.9	2.9	6.1	0.7
2016	-0.5	-0.	7.5	0.3	2.8	5.0	4.2	6.8	0.7	3.9	1.5

注：数据来源：主要经济体官方统计网站。

从表 3－3 至表 3－5 可以看出，中国经济增长水平在全球独树一帜，站在全球角度看，我国经济实力雄厚毋庸置疑。

②中国国际贸易规模不断提升

根据货币国际化的基本理论，一国货币实现国际化的第一步是该货币在跨境贸易中作为计价和结算货币而流通，而国际贸易规模则是货币跨境流动的基础。中国自 2001 年加入世贸组织以来，出口量激增，目前已成为世界第一大出口国和第二大进口国，并即将成为全世界第一大贸易国。同时，作为世界经济稳定增长的重要力量，中国对世界贸易有巨大的影响力。

在国际贸易规模不断扩大的同时，人民币跨境结算金额迅速扩大。2009 年，跨境人民币结算金额只有 35.80 亿元，到 2014 年前三季度已超过 4.80 万亿元，人民币已经成为中国的第二大跨境支付货币，占全部本外币跨境收支的比重接近25.00%，在货物贸易进出口中人民币结算占比超过15.00%，已有174个国家与中国发生跨境人民币收付业务。2015年12月，人民币在全球支付市场占有率升至2.31%，仍为全球第五大支付货币；12月以人民币作为支付方式的总金额环比增长15.92%，而所有货币支付总金额环比增长14.43%。企业和从事跨境人民币业务的银行都可以从中得到实实在在的好处，企业可以规避汇率风险、节约财务成本；银行可以为企业跨境贸易投资及金融交易等提供更多、更贴近实际需求的金融产品和服务。

③中国外汇储备充足

充足的外汇储备能够对一国经济发展提供充足的对外支付能力、国际清偿力和稳定汇率的能力。这些能力共同构建了一个强有力的抵抗外部危机冲击的屏障，为一国内部的经济发展创造一个稳定、良好的环境。因此，充足的外汇储备能够提升国际对于一国货币的信心，从而为该国的货币国际化战略提供保障。

中国作为世界上第一大债权国，外汇储备的规模十分巨大。自2007年以来，我国外汇储备迅速增长（见图3－2）。从历史最高水平来看，截止到2014年12月末，中国的外汇储备已达4万亿美元的历史最高水平，并且成为美国的第一大债权国。虽然这会带来维持国内经济稳定成本的提高，但是持有外汇储备为人民币带来的国际信心却是不容置疑的。此外，考虑到我国正处于

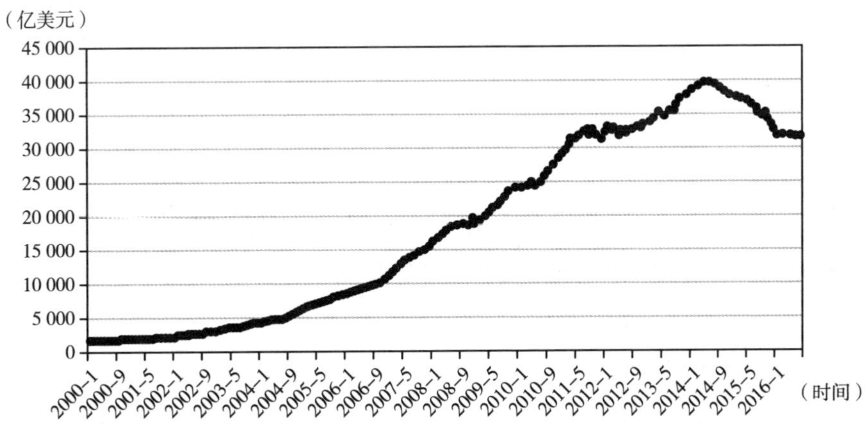

图3－2　2000～2016年中国外汇储备增长趋势图

数据来源：中国外汇管理局数据库。

经济转轨、资本开放以及人民币国际化的初期，在未来的改革进程中，贸易结构很可能会发生逆转，届时，外汇储备的负担必然减弱。从数据来看，2012年之后，我国外汇储备增速出现减弱，2015年下降了近5000亿美元，基本维持在3万亿美元，但是，2016年以来，外汇储备水平没有出现继续下降，基本维持在3万亿美元左右，原因是2013年开始我国经济出现下行之后，L形经济持续，没有出现经济进一步下行，对保持外汇储备水平稳定有非常重要的意义。目前，我国的外储规模仍然接近全球的30.00%，是第二名日本的2.6倍，第三名沙特阿拉伯的5.7倍。3万亿美元的外汇储备很充裕，处于一个合理稳定的区间，这与我国的外汇储备相关运用政策也有关系，也是一种外汇储备可控的信号传递。因此，充足的外汇储备能够成为人民币国际化的支撑力量。由此可以看出，中国外汇储备充足，是我国经济双向开放进程中的保障。

④人民币币值稳中有升

货币国际化首先需要本国货币的币值稳定。近年来，人民币币值一直稳定。尽管人民币汇率已由单边升值演化为“双向波动”，但人民币的币值一直保持基本稳定，没有出现大起大落，如图3－3所示。

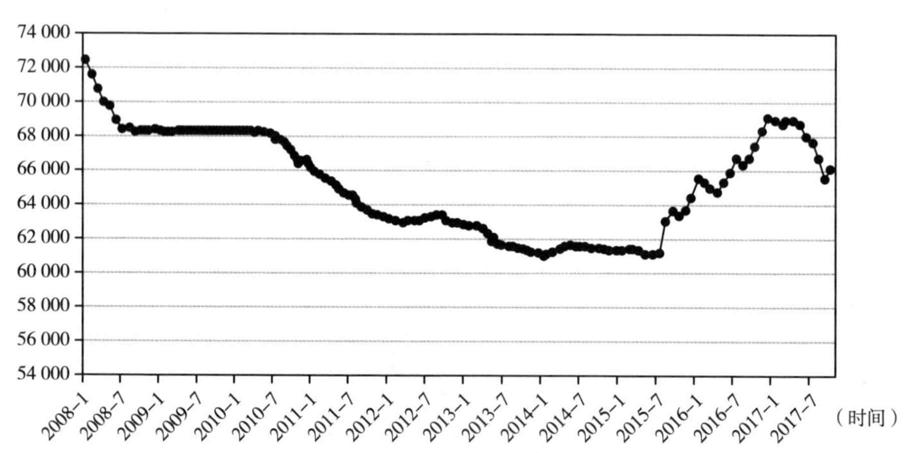

图3－3 2008～2017年7月间接标价法下人民币汇率走势图

数据来源：中国人民银行数据库。

从图3－3可以看出，自2007年汇率制度改革以来，人民币币值稳定并且一直处于升值趋势，2008年金融危机之后更是如此。自2008年以来，人民币对美元已升值20%左右。考虑到国际贸易失衡和中国经济增长趋势都不可能在短期内扭转，因此可以说人民币币值稳定且稳中有升。这种趋势代表着持有人民币可以获得稳定的收益，因而可以刺激人民币的海外需求，扩大人民币的接收范围，成为人民币国际化的另一支撑力量。2015 年“8·11”汇改后，人民币汇率波动幅度有所加大，“双向波动”态势明显[①]。也反映出人民币汇率的波动更符合市场定价机制。

3.4 人民币国际化的推进战略

既然人民币国际化既必要也可行，那么接下来就应思考人民币国际化如何推进，即人民币国际化推进战略的问题。根据货币国际化的理论和国际经验，相较于人民币国际化初期，未来的人民币国际化推进过程将会相对较为复杂，并非一朝一夕就能完成[②]。因此，结合理论和现实，我们认为人民币国际化的推进战略应从“两个维度”进行思考：即基于货币职能的维度和基于货币流通范围维度。

从货币职能维度来看，人民币国际化应遵循首先成为“交换媒介”，然后成为“计价货币”，最后成为“储备货币”的逻辑思路；而从货币流通范围维度来看，人民币国际化则应当遵循首先实现“周边化”，在此基础上实现“区域化”，最后实现“国际化”这一战略安排。

3.4.1 货币职能维度

(1) 人民币跨境贸易结算

自 2008 年 12 月 24 日，国务院常务会议批准广东长江三角洲地区与港澳地区、广西和云南与东盟地区的货物贸易开展人民币结算试点以来，人民币跨境贸易结算有了显著增长。截至 2014 年前三季度，人民币跨境结算业务已超

---

① 2015 年 8 月 11 日，中国人民银行宣布调整人民币对美元汇率中间价报价机制，做市商参考上日银行间外汇市场收盘汇率，向中国外汇交易中心提供中间价报价。这一调整使得人民币兑美元汇率中间价机制进一步市场化，更加真实地反映了当期外汇市场的供求关系。

② 根据陈雨露（2014）的研究，人民币国际化要经历一个比较长的历史过程。他们通过对历史经验进行计量分析后得出：人民币要想与美元、欧元等成为同一个数量级的货币，人民币国际化的道路还需要 15 年左右的时间。

过4.8万亿元，人民币已成为我国第二大跨境支付货币，人民币跨境收支占全部本外币跨境收支的比重已接近25.00%，货物贸易进出口的人民币结算比重则超过15.00%，与我国发生跨境人民币收付的国家达到174个。2016年，跨境人民币收付金额合计9.85万亿元，占同期本外币跨境收付金额的比重为25.20%，人民币已连续6年成为中国第二大跨境收付货币。截至2016年末，使用人民币进行跨境结算的境内企业约24万家。

从未来前景看，未来5年，人民币很有希望实现与英镑、日元的并驾齐驱（陈雨露，2014）；如果不出现重大意外，应该形成美元、欧元、人民币“三驾马车”的格局，日元、英镑将逐步让位于人民币（李稻葵，2014）。欧元之父Mundell所设想的未来国际货币体系的“金融稳定性三岛”将会因人民币国际化的顺利推进而实现。

为此，人民币跨境贸易结算方面的推进战略应当是，在现有基础上积极发展离岸金融市场，扩大境外人民币资金投资渠道；建立更多的贸易结算试点，扩大以人民币作为国际贸易结算手段的范围；简化业务办理相关手续，提高人民币的可接受程度；加大跨境资金流动的监管力度，提高统计监测水平。

（2）货币互换协议

虽然货币互换并不等于人民币国际化本身，但通过货币互换的确可以促进人民币国际化进程。伴随着人民币跨境业务的不断丰富，人民币使用的国际合作范围和领域也不断深化。根据中国金融信息网报道，自2008年开展货币互换业务以来，中国已经与很多国家签订了双边本币互换协议。截至2016年12月底，中国人民银行已与36个国家和地区的中央银行或货币当局签署了双边本币互换协议，协议总金额超过3.3万亿元人民币。2016年，在人民银行与境外中央银行或货币当局签署的双边本币互换协议下，境外中央银行或货币当局动用1 278亿元人民币，中国人民银行动用外币折合664亿元人民币。截至2016年末，境外中央银行或货币当局累计动用3 655.31亿元人民币，余额为221.49亿元人民币；人民银行累计动用外币折合1 128.41亿元人民币，余额折合77.58亿元人民币①。经双方货币当局协商，中国已先后在中国港澳台地区、新加坡、伦敦、法兰克福、首尔、巴黎、卢森堡等地建立了人民币清算安排。除美元、欧元、日元、英镑等外，人民币还与卢布、林吉特、澳大利亚

① 数据来源：中国人民银行《2017人民币国际化报告》。

元、新西兰元等实现了直接交易。一些中央银行或货币当局已经或者准备将人民币纳入其外汇储备货币范畴，人民币已成为全球第七大储备货币。货币互换合作在深化国际经贸金融交往、维护国际金融体系稳定等方面正在发挥越来越积极的作用。

从前景看，货币互换协议可以为人民币国际化营造良好的发展氛围，促进人民币能够先获得国际上的广泛认同，避免独自进行国际化可能出现的失败。因此，从今后看，随着中国在国际上的政治经济地位不断提高、国内经济发展实力不断增强以及国际贸易规模不断扩大，人民币的货币互换协议将会不断扩大范围，成为更多国家和地区愿意接受的货币。

为此，人民币货币互换协议方面的推进战略应当是，紧紧抓住有利时机，积极创造条件，积极推进中国与更多国家开展双边或多边货币互换，为人民国际化提供更广阔的空间。

（3）离岸市场建设

①中国香港

在人民币跨境贸易结算和货币互换协议的推动下，人民币逐步跨出国界。同时，由于资本项目在人民币国际化初期存在严格的管制，离岸市场还未发展成熟，缺乏人民币的回流渠道等，人民币丧失了在境外市场参与资本市场的能力，多数以存款的形式滞留海外。倘若这种情况继续发展下去，不仅会降低国际市场对人民币的接受程度，还可能催生非法套利。因此，始于拓宽人民币的需求渠道和促进人民币在离岸市场的良性循环的考量，我国开始逐渐重视离岸市场的建设，而香港作为国际金融市场之一以及掌握最多人民币存量的离岸市场，已成为我国人民币业务的重点培养对象和人民币离岸市场建设的重要试点。

如今香港人民币离岸市场的建设日趋完善。截至 2013 年底，在香港形成的“人民币池”已积累人民币存款 10 530 亿元人民币，较上年增加 46%。人民币融资活动保持活跃：当年在港发行的人民币债券达 1 170 亿元人民币，累计未偿还金额为 3 100 亿元人民币，总额增长 31%；贷款余额达 1 160 亿元人民币，较 2012 年增长 46%。人民币投资产品类别进一步扩大：香港离岸人民币外汇市场的平均每日成交额（包括现货及远期交易）倍增至 930 亿 ~ 1 240 亿元人民币。此外，作为迅速增长的全球人民币业务及金融活动枢纽，香港人民币 RTGS 系统[1]平均每日处理的交易额于 2013 年 12 月突破 5 000 亿元人民币，其中离岸市场交易约占九成。根据 SWIFT 的统计，香港银行的人民币收付交易量占全球进出内地和离岸市场交易总量的 70% ~80%。香港银行与海外银行之间的应收应付款项，分别超过 1 600 亿元人民币。根据香港金管局的最新数据，香港人民币存款，2015 年底为 8 511 亿元，全年跌 1 525 亿元或 15%，连同存款证计算在内，资金池亦跌 1 209 亿元或 11%，为有史以来首次见跌。2017 年底，中国人民银行与香港金融管理局续签了双边本币互换协议。互换规模为 4 000 亿元人民币/4 700 亿港币，协议有效期 3 年，经双方同意可以展期。

②新加坡、伦敦

继香港之后，随着人民币交易在海外市场的扩张，新加坡、伦敦等都在争取成为人民币的第二个离岸市场。

2013 年 10 月，新加坡金融管理局（以下简称“MAS”）宣布了一系列与中国金融合作的举措，其中与人民币国际化相关的内容包括：新加坡机构投资者获得 500 亿元人民币额度的人民币合格境外机构投资者（以下简称“RQFII”）；同时中国将考虑把新加坡列为 RQDII 计划中的投资目的地之一；两国货币可直接交易；将研究如何在新加坡和苏州工业园、天津生态城之间开展人民币跨境业务。

自 2011 年伦敦启动建设离岸人民币市场以来，短短 3 年里，英国在签署双边本币互换协议、获得 RQFII 初始额度、发行人民币计价金融产品等多个领域屡创先河。2014 年第 1 季度，英国交易和清算的人民币经常账户总额达到 9 600 亿元人民币，比 2013 年同期增长 65%，其中大伦敦地区占了近 89%，伦敦首次超过中国香港成为世界最大的人民币离岸金融中心和交易中心。而按照人民币存款总额计算，伦敦的人民币存量接近 1 400 亿元人民币，比 2013 年同期增长 121%，超过新加坡，也仅次于中国香港位居全球第二。特别是 2014 年英国政府发行人民币主权债券，凸显了英国政府将

---

① RTGS（Real Time Gross Settlement）系统是一种实时全额支付系统，是按照国际标准建立的跨银行电子转账系统，专门处理付款人开户银行主动发起的跨银行转账业务。香港人民币 RTGS 系统（又称“人民币结算所自动转账系统”），于 2007 年 6 月通过提升人民币交收系统的功能而成，由中国银行（香港）有限公司担任清算行。清算行于中国人民银行设有交收账户，并为中国国家现代化支付系统的成员。因此从技术层面而言，香港的人民币 RTGS 系统可视为中国国家现代化支付系统的延伸，但受香港法例监管。人民币 RTGS 系统不但以即时支付结算方式处理银行同业人民币支付项目，也处理人民币批量结算及交收支付项目，功能类似港元 RTGS 系统。

伦敦建成全球最活跃的人民币离岸市场的坚定承诺。环球银行间金融通信协会（SWIFT）数据显示，2016年4月，英国3月超越新加坡，成为全球第二大人民币离岸结算中心。据总部设在比利时布鲁塞尔的SWIFT数据，英国境内人民币支付金额上月同比增加21%。英国《金融时报》28日评论，这反映人民币在英国、中国大陆和中国香港之间的支付中权重上升。这条支付走廊的全部支付货币中，40%为人民币，其次是港币占24%。英国中央银行英格兰银行数据显示，人民币在伦敦金融城交易最多的货币中排名第八，涉及1.8%的交易。伦敦是全球最大外汇交易中心，日均货币交易量相当于2.15万亿美元。

新加坡和伦敦作为非中国国土，较香港离岸市场而言更能促进人民币在海外市场的沉淀，增加人民币的国际化程度，尤其是建立以伦敦清算中心的离岸金融市场，将使人民币得以在亚洲时区以外直接进行清算运作，借助伦敦的时区优势，将有利于人民币资金在欧洲区乃至全球范围内更加高效便捷地运行，同时，人民币与英镑的直接交易有利于人民币汇率的“去美元化”，也能节约货币的汇兑成本。

③中国上海

2013年8月，经国务院正式批准设立的上海自由贸易试验区，将建设成为亚太地区最大的自由港，同时还将建成集“国际贸易结算中心、融资租赁、期货保税交割功能于一体”的国际金融中心。在国际金融中心的建设上，拟将上海建设成自贸区离岸金融中心。

与中国香港、新加坡、伦敦等地不同的是，上海离岸金融中心主要是以自贸区为服务目标的一个本地离岸金融中心。设立上海自贸区为企业“走出去”提供了极大便利。随着更多企业借上海自贸区之优势加入国际竞争，都迫切需要提供离岸金融服务。因此，上海自贸区离岸金融中心的设立旨在为区内走出去企业提供离岸金融服务。

从今后看，上海自贸区离岸金融中心建设应借助国内强大的经济基础，以产品开发为重点，以人民币衍生品交易和金融期货推出为突破，将其建成一个主要面向国内，服务于上海自贸区的“内外分离型”[①] 离岸金融中心，并通过

① 国际上的离岸金融中心主要有三种类型：内外混合型、内外分离型和渗透型。其中内外混合型是指不分离离岸金融业务与国内金融业务，资本流动高度自由化；内外分离型是指所在国政府为非居民交易而专门创设国际金融平台；渗透型是将离岸账户与在岸账户分立，居民交易和非居民交易分开，但允许两个账户之间有一定程度渗透。

离岸金融业务吸引国际资本，进而创建能够吸引外资及 FDI 流入的辐射全中国乃至亚洲的国际金融中心。

（4）资本项目开放

从资本项目开放和人民币国际化的关系看，资本项目开放虽然不是人民币国际化的直接内容，但是，资本项目开放是否成功却影响到人民币国际化能否成功推进。人民币国际化的本质是资本项目自由化（尽管两者不能画等号）；人民币国际化的每一个主要（不是全部）步骤实质上也是资本项目自由化的一个步骤（余永定，2014）。因此，资本项目开放的战略就成为人民币国际化推进战略中的一个重要内容。

近年来，中国的资本项目开放进程正在逐渐加快：2009 年 8 月，国家外汇管理局发布《境内机构境外直接投资外汇管理规定》，降低了境外直接投资资金汇出的审查和批准要求。2009 年 9 月，合格境外机构投资者的投资限额提高到 10 亿美元，养老基金、保险基金和开放式基金的中期和长期投资的本金封闭期降低到 3 个月内，其他机构的降低至 1 年。2010 年 8 月，外国央行、中国香港和澳门人民币清算银行，开展人民币贸易结算清算的外资银行获准，在一定限制下投资于内地银行间债券市场。中国政府于 2011 年底启动了 RQFII 安排，允许境外人民币回流到国内资本市场。RQFII 额度从 200 亿元人民币提高至 2012 年 4 月的 700 亿元人民币，并在 2012 年 11 月进一步提高至 2 700 亿元人民币。伴随 RQFII 及前海境外人民币贷款试点，境外人民币回流渠道进一步完善。更具有里程碑意义的是，2014 年 10 月，英国政府成功发行 30 亿元人民币债券，成为首个发行人民币主权债的外国政府，人民币将成为英国国家外汇储备货币之一。自 2005 年实施汇改以来，人民币在成为国际储备货币的路上迈出的重要一步。据 SWIFT 数据，2016 年 3 月，全球人民币的支付总量占全球货币支付总量的 1.88%，使人民币保持全球第五大支付货币的位置。另外，人民币在国际货币体系中是第二大贸易融资货币，第七大储备货币。

从表 3 - 6 可以看出，我国资本项目开放仅限于中长期的资本交易，这样：一是可以规避国际游资和短期资本大量进出对汇率、利率和金融市场的冲击，二是可以在一定程度上避免重走日元国际化进程中“再贷款游戏”的覆辙，三是可以为中国离岸市场的建设争取时间。因此，资本项目开放虽也是大势所趋，但不能急于求成；否则，冲击将会通过连锁反应危害我国的经济发展。

表 3 - 6　　资本项目开放情况相关数据

年份	人民币 FDI	人民币 ODI	RQFII	RQFLP
2011	907.2 亿元	201.5 亿元	—	—
2012	2 535.8 亿元	304.4 亿元	563 亿元	—
2013	4 481.3 亿元	856.1 亿元	1 575 亿元	扩大试点阶段

注：①数据来源：各年度《货币政策执行报告》

②表中金额为当年批准的额度

（5）总体推进战略

人民币国际化战略是一个整体部署，各部分之间会产生相互影响。在推进人民币国际化的进程中，基本应按照“媒介货币”→“计价货币”→“储备货币”的路径推进。具体来看就是：“跨境贸易结算漏出→增加海外人民币存量→离岸市场及人民币回流渠道构建→刺激人民币需求→人民币海外循环、沉淀→成为储备货币”。

这一战略虽具有理论依据，但是各个环节的实现却依赖于市场的反应。就现状而言，资本项目的管制是这一环节能够安全运行的重要保障。但是资本项目开放更是大势所趋。因此，如何在资本项目开放进程中克服可能面临的金融风险，使人民币的职能继续跨国界而发挥作用，是今后需要面临的巨大挑战。

3.4.2　流通范围维度

基于人民币流动范围的国际化推进战略是学者们在探讨人民币国际化问题时针对人民币的流通、沉淀等特点而提出的。早在 2000 年，外汇管理局和各个分局对人民币流出及回流途径、流通规模等进行考察和测算时，就发现了人民币跨境流通和功能发挥具有明显的区域性特点。巴曙松（2004）认为人民币区域国际化应该从边境贸易之路开始。易纲（2006）提出应当首先实现人民币在与中国文化相近、经贸关系紧密的周边国家和地区实现结算货币到储备货币的转化，再通过发展人民币计价货币功能，为境外投资者提供更多人民币金融资产选择，真正实现人民币的国际化储备职能。李婧（2009）提出货币国际化的层次结构应为周边化、区域化，再到“国际化”。

根据现有研究，结合国家发展和改革委员会的规划，这里从流通范围维度对人民币国际化的推进战略进行分析。

（1）人民币周边化

对货币周边化的定义，学术界基本持一致态度，认为货币周边化是指货币跨越国境，在原使用国的周边地区广泛流通。出现这种情况的原因是该国货币所代表的经济体实力明显强于周边国家和地区，而周边国家和地区与该国有紧密的经贸往来。为了节约货币兑换成本、弥补外汇缺口，人们一般会选择区域内信誉较好、数量充足、被普遍接受的货币，部分甚至全部替代本币，因此该货币的使用便会跨越国界，这是货币国际化的初级阶段——周边化。

正如前文所说，在人民币跨境结算试点之前，人民币的周边化就一直在进行。之所以出现这一趋势主要基于两个理由：其一是中国宏观经济保持高速增长，增加了周边国家对人民币的信心。1997 年亚洲金融危机之后，人民币波动幅度，与美元形成较为稳定的关系，因此，在区域内人民币有了“良币”形象。其二是中国的人口、资源大国优势以及地理区位优势和比较优势等，使中国与边境各国的贸易量巨大，为人民币使用提供了前提：若使用第三国货币，美元作为结算货币，贸易双方不仅要承担美元波动风险，还会产生为数不小的汇兑成本，再加上边境国家大多为发展中小国，其外汇储备（尤其是美元）较为稀缺，使用人民币不仅能够降低交易成本，还能解决其“储备稀缺”之难。除此之外，中国作为人口大国为周边国家带来的旅游收入，中国进口周边国家的资源类产品，出口工业制成品这一贸易结构等，都在促进着人民币在跨境贸易中的使用。人民币国际化战略提出后，人民币的周边化程度与日俱增。因此可以说，人民币周边化已基本实现。

（2）人民币区域化

相比于人民币周边化，人民币区域化所面临的问题要复杂得多。虽然学术界普遍承认人民币区域化是人民币国际化的必经之路，但对于人民币区域化的定义却因人而异。有人认为人民币区域化并不是人民币周边化范围的扩大，而是一次巨大的飞越：通过区域货币金融领域的制度性合作，争取区域内关键货币的地位。最终借助区域统一货币的建立实现人民币区域影响力的最大化；有人认为是货币职能国际化和流通区域的结合，认为人民币需要成为亚洲或者东亚区域内的关键货币，能够行使自由兑换、交易、流通、储备等职能，进而实现人民币国际化。不管观点分歧有多大，从货币国际化的路径来看，当人民币的周边化基本完成之后，人民币的区域化必然成为人民币实现国际化的必要步骤。

目前在亚洲，各经济体的发展水平很不平衡，由于区域内大多是发展中国家，缺乏国际话语权和货币选择权，长期受到发达国家的“经济掠夺”。而中国作为最大的发展中国家，如果有机会成为区域内的关键货币，不仅能够大幅度提升人民币的国际化程度以及人民币在国际舞台上的话语权，还有利于区域内大多数国家的经济利益，改善亚洲整体的经济贸易条件，从而实现区域内整体的帕累托改进。

同时，由于相似的国际商贸环境和同处于发展中国家阶层的这一事实，亚洲各国对于经济区域合作一致非常热衷。既有亚太经合组织、东亚及太平洋地区中央银行行长会议组织、马尼拉框架、亚欧会议、东盟监督进程、东盟 10 +3 监督进程等信息协调与共同监督机制，还有亚洲货币基金、新宫泽构想、东亚货币基金、东盟互换安排、东盟借款安排、东盟双边回购协议、清迈协议等区域融资便利，近年来更是在促成亚洲债券市场和亚洲债券基金的协调和发展的基础上，于 2005 ~2006 年提出了亚洲货币单位的想法。这一亚洲货币单位不同于亚元，它仅仅是一个观察亚洲汇率变化的指标体系，其功能和整合能力都远比不上欧元。以测算和监督亚洲整体的汇率走向为目的，以加权的方式计算得出亚洲货币单位虽然因面临着货币的选择和权数确定的困难而迟迟未形成，但这一想法的提出充分说明了亚洲地区对于经济整合和国际话语权的需求。因此，以这些制度安排为基础，加上中国自身的综合国力和对外贸易实力，人民币区域化的推进应当比较顺利。

另外，我国经济的开放程度不足，金融市场机制和金融市场本身都存在不可忽视的缺陷，以国家的名义参与区域经贸合作和各种经济、货币制度安排，人为推动人民币作为储备货币使用，不仅能够直接提升人民币国际化程度，还能反过来促进人民币作为媒介货币和计价货币的职能发挥。此外，从我国的经贸关系看，无论是进口还是出口，亚洲各国与我国都存在着重要的经贸关系，因此从亚洲入手提升人民币职能的发挥程度应当成为首选目标。

（3）人民币的国际化

人民币国际化是一种远景规划，是在人民币区域化基础上的进一步扩展，最终使人民币成为全球范围内广泛使用的主要货币，成为国际货币体系中稳定的成员之一。

在人民币国际化阶段，人民币不仅在亚洲，而且在全球都应成为主导货币之一。在世界金融市场上，可能形成美元、欧元以及人民币“三足鼎立”的新局面，即三种主要货币共同主导国际金融市场。人民币成为国际货币的重要一极，成为国际投资资产和世界大多数国家的主要储备资产。同时，中国政府在国际上将承担更大的金融稳定责任，在关键时刻承担最后贷款人的角色。在全球金融事务中，中国将有更大的发言权，更大的号召力，在全球金融市场的进一步整合中发挥更重要的作用，人民币在全球的地位将会更加稳固。

这一远景规划的实现需要更长时间。在推进战略上，目前来说还不是很清晰。未来应该在人民币的区域化进行过程中为这最后一步打好基础，开辟新的思路。

3.4.3 两维度之间的联系

目前，理论界对人民币国际化的推进战略有很多研究，其中不乏分别从这两个维度出发探讨人民币国际化推进战略的文献，但是，关于这两个维度之间的联系却很少有人提及。实际上，这两个维度看似是两种政策安排，但是其所包含的内容却不可分割。在人民币国际化进程中，货币职能的顺畅发挥是货币国际化的基础，而货币的周边化、区域化则是人民币国际化强有力的支撑，两者对于人民币国际化程度的影响是一个层叠上升的关系。

从中国已经实现的程度来看，货币的媒介职能首先在周边地区发挥，拉动了人民币需求，倒逼人民币跨境贸易结算、银行跨境人民币清算、投融资业务、回流渠道的建设，进而再次促进人民币计价职能的发挥，人民币的流通范围扩大，人民币区域化的程度提升，提升人民币的对外形象，区域经济合作的“资本”增加，区域内实现储备货币职能，最终通过网络效应、货币区效应等实现人民币的国际化。

可以看出，这两个维度的政策若能够形成良好的补充、配合，必能事半功倍推进人民币国际化；相反，若有一方面的缺失（如日本脱离区域化的国际化过程），人民币国际化的风险将大增，甚至根本无法成功。

4 人民币国际化进程中的金融风险识别

风险是损失的不确定性。伴随着人民币国际化进程的逐渐加快，我国经济金融发展中面临的各类金融风险也将不断加大。比如进入 2014 年元月份以来，人民币汇率经过 9 年的持续升值后突然贬值，在短短的两个月时间内贬值幅度达 3% 以上。此后，人民币汇率出现了“双向波动”趋势。进入 2015 年以来，人民币汇率“双向波动”趋势更加明显，波动幅度越来越大，波动频率越来越高①。从今后看，随着人民币汇率制度改革力度的不断加大，因汇率波动而引起的金融风险将会越来越多，越来越大。除汇率波动风险外，人民币国际化进程中还会面临一系列金融风险，如资本项目开放风险、货币政策操作风险等。之所以会如此是因为从国际经验看，一国货币要走向国际必然会面临来自国内外的一系列金融风险的考验。同时，有别于以往的国际经验，人民币国际化本身有其内在理论逻辑和现实特殊性，这样，在人民币国际化进程中如果其中任何一个步骤不合适或改革措施之间相互不匹配都有可能引发系统性金融风险，甚或金融危机。因此，如何从货币国际化面临的一般金融风险出发，结合人民币国际化的特殊情况，系统、全面地识别可能会出现的各种金融风险爆发源，分析不同金融风险爆发源的生成机理和传导机制，并利用科学方法梳理出主要风险爆发源之间的相互影响关系，已经成为研究人民币国际化问题的重要理论和现实问题。基于此，本章以第 3 章研究为基础，从货币国际化进程中面临的主要金融风险出发，针对人民币国际化进程及其面临的特殊环境，识别人民币国际化进程中的主要风险来源，分析主要风险爆发源的生成机理、传导机制及其相互之间的影响关系。

---

① 仅 2015 年 3 月 18 日至 20 日三天时间，人民币对美元汇率的中间价就累计上涨 155 个基点，即期汇率累计上涨 664 个基点。

4.1 货币国际化进程中的主要金融风险：一般分析

根据货币国际化理论的逻辑推论，要识别人民币国际化进程中存在哪些金融风险爆发源，首先应当从货币国际化进程中面临的主要金融风险入手。

国际经验表明，货币国际化不仅会给主权国带来潜在收益，同时也会带来风险。具体来说，主权货币要走向国际不仅会给本国金融市场带来影响，还会对本国经济的内外均衡产生影响，由此带来经济金融运行风险。首先，由于本币不仅在国内流通，还可以流向国外，本币币值的变化不仅受本国经济波动的影响，还会受到国际经济波动的影响，这样，本币的汇率波动风险便油然而生。其次，由于资本项目开放，本币和外币进出国境已实现自由化，当国内外出现任何有利于本币或外币的投资机会时，就会引起本币的大量流出或外币的大量流进，而不管哪种形式的资金大量流进、流出都会导致主权国出现国际收支失衡，要么热钱大量流入，要么资本大量外逃，从而造成资本项目开放风险。再次，由于资金进出自由，本国货币政策的制定和执行不仅要考虑国内经济金融环境，还需要关注国外经济金融变化，从而使得本国货币政策调控变得更加复杂，调控效率大打折扣，从而产生货币政策操作风险。最后，货币替代原理告诉我们，当存在货币替代的情况下，即便是主权国实行完全浮动汇率制，也会由于本国居民减持本国货币，转而大量持有外国货币，迫使本国向外国货币当局支付巨额铸币税，最终极大地损害本国政府的财政融资能力。不仅如此，还会出现本币贬值，甚至引发国内货币危机。

从以上分析可以看出，主权货币国际化进程中充满艰难险阻，包含太多不确定性因素。下面将对货币国际化进程中的主要金融风险生成因素进行逐一分析。

4.1.1 汇率波动风险

一国货币想要国际化，必须要满足币值稳定的要求，这样非居民才会选择持有本国货币。但过于强调币值稳定却有可能使一个货币国际化国家难以为全球提供足够的清偿力，并带来“汇率高估”风险以及本国汇率贬值的政策失效风险。

(1) “汇率高估”风险

在一国货币国际化的初级阶段，由于经济高速发展使本国处于贸易顺差状态，本币升值压力较大。资本项目的逐步开放必然伴随着大规模资本流入，导致本币升值压力进一步加大，从而出现本币“汇率高估”现象。长期汇率高估使得本国的出口竞争力下降，对一个出口导向型的国家来说冲击很大，严重时会造成企业被迫倒闭、失业率上升，冲击本国经济金融。以日元国际化为例，1965年以后，日本的贸易顺差呈现出大幅增长的趋势，加上此时美国受到金融危机的影响出现经济疲软、贸易逆差等现象，日元开始出现大幅升值。虽然日元升值在一定程度上促进了日元国际化，但其中隐藏的金融风险也早已凸显出来。首先，日元的升值使得日本的贸易受阻，进口商尽量避免用日元进行结算。其次，日元急剧升值推高了日本国内资产价格，为后来金融风险的爆发埋下了隐患。最后，日本过早选择让日元自由浮动，使得日元汇率大幅波动，而许多企业为了避免汇率频繁波动带来的风险，都纷纷建立了以美元为中心的风险控制体系，这在一定程度上阻碍了日元国际化的进程。

（2）本币贬值政策失效风险

在一国货币国际化进程中，由于存在“特里芬难题”①，使得本国在通过本币贬值政策来改善国际收支之时，一方面那些盯住国际化货币、采用固定汇率制度的国家也会出现货币贬值，使得货币国际化国家无法达到理想的本币贬值政策的效果，导致经常项目逆差不能得到有效改善；另一方面，保持币值稳定是货币国际化的重要条件，本币贬值会使非居民丧失对该种货币的信心，在多种国际化货币竞争格局下，非居民有极大可能选择使用币值更加稳定的货币作为其资产，这样，会造成货币国际化国家大量资本外逃，进一步动摇该国货币作为国际货币的地位。

4.1.2 资本项目开放风险

虽然有学者认为开放资本项目并不是世界上所有国家都应该追求的经济体制改革的标准范式（余永定，2014）。但货币国际化相关理论告诉我们，资本项目开放是货币国际化的必要条件。而如果开放资本项目就有可能面临国际、

① 对于国际货币发行国而言，“特里芬难题”指的是币值稳定和国际清偿力义务之间的矛盾。包含两层含义：其一，如果本国作为顺差国，虽然可以保持本币的币值稳定，但很难向世界输出该国货币，使得本币的国外流通量减少，清偿力不足，日元国际化就出现了这种情况；其二，如果作为逆差国，虽然该货币的国外流通量会增加，但会导致货币的贬值以及非居民对该货币的信心下降，美元国际化就属于这种现象。第7章将对“特里芬难题”引起的货币政策选择进行详细解读，这里不再赘述。

国内资本的大规模流入或流出，从而给开放国经济金融安全运行带来一系列风险。

（1）财富效应和消费储蓄效应引发的过度负债消费风险

一国资本项目开放后，本国居民可以利用国际资本的流入与流出来对其消费与储蓄活动进行调节。随着资本大规模流入本国，一方面，会使本国资产价格上升，通过财富效应的影响，居民出现非理性的乐观预期，通过借入资金促使消费增加；另一方面，本国利率水平下降会通过消费储蓄效应使本国居民的储蓄减少，消费增加。然而，外资的过度引入很有可能引发国内消费膨胀问题，使经济出现"非理性繁荣"，大规模资本外逃，最终导致经济陷入衰退。

（2）资产负债表效应和"Q 效应"引发的投资波动风险

国外资本的大规模流入会直接增加货币发行国的投资额。然而，当非居民对本国货币的偏好发生变化或本国资产的价格发生变动时，就会发生大规模资本流出现象，一方面，会通过商业银行资产负债表的恶化来约束商业银行的信贷投资活动，影响经济活动中的投资额，这就是资产负债表效应；另一方面，资产价格下跌时，根据托宾"Q 效应"，Q 值变小投资支出就会减少，进一步抑制经济活动中的投资额，从而引发本国投资波动风险。

（3）系统性金融风险

一个国家的外汇储备大多是投向相对安全且变现能力较强的中长期资产的，这使得货币发行国的中长期资产收益率降低，而金融机构为了追逐高的收益，只有增加自己的风险偏好，从而获得与之前相同或者更高的收益，这种行为导致金融市场上的整体风险增大。表现为商业银行的风险承担能力增强，贷款标准放宽，并通过高杠杆率换取高收益率。一旦发生大规模资本逆转，信用泡沫破裂，造成金融机构信贷紧缩，最终引发宏观经济波动。

4.1.3 货币政策操作风险

根据"三元悖论"①，虽然不同国家在对外开放战略中可以在资本项目开放、货币政策独立性以及固定汇率之间采取不同的政策组合，但是，从国际经

① "三元悖论"是由美国经济学家保罗·克鲁格曼在蒙代尔"不可能三角"理论的基础上，就开放经济下的政策选择问题所提出的。其含义是：对于一国汇率的稳定、资本的自由流动以及货币政策的独立性这三个目标，最多只能同时实现两个而放弃另外一个。第 7 章将对存在"三元悖论"条件下的货币政策选择进行详细解读，这里不再赘述。

验看，作为经济大国一般都采取开放资本项目、实行浮动汇率制，这样，本国货币政策的独立性必然会面临挑战，从而产生货币政策操作风险。

（1）货币政策的独立性受阻

根据“三元悖论”，开放经济条件下，虽然不同国家可以在资本自由流动、浮动汇率制和货币政策独立性之间进行不同选择，但对于货币国际化国家来说，不受管制的资本自由流动和本币币值稳定则是其货币国际化的基本前提。因此，当一个国家在货币国际化进程中选择了资本自由流动和浮动汇率后，就等于放弃了本国货币政策的独立性。结合“特里芬难题”的分析结论，当货币政策的独立性丧失后，货币政策操作风险必然发生。

（2）货币政策调控效果被削弱

进一步分析，由于货币政策的独立性受阻，这样，在一国货币国际化进程中，如果本国实施扩张性货币政策，必然出现利率水平及资产收益率下降，这可能会导致非居民放弃货币国际化国家的货币资产而转向持有其他国家的货币资产，由此造成：一方面大规模资本外逃，扩张性货币政策作用无法发挥；另一方面导致本币的国际化地位逐渐下降，货币国际化目标自然难以实现。具体传导过程如图 4－1 所示。

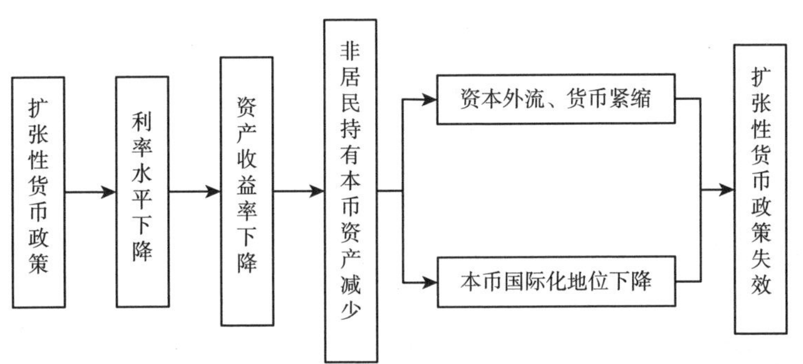

图 4－1 扩张性货币政策传导效果分析

4.1.4 货币替代风险

在第 3 章的国际货币竞争理论分析中，我们已经讨论了货币替代的作用机理和经济影响，这里进一步分析货币国际化进程中存在货币替代现象情况下的金融风险生成机理。

具体看，随着一国货币国际化进程不断加快，资本项目管制逐步放开，使得国际资本大规模流入，出现货币反替代现象，即由本国货币（A）替代外国货币（B），同时，投资者对本币（A）的乐观预期也会进一步扩大货币反替代的程度。当人们这种对经济增长的乐观预期使得国内资产价格膨胀，经济达到“非理性繁荣”时，就会发生大规模资本流出现象，本国经济开始衰退，货币国际化的进程就有可能发生逆转，本币（A）开始面临巨大贬值压力，本币被外国货币替代，国内出现大规模货币替代，而且当市场对本币（A）的贬值预期加强时，货币替代的程度也会进一步扩大，其风险见图 4－2。

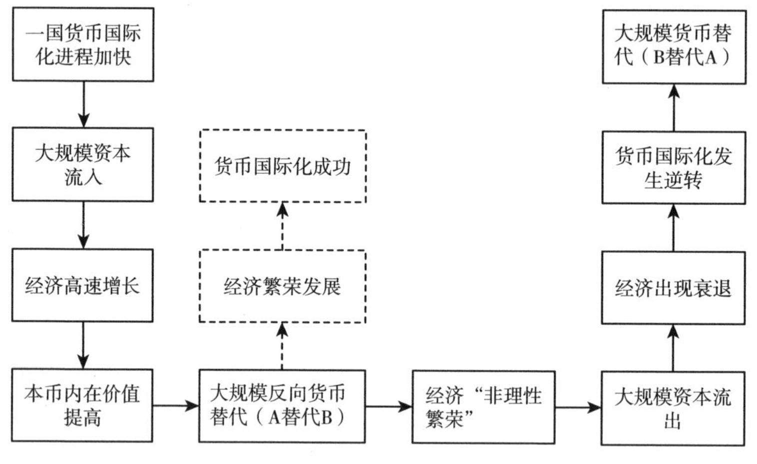

图 4－2 货币替代和反替代风险

当发生货币替代现象时，会给本国带来如下风险：

（1）汇率过度波动

货币替代表现为本国居民和非居民用大量外币兑换本国国际货币，外币需求的不断增加使得外汇市场供需不平衡，本国货币开始出现贬值又进一步导致大规模资本外逃，形成汇率波动的“放大效应”。货币替代对汇率波动的影响可以通过 Griton（1981）的模型进行进一步阐述。

根据开放经济条件下货币需求的资产组合理论，Griton（1981）给出了货币需求的一般函数形式：

$$\frac{M}{P}=f(Y,R_1,R_2,R,S) \qquad (4-1)$$

其中，M：货币的名义需求；

P：国内价格水平；

Y：国内生产总值；

S：其他政策约束；

R_1：本币的真实收益率；

R_2：外币的真实收益率；

R：其他非货币资产的真实收益率。

现假设国家A（替代国）的货币记为1，国家B（被替代国）的货币记为2，于是研究货币替代风险也就是研究货币A和B之间的替代问题。而一国居民对本外币需求的具体函数形式为：

货币A和B需求的一般函数形式为：

$$\frac{M_1}{P_1}=f_1(Y_1)f_2(S_1)\exp[\alpha_1(R_1-R)+\beta_1(R_1-R_2)] \quad (4-2)$$

$$\frac{M_2}{P_2}=f_1(Y_2)f_2(S_2)\exp[\alpha_2(R_2-R)+\beta_2(R_2-R_1)] \quad (4-3)$$

其中，$f_1(Y_1)f_2(S_1)$ 和 $f_1(Y_2)f_2(S_2)$ 分别代表国民收入水平和其他政策约束对A、B两国货币需求的影响；α_1 代表国家A的货币与非货币性资产间的替代系数；α_2 代表国家B的货币与非货币性资产间的替代系数；β 代表国家A的货币与国家B的货币之间的相互替代系数。对公式（4-2）和（4-3）两边取对数得：

$$LnM_1-LnP_1=Lnf_1(\mathrm{Y}_1)+\mathrm{Ln}f_2(\mathrm{S}_1)+\alpha_1(R_1-R)+\beta_1(R_1-R_2) \quad (4-4)$$

$$LnM_2-LnP_2=Lnf_1(\mathrm{Y}_2)+\mathrm{Ln}f_2(\mathrm{S}_2)+\alpha_2(R_2-R)+\beta_2(R_2-R_1) \quad (4-5)$$

假设 $\alpha_1=\alpha_2=\alpha$，$\beta_1=\beta_2=\beta$，则有：

$$Ln\frac{P_1}{P_2}=Ln\frac{M_1f_1(\mathrm{Y}_2)f_2(\mathrm{S}_2)}{M_2f_2(\mathrm{Y}_1)f_2(\mathrm{S}_1)}-(\alpha+2\beta)(\mathrm{R}_1-\mathrm{R}_2) \quad (4-6)$$

假设 E 为本币兑外币的汇率，$LnE=e$，根据购买力平价公式，$E=\frac{P_1}{P_2}$，则公式（4-6）变为：

$$e=e'-(\alpha+2\beta)(\mathrm{R}_1-\mathrm{R}_2) \quad (4-7)$$

其中：

$$e'=Ln\frac{M_1f_1(\mathrm{Y}_2)f_2(\mathrm{S}_2)}{M_2f_2(\mathrm{Y}_1)f_2(\mathrm{S}_1)} \quad (4-8)$$

由费雪方程式可知，

$$R_1-R_2=(r_1-r_2)-(\pi_1-\pi_2) \quad (4-9)$$

即货币的实际收益率等于其名义收益率减去通胀率。

由购买力平价理论可知，

$$e'' = \pi_1 - \pi_2 \tag{4-10}$$

即预期汇率变动等于通胀率之差。

综合上面的公式得到：

$$e = e' - (\alpha + 2\beta)[(r_1 - r_2) - e''] \tag{4-11}$$

将公式（3－11）对 e'' 微分，得到：

$$\frac{\partial e}{\partial e''} = \alpha + 2\beta \tag{4-12}$$

公式（4－12）可理解为，当货币替代系数 β 越大，则一国的预期汇率 e'' 对当期汇率 e 的影响也就越大，汇率的波动风险也就越大。

（2）货币政策操作难度加大

这种影响主要在于本币与外币之间的转化，不论是正向转换还是反向转换，都会影响一国的货币政策。货币替代发生时，人们会改变原有的本币与外币之间的持有比例，导致国内对本币需求的不稳定性，使中央银行控制货币供应量的难度增加，削弱本国执行货币政策的能力。

（3）通货膨胀税增加

在通货膨胀时期，发生货币替代会导致一国货币存量减少，政府为了征收同等数额的通货膨胀税则选择发行更多的基础货币，进一步提高通货膨胀率。通货膨胀现象越严重，货币替代的程度也就越高，形成了一种恶性循环。

4.1.5 宏观经济波动风险

本国货币国际化以后，本币的有效需求将会大大增加，从而对价格水平形成一定冲击。本国货币的供给会随着需求量的大幅增加而增加。由于国际化货币发行带来的收益巨大，本国中央银行更加倾向于在全世界范围内超额发行本国货币，这种超额信用扩张很可能导致严重的通货膨胀，进而造成本国经济停滞。美元国际化已经很好地证明了这一点。1973 年布雷顿森林体系崩溃后，美元无须再同黄金按固定比价进行兑换，而是完全取代了黄金的功能。随着美元供给和需求迅速膨胀，美国自此经历了长达十多年的高通货膨胀时期。期间，美国的通货膨胀率屡创新高，但经济增长率却维持在较低水平。

除了会对价格水平产生一定冲击之外，货币国际化还会对本国的资产价格产生影响。在货币国际化进程中，当大量资本涌入房地产市场或者证券市场后，资产价格便迅速膨胀，消费信贷市场以及金融衍生品市场等都会出现“非理性繁荣”，进而形成资产价格泡沫。泡沫破灭后会对经济稳定造成巨大冲击。日本在经历了《广场协议》以后，日元大幅升值，国际投机资本大规模流入，使得日本股票市场年均涨幅超过25%，而随着套利空间的逐步缩小，国际资本的大规模撤离，日本早已出现巨大的资产价格泡沫，此时紧缩性货币政策不但不能缓解紧张局面，反而在一定程度上加速了泡沫破灭。自1991年起，日本经济经历了“失去的十年”。尽管进入21世纪后，日本经济有所恢复，但由于元气大伤，近十年来一直恢复较慢。

4.2 人民币国际化进程及其特殊性

自2009年中国启动人民币国际化战略以来，人民币国际化进程已经取得显著成效。一方面，在作为跨境贸易结算货币工作顺利推进的背景下，人民币直接投资结算业务累计发生额迅猛增长，且人民币已成为全球第五大支付货币①；另一方面，无论是在利率市场化改革和人民币汇率形成机制方面，还是在逐步放开人民币资本项目方面，均有新变化和新突破②。本节将结合货币国际化的三个基本步骤（跨境贸易结算货币、全球投资货币以及国际储备货币）与我国当前经济金融制度的特殊性对人民币国际化进程以及特殊性进行分析。

4.2.1 人民币国际化进程

根据第2章的文献综述，人民币国际化的起步时间远远早于2009年。事实上，随着我国改革开放进程的不断推进，20世纪90年代初人民币就已经开

① 见环球银行金融电信协会（SWIFT）2015年1月28日公布的报告。

② 时任中国人民银行行长周小川表示，2015年存款利率上限放开的概率非常高，存款保险制度会很快推出；自2005年7月人民币汇率制度改革以来，人民币汇率变化已经由单边升值转为“双向波动”；资本项目开放方面，周小川列出了2015年急需要做的三件事：境内外个人投资更便利化，资本市场会更加开放，以及修改《外汇管理条例》。

始在我国的边境贸易中得到使用。如果按照第3章对人民币国际化推进战略设计中的“周边化”标准衡量，人民币国际化的第一个阶段已经完成，目前正在推进的是区域化。但是，由于我国将人民币国际化作为对外开放战略的重要组成部分起始于2009年。因此，本节对人民币国际化进程的分析也从2009年开始。

（1）人民币作为跨境贸易结算货币

为了有效规避我国企业面临的汇率风险、减少汇兑成本并推动我国与周边国家和区域的经贸发展，经国务院批准，2009年7月我国正式启动跨境贸易人民币结算试点工作。起初，跨境人民币结算金额仅仅只有35.8亿元，在我国政府不断推出相关政策法规、扩大试点工作范围的积极努力下，我国跨境贸易人民币结算金额迅猛增长。截至2014年末，跨境人民币结算金额攀升至6.55万亿元，比2013年上升41.47%，占我国2014年进出口总额的24.78%（见图4－3）。2015年，跨境贸易人民币结算规模稳步扩大，全年跨境贸易人民币结算业务累计发生7.23万亿元，同比增长10.38%，占我国国2015年进出口总额的29.36%。在跨境贸易人民币结算方面，2016年规模明显下滑，全年跨境贸易人民币结算业务累计发生5.23万亿元，较2015年减少2万亿元，同比下降27.66%。这是自2009年跨境贸易人民币结算试点启动以来，跨境贸易人民币结算规模首次出现年度缩小。

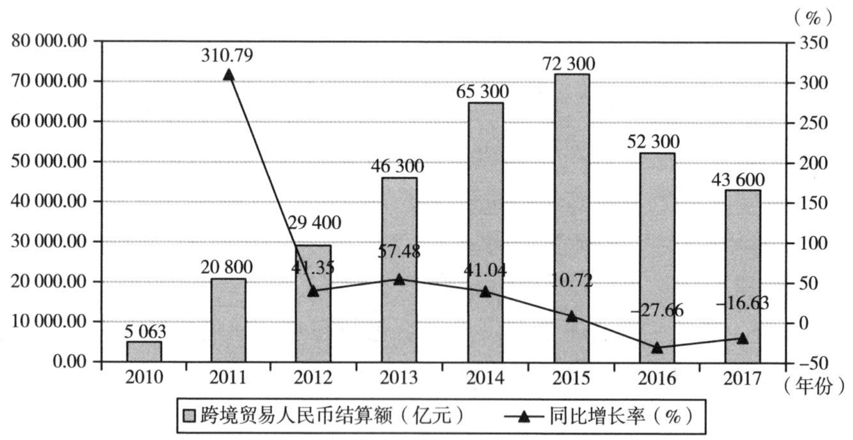

图4－3　2010～2017年我国跨境贸易人民币结算额及变化趋势

数据来源：中国人民银行网站。

从图4－3可以看出，自2009年以来，跨境贸易人民币结算规模迅速扩大，2015 年达到 7 万亿元。尽管 2016 年有所下降，但跨境贸易人民币结算的基数已经发生了根本性变化，已由 2009 年的几乎为零上升为 5 万亿元。由此可以看出，跨境贸易人民币结算规模已经成为我国推进人民币国际化战略的重要突破口，也为很多企业开展国际贸易带来了更加便捷的结算方式。虽然如此，但目前存在的问题是，跨境贸易人民币结算规模增长较为迅猛，但在国际贸易中占比仍然偏小，存在贸易结算类型失衡等问题。首先，虽然在短时间内跨境人民币结算占进出口总额的比重逐年提升，但其比率仍然较低。其次，跨境贸易人民币结算规模还表现为贸易类型的不平衡性，即以人民币结算的跨境货物贸易结算额远大于服务贸易及其他经常项目结算额。如果以 2014 年为例①（见图 4 -4），可以看出，货物贸易在人民币跨境贸易结算中占有绝对优势，而服务贸易及其他经常项目结算额却在其中占比较小，特别是 8 月份以后货币贸易结算规模持续增长，而服务贸易及其他经常项目结算规模却大幅下降，占比更小。

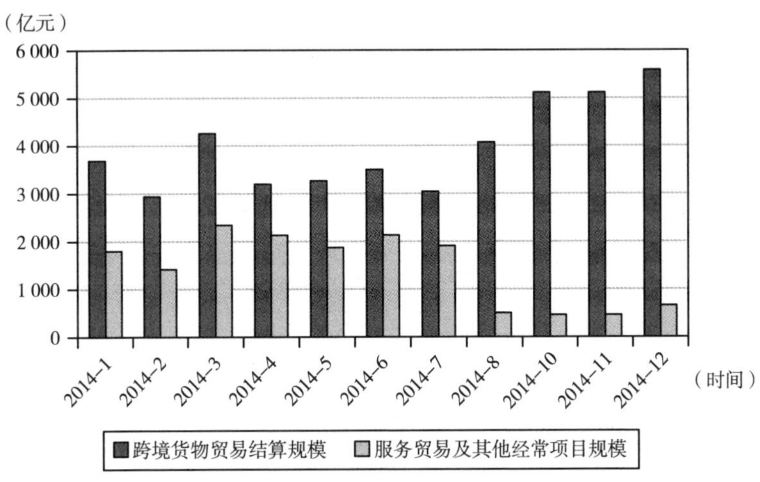

图 4 -4　2014 年货物贸易和服务贸易人民币结算规模

数据来源：中国人民银行网站。

进入 2015 年，以人民币进行结算的跨境货物贸易累计发生 6.39 万亿元，占跨境贸易人民币结算的 88.34%。以人民币进行结算的服务贸易及其

① 自 2014 年 8 月份开始，中国央行将转口贸易调整到货物贸易进行统计，因此，9 月货物贸易金额迅猛增长，而服务贸易及其他经常项目金额相应减少，导致变化量为负值，因此图 4 -4 中剔除 9 月份数据。

他经常项目累计发生 8 432 亿元，占跨境贸易人民币结算的 11.66%。由此可见，与美元、欧元等国际货币在国际贸易结算中的水平和结构相比，人民币跨境贸易结算还有很长的路要走。2009 年以来的年度经常项目人民币首付金额见表 4－1。

此外，2016 年，人民银行进一步推动人民币跨境支付系统（CIPS）建设和直接参与者扩容。2016 年 7 月，中国银行（香港）有限公司作为直接参与者接入 CIPS，中国银行（香港）有限公司是 CIPS 首家境外直接参与者，其成功接入使 CIPS 业务量有大幅提升。截至 2016 年末，CIPS 共有 28 家直接参与者，512 家间接参与者，覆盖六大洲 80 个国家和地区。系统累计运行 312 个工作日，共处理支付业务 722 849 笔，金额 48 427 亿元①。

表 4－1　　年度经常项目人民币支付金额　　单位：亿元

年份	货物贸易	服务贸易与其他	合计
2009	19.5	6.1	25.6
2010	3 034.0	467.0	3 501.0
2011	13 810.7	2 078.6	15 889.3
2012	26 039.8	2 757.5	28 797.3
2013	41 368.4	4 999.4	46 367.8
2014	58 946.5	6 563.7	6 510.2
2015	63 911.4	8 432.2	72 343.6
2016	41 209.4	11 065.4	52 274.7
累计	207 130.3	25 304.5	232 434.8

数据来源：中国人民银行网站。

（2）人民币作为投资货币

与其他国际化货币一样，当人民币作为投资货币出现时也表现为直接投资和证券市场投资两种方式。

①人民币直接投资

自 2011 年 1 月中国人民银行制定《境外直接投资人民币结算试点管理办法》，允许境内机构以人民币进行境外直接投资以来，以人民币计价的境外直

① 数据来源：中国人民银行《2017 人民币国际化报告》。

接投资呈现不断上升趋势。截至 2014 年 12 月末，以人民币计价的境外直接投资金额累计 1 866 亿元人民币，而在 2011 年、2012 年和 2013 年，这一金额分别为 201.5 亿元人民币、292 亿元人民币和 856 亿元人民币。

自 2011 年 10 月中国人民银行发布《外商直接投资人民币结算业务管理办法》，允许境外投资者以人民币到境内开展直接投资以来，以人民币计价的外商直接投资也呈不断上升趋势。截止到 2014 年 12 月末，以人民币计价的外商直接投资金额累计 8 620 亿元人民币，比 2013 年增长了 92%。而在 2011 年、2012 年和 2013 年，这一金额分别为 907.2 亿元人民币、2 510 亿元人民币和 4 481 亿元人民币。中国人民银行公布的数据显示，2015 年跨境贸易人民币结算业务发生 7.23 万亿元人民币，同比增长 10.4%，2015 年直接投资人民币结算业务发生 2.32 万亿元人民币。以人民币进行结算的跨境货物贸易、服务贸易及其他经常项目、对外直接投资、外商直接投资分别发生 63 911 亿元人民币、8 432 亿元人民币、7 362 亿元人民币、15 871 亿元人民币。2015 年对外直接投资（ODI）人民币收付金额为 7 361.7 亿元人民币，同比增长 228.1%。

根据中国人民银行 2015 年 1 月发布的《金融统计数据报告》，我国 2014 年直接投资人民币结算业务累计发生 1.05 万亿元人民币，比 2013 年增加 5 149 亿元人民币，增长率为 96%。其中人民币境外直接投资为 1 866 亿元人民币；人民币外商直接投资为 8 620 亿元人民币。到 2015 年末，外商来华直接投资（FDI）人民币收付金额为 1.59 万亿元人民币，同比增长 65.2%。这意味着国际投资机构对人民币直接投资的态度比较积极，且对人民币的接受程度已开始从最初的贸易结算逐步发展到投资领域。

我国 2010 ~ 2016 年人民币结算直接投资业务发展规模如图 4 – 5 所示。

从图 4 – 5 可以看出，近年来，使用人民币结算的直接投资业务规模上升迅速，特别是人民币境外直接投资的增速更快，由 2010 年的几乎为零上升为 2016 年的 1 万亿元人民币以上，这一数据充分说明人民币走出国门，直接投资海外市场的步伐正在大大加快，未来的前景非常广阔。

②人民币证券投资

2007 年 6 月，国家开发银行在港发行 50 亿元人民币债券，作为境内金融机构在香港发行的第一只人民币债券，成功打开了人民币国际债券市场的大门。自此，香港便成为发行人民币债券的主要场所，且香港人民币债券同时成为境外投资者投资人民币的最佳渠道。直到 2009 年，香港离岸人民币债券市场发展比较缓慢，规模也相对较小，其中 2009 年为 164 亿元人民币。随着

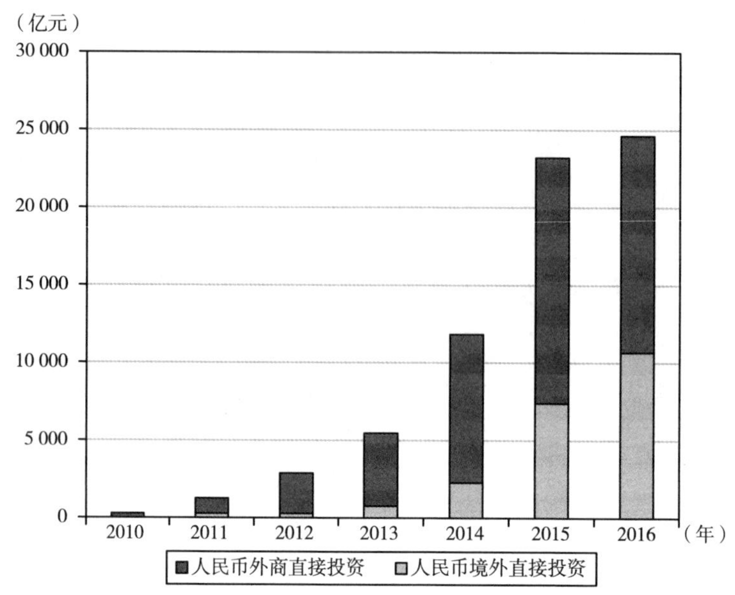

图 4－5　2010～2016 年使用人民币结算的直接投资业务规模

数据来源：中国人民银行网站。

2010 年跨境贸易结算业务试点工作的顺利推进，加上人民币升值预期较强，投资者对人民币抱有积极态度，使得离岸人民币债券市场迎来融资高峰。2010 年发行规模较 2009 年增长约 150％。近年来，由于人民币汇率波动幅度加大，导致部分投资者对其升值预期的不确定性增加，使得 2012 年和 2013 年香港人民币新债发行步伐相对平缓。但是，2014 年香港人民币债券发行规模却再度活跃，增幅较大。可以将 2007～2016 年香港以人民币计价的债券发行规模绘制成图 4－6。

从图 4－6 可以看出，近年来香港以人民币计价的债券发行规模虽呈不断扩大之势，但从增长速度来看，起伏却比较大，2009～2011 年呈爆发式增长，之后增长速度相对平稳。进入 2015 年以来，香港人民币债券发行规模及其增长速度都出现了较大幅度的下降。2016 年下降更多。目前来看，以人民币计价的债券发行虽然规模大、增长速度快，但从总体上看，其规模占全球债券发行规模的比例仍然较小，这充分说明以人民币进行计价的境外证券市场投资程度相对较弱。

除债券发行以人民币计价之外，在香港以人民币计价的其他证券投资也不断出现。2012 年，香港人民币离岸投资产品进一步多元化，同时也为投资者

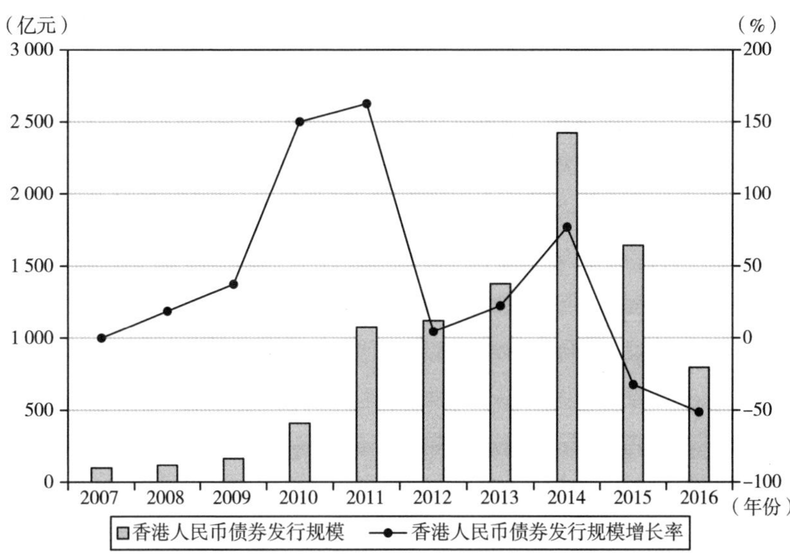

图 4－6　2007～2016 年香港人民币债券发行规模及其增长率

数据来源：香港金融管理局。

提供了更丰富的投资渠道，有助于人民币国际化进程的有序推进。主要表现为：10 月份成功推出了首只人民币、港币计价及买卖的双币种交易股票；12 月迎来了首只人民币计价权证产品。这些都拉开了以人民币计价的股票衍生品的序幕。此外，还有其他人民币金融产品，如人民币 REITs、人民币期货以及 A 股 ETF 等。除以上品种外，以人民币表示的金融产品种类已不多见。这充分说明香港作为人民币国际化进程中重要的离岸金融市场，近年来以人民币表示的证券投资品种正在不断丰富，人民币证券投资已经起航，但与较成熟的离岸市场相比仍存在较大差距，前进的道路还很漫长。

可喜的是，2014 年，人民币作为证券投资的媒介突破了“区域化”的地域限制，在英国及其他地区陆续出现，迈出了证券市场投资的关键一步①。

（3）人民币作为储备货币

IMF 将官方外汇储备分为“可划分币种”和“不可划分币种”两个部分。

① 2014 年 10 月 21 日，英国政府在伦敦证券交易所成功发行 30 亿元人民币债券，成为首个发行人民币主权债的外国政府。伦敦证券交易所首席执行官贾斯塔姆在庆祝仪式上发表讲话时说，英国政府发行人民币债券是一个里程碑式的事件，伦敦证交所也愿意在人民币国际化的过程中继续扮演重要角色。2015 年 3 月 26 日，伦敦证券交易所集团发布公告称，英国首只人民币合格境外机构投资者（RQFII）货币市场交易所基金在伦敦证券交易所正式挂牌交易，成为欧洲首只 RQFII 投资产品。

2017 年 3 月 31 日，IMF 在其官方网站上发布了截至 2016 年 12 月的“官方外汇储备货币构成”季度数据。该数据扩展了货币范围，首次单独列出了人民币的持有情况（见表 4 -2）。

从表 4 -2 可以看出，IMF 将人民币纳入 SDR 篮子确实为人民币国际化的一个重要里程碑，人民币已正式成为 IMF 全球官方外汇储备的币种之一。但目前仅为 845.1 亿美元，与美元等其他国际货币相比较，人民币作为储备货币的步伐才刚刚开始，今后需要走的路还会很长。

表 4 -2　　2016 年度全球官方外汇储备的币种分布　　单位：10 亿美元

	2016 年度			
	第一季度	第二季度	第三季度	第四季度
全球外汇储备	11 009.16	11 037.96	11 059.38	10 793.40
可划分币种的外汇储备	7 193.94	7 501.66	7 800.97	7 900.63
美元	4 604.17	4 792.23	4 939.78	5 052.94
欧元	1 449.19	1 493.88	1 577.68	1 559.26
人民币	—	—	—	84.51
日元	280.74	325.99	346.77	332.77
英镑	343.30	348.84	350.75	349.33
澳元	133.67	136.97	150.22	146.12
加元	136.29	143.52	155.80	160.83
瑞士法郎	14.81	14.28	14.82	13.73
其他币种	231.76	245.95	266.15	201.15
不可划分币种的外汇储备	3 815.22	3 536.29	3 258.41	2 892.77

数据来源：IMF COFER 数据库①。

① 说明：“官方外汇储备货币构成”（COFER）是基金组织统计部管理的一个数据库，其中包含报告国家/辖区的期末季度数据。在单独列出人民币储备信息后，该数据现已包括了 8 种货币：美元、欧元、人民币、日元、英镑、澳元、加元、瑞士法郎。其他所有货币则被包含在“其他币种”项下，不作区分。各方在自愿、保密的基础上向基金组织提供官方外汇储备货币构成数据。目前，共有 146 个数据报送方，包括基金组织成员国、多个非成员国家/经济体以及持有外汇储备的其他机构。该数据在加总后按季度向公众发布，以确保各方信息的安全。2016 年 2 月 26 日，基金组织执董会同意调整“官方外汇储备货币构成”调查，自 2016 年 10 月 1 日起单列出人民币情况。此前，执董会决定将人民币纳入特别提款权货币篮子，自 2016 年 10 月 1 日生效。至此人民币成为该货币篮子中除美元、欧元、日元和英镑之外的第五种货币。

（4）人民币汇率形成机制

人民币汇率形成机制市场化是推动人民币国际化的关键环节。自2005年7月中国实行“以市场供求为基础、参考一篮子货币进行调节、有管理的浮动汇率制度”改革以来，人民币汇率的形成机制逐渐市场化，但人民币对美元一直呈现单边升值状态，截至2014年1月升值幅度超过30%。2007年5月18日中国人民银行发布人民币兑美元名义汇率的浮动幅度由千分之三上调至千分之五。2008年受到美国次贷危机的影响，中国出口受阻，人民币汇率重新盯住美元。2010年起，随着经济的复苏，出口得到显著改善，中国人民银行在同年6月份宣布重新启动人民币汇率形成机制改革。虽说此次改革实质上是2005年7月改革的延续，但改革之后，人民币汇率的双向波动特征表现明显。2014年初，人民币对美元汇率开始出现较大幅度的贬值，在短短3个月左右时间里，贬值3.5%以上。中国人民银行表示，自2014年3月17日起，银行间即期外汇市场人民币兑美元交易价浮动幅度由1%扩大至2%。人民币汇率形成机制改革9年以来，人民币汇率水平无论是在波动幅度还是灵活性方面都有所加大。

为了更好地展示人民币汇率的形成机制，我们将2011~2014年的人民币汇率形成机制绘成图4-7。

图4-7（a）展示了2011~2012年人民币实际有效汇率指数。可以看出，这两年人民币实际有效汇率指数整体呈现上升趋势。这一升值主要表现在2011年8月至2012年1月。而受欧洲债务危机的影响，资金流向美国国债市场，中国面临短期资本流出，再加上外需疲软的影响，整个2012年人民币实际有效汇率指数虽出现一定波动，但升值幅度可以忽略不计。

图4-7（b）展示了2013~2014年人民币实际有效汇率指数。2013年人民币实际有效汇率强劲升值，并没有出现较大波动，而相比之下，2014年则呈现较大波幅，表现为人民币实际有效汇率指数先跌后升。这是在上半年受到中央银行干预以及市场推力等多方面因素叠加而导致的，而下半年则主要是受到中央银行进行逆市干预的影响，指数持续上升。中央银行此次采取顺应市场的供求力量，力推人民币升值，也是为了维持人民币兑美元的汇率稳定，提高人民币资产的吸引力，避免短期资本流出对我国宏观经济的冲击。

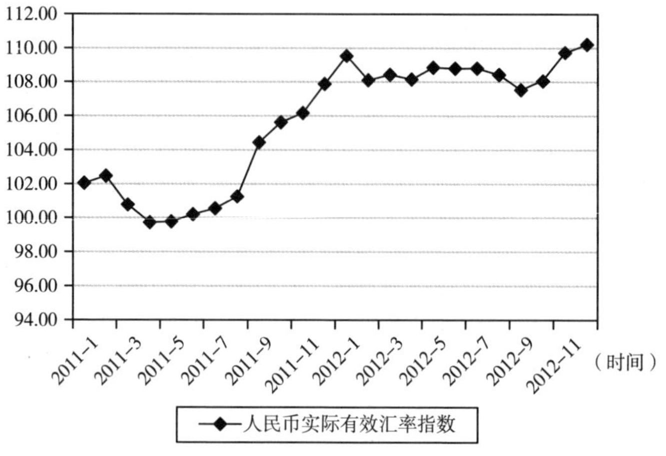

（a）2011~2012 年人民币实际有效汇率指数

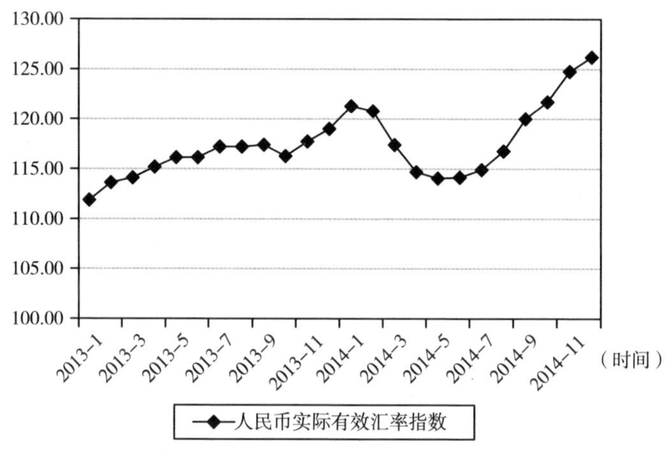

（b）2013~2014 年人民币实际有效汇率指数

图 4－7　2011～2014 年人民币实际有效汇率指数[①]

进入 2015 年后，人民币实际有效汇率依然涨幅不小。国际清算银行（以下简称“BIS”）公布，2015 年 12 月，人民币实际有效汇率指数跌 0.53%至 130.31，暂时脱离历史新高，11 月调整后为环比上涨 1.53%；人民币名义有效汇率指数下跌 1.10%至 125.89，11 月调整后环比上涨 1.39%。数据显示，2015 年，人民币实际有效汇率累计涨 3.93%，名义有效汇率累计涨 3.66%；而同期人民币兑美元即期汇率则下跌 4.46%，人民币中间价则跌 5.77%。

① 指数 2010 年＝100 数据来源：国际清算银行（BIS）。

进入 2016 年后，人民币实际有效汇率有所下降。根据 BIS 公布的数据统计，2016 年人民币实际有效汇率累计下跌 5.69%，名义有效汇率则累计下跌 5.85%，均为 7 年来首次出现年度下跌，且跌幅创 2003 年以来最大①。

由此可见，人民币汇率形成机制与人民币汇率制度改革的目标存在内在联系。随着汇率制度的不断改革与完善，人民币汇率最终也将由外汇市场的供求关系来决定。今后人民币汇率将会更加富有弹性和灵活性，人民币汇率将更加有效地反映人民币的真实价值。而在收敛于均衡汇率的过程中，人民币汇率大幅波动无疑会对我国的经济金融安全造成较大冲击。

（5）资本项目开放

资本项目稳步开放是人民币国际化的关键步骤。1996 年，我国完成了人民币在经常项目下的可兑换，但 1997 年亚洲金融危机爆发，我国放缓了资本项目开放的步伐。在 IMF 编制的《汇兑安排与汇兑限制年报》中，资本项目交易共分为 7 大类共 40 子项。可以按照资本项目的不同结构整理出 2011 年以来我国资本项目可兑换情况，其中不可兑换的项目有 4 项，部分可兑换项目占比较高，达到 55%，基本可兑换项目占比 35%，而完全可兑换项目还没有。其中不可兑换的项目主要是非居民参与境内货币市场工具的出售或发行、非居民对集体投资类证券出售或发行以及非居民对衍生工具与其他工具的买卖活动。

2015 年人民币资本项下可兑换又有了新基础，即筹备两年多的人民币跨境支付系统（Cross – border Interbank Payment System，简称 CIPS）有可能在 2015 年下半年“开花结果”。该系统一旦得以推出并使用，将有助于降低跨境贸易交易成本，减少资金处理时间，提高人民币在国际上的使用率，同时，有助于防范非法资本外流，从而可以将人民币国际化进程再向前推进一大步。2015 年 3 月 26 日，国家外汇管理局召开新闻发布会，宣布根据最新统计，在 40 项资本项目交易中，中国已经有 34 项达到了部分可兑换及以上水平，占比为 85%，2015 年将实现资本项目的基本可兑换。截至 2016 年底，中国实现部分资本项目可兑换以上的项目由 2012 年的 34 项增加至 37 项，占全部交易项目的比例由 85% 提高至 92.5%，不可兑换项目仅剩 3 项②。

目前，人民币的货币存量已经位居世界第一，如若资本项目开放过快，则

① 数据来源：中国人民银行网站。

② 同上。

会导致资本大规模流动，这有可能会对我国的经济金融安全造成较大冲击[①]。因此，在积极开放资本项目的同时，也应当做到审慎操作，积极防范各种系统性金融风险，才可以更好地配合人民币国际化进程的步伐。

4.2.2 人民币国际化的特殊性

不同主权货币的国际化都有其不同的政治经济背景和面临的特殊经济金融环境。针对人民币国际化5年多以来的实践，结合人民币国际化的最新进展，我们不难发现，与其他货币的国际化相比较，人民币国际化有其特殊性。具体表现为：

第一，作为中国对外开放战略的重要组成部分，人民币国际化是在人民币作为边境贸易货币被使用了20余年之后[②]，“周边化”已基本实现的基础上由政府根据国内外环境变化和人民币自身的实践而提出的。不同于美元的国际化因第二次世界大战后布雷顿森林体系的建立得到全球44个国家的同意、欧元的国际化由欧盟成员各国共同推动，人民币国际化是在如上所述的历史环境下由中国政府自身推动。从人类历史看，还没有哪个发展中国家以本币国际化来推动金融开放。在外币主导国际收支货币结构的情况下，发展中国家金融越开放，货币错配问题越严重，风险就越大。因此，在没有可以参考和复制的国际经验，也不存在自身实践经验积累的情况下，人民币国际化只能根据现实情况“摸着石头过河”。从目前实践看，人民币国际化刚刚起步，虽然基本实现了周边化，区域化也已经迈开步伐，但从货币国际化的最终目标看，今后的道路还非常漫长。

---

① 国务院总理李克强在2015年《政府工作报告》中提到，应“稳步推进人民币在资本项目下的可兑换”；周小川（2015）在“中国发展高层论坛2015”上提出，中国希望通过各方面改革，努力在2015年实现人民币资本项下可兑换。对此郭树清（2015）认为，在推进资本项目改革时，要确保风险可控，不能把可兑换理解成放弃任何管理，必须始终保留必要的监测和控制；余永定（2015）也认为，过早推行人民币资本项目可兑换的风险很大程度来自富人的资本外流。

② 根据唐东宁等（2002）的研究，早在2000年，人民币在缅甸就有“小美元”之称，被当作硬通货使用，流通范围很广，最远已经深入老挝首都万象一带。另据中国人民银行乌鲁木齐中心支行（1999）的研究，从20世纪90年代初，与新疆接壤的蒙古国、俄罗斯、哈萨克斯坦、吉尔吉斯斯坦、塔吉克斯坦、阿富汗、巴基斯坦和印度等与中国进行的边境贸易中已逐渐使用人民币。1996~1998年仅在哈萨克斯坦流通（或滞留）的人民币已分别达645万元、1 082万元和604万元；在吉尔吉斯斯坦流通（或滞留）的人民币已分别达540万元、557万元和570万元；在巴基斯坦已分别达90万元、130万元和160万元。

由于今天的国际货币体系正处于多元货币竞争时代[①]，人民币国际化面临的国际环境已经与美元、欧元等货币的国际化时期很不相同，从这一角度看，今后人民币国际化进程中面临的不确定性较大。

第二，人民币国际化是在中国资本项目还未完全放开、国际收支存在双顺差以及国内金融市场发展相对缓慢的背景下逐步推进的。在这种特殊背景下，一旦某些环节或者某些项目推进不顺利，不但会延缓人民币国际化进程，更严重的是，还有可能发生金融风险，甚至演化为金融危机。以资本项目开放为例，如果开放速度过慢，资金进出国境不畅通，必然影响人民币国际化进程；相反，如果急于求成，采取激进式改革策略，则必将酿成更大灾难[②]。日元国际化的教训之一就是在条件不完全成熟，面临巨大外部压力下向前推进的，最后导致日元不断升值，进而产生资产泡沫，日元国际化无疾而终。这也从一个侧面解释了为什么美国作为全球最开放的金融市场，截至今日也没有完全放开其资本项目。对于中国来讲，在人民币国际化条件不完全具备的情况下，只有根据自身实践，在不断摸索中积累经验，寻找适合人民币国际化的独有路径，才能避免所出现的各种金融风险。

第三，人民币在亚洲的“区域化”面临一系列挑战后，目前正在寻找新的突破口。根据货币国际化的一般推进战略以及本书第 3 章阐述的观点[③]，当周边化实现之后，区域化就成为人民币国际化进程中的重要阶段。但是，人民币区域化却遭遇到了“瓶颈”，原因是从目前亚洲各国和地区的经济发展情况来看，人民币区域化面临一系列挑战：首先，亚洲地区多为发展中国家，经济发展基础薄弱，无论是基础设施建设，还是金融体系运行，抑或是能源供给，都很难实现互联互通。其次，4 个经济大国——中国、俄罗斯、印度和日本在亚洲地区都缺乏大国核心引领作用，以亚洲基础设施投资银行（以下简称“亚投行”）创始成员国的组建为例，据 21 世纪经济报道统计，截至 2015 年 4 月 1 日 24 时，全球共计有 57 个国家和地区申请或者意向表态成为创始成员，这些国家和地区遍布五大洲。但是，作为亚洲经济强国之一的日本却没有同意加入。最后，亚洲地缘政治复杂，存在日本军国主义复活、朝核危机、印巴领土争夺、菲律宾和越南等“小国闹腾”等不安定因素。而美国的亚太新战略

---

① 即以美元、欧元两大货币为主导，其他货币如日元、英镑等为辅助的多元货币并存时代。

② 具体见第 6 章 6.2 节关于南锥体国家资本项目开放的案例分析。

③ 见本书第 3 章第 3.3 节。

也令亚洲各国“同床异梦”。在这种环境下，人民币要在亚洲地区实现区域化必然会面临一系列难以克服的挑战。但是，坏事也会变为好事。具有重要战略意义也非常令人鼓舞的是，习近平主席分别于 2013 年 9 月和 10 月提出建设“新丝绸之路经济带”和“21 世纪海上丝绸之路”的倡议，构筑我国新一轮对外开放的“一体两翼”：在提升向东开放水平的同时加快向西开放步伐。为配合这一跨越时空战略的实施，中国已宣布为丝路基金注资 400 亿美元，用于沿线相关项目直接投资。亚投行的筹备工作也在紧锣密鼓地进行。可见，“一带一路”倡议的推出为人民国际化开辟了新天地，拓宽了人民币区域化的新思路。从今后看，人民币区域化的推进范围和速度将会大大加快①。

综上所述，人民币国际化进程目前进展顺利，但今后将会面临一系列令人意想不到的曲折和艰难，为此必须要做好充分准备。只有充分认识到人民币国际化进程中的各种金融风险，并做好相应的风险控制措施，才能稳步推进人民币国际化。

4.3 人民币国际化进程中的金融风险生成

既然人民币国际化有其特殊性，则在人民币国际化进程中所面临的金融风险除了具有货币国际化进程中一般金融风险的特性外，也有因人民币国际化的特殊性而产生的特殊风险。据此，本节将根据货币国际化进程中的一般金融风险和人民币国际化的现实背景和特殊性，以货币国际化理论为基础，全方位分析人民币国际化进程中的金融风险生成。

4.3.1 汇率过度波动风险

自 2005 年 7 月汇率制度改革以来，人民币一直处于升值状态，给我国企业出口、外商直接投资、外汇储备等带来了一系列问题。进入 2014 年 3 月后，人民币汇率一改 9 年来的“单边升值”的走势而呈现“双向波动”状态，而

---

① 据彭博社（2013 年 3 月 27 日）报道，中国拟在亚投行和丝路基金中优先鼓励使用人民币，中国此举意在推广人民币国际化运用，推动人民币加入特别提款权（SDR）。推广方式包括在亚投行和丝路基金之下成立人民币特别基金，以及通过这两家机构发放人民币银团贷款和人民币贷款等。

且波动幅度不断加大，这让很多企业和宏观管理部门难以适应。本章4.2节的研究表明，自从2014年初人民币汇率由单边升值转为“双向波动”以来，人民币汇率波动风险已经越来越明显。主要表现为：

如果人民币汇率过度上升，会出现我国出口受阻，严重时出口会发生实质性萎缩，而进口成本的降低导致我国进口需求上升，出现贸易收支恶化现象。在贸易往来中，外国出口商愿意使用人民币进行结算，而外国进口商则不愿意接受人民币，使得我国减少了外币的对外支付，增加了人民币的大量对外支付，由此导致我国面临更大的外汇储备规模。而缓解我国巨额外汇储备所带来的贬值风险是人民币国际化的初衷之一，因此，在人民币预期升值下，不但不可能缓解外汇储备带来的巨大风险，反而有加剧态势。除此之外，人民币汇率升值预期还会形成境内外高利差，引发国际投机资本攻击，在资本项目不断开放条件下，大量热钱的流进会带来外汇储备剧增，通货膨胀加剧。

相反，如果人民币汇率过度下降，虽然对出口有利，但会出现进口受阻。同时，由于进口成本上升，导致我国进口需求下降，不但会出现贸易收支恶化现象，更严重的是一些先进技术和设备不能及时到位，影响国内经济发展。在国际经贸往来中，外国出口商不愿意使用人民币进行结算，从而减少人民币的对外支付，由此导致人民币国际化进程受阻。可见，在人民币贬值预期压力下，可能会出现热钱大量先流出后流进，这不但不可能缓解外汇储备带来的巨大风险，反而有可能因热钱的投机攻击而产生金融风险。此外，与人民币升值预期一样，人民币贬值预期也会形成境内外高利差，引发境外投资机构与居民纷纷抛售人民币资产，不但加剧人民币汇率波动幅度，更严重的是，由于资本外流，国内实体经济必然受到影响，甚至出现衰退。

4.3.2 资本项目开放风险

从严格意义上讲，当2009年我国实施人民币国际化战略时，人民币还不具备国际化货币的基本资格，因为当时我国的资本项目只是部分开放。但是，在未完全解除资本管制的情况下人民币国际化的推进却非常顺利，从而使我国获得了人民币国际化带来的收益。随着人民币国际化进程不断深入，我国资本项目开放程度也在逐渐提高。2013年9月上海自贸区金融改革措施当中明确提到，应在资本项目开放情况下实现人民币在区内可自由兑换，进一步便利境内外的投资。2014年11月17日，沪港通的正式启动是人民币资本项目开放的一项实质性举措，标志着资本项目开放和人民币国际化进程进入新阶段，可以使人民币在境外资本市场进行投资。2015 年 3 月 21 日，时任中国人民银行行长周小川在“中国发展高层论坛 2015”上表示，中国将通过各方面改革的推进来实现人民币国际化，争取在 2015 年实现资本项目开放。

但是，伴随着资本项目开放的除了收益之外也有风险。从资本项目开放的外部经济环境看，目前国际金融市场动荡不安，美国等发达经济体经济持续低迷，再加上国际原油价格和大宗商品价格波幅较大，使得全球经济陷入紧张态势；从内部经济环境看，改革开放以来，得益于良好的国内外环境和经济内部爆发的巨大潜力，中国经济发展保持了长期高速增长水平。即使是 1997 年发生了东南亚金融危机、2008 年发生了华尔街金融危机，我国经济依然能够保持高速增长，并由此被国际主流学者称之为“中国之谜”①。但是，2008 年华尔街金融危机发生 6 年之后，中国经济发展却因“旧常态”下经济发展的路径依赖导致发展道路越走越窄，进入了非常艰难的“三期叠加”阶段②，不得不由高速增长的“旧常态”转向中高速增长的“新常态”。在这种背景下，如果资本项目开放稍有不慎，就有可能带来一系列金融风险。

（1）资本大量流入风险

如前所述，一旦中国经济发展向好，人民币升值预期增加等利好因素出现，便有可能引起国际投机资本的关注，出现大规模资本流入。一个值得关注的经济现象是，近年来我国为了进一步推进人民币国际化，构建境外人民币回流机制，为国际资本投机“开辟”了一个新通道，这会招致国际资本在发现有利机会的条件下大规模流入进行人民币“套汇”、中外利差“套利”和资产价格上涨“套价”。以 2014 年为例，我国资本流入量首超美国，规模高达 1 196 亿美元③。这一巨额资本流入的背后不排除国际投机资本活动的身影。如果在人民币国际化进程中加快推进资本项目开放，资本的过度流入会对我国经济带来如下风险：

①国际收支状况恶化

2005 年汇率改革以来，人民币不断升值的预期使得国际短期资本大量流入，给我国带来一定风险。虽然长期资本的风险较小，但不断大量流入也会使人民币面临更大升值压力，出口受到限制，经常项目顺差减少，甚至会引发国

---

① 1993 年，美国经济学家罗纳德·麦金农最先提出“中国之谜”概念，之后，引起很多学者关注并加入讨论行列，展开了一场热烈辩论。

② 指经济增长速度换挡期、经济结构调整阵痛期及前期刺激政策消化期。

③ 统计数据不包含银行、证券以及保险领域。

际收支逆差。2014 年以来人民币汇率进入“双向波动”后，虽然国际资本的流向和流量发生了一定变化，但在全球经济形势普遍不好，中国经济仍然保持中高速增长的情况下，国际投机资本流动的一个主要方向仍旧是中国，这对中国国际收支状况的改善弊大于利。

②对外过度举债

当资本项目完全开放后，一些银行和企业在预算软约束的情况下，极有可能发生对外过度举债问题，使短期外债规模增大。由于短期债务具有期限短和波动性大等特点，我国经济极易受到国际经济金融环境的影响，这就为风险的累积埋下了祸根。2000 年以来，我国短期外债余额占外债余额的比重不断扩大，根据中国国家外汇管理局公布的最新外债数据显示，截至 2015 年 9 月末，中国外债余额为外债余额 97 318 亿元人民币（等值 15 298 亿美元），这其中不包括香港特区、澳门特区和台湾地区。其中，近八成为短期外债，中长期外债余额为 32 207 亿元人民币（等值 5 063 亿美元），占 33%；短期外债余额为 65 111 亿元人民币（等值 10 235 亿美元），占 67%。短期外债余额中，与贸易有关的信贷占 49%。这表明我国短期外债占比较高，如果不加以控制，随着资本项目的逐步开放，一旦国际经济形势发生剧烈波动，则会引发偿债风险。

③通货膨胀压力

在资本项目开放进程中，如果国际资本大规模流入，除了会出现国际收支状况恶化外，还会导致因外汇储备和外汇占款不断增加而需要向市场投放人民币，进而出现通货膨胀风险。近年来，随着中央银行实施“冲销干预”政策，我国外汇占款出现持续、大幅上升，占基础货币的比重也越来越高，有很多年份甚至超过基础货币投放，其中 2012 年达到了 102.6%。根据人民银行数据，2016 年 10 月末，人民币外汇占款 22.6 万亿元人民币，环比减少 2 678.6 亿元人民币，但降幅相比上月收窄。主要原因是贸易顺差扩大。从今后看，外汇占款趋势性减少将是大概率事件，这样，将对货币政策管理提出新要求。过去，在有管理的浮动汇率制度之下，央行投放流动性的重要方式之一就是通过买进外汇放出等值的基础货币。2006～2015 年的十年间外汇占款占整个央行资产负债表的比重长期在 77% 左右，2016 年 10 月已降至 66.2%，这对基础货币供给和央行资产负债表扩张形成了较大影响。在以美联储为首的全球主要中央银行对其资产负债表“缩表”的大趋势下，我国中央银行的资产负债表也出现相对收缩的态势（2015 年中央银行总资产相比 2014 年收缩 6%），这要求货币政策在稳定汇率前提下，须创新出流动性调控新工具。

在货币乘数的作用下，外汇占款的增加使我国货币供应量也不断增加，严重影响我国货币政策的独立性。如果此时国内经济结构不合理，政策操作不及时到位，会推动我国资产价格上升，从而带来巨大的通货膨胀压力。

（2）资本大规模外逃风险

与国际投机资本大量流入带来的风险刚好相反，一旦出现中国经济疲软、人民币升值预期逆转等不利因素，资本的大规模外逃同样也会对中国宏观经济产生巨大影响，带来以下风险：

①国际收支逆差和汇率过度波动

资本大规模外逃会造成资本项目巨额逆差，人民币面临贬值压力。政府动用外汇储备来稳定汇率，而外汇储备的大幅下降会使我国的信用评级降低，导致市场上对人民币贬值的预期加强，加速了国际资本的流出，反过来又会影响国际收支的平衡和汇率的稳定，最终形成恶性循环。这背离了人民币要保持币值坚挺的目标。

②削弱宏观调控效果

近年来，我国一直推行的是稳健的货币政策和积极的财政政策，当发生大规模资本外逃时，一方面会使我国外汇储备减少，造成我国国内货币供应量减少，货币政策的独立性失效；另一方面对我国货币供应量和利率水平产生影响，造成实际流通中的货币供应量减少，从而抬高实际利率水平，国内投资萎缩，国民收入减少，进一步削减政府的财政收入，这在一定程度上对我国实行扩张性财政政策刺激内需构成制约。

③扰乱金融市场发展

就目前人民币国际化进程中会受到国际游资的影响，大规模资本外逃削弱了我国经济建设的基础，并会在一定程度上影响公众信心，使得投资收益率下降、风险加大，给中国的金融市场和金融机构带来风险，影响整个金融体系稳定。

4.3.3 宏观政策操作风险

从宏观政策操作角度看，人民币国际化，一方面意味着人民币的货币职能不断扩大，另一方面也使货币政策和财政政策操作以及两者的有效配合面临风险。

（1）货币政策操作风险

①削弱中央银行执行货币政策的独立性

根据“特里芬难题”和“三元悖论”，当人民币成为国际化货币后，非居民将大量持有人民币，当本国执行扩张性货币政策时，利率水平下降，资产收益率也同时下降，导致非居民抛售人民币资产转而购买其他外国货币资产，使得国内流动性紧缩局面得不到有效改善；反之，当本国执行紧缩性货币政策时，利率水平上升，资产收益率也同时上升，导致非居民将持有的国外货币资产转换成人民币资产，使得国内的流动性过剩局面得不到有效抑制。此外，随着香港人民币离岸市场的良好发展，利率与汇率水平的不同将引致大规模短期资本套利的行为，使得在岸市场的人民币价格形成机制受到离岸市场的冲击，从而削弱中央银行执行货币政策的独立性。

②加大货币政策操作难度

目前，我国中央银行对利率和货币供应量等具备较强的调控能力，人民币国际化后，大量非居民更愿意持有人民币，人民币在国外定价、交易和流通，跨境资金的自由流动使得人民币的需求结构发生变化，中央银行的调控能力将受到国际市场上流通的人民币约束，从而加大对人民币存量监测的难度。此外，我国外汇储备规模的不断扩大导致人民币外汇占款数量剧增，货币供给更加难以预测和控制，进一步加大了中央银行对货币存量控制的难度。

③出现“新特里芬难题”①

20世纪60年代提出的“特里芬难题”于90年代以后再度重现，引起了经济学家的关注，“新特里芬难题”由此提出。虽然已经出现其他国际货币与美元展开竞争，但实质上目前的国际货币体系中仍是以美元为主导，“特里芬难题”并没有得到根本解决。目前来看，人民币在境外的流通量相对较小，仅仅实现了周边化。从货币国际化战略的要求看，人民币要成为全球广泛持有的国际性货币，就需要中国通过经常项目和资本项目的逆差向全球大量输出人民币。在当前中国经常项目和资本项目呈现“双顺差”的情况下，中国反而持有越来越多的外币，很难以国际收支逆差对外提供人民币的流动性。这与美元等货币的国际化表现为难以维持本币币值稳定的情况不同，人民币国际化进程中的“特里芬难题”则表现为难以为其他国家提供人民币的流动性。

---

① “新特里芬两难”由McCauley于2003年提出。他在考察了美国与东亚国家之间的资本流动状况后指出，美国通过相对安全的负债（即发行国债）来吸引国外资本，以弥补美国的国际收支逆差。国外资本主要来自东亚地区，因此，该地区事实上成为美国的“准银行”。但是，这种准银行的货币供给有赖于美国对资本输入地区进行直接投资和美国的经常项目逆差。只要美国的经常项目赤字不可持续，“准银行”地区的货币供应就会收缩，这又反过来影响美国从外融资。因此，只要美国的经常项目逆差不可持续，美国在全球的金融中介地位必将面临威胁，即“新特里芬难题”。

（2）财政政策操作风险

与货币政策同等重要的是货币国际化进程中也会出现财政政策操作风险。在人民币国际化进程中，如果我国实行扩张性财政政策而引起大规模财政赤字并超过了我国经济基本面的支撑能力，就会动摇投资者对持有人民币的信心，从而有可能导致资本大规模外流、人民币币值不稳定及国际地位下降，并对我国宏观经济稳定产生影响。相反，如果我国实行紧缩性财政政策，就会出现经济发展速度放缓，投资机会减少，同样会挫伤投资者的信心，引起资本外流。自从我国经济面临三期叠加，进入新常态以来，已经出现了明显的资本外流[①]。如果这种情况继续下去，财政政策如何操作不仅考验着决策者的智慧，更考验着中国经济的发展。

（3）两种政策协调配合风险

在人民币国际化的初始阶段，即周边化阶段，由于人民币主要是作为边境贸易中的支付和结算货币，不论是货币政策还是财政政策面临的风险都不大，也不存在两者的协调配合风险问题。但是，当人民币国际化进行到区域化阶段时，财政政策与货币政策不匹配的风险就很容易爆发。以欧元国际化为例，欧盟在实行统一货币后，欧元区的货币政策由欧洲中央银行统一制定，而欧元区国家无法用独立的货币政策进行经济调节。各国只能采用财政政策来应付经济衰退，不相协调的财政政策与货币政策加大了个别成员国的财政负担，导致欧洲主权债务危机的爆发。虽然人民币国际化进程中不存在欧盟各国的财政政策和货币政策“分离”的情况，但在人民币国际化发展到区域化阶段时仍然会存在两种政策在协调配合过程中因产生矛盾而引发风险。

4.3.4 国际货币竞争风险

2008 年的金融危机再一次向我们证明，由单一主权国家货币充当国际货币的制度安排是不完善的，有其内在缺陷。但在短期内很难有其他货币动摇美

① 根据国家外汇管理局统计，2014 年 8 月到 12 月，我国跨境收支出现了净流出。针对国内外唱衰中国经济、断言资本流出的言论，中国国家外汇管理局综合司司长王允贵于 2015 年 3 月 26 日在新闻发布会上表示，从监测数据看，“2015 年 1 月、2 月，出口收入换算成人民币的比例大约下降了 10 个百分点，企业和个人外汇存款增加了 639 亿美元。海关统计的货物贸易顺差为 1 206 亿美元，同比增长 11.8 倍；实际利用外资 225 亿美元，同比增长 17%，两项合计超过 1 400 亿美元”，跨境收支依然是净流入。我们的观点是，资本是否外流本质上取决于是否有利可图，而不取决于我们的主观愿望。

元霸权地位的情况下，出现了国际化货币相互竞争的格局。在这个特殊时代，人民币国际化横空出世，成为现有在位国际货币的有力竞争对手。这不仅表示人民币要成为国际化货币竞争格局中的一个新成员，参与竞争一决雌雄，更意味着中国将面临更大规模的资本流入与流出。在我国经济转轨时期存在制度性缺陷和结构性失衡等问题的情况下，人民币无疑会受到美元、欧元和日元等强劲对手的排挤。与此同时，随着人民币逐渐走强，必然会出现人民币逐步替代美元等国际货币的反货币替代问题。在这一动态博弈过程中，人民币将会面临较大的国际货币竞争风险。

（1）本币反向替代风险

本章4.2节分析了货币替代对货币化国家货币政策的影响，而货币替代的这种扰动性同样适用于本币对外币的转换，即本币的反向货币替代也会面临同样冲击。如果我国出现通货膨胀压力、流动性过剩，则人民币的反向货币替代对货币政策冲击的风险便随即爆发。最终，不但人民币国际化战略目标难以实现，还会拖累中国经济发展。

（2）资本套利风险

虽然资本项目开放是人民币国际化的必经之路，但是当我国出现大量的货币替代时，资本项目开放会加剧资本套利活动，这又回到了我们之前讨论的“三元悖论”问题。发达国家一般都会选择资本自由流动、货币政策独立性，而放弃汇率稳定的目标。但克鲁格曼认为，对中国这种发展中国家而言，首选的应该是货币政策的独立性和汇率的稳定性，这意味着应该开放资本项目。但如前所述，开放资本项目就意味着有资本套利风险。

（3）大国博弈风险

货币国际化不仅考验着一国的国内金融体系是否完善，还取决于与当今世界主要大国之间的战略博弈。也就是说，当人民币国际化后，在贸易项目下和资本项目下的跨境流动、离岸金融中心建立以及跻身为大宗商品交易中人民币应当充当结算货币，这意味着在某种程度上削弱了美元的全球霸权地位和美国的国家利益。因此，大国博弈风险接踵而来。

4.3.5 国际金融危机传染风险

当今世界，在经济全球化和金融自由化浪潮的推动下，金融危机爆发的频率远远高于历史上任何时候，其在国际上传导的速度和范围也超过了人们的想象。如果说1997年亚洲金融危机爆发时中国经济金融因开放程度小还能独善其身的话，那么，2008年华尔街金融危机的爆发已经让中国尝到了危机带来的危害。随着中国对外开放步伐不断加快，人民币国际化进程不断深入，便为国际金融危机传染到国内提供了新渠道。

（1）贸易传染渠道

贸易传染渠道主要是指与中国有着密切贸易往来关系的国家发生金融危机时会恶化其实体经济基础，降低它们对中国的进口需求，从而一定程度上放缓了中国经济发展的速度，诱使中国金融市场发生动荡，加大中国发生金融危机的可能性。如美国等发达国家发生金融危机，则我国出口能力降低，从而延缓我国的经济发展速度。当人民币实现国际化后，进出口贸易将主要采用人民币结算，一旦贸易进出口量受阻，则人民币国际流通就会受阻。贸易状况的恶化也可能会造成资本项目下FDI的大量涌入或撤离，出现大量跨国违约支付，2008年美国次贷危机就显示出了这种风险的特征，国际化货币发行国成为金融危机的重灾区。

（2）金融传染渠道

金融传染渠道是指因某国发生金融危机后引起其金融市场缺乏足够流动性，迫使该国的金融中介清算其在其他市场上的资产，导致与其有金融密切关系（包括直接投资、银行贷款等）的国家金融市场也出现流动性不足，出现资本大量外逃，从而引起该国金融市场动荡，增大爆发金融危机的可能性。一般而言，当某国家发生金融危机后，为了规避风险，投资者会在国际金融市场上大量抛售危机发生国的金融资产，迫使该国政府不断卖出外汇以阻碍本币贬值，当该国外汇储备不能满足市场需求时，金融危机由此爆发。

当人民币成为国际货币后，投资者可以在国际金融市场上自由获得或出售人民币资产。当某国发生金融危机后，投资者出于避险考虑会大量抛售或购买以人民币计价的资产，从而导致以人民币计价的资产价格出现大幅度波动，进而金融危机波及我国。以2008年华尔街金融危机为例，金融危机对中国传染的金融渠道可见一斑。

（3）季风传染渠道

季风传染渠道是指由于经济全球化和金融自由化程度的不断提高，不同国家之间的金融联系日益紧密，各国金融市场之间的相关性不断增大，同时也大大提升了世界各国经济的同步波动性。如果一国发生金融危机，则投资者也会改变与危机发生国经济结构相似国家的预期，重新评估这些相似国家的基本经济面，并对其资产进行重新组合，这样会加大这些与危机发生国具有相似经济基本面国家的金融风险。因此，全球金融的同步波动性为金融危机在国际金融市场间的传染充当了助推器作用。季风传染渠道属于系统性风险，无法控制与消除，原因是它影响全球所有国家的经济基本面，例如，2014 年以来的国际油价巨幅波动对全球所有国家都有影响。

随着人民币国际化进程的不断推进，人民币将越来越多地参与国际经济活动，届时投资者会认为我国的经济也会受到影响，从而改变投资策略，引发“羊群”效应，促使其他投资者出现非理性的从众行为，推动中国金融泡沫的膨胀，并加快金融泡沫破灭，导致我国爆发金融危机。

（4）心理预期传染渠道

金融危机发生后，投资者对那些类似国家的心理预期变化及信心改变都会促使其改变投资策略，由此带来的结果是引发投资者对经济发展良好的国家进行投机攻击，从而使得金融危机通过心理预期传染渠道传染到其他国家，最终引发经济发展良好的国家也爆发金融危机。

一旦人民币成为国际货币，就加强了中国与其他国家之间的联系，一旦别国发生金融危机，投资者会改变对我国经济的心理预期，认为中国经济仍然能够保持中高速增长，因此具有投资机会，从而改变其投资策略，对中国发动投机攻击，促使其他投资者也出现趋同行动，最终导致大量资本流入，外汇储备剧增，货币投放过多，出现通货膨胀，诱发金融危机。

4.3.6　资产价格过度波动风险

人民币国际化的一个重要标志就是以人民币作为主要资产进行计价和结算，并且在世界各地自由流动。这些资产既包括债券、股票等有价债券，也包括房地产等实物资产。当非居民持有以人民币进行计价和结算的资产时，国际资本会从多头和空头两个方向攻击资本市场、房地产市场以及期货市场等，并通过国际衍生品头寸的杠杆效应放大危险倍数，由此带来金融资产价格波动风险，加大金融系统的脆弱性。

以房地产市场为例，全球历次金融危机，特别是 2007 年美国“次贷危机”告诉我们，由于房地产业在国民经济发展中具有“产业链长、涉及面宽、资金密集”等特殊性，一旦房价过高，出现金融风险会危及金融安全，甚或引发金融危机。近年来我国房价出现过度波动，除了国内外其他影响因素外，也能发现国际投机资本攻击的蛛丝马迹。

基于次贷危机的深刻教训，为了维护全球金融安全，IMF、BIS、金融稳定理事会（FSB）以及各国金融监管当局已经纷纷将房地产市场风险作为重要变量，纳入宏观审慎监管框架中。

4.3.7 系统性金融风险

华尔街金融危机蔓延全球的金融危机启示人们：随着金融一体化和自由化程度的不断提高，由单个金融机构引发的金融风险会在整个金融系统中的各子市场之间传导，引起系统性风险加大，诱发系统性金融危机。

货币国际化是金融深度发展的表现，因此，人民币国际化需要建立在健全的国内金融市场运行基础上。如果国内金融体制改革，特别是汇率、利率以及金融市场改革落后于人民币国际化步伐，将会带来系统性金融风险。这种风险的表现在于：如果人民币还未升值到均衡汇率附近就急于放开资本项目，那么随着投机资本的大规模流入，就会出现汇率在短时期内的巨大波动；如果在人民币基本可兑换之后我国还未完成利率市场化的改革，跨境资本的流动将使国内的货币总量难以预测，信贷总量控制和利率管制作为宏观调控的工具将基本失效。另外，如果金融机构还是以存贷利差和收费项目为基本生存空间，不积极拓展竞争性业务，开辟衍生品市场，那么就难以避免人民币国际化进程中出现的系统性金融风险爆发。

4.3.8 在岸与离岸市场互通机制不畅风险

人民币国际化走到今天，虽然我们已经以香港作为离岸市场，在跨境贸易结算方面迈出了很大步伐，取得了很大成绩，同时，上海自贸区、英国离岸市场等也纷纷落户，但是，人民币离岸市场的最大交易规模还是在香港地区。由于香港的人民币债券业务发展相对缓慢，加之在香港离岸市场发行的人民币债券多为短期债券，从而使得发行债券的货币回笼效果深受影响，制约了人民币双向流通机制的建立，不利于人民币国际化的顺利进行。同时，香港作为全球经济金融中心，市场化程度远远高于大陆市场，从而使得香港离岸市场（以下简称“CNH 市场”）与在岸市场（以下简称“CNY 市场”）存在两个不同的汇率与利率，加之香港实行的是联系汇率制度，大陆实行的是参考一篮子货币的有管理的浮动汇率制度，导致两方货币当局即使是面临同等程度的汇率波动时也可能会采取不同调控措施，从而产生政策操作风险。

4.3.9　贸易结算不平衡风险

人民币国际化的顺利推进还需要贸易结算相对平衡。自 2009 年 4 月中央银行公布《跨境贸易人民币结算试点》以来，经过 5 年发展，人民币跨境贸易结算总额已经由 2009 年下半年的 36 亿元人民币攀升至 2015 年跨境贸易人民币结算业务为 7.23 万亿元人民币，直接投资人民币结算业务发生 2.32 万亿元人民币。2016 年跨境贸易人民币结算业务发生 5.23 万亿元人民币，同比大幅下降 27.7%，为 2009 年跨境贸易人民币结算试点开展以来首次出现下降。随着跨境贸易结算总额的增加，人民币在进出口结算中使用不平衡的现象也愈加明显，主要表现为在进出口贸易中多数出口企业不具有结算货币的选择权，而优势货币习惯导致外商对人民币的认可度不够，加之目前国内金融服务体系不健全，从而采用人民币结算出现不平衡，进口使用过少，出口使用较难。如果这种情况很难在短期内得到改善，则不利于人民币国际化的顺利推进。

4.4　人民币国际化进程中的金融风险传导

梳理出人民币国际化进程中的各种金融风险因素及不同风险的生成机理后，接下来需要进行的研究工作便是对各种金融风险的传导机制进一步分析。但是，由于金融风险来源不是孤立存在的，其生成和传导过程也并非“井水不犯河水”，而是相互影响，共同作用，形成一种共生演化系统。当某一风险来源爆发时，首先会出现相互传染，然后慢慢发酵，最终形成巨大的破坏力量，迅速传导到中国经济金融体系的运行中，轻则扰乱经济金融正常运行，重则破坏金融安全，诱发金融危机。因此，对人民币国际化进程中的金融风险传导很难用文字或图表进行简单概括，需要采用更加科学的技术分析方法进行描述，并识别出其中最主要的金融风险爆发源。

4.4.1　研究方法选择

通过 4.3 节的研究，我们已经梳理出来人民币国际化进程中的 9 个金融风险来源。表面上看，这些因素是人民币国际化进程中表现出来的各种金融风险，但实际上反映的却是中国对外开放进程中面临的各种复杂关系。可见，要将人民币国际化进程中的各种金融风险之间的共生演化系统梳理清楚，仅靠一般分析方法很难实现。

为了寻找到一种更科学的分析方法，在前期研究中，我们曾尝试过目前比较流行的一些金融风险分析方法，如VAR模型、状态空间模型、时变参数模型、GARCH－Copula－CoVaR模型等进行分析，但在研究中却发现这些研究方法很难准确描述人民币国际化进程中的金融风险传导机制①。如果能够尝试一种将定性与定量研究相结合，既能包含众多影响因素，又能反映本书研究需要的研究理论和方法，则不妨另辟蹊径。

在研究中我们发现，由美国麻省理工学院福瑞斯特（J. W. Forrester）教授于20世纪50年代创立的“系统动力学（System Dynamics，DM）”是一种可以用来描述金融风险来源之间相互关系的科学方法。该方法是以“控制论、系统论、信息论”等学科为基础，利用计算机模拟技术对系统中各种信息流的处理的优势来描述复杂系统内部的运行机制，建立表述系统内部各种因素及其与外界环境因素之间相互作用的多重非线性反馈关系，可以作为研究人民币国际化进程中各种金融风险相互传染机制的新尝试②。

（1）系统动力学的优点

动态系统是一个复杂的系统，尤其当系统是一个有人参与的非线性反馈系统时更为复杂。其复杂性主要体现在以下几个方面：

①动态性

动态性系统自然比静态系统复杂。随着时间的推移，系统中的各个变量也

---

① 我们在前期研究中发现，人民币国际化进程中的金融风险来源很多，而VAR模型等传统模型处理的变量十分有限［Gupta et al，（2010）指出，目前运用VAR、VEC、SVAR、DSGE模型进行研究最多只能处理12个变量］。这样，经济变量有限不能真正反映人民币国际化进程中风险生成因素过多的真实情况。

② 系统动力学建立于20世纪50年代末期，由麻省理工学院教授福瑞斯特提出。其建立之初的名称是“工业动力学”，并首先应用于解决工业领域中的战略管理问题，随后福瑞斯特教授出版了具有深远影响的《工业动力学》一书；接着福瑞斯特又出版了《城市动力学》，基于动态理论分析了住宅市场以及商业与经济周期的关系。正是这一应用，使得工业动力学的方法应用到了社会经济领域中，由此这一方法的名称变为“系统动力学”。随后研究人员利用这一方法建立了世界动力学模型。自从1970年以来系统动力学的应用非常广泛，已经应用于经济、供应链、项目管理、教育、能源、环境、政治、心理学、医学卫生等领域。我们在前期研究中曾使用该方法对我国近年来的房价过度波动进行过专门研究，发现该方法用于描述多变量之间的相互关系效果很好。

会随之发生变化。由于它们的因果关系和响应通常有时间上的延迟，这种变化很难直接通过直觉进行预测。

②反馈性

反馈性的存在使得系统中变量的时间路径变得更为复杂，因此使得系统变得更为复杂。尤其当系统中存在多个反馈环时，预测就变得更为困难。

③非线性

大多数动态系统都是非线性的，即变量之间的因果关系并非呈比例。这就使得在某个范围内存在的效应，在其他区间内可能并不存在。因此非线性系统不仅很难用直觉分析，而且在数学上也很难处理。

④多变量

即使一个简单的系统，通常也会包含至少十个变量。在这种情况下，非线性、反馈系统几乎不可能靠直觉或者数学分析。

⑤人的参与

社会系统有人的加入，这就使得建模时不仅要分析系统的物理结构，还要分析人们对各种形势的反应、决策过程，而这些方面不可能利用数学知识进行建模。

⑥时滞性

系统内变量之间的因果关系通常存在时滞性，一种现象的出现往往在一段时间之后才会导致结果的出现，这就使得变量的变化过程很难预测。我们制定决策时，如果没有考虑到这一点，很有可能出现“短期有效的政策而长期无效”的情况。

⑦反直观性

由于系统具有反馈性、非线性、多变量，这就使得人们利用自己的直觉进行正确的分析很困难，而且时滞性的存在更使得经常会有反直观性的结果出现。

（2）系统动力学的基本方法

系统动力学的基本方法包括因果关系图、流图、方程和计算机仿真。本书中我们仅利用因果关系图分析人民币国际化进程中各种金融风险之间的相互影响关系，不涉及流图、方程和计算机仿真，故这些内容略去。

系统动力学采用因果关系图来描述系统内部所有变量的相互作用关系。根据不同变量因果关系的极性，又可以分为正因果关系和负因果关系两种，并分别用符号 +、- 来表示。正因果关系是指输入变量的改变方向和输出变量的改变方向一致，反之为负因果关系。例如，经济增长会增加对人民币的需求，即经济增长对人民币需求有正影响；经济下降会减少对人民币的需求，即经济下降对人民币有负影响。如图 4 - 8 所示。

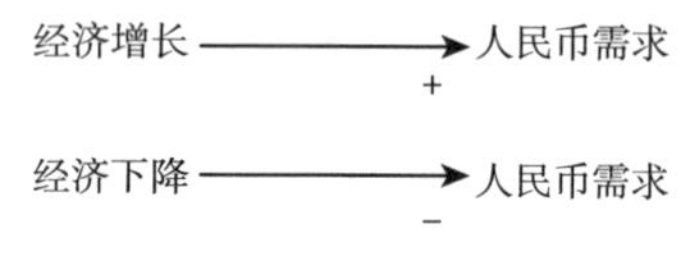

图 4 - 8　因果关系示例

当系统中的某一变量以某种方式间接影响自己时，系统存在反馈性，这时我们把起始和终结与同一变量的因果关系环称为反馈环。反馈环的极性由环内所有因果关系的极性决定：当环内有奇数个负因果关系时，为负反馈；反之为正反馈。例如，经济增长越快，消费也越高，高消费又会促进经济增长，即这是一个正反馈环；投资增加会加大对资本的需求，进而引起利率上升，利率上升会加大投资成本，进而降低投资，即这是一个负反馈环。如图 4 - 9 所示。

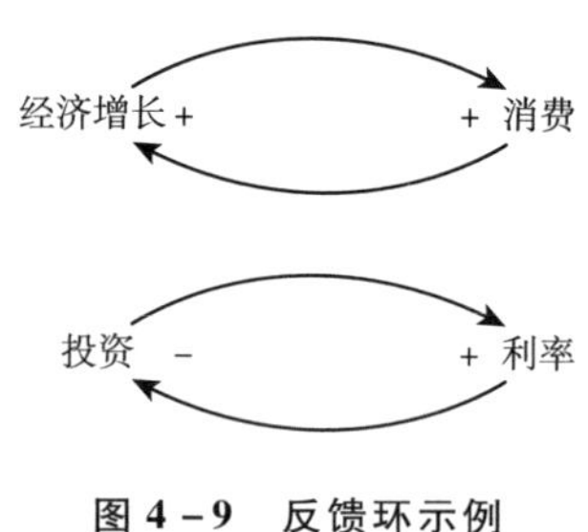

图 4 - 9　反馈环示例

4.4.2　传导机制描述

基于人民币国际化进程中金融风险生成的特点和采用系统动力学描述各风险因素之间相互影响关系的适用性特点，这里根据本章 4.3 节得出的研究结论，将人民币国际化进程中各种金融风险之间相互影响的因果关系绘制如图 4 - 10 所示。

从图 4 - 10 可以看出，在人民币国际化进程所潜伏的各种金融风险是相互联系、相互影响的。它们形成一种共生演化机制，共同作用于人民币国际化进程中。虽然金融风险的传导途径有很多，传导机制非常复杂，但我们仍然可以从其中梳理出六条主要传导路径：

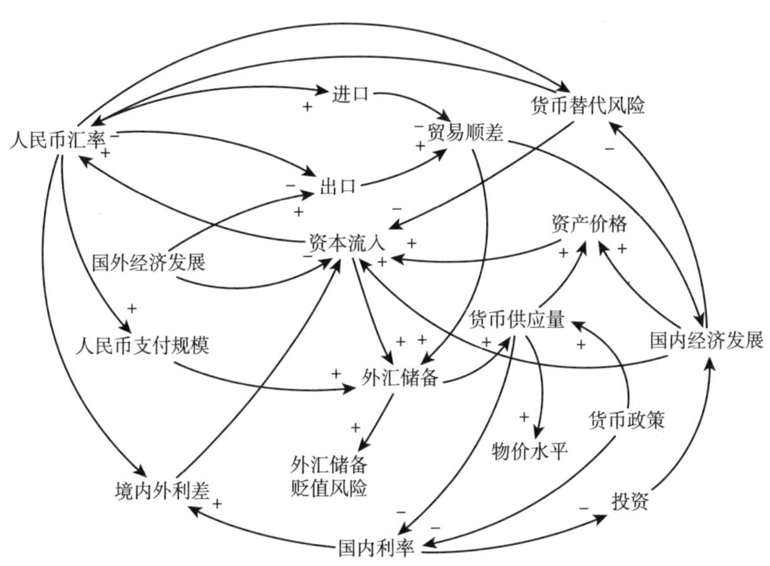

图 4-10 人民币国际化进程中金融风险传导机制

(1) 人民币汇率→+进口(-出口)→-贸易顺差→+国内经济发展

在人民币国际化进程中，如果人民币汇率上升，会产生对人民币升值预期加大，但人民币升值不利于国内产品出口，反而会增加对外国商品的进口，进而引起贸易出现逆差，不利于我国经济发展。如果逆差不能有效解决，则有可能引起国内经济波动。

(2) 人民币汇率→+境内外利差→+资本流入→+外汇储备→+货币供应量→+资产价格→+资本流入→+人民币汇率

这是一个正反馈环。如果人民币升值，会增加人民币的吸引力，引起大规模资本流入，进而增加我国的外汇储备，引起货币供应量的增加，进而推高资产价格，吸引更多资本流入，引起汇率更大规模的升值，不利于外汇市场稳定。

(3) 资本流入→+外汇储备→+货币供应量→+资产价格→+资本流入

这是一个正反馈环。资本项目开放后，容易引发资本大量流入国内，从而扩大货币供应量，引发资产价格上涨，这又会刺激更多的资本流入，进而易引发资产价格泡沫风险。

(4) 资本流入→+外汇储备→+货币供应量→-国内利率→-投资→+国内经济发展→+资本流入

这是一个正反馈环。因为资本过度流入和流出，会使国内经济受到影响，一旦国内经济遭受负面冲击，就会引起资本大量外逃，进而国内货币供应量减少，投资降低，从而会放大对经济的负面冲击，这又会引起更大规模的资本外逃，破坏经济发展和外汇市场稳定。

（5）货币供应量→－国内利率→＋境内外利差→＋资本流入→＋外汇储备→＋货币供应量

这是一个负反馈环。如果在人民币国际化进程中我国实施扩张性货币政策，必然要扩大货币供应量，这会导致国内利率降低。由于资本的收益率下降，必然会引起资本外逃；由于资本大量流出，必然会减少我国的外汇储备，进而降低货币供应量，最终，扩张性货币政策目标没有达到，导致货币政策的实施效果大打折扣。

（6）货币供应量→－国内利率→＋境内外利差→＋资本流入→＋人民币汇率

当中央银行实施货币政策调控措施时，一般会通过一系列传导途径对利率、汇率等产生影响。当存在国内外利差时，国际资本就会大量流入，从而引起外汇市场波动。因此制定货币政策时需要权衡的因素变得更加复杂，从而加大货币政策的调控难度。

4.4.3 主要金融风险识别

根据上述6条传导途径，我们通过仔细辨认、比较后从中梳理出了3个最主要的金融风险来源：人民币汇率波动、国际资本流动以及货币供应量变化。从这三条风险来源所属的性质看，我们将其分别归为人民币汇率、资本项目开放和货币政策操作范畴，并由此将人民币国际化进程中最主要的金融风险爆发源归纳为以下三个：人民币汇率过度波动风险、资本项目开放风险以及货币政策操作风险。

（1）人民币汇率波动风险

当人民币汇率出现剧烈波动时，会给我国经济带来巨大冲击。以人民币升值为例，当人民币出现升值现象时，首先表现为出口受阻，进口增加，经常项目收支失衡；其次，资本的逐利性导致大规模的国际资本流入，进一步加大了国内资产价格泡沫，从而导致我国经济波动；最后，汇率波动对人民币在岸市场与离岸市场的稳定发展都有不利影响，在人民币不断升值条件下，离岸金融市场的人民币交易量将会大幅增加，从而对在岸市场的定价权产生一定影响。

（2）资本项目开放风险

汇率的波动、投机资本的大规模异动、国际环境的影响以及金融资产价格的过度波动都会造成跨境资本的异常扰动。其风险传导机理是：在人民币国际化进程中，经济高速增长，国际资本会以高于资本利润率的增长速度流入我国，大规模的资本流入扩大了我国国内需求，推高了资产价格，使得经济达到顶峰状态；在经济处于顶峰时期，资本的持续流入只会加速信用膨胀，加剧资产价格泡沫膨胀，从而造成经济恐慌。在经济繁荣的末期，国际资本开始大规模外逃，导致金融危机，经济萧条。这种大规模的资本流入与流出形成了跨境资本异动风险，对我国的经济与金融安全会产生严重影响。

（3）货币政策操作风险

人民币国际化进程中货币政策操作风险的产生，首先是因为随着人民币流通范围的扩大，国内外对人民币的需求增加而产生的货币需求管理难度加大；其次是中央银行运用货币政策操作工具失灵；再次是货币政策传导机制不畅通；最后是不能达到宏观调控的目的。在这种情况下，为了实现货币政策操作的内部均衡而不顾人民币汇率剧烈波动风险，是无法满足人民币成为国际货币的要求的。人民币要走向国际化，中国就要树立人民币币值稳定的良好形象，否则会出现货币政策因不能同时达到内外均衡的调控效果而产生的风险传导。

综上所述，如果对人民币国际化进程中的金融风险不能有效防范，就有可能演化为金融危机。但是，正如上文所述，不同金融风险的生成机理和传导路径各不相同，给我国经济金融运行带来的冲击也有所差异，不能一概而论。在这种背景下，就需要对不同的金融风险分别进行研究。基于此，本书将在第5、第6、第7章分别对以上三种主要金融风险爆发源进行专题研究。

5 人民币国际化进程中的汇率波动风险

一个国家选择采取何种汇率制度不构成影响本币国际化进程的决定因素。但是，在本币国际化进程中汇率波动是否过度却成为影响本币国际化能否顺利推进的重要变量。如果本币国际化进程中汇率过度波动，则非常不利于本币国际化目标的顺利实现。就中国来讲，自 2005 年 7 月汇率制度改革以来，人民币汇率一直处于升值趋势。但是，进入 2014 年以来，人民币汇率却一改长达 9 年的升值趋势而突然快速贬值。2014 年 3 月 14 日，中国人民银行宣布扩大外汇市场人民币兑美元汇率浮动幅度，规定自 2014 年 3 月 17 日起银行间即期外汇市场人民币兑美元交易价浮动幅度由 1% 扩大至 2%，随即，人民币汇率随即大幅走贬。经过两个多月的时间，人民币汇率才缓慢爬升。进入 2015 年，随着美国经济复苏，我国经济面临的国内外环境将会发生新的变化，都会对人民币汇率波动带来新的影响①。

由此可见，随着中国经济金融对外开放程度的不断提高以及汇率市场化改革力度的不断加大，人民币汇率波动的幅度已超过历史上的任何时候。从今后看，随着人民币国际化进程的不断深入，人民币汇率波动幅度还有可能继续加大，由此给中国经济金融运行带来的风险也将进一步加大。在这种背景下，研究人民币国际化进程中的汇率波动风险及其传导机制，不仅有利于宏观经济目标实现，保持金融业稳定运行，而且还有利于人民币国际化进程的顺利推进。

---

① 根据兴业银行研究报告（2015 年 1 月），2014 年人民币汇率已进入双向波动的“新常态”。进入 2015 年后，中国经济面临的下行压力仍然较大，全球货币政策的分化等会进一步利多美元而利空非美元货币。与此同时，2015 年将是人民币“汇改”的关键之年，人民币汇率的双向波动幅度加剧，相对于美元来说总体偏弱，呈现贬值态势。

5.1 汇率波动风险的生成

汇率波动风险的生成和传导与汇率形成机制具有密切联系。汇率形成机制是一个国家调控经济的重要手段，直接影响着该国国际收支平衡表的经常项目与资本项目，体现了该国货币的对外价值和内在实力。同时，汇率形成机制也直接影响一国对外贸易、资本流动及国际收支平衡。从外向型经济视角看，汇率形成机制是影响主权货币国际化进程的重要因素。作为主权货币汇率形成机制的反映——汇率波动幅度如何对宏观经济的影响在货币国际化进程中不容忽视。

尽管根据 Mundell - Fleming 模型①，在开放经济条件下，一国（或地区）到底采取何种宏观政策搭配很难抉择，目前世界上也没有统一的做法，但是，作为大国经济来说，保持货币政策的独立性是首要选择。另外，开放资本项目有利于本国经济对外开放，因此，当其主权货币要实现国际化时，一般必然伴随其汇率制度安排从固定走向浮动。换句话说，在主权货币国际化进程中，如果实行浮动汇率制将有利于动态反映资金市场供求状况，合理引导资金和资源流动，充分发挥资金价格的资源配置作用，最终实现宏观经济的内外均衡。但是，反过来看，如果汇率过度波动也会带来一系列负效应，如容易形成不同市场之间的套利空间，导致资本异常流动和国际投机资本攻击，造成宏观经济异常波动，加大经济和金融运行风险，甚或导致金融危机②。

人民币作为中华人民共和国的主权货币，在其国际化进程中既有一般货币国际化的普遍特点，又有中国经济金融发展的特殊表现。在人民币国际化进程的不断推进中伴随着汇率制度改革的不断深入。在这种情况下，如果人民币汇率不稳定，必然会影响到人民币国际化的成功实现。由是，人民币国际化过程

① 20 世纪 60 年代，Robert A. Mundell 和 J. Marcus Flemins 提出了开放经济条件下的 Mundell - Fleming 模型，简称 M - F 模型，扩展了对外开放经济条件下不同政策效应的分析，说明资本是否自由流动以及不同的汇率制度对一国宏观经济的影响。后来，Krugman 将其进行了扩展，提出货币政策的独立性、资本自由流动及汇率稳定这三个政策目标不可能同时实现。一般来说，一国只能选择其中的两个目标而放弃另外一个，被称为“不平衡三角形”或“开放经济的三难选择”，也有人称其为“三元悖论”。关于这一理论将在第 7 章展开分析。

② 1997 年亚洲金融危机的爆发源就在外汇市场，是一个因国际投机资本攻击导致汇率过度波动并诱发金融危机的最好例证。

中汇率波动风险生成机制的研究就显得十分重要。

5.1.1 人民币汇率波动度量

自2005年7月21日汇率制度改革以来，人民币汇率总体呈现升值态势。汇率改革初期，人民币汇率单边升值的幅度最大。从2008年开始，由于受金融危机的影响，人民币汇率在中国政府宏观经济政策干预下保持稳定，但是，从2010年下半年开始又恢复了升值态势。2014年3月，人民币汇率波幅区间继2012年4月由0.5%扩大至1%后进一步拓宽至2%。"8·11汇改后"，2015~2016年之交人民币大幅贬值，2016年初，央行推出了"收盘汇率+一篮子货币汇率变化"的新人民币兑美元汇率中间价形成机制，随后人民币企稳、持续回升至4月底。2016年10月1日，人民币正式加入SDR，人民币汇率持续贬值至2016年年底。2017年上半年人民币汇率走势较为稳定，下半年开始缓慢升值，9月升至高位后缓慢贬值，随后步入平稳态势。

为了科学描述人民币汇率波动情况，需要对其波动幅度进行度量。早期关于汇率波动性的测算主要有Edwards（1986）、Kroner和Lastrapes（1993），主要采用标准差系数：

$$v_n = \frac{\sqrt{\sum_{i=1}^{k} \frac{1}{k}\left[er_{ni} - \left(\frac{1}{k} \sum_{i=1}^{k} er_{ni} \right) \right]^2}}{\bar{er}} \quad (5-1)$$

其中，$i=1, 2, \cdots, k$，k为移动平均阶数，一般来说，若为月度数据，则$k=12$。er为有效汇率，$\bar{er}$为er的均值。

后来，经常使用的度量方法是用事先确定的时间跨度计算汇率变化的标准差，度量公式记为：

$$V_i = \frac{std[er_{i,t} - er_{i,t-n}]}{\sqrt{n}} \quad (5-2)$$

其中，std表示标准差，V代表波动。当$n=1$时，表示一年内的标准差，此时可作为汇率短期波动的指标；当$n=5$时，表示5年内的标准差，此时可作为汇率长期波动的指标。

将式（5-1）和式（5-2）的分子变化以后便得到移动标准差公式：

$$V_i = \sqrt{\frac{1}{k}\sum_{i=t-k+1}^{t}\left[er_i - \left(\frac{1}{k}\sum_{i=t-k+1}^{t}er_i\right)\right]^2} \tag{5-3}$$

其中，k 表示移动时间窗口长度，样本时间固定，则 t 时的标准差指 $t-k+1$ 时到 t 时 k 个样本的标准差。若为月度数据，则 $k=12$ 时，表示月波动率；若为季度数据，则 $k=4$ 时，表示季波动率。

式（5－3）比式（5－1）的优势在于，式（5－1）只能用于测定固定样本的标准差，这不符合汇率实际变动情况。原因是汇率波动是实时的，因此，采用式（5－3）测算会率波动幅度更有意义。

基于此，本报告运用式（5－3）对人民币汇率波动幅度进行度量。

（1）数据说明

本章数据样本区间为2000年第1季度至2017年第3季度。首先在采集原始数据的基础上对基础数据进行了季节性调整。然后对各变量取自然对数，最后进行平稳性检验。

从表5－1可见，在5%的显著性水平下，原始序列是不平稳的，而一阶差分后的序列变为平稳。

表5－1　平稳性检验

变量	检验类型（C，T，L）	ADF统计量	临界值（5%显著性水平）	DW值
lncnyusd_sa	（C，T，1）	-2.776	-3.48	1.86
dlncnyusd_sa	（C，0，5）	-3.547	-2.90	1.83

注：所有变量都为对数值。类型（C，T，L）分别表示单位根检验包括常数项、时间趋势和滞后阶段，其中0表示无趋势，d表示差分算子。

（2）度量结果分析

因本章计算人民币汇率波动幅度采用的数据为季度数据，所以，令公式（5－3）中的 $k=4$，可以计算得到人民币汇率的季度波动率如图5－1所示。

从图5－1可以看出，2004年之前，人民币汇率波动幅度非常有限。但是，从2005年第2季度开始，随着中国人民银行宣布对人民币汇率制度进行重要改革，人民币汇率就在持续升值中加大了波动幅度，人民币汇率形成机制的市场化程度进一步提高，汇率变化率和波动幅度开始加大。由此可以认为，随着人民币国际化进程的加快，人民币汇率的波动幅度不断变化。

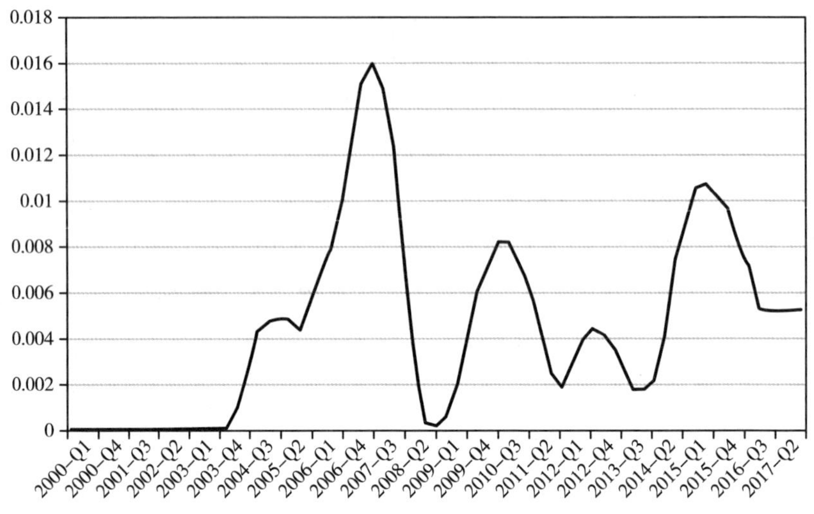

图 5－1 人民币汇率季度波动幅度

5.1.2 人民币汇率波动特征分析

在 2005 年 7 月 21 日的汇率改革当日，中国人民银行就将人民币比美元的汇率价格由 8.276 5 上调至 8.11，升值幅度约为 2%。2005 年 7 月至 2008 年 7 月是参考一篮子货币的汇率改革初期，人民币基本呈现单边升值状态，所以，鼓励了国内外投机者的无风险套利活动，热钱大量涌入，国内流动性过剩问题严重，资产价格受到强劲刺激不断被推升。

2007 年 5 月 21 日，中国人民银行进一步推动汇率机制改革，宣布人民币兑美元交易价浮动幅度由 0.3‰扩大到 0.5‰，当日，在银行间外汇市场上，美元兑人民币汇率的中间价再度上升为 1 美元兑人民币 7.665 2 元，创汇率改革以来新高。

从 2008 年下半年至 2009 年底，是参考一篮子货币的汇率改革冻结期。在这段时期内，人民币汇率变动率（T 时的变动率 = T 时的汇率 -（T - 1）时的汇率）基本为零，基本保持不变。原因是受金融危机的影响，东南亚很多国家出口遭受到巨大冲击，各国政府纷纷出台政策保护出口，导致其货币大幅贬值。受此影响，中国的对外出口遭受巨大打击。但是，中国政府采取同 1997 年亚洲金融危机相同的措施，坚持人民币不贬值，保持了人民币在国际上的声誉。

2010 年 6 月 19 日，中国人民银行宣布，在 2005 年汇率制度改革的基础上进一步推进人民币汇率形成机制改革，以增强人民币汇率波动弹性。这次改革与 2005 年 7 月的汇率改革相比有一个明显不同：即人民币汇率既出现升值，也出现了贬值，人民币汇率首次出现了双向波动特征，如图 5－2 所示。

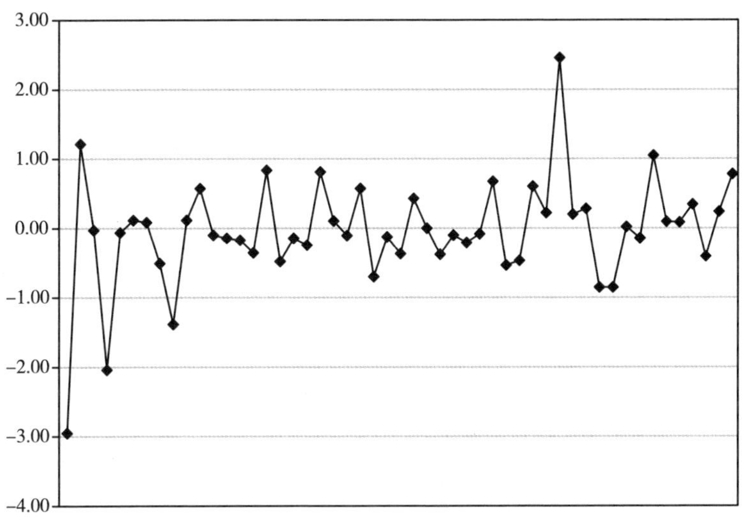

图 5－2 2010 年 6 月 19 日后 50 个交易日汇率变动情况

从图 5－2 可以看出，以 2010 年 6 月 19 日之后的 50 个交易日为时间跨度，人民币汇率升值的交易日天数与贬值的交易日天数大体相当，而且最大单日贬值幅度和最大单日升值幅度也大体相当。这一变化非常具有历史意义，它标志着人民币汇率制度改革的市场化程度进一步提高了，同时，也表明因人民币汇率波动所引起的金融风险也越来越明显了。

2012 年 4 月 16 日，中国人民银行发布公告，决定将外汇市场人民币兑美元的汇率浮动幅度由原先的 5‰扩大至 1%，即每日银行间即期外汇市场人民币兑美元的交易价可在当日人民币兑美元中间价的基础上浮动上下各 1%。这是时隔 5 年后再一次扩大人民币兑美元的汇率浮动幅度，其力度远远超过了前两次。这标志着中国在推进人民币汇率市场化改革方面迈出了重要一步。当日，人民币汇率中间价为 6.296 0，下跌 80 基点，见图 5－3。

从图 5－3 可以看出，在 2012 年 4 月 16 日之后的 90 个交易日内，人民币汇率变动持续出现双向波动趋势，而且，这种双向波动的幅度明显加大。这更进一步说明，随着汇率制度改革的进一步深入，因人民币汇率波动幅度加大而引起的金融风险也进一步加大了。

进入 2014 年以来，人民币汇率的双向波动幅度有所增加。图 5－4 显示了 2014 前 3 个月的人民币汇率的日变动情况。可以看出，2014 年第一季度人民币持续贬值，截止到 3 月底，人民币兑美元汇率累计贬值 3.5%，回吐了 2013 年全年的涨幅。当 2014 年 3 月 14 日，中国人民银行宣布自 2014 年 3 月 17 日起（见图 5－5），银行间即期外汇市场人民币兑美元交易价浮动幅度由 1% 扩大至 2% 后，人民币汇率出现了较大幅度的下跌。

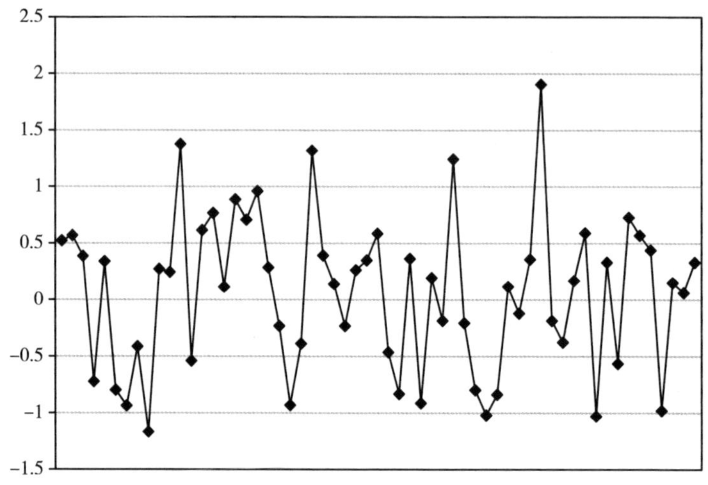

图 5－3　2012 年 4 月 16 日后 90 个交易日汇率变动情况

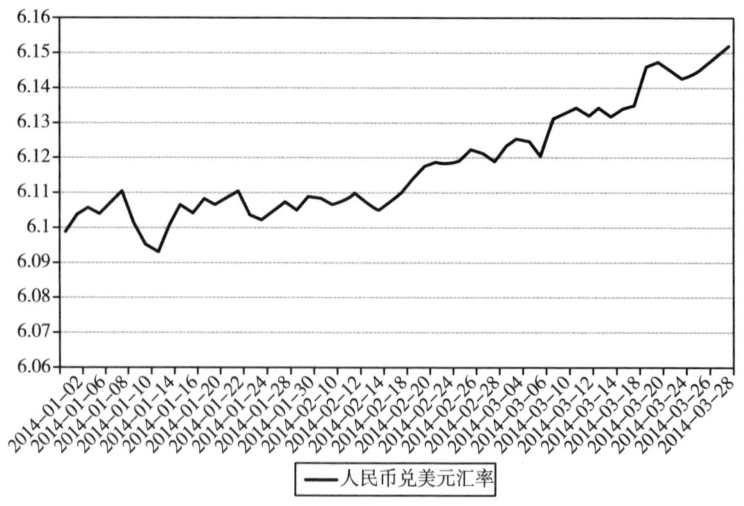

图 5－4　2014 年前 3 个月汇率走势

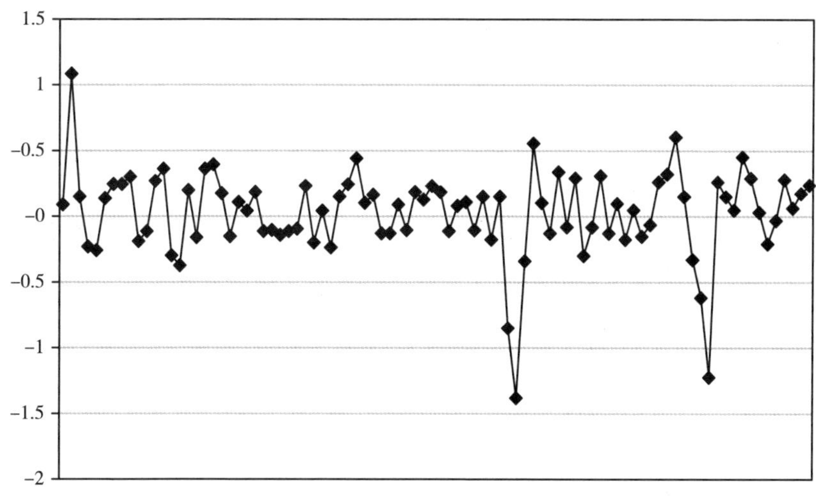

图 5 – 5　2014 年 3 月 17 日后 90 个交易日汇率变动情况

2015 年 8 月 11 日，中国人民银行宣布调整人民币对美元汇率中间价报价机制，做市商参考上日银行间外汇市场收盘汇率提供中间价报价。这是人民币汇率形成机制进一步市场化的表现，能够更加真实地反应外汇市场的供求关系。图 5 – 6 显示了“8 · 11 汇改”后 90 个交易日的汇率变动情况，可以看出，汇改后第二天汇率大幅波动，随后波动幅度趋于稳定，但总体来看，波动幅度同 2014 年相比有所增加。

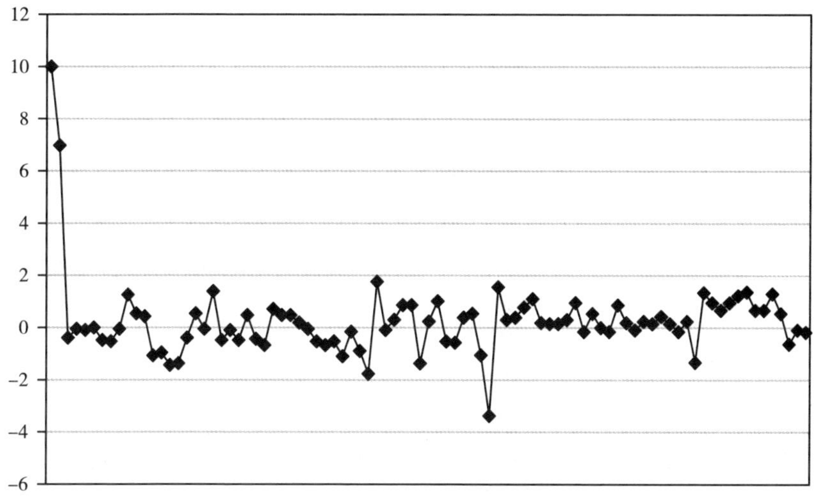

图 5 – 6　2015 年 8 月 11 日后 90 个交易日汇率变动情况

在经过 2015 ~ 2016 年之交的大幅度贬值之后，人民币从 2016 年 1 月 17 日开始企稳、缓慢回升。此过程持续到 4 月底 5 月初（图 5 - 7）。2016 年初，央行推出了“收盘汇率 + 一篮子货币汇率变化”的新人民币兑美元汇率中间价形成机制。在“8 · 11 汇改”期间提出的“参考前日收盘价决定当日中间价”的基础上，引入了维持篮子货币汇率稳定的因素，进一步发挥市场在汇率形成中的决定性作用，逐步形成以市场供求为基础、双向浮动、有弹性的汇率运行机制，保持人民币汇率在合理均衡水平上的基本稳定。

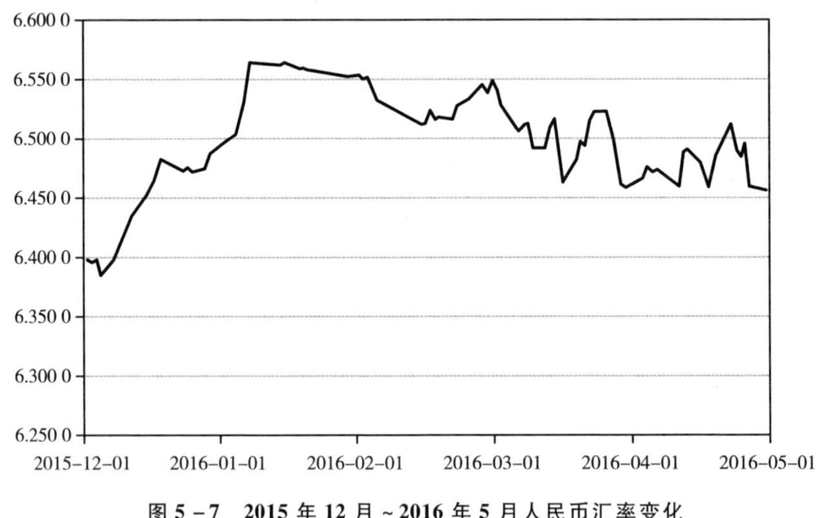

图 5 - 7　2015 年 12 月 ~ 2016 年 5 月人民币汇率变化

图 5 - 8 显示了 2016 年 10 月至 2017 年第三季度以来人民币汇率走势。2016 年 10 月 1 日，人民币正式加入 SDR 货币篮子，人民币国际化进程取得阶段性成果。从 2016 年 10 月开始，人民币兑美元持续贬值，在 2017 年 1 月 4 日达到 6. 952 6 后逐步回稳。2017 年 5 月 26 日（见图 5 - 9），中国人民银行正式宣布在人民币汇率中间价报价模型中引入“逆周期因子”，带动了人民币兑美元汇率的升值。逆周期因子的引入，意味着人民币兑美元中间价将由“前一交易日日盘收盘价、一篮子货币汇率变化、逆周期因子”三者共同决定，进一步弱化上一交易日收盘价对中间价的影响，缓解外汇市场可能存在的“羊群效应”。

回顾以上历程可以发现，随着汇率制度的改革，近年来人民币汇率波动的特征经历了如下历程：2004 年以前基本稳定→汇率制度改革（2005 年 7 月）之后单一升值→汇率波动区间扩大后（2012 年 4 月）双向波动的→双向波动

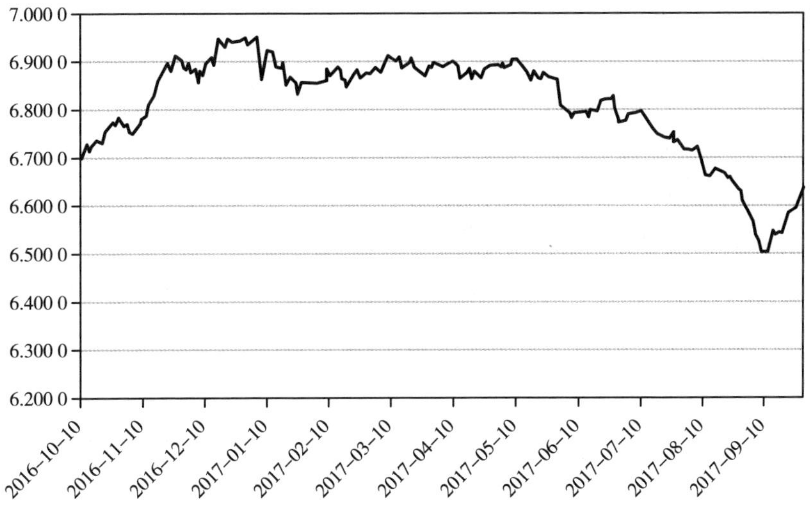

图 5－8 2016 年 12 月至今人民币汇率变化

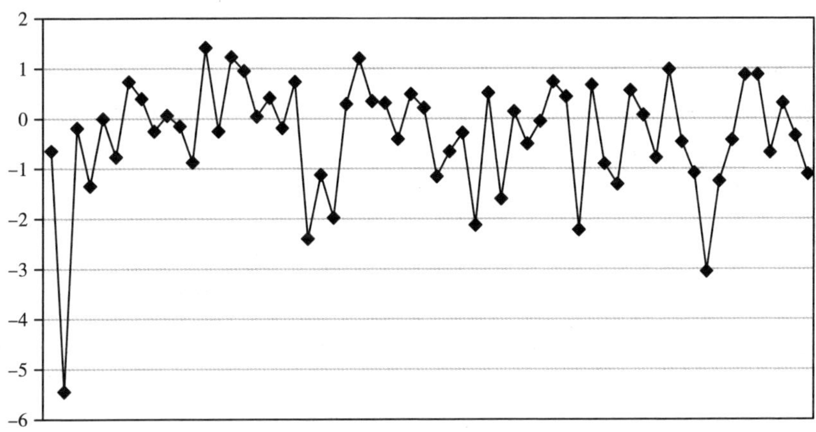

图 5－9 2017 年 5 月 26 日后 60 个交易日汇率变动情况

幅度（2014 年 3 月）逐渐加大→"8 · 11 汇改"后的双向更有弹性波动。由此可以认为，随着中国对外开放进程的进一步推进，人民币有弹性的双向波动格局将会成为常态。

5.1.3 人民币汇率波动风险的成因

分析人民币汇率波动特征有利于挖掘引起人民币汇率过度波动的深层次原因。通过分析 2005 年 7 月份汇率制度改革以来的人民币汇率波动情况不难推断，随着时间的推移，人民币汇率制度改革还将进一步深入，人民币汇率波动的区间也将不断增大。这意味着在今后人民币国际化不断推进过程中所面临的汇率波动风险将会比历史上任何时候都要明显。为此，有必要分析引起人民币汇率过度波动的深层次原因。

那么，引起人民币汇率波动风险的成因主要源自哪些方面？

从人民币国际化进程中汇率波动风险的生成原因看，我们认为最主要的风险是，随着政府对外汇市场的干预逐渐减少，人民币汇率由市场决定后，人民币汇率的变化要受到来自国际、国内两个方面的影响。因此，可将引起人民币国际化进程中的汇率波动风险的成因总结为来自国际、国内两个方面。

（1）国际方面

从国际方面看，引起人民币汇率波动风险的成因来源于三个方面：国际市场供求、国际金融危机传染以及国际投机资本冲击。

①人民币国际市场供求

在人民币国际化进程中能否保持本币汇率稳定首先取决于国际上有没有更多的人愿意接受并使用人民币。如果在人民币国际化进程中国际市场对人民币接受程度高，并且能够在供求基本稳定的基础上形成人民币的国际市场，则人民币汇率就可能稳中有升。但是，引起人们愿意接受并使用人民币兴趣的关键不是别的，而是人民币首先要有良好的国际信誉以及相应的流通和储备职能。但是，目前来看，尽管人民币国际化的大幕已经拉开，但人民币目前还是一种没有实现完全可自由兑换的货币。虽然人民币国际化进程的推进程度与人民币自由兑换之间的先后顺序并不完全绝对①，但是，如果人民币无法实现自由兑换，则在居民和非居民之间的货币兑换就有可能受到限制，从而使非居民不愿意接受人民币作为其计价、支付和结算货币，其他主权国家也不愿意接受人民币作为其官方外汇储备货币。这样，人民币汇率便很难稳定，人民币汇率波动风险便由此产生。

②国际金融危机传染

20 世纪 90 年代以来发生的一系列重大金融危机都带有显著的传染效应。目前全球金融危机传染效应正呈现出不断增强的趋势，它不仅冲击了危机发生

① 学术界关于本币国际化和本币完全自由兑换之间的关系没有形成统一观点。主流观点认为，一个国家的货币要实现国际化首先需要本币能够实现完全可自由兑换；但也有一些观点认为，本币国际化并不一定非要等到本币实现完全可自由兑换后才可以进行。就中国的现实看，目前人民币还没有实现完全可自由兑换，但是人民币国际化的步伐却已经大大加快了。

国的经济与金融体系，还通过不同的传染渠道将危机传染到其他国家，使得更多国家遭受损失。随着经济全球化、金融一体化进程的不断加快，各国经济相互渗透扩张，紧密联系在一起。通信技术的不断发展打破了国际金融市场的地域性和时区性限制，为金融危机在国际上传染提供了条件。当代金融危机越来越突破一国国界限制，使得本来是一国国内的金融危机有可能迅速演变为一场区域性甚至全球性的金融危机，导致全球系统性金融风险加大，引发社会混乱。对于中国来讲，2008 年华尔街金融危机爆发所造成的负面影响已经从金融层面渗透到实体经济，影响程度之深已经远远超出了人们最初的预期。当中国经济已经融入经济全球化和金融一体化之时，在今后人民币国际化的推进战略中，诸多国际不稳定因素可能会通过多种传染渠道渗透到中国，与中国金融体系运行中的风险结合在一起，加剧中国金融体系的脆弱性和所面临的风险，甚至引发金融危机。

③国际投机资本攻击

随着经济全球化和一体化进程不断推进，各国金融开放逐渐深化，国际游资也加速了在全球金融市场的活动频率。伴随中国近年来经济的高速发展，出入中国国际游资的规模不断增大，特别是 2008 年金融危机之后这一趋势更加明显。在中国目前还没有完全实现利率市场化，汇率制度改革还没到位的情况下，国际投机资本进入中国可以获得三重套利机会：一是基于人民币升值的“套汇”机会；二是基于中外利差扩大的“套利”机会；三是基于中国国内资产价格上涨的“套价”机会。国际资本进入中国后便会伺机在国内寻找获利机会，一旦其获得所要达到的目标后又会迅速撤离，导致国内外汇和人民币供需发生矛盾，人民币汇率过度波动。这不仅扰乱了国内资产价格，还会给国内金融体系良性运行带来一系列负效应。如果国内经济金融运行都不能保持平稳的话，人民币国际化也就无从谈起了。

（2）国内方面

从国内方面看，引起人民币汇率波动风险的成因来源于三个方面：宏观经济波动、金融市场发育不良以及利率市场化改革。

①宏观经济波动

中国的宏观经济发展在经历了长时间高达 10% 以上的高速增长之后，近年来，随着国内外形势的变化，宏观经济发展出现了波动。特别是 2008 年华尔街金融危机发生后，在二元经济结构格局下，制度安排的不合理导致经济发展中埋下了一系列隐患，隐藏一系列风险，如“老板跑路潮”现象时有发生，产能过剩现象严重等。当前我国发展已步入新常态，经济由高速增长转为中高速增长，供给侧结构性改革有序推进，“三去一降一补”初见成效。2016年全年经济保持6.7%的增速，2017年上半年经济增速为6.9%，同早年相比，增速的明显放缓体现了我国经济面临着下行压力，带来了汇率波动幅度的加大。

②国内金融市场发育不良

中国金融市场发展不完善主要表现在以下方面：金融市场基础设施不完善、相关法律环境不健全。目前，中国金融市场监管制度不成熟，监管机构的监管手段、经验以及监管效率都和国外发达国家有着相当大的差距；金融市场的噪声交易引发金融市场的不确定性、资产收益不确定性并改变投资者预期。这些因素综合在一起不仅干扰了资产价格变动的真实信息，引起金融市场上的金融资产价格剧烈波动，使金融市场积聚了大量的金融风险，还降低了金融市场资源配置的效率，使金融资产价格进一步偏离它的基础价值，并推动金融泡沫的形成及加速金融泡沫的破裂；中国金融市场不是完全有效市场，金融资产的内在价值得不到真实评价。市场上充斥着信息不对称的情形对金融市场交易起到了严重的干扰，阻碍了中国金融市场的健康发展。

③利率市场化改革尚未完成

利率和汇率是开放经济条件下一个国家维持国家经济安全和金融稳定的两大重要政策工具。利率和汇率之间具有信息的相互传导和波动的相互影响作用。一个国家的汇率波动无疑会影响国内的利率波动；反过来讲，如果一个国家的国内市场利率波动没有完全实现市场化，则对其本币的汇率波动也有重要影响。尽管国内外学术界对利率和汇率之间的联动关系研究观点不完全一致，但是，利率和汇率作为两个重要的经济杠杆，两者之间存在溢出效应这一理论却是被理论和实证已经证明的。这样，在人民币国际化进程中，如果中国既要保持货币政策的独立性，又要放开资本项目限制，那么，剩下的便只有放开人民币汇率管制，由固定汇率制向浮动汇率制过渡，并最终实现人民币汇率完全自由浮动。但是，如果国内人民币利率不能实现市场化，则汇率的完全自由浮动便无法真正实现。就目前中国现实看，虽然人民币的利率市场化已进入最后阶段，但毕竟还没有实现市场化，而且也不可能立即完成。在利率市场化与人民币国际化的进程不同步的情况下，引起人民币汇率波动风险的成因之一必然要来自人民币利率市场化方面。

以上情况表明，在今后人民币国际化推进的过程中，因人民币汇率波动所引起的金融风险将成为制约人民币国际化能否顺利推进的一个重要变量。汇率波动风险将是人民币国际化进程中的主要风险之一。要使人民币国际化顺利推进，首先必须防范汇率波动风险。

从人民币国际化与汇率制度改革的关系来看，人民币国际化进程推进得越快，越要求通过加快汇率制度改革，扩大汇率波动幅度以增强利率弹性。但是，人民币汇率过度波动对人民币国际化的顺利推进很不利。如果汇率波动风险过大，也有可能丧失人民币国际化的胜利果实。既然如此，则剩下的就只能是如何对人民币国际化进程中的汇率风险传导渠道进行系统梳理，然后有效防范之。

5.2 汇率波动风险的传导

人民币汇率波动风险通过何种途径传导？对实体经济和金融市场会造成什么影响？汇率波动风险会如何影响人民币国际化进程？对这些问题的思考构成研究汇率波动风险传导的主要内容。

从人民币国际化对外汇制度改革的需求看，2008 年之前，人民币国际化的推进主要体现在边境贸易结算和人民币在香港的流通和使用上。2008 年下半年金融危机全面爆发之后，中国在推进人民币国际化方面采取了一系列重要措施，主要表现在两个方面：一是在资本管制的背景下，推动人民币跨境流入、流出机制的建设，其中跨境贸易结算试点的开展是人民币跨境流出的重要开端。2009 年 3 月开始，跨境贸易结算试点开始，2010 年试点范围进一步扩大，至 2010 年上半年，使用人民币结算的跨境贸易额已经达到了 706 亿元人民币。与贸易机制相配套，金融体系的交易和支付机制建设也不断推进。从 2008 年 12 月起，中国与韩国、马来西亚、阿根廷、新加坡等国家签订了总额达 8 035 亿元的双边本币互换协议。此外，中国人民银行还与菲律宾中央银行签订协议，允许中国银行在菲律宾境内开办人民币现钞业务，在中国香港之外增加了人民币流入、流出的新渠道。二是推动人民币在岸和离岸金融市场建设。2009 年 9 月，中央政府首次在香港发行了 60 亿元人民币国债，增强了人民币资产对境外投资者的吸引力，并且为香港人民币离岸金融市场的建设提供了收益率基准，推动了香港离岸金融中心的建设。在岸金融市场方面，国家外汇管理局进一步放松了 QFII 的投资额度，境外投资者也获准进入银行间债券市场进行债券交易。

这些措施进一步推进了人民币走向国际化，增加了人民币流入和流出的渠道。但与此同时，也增大了国内外对人民币需求和供给的不确定性，在供求矛盾的作用下，导致人民币汇率波动风险也随之不断增大并向实体经济传导。

首先，作为人民币汇率制度改革的第一步，跨境人民币结算可谓是先行试水。从人民币跨境流动存在的风险可以看出汇率波动引起的风险。人民币跨境流动包括人民币的流入和流出。而国内资本市场的逐步开放是人民币实现跨境回流的前提。目前，我国的资本市场还相对封闭，境外投资者持有人民币更多的是基于人民币升值预期下产生的投机需求。人民币跨境贸易结算在给企业带来便利的同时，将不可避免地带来一系列连锁反应：包括企业的汇兑损失以及用人民币结算的企业的人民币账户中的现金应如何进行管理。对于政府来讲，跨境贸易结算意味着中国人民银行在制定货币政策时，不仅要考虑境内企业和个人对人民币的需求，而且还要考虑境外企业和个人对人民币的需求，而这部分需求预测的准确性将会对货币政策的有效性和稳健性产生影响。

其次，人民币国际化借道离岸金融市场获得推进。由于离岸金融市场和在岸金融市场对人民币汇率的干预程度不同，人民币汇率在离岸金融市场出现与在岸市场不同的表现。在升值预期强化的条件下，离岸金融市场的人民币交易量和交易价格将会大幅增加。同时，其交易量的快速上升将导致其影响力增加，从而对在岸市场的定价权产生一定影响。可以预见的是，随着人民币国际化进程不断加快，离岸金融市场发展也将不断加快，在岸金融市场的定价权将面临更大挑战。

最后，由于资本项目的不断开放，资本管制的不断放松，资本流入和流出增加，汇率的波动性也因此增加。此外，根据“三元悖论”，对于一个开放经济体而言，宏观经济政策要“三选二”：一是资本的完全可自由流动，即资本项目的自由可兑换；二是汇率的稳定，即保持固定汇率；三是货币政策保持独立性。资本项目的开放和汇率的不断波动同时增加了我国宏观调控的难度。截止到 2012 年，中国资本项目项下不可兑换的项目有 4 项，占 10%；部分可兑换的项目有 22 项，占 55%；已实现基本可兑换的项目有 14 项，资本项目开放的进程在不断加快。从 2005 年 7 月汇率制度改革以来，汇率的波动幅度也在不断增大，这势必会对我国货币政策的独立性造成一定的影响，货币政策目标如低失业率、低通货膨胀率以及较高的增长速度的实现也必受到影响。

根据汇率波动风险的来源以及风险的传导，我们勾勒出人民币国际化进程中的汇率波动风险传导路径，如图 5－10 所示。

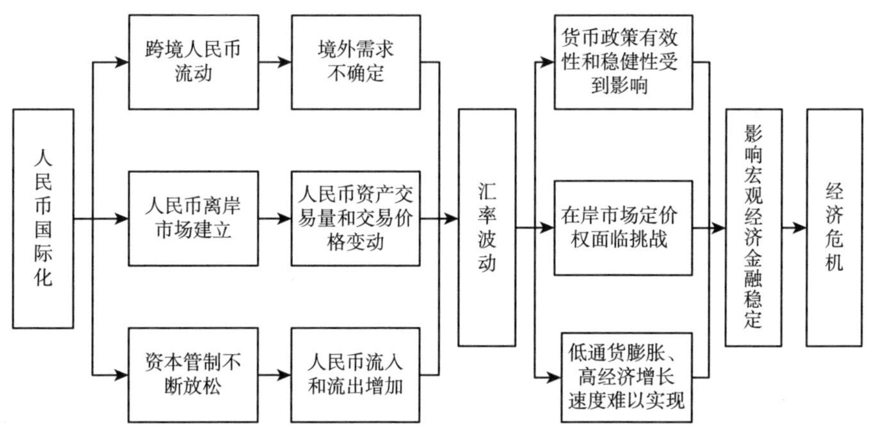

图 5－10　人民币国际化进程中汇率波动风险传导勾勒图

从图 5－10 可以看出，在人民币国际化进程中，汇率波动风险传导的途径主要有境外人民币需求增加导致的汇率波动风险传导、人民币离岸市场的建立导致的汇率波动风险传导以及资本管制放松导致的汇率波动风险传导。下面对这三条传导途径分别进行分析。

5.2.1　境外人民币需求增加途径

（1）理论机理

根据凯恩斯的有效需求理论，实际货币需求主要包括由收入决定的消费需求与由利率决定的投资需求这两个方面。同时，通货膨胀率对资产收益率也有很大影响，也是一个重要变量。所以，实际货币需求会受到收入、利率、通货膨胀率的影响。此外，在实际中，地下经济对货币需求的影响也不能被忽视。基于上面的理论分析，构建货币需求函数：

$$\frac{M_{ot}}{p_t}=\left(\frac{Y_t}{p_t}\right)^{a_1}\times(TaX_t)^{a_3}\times(X_t)^{a_4}\times e^{(a_0+a_2R_t)} \tag{5-4}$$

将上式对数化以后得到：

$$\ln\left(\frac{M_{ot}}{p_t}\right)=a_0+a_1\ln\left(\frac{Y_t}{p_t}\right)+a_2R_t+a_3\ln\mathrm{TaX}_t+a_4\ln\mathrm{TX}_t \tag{5-5}$$

通过式（5－5）计算出的是国内货币需求量，境外人民币的流通量可以用其占狭义货币供应量的比例来衡量。这是目前测算人民币实际需求量的一种方法，但是此方法存在两个前提条件：一是国内对货币的需求是稳定的。二是测算分为两个阶段，第一个阶段货币没有外流现象，利用此阶段计算出货币需求函数；第二个阶段货币除满足国内需求外，还要满足境外需求，再代入阶段二的数据计算境外人民币需求量。所以此方法存在很大的缺陷：首先是假设条件在实践中不能完全成立，国内对货币的需求随着经济的发展也是不断变化的，所以需求函数并不是稳定的；其次是地下经济的实际规模难以估计，估计本身就带有很大的随意性和主观性。

由于数据、方法等的不同，对人民币实际需求的测算结果也存在很大的不同。中央银行在根据货币需求进行货币的投放时与市场实际需要的货币量不能完全匹配，甚至相去甚远。如此，市场上人民币和外币的供求量不当，势必造成汇率的波动，我国的货币政策目标也难以实现。

（2）传导过程

境外企业和个人对人民币的需求可以追溯到 1998 年亚洲金融危机时，中国政府对外宣布人民币不贬值。危机过去之后，中国的对外贸易得到快速发展，2007 年中国超越德国成为仅次于美国的第二大贸易国，同年中国成为日本的第一大贸易伙伴国，2009 年成为澳大利亚的第一大贸易伙伴国，2010 年则成为非洲大陆的第一大贸易伙伴国。这表明中国的经济实力不断增强。另外，2005 年 7 月和 2010 年 6 月中国先后两次启动人民币汇率改革，人民币汇率一直稳中有升，持有人民币可以获得一定的升值收益。所有这些因素都促使境外持有人民币的热情不断升温。境内居民到东南亚很多国家旅游可以直接支付人民币，人民币的境外需求量不断增多。

除了由于境外贸易和旅游等带来的境外人民币需求的增加之外，通过隐性渠道流动的人民币数量也在不断增加。2008 年德意志银行的一份报告显示，中国通过地下钱庄渠道的资本流动率占总资本的比率约为 5%。正常境外需求造成人民币升值压力，同时非正常渠道导致的对人民币需求的不确定性引起汇率波动加剧，共同造成了汇率波动风险，而汇率波动又会引起经济波动。

如果以人民币汇率贬值为例，汇率贬值时，出口产品价格下降，进口产品的价格上升，则出口增加，进口减少；同时，从长期来看，人民币汇率贬值可以促进生产能力的扩张，从而增加产出，这就是汇率贬值给我国经济带来的扩张效应。但同时，人民币汇率贬值也会带来一系列紧缩效应。首先，人民币贬值时我国对外债务将相应增加，政府的债务负担加重，金融危机时期，欧元区很多国家产生的主权债务危机都与其货币贬值造成的外债增加密不可分；其次，因资本具有逐利性，货币贬值往往伴随着资本外流，而资本的大规模流动对经济增长和我国金融和资本市场的稳定非常重要，所以资本外流的同时会造成经济增长率的下降，抑或说是经济的疲软，造成我国经济的波动。

可将境外对人民币需求增加所引起的汇率波动风险传导途径绘成图5－11：

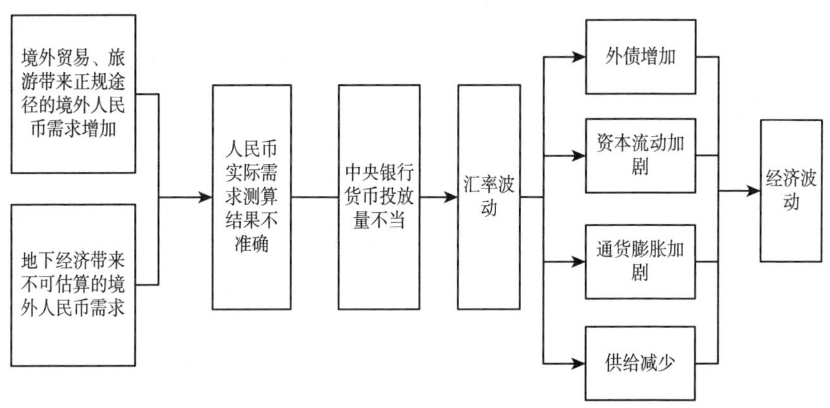

图5－11　人民币境外需求增加导致的汇率风险传导途径

从图5－11可以看出，不管是从国际贸易、旅游还是从地下经济途径，只要境外市场对人民币需求增加，因人民币汇率波动所引起的金融风险最终都可以通过不同途径传导到我国的实体经济部门，引起经济、金融波动。如果情况严重，则有可能引发经济、金融危机①。

5.2.2　人民币离岸市场途径

（1）理论机理

现阶段人民币汇率的形成机制带有浓重的政府干预色彩，这种汇率机制对中国经济的发展是非常不利的。所以，在人民币汇率形成机制中，充分发挥市场的作用是非常重要的，而离岸金融市场的建立起到了良好的示范效应。这对人民币合理水平的确定具有一定参考作用。

但是离岸金融市场的汇率水平和在岸金融市场的汇率水平可能出现差异，

① 尽管国际上每次发生金融危机都有其爆发源，而且大部分都是从股票市场开始。但是，1997年的亚洲金融危机却是爆发在外汇市场上，这种教训特别应当引起包括中国在内的发展中国家重视。

使得套汇成为可能。因此，离岸金融市场人民币汇率会受到在岸市场人民币汇率变化的影响，在其他因素不变的情况下，如果在岸市场的人民币汇率上升，离岸市场的人民币汇率也将随之上升，反之亦然。当两者的差价过大时，人民币会在两个市场之间流动，以便进行套汇，最终两个市场的汇率趋于一致。

（2）传导过程

人民币离岸市场的建立之所以会导致汇率风险，是因为离岸金融市场上汇率主要由供求关系决定，而在岸市场的人民币汇价就目前来看受到政策干预的力度还很大，两地之间的人民币汇价难免发生偏离，当国际游资在两地之间进行套汇之时，便会引起汇率波动。

在离岸市场上，人民币汇率水平主要取决于人民币的供给和需求。离岸人民币供给主要来自中央银行的直接对外输出和进口导致的人民币结算量增加，供给因素属于可控因素。人民币的需求主要包括正常的投资需求和投机需求。投资需求是指当人民币币值稳定，具有充分的保值和增值功能时，将人民币作为可投资资产进行投资导致的对人民币需求的增加。1997 年亚洲金融危机之后，东南亚大部分货币都大幅贬值，而人民币却顶住压力保持不贬值；2008 年全球金融危机也是一样，尤其是“硬通货”美元大幅贬值，而我国经济继续保持高速增长，增强了跨国企业和国际投资者对人民币的信心，导致在国际市场上对人民币的需求大幅增加。这属于投资需求的范畴。人民币的投机需求是指由于国内经济形势向好，或者是国内政策的变动，例如紧缩银根导致利率水平升高时，国际游资或者说是“热钱”会以赚取短期差价为目的，在离岸金融市场和在岸金融市场之间流动，比较常见的做法是投机者先在离岸市场上将外币兑换成人民币，然后在国际市场上将人民币兑换成外币，套取其中的差价，这必然会导致国际市场上的人民币汇价和官方汇价波动，这属于投机需求。投机需求造成人民币需求量的增加具有剧烈的短期波动性。

汇率作为货币的对外价格，其波动对国际贸易有着直接影响。从宏观方面来讲，人民币汇率贬值会减少出口，增加进口，直接影响我国的净出口量；从微观方面来讲，人民币汇率波动时，我国的外贸厂商会因其对风险偏好的不同而改变其生产决策，从而影响进出口量。

另外，离岸市场的建立可能产生的套汇风险还有可能造成中央银行汇率政策的失灵。原因是离岸市场的建立会导致对人民币的投机需求增加，而短期资本流动不但具有快进快出的特点，而且其数量很难测度，中央银行为了维持汇率稳定而出台的汇率政策的及时性和准确性会受到极大影响。据此，可将因人民币离岸市场建立所带来的汇率波动风险传导途径绘成图 5－12。

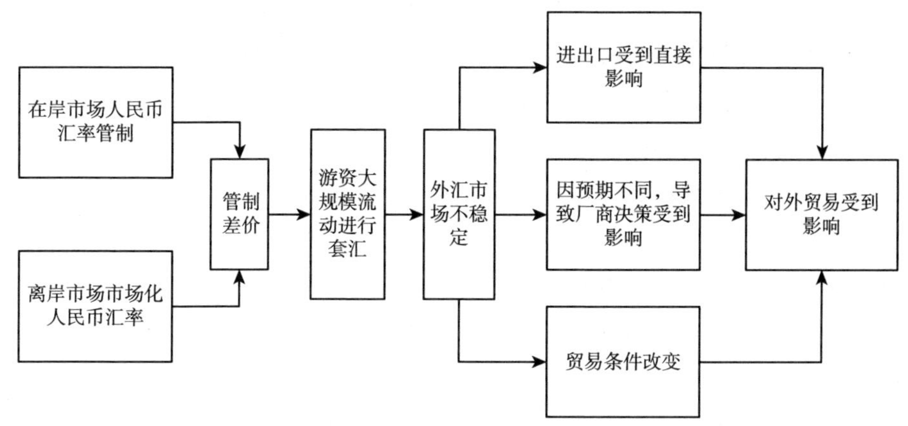

图 5－12　建立人民币离岸市场所导致的汇率波动风险传导途径

从图 5－12 可以看出，在存在外汇管制差价的条件下，人民币在岸市场和离岸市场之间的汇差必然会引起国际游资进出，开展套汇，引起汇率波动。当汇率过度波动或频繁波动时，就可以通过国际贸易等途径引起经济波动，出现经济、金融风险。

5.2.3　资本管制放松途径

（1）理论机理

人民币离岸金融市场的发展使得在现有制度约束条件下，在可能的限度内通过离岸市场来推动人民币的国际化。同时，人民币的国际化也要求人民币在岸金融市场不断发展和完善，这样，原有的资本管制就要逐步放松。

事实上，伴随着人民币国际化进程的推进，近年来我国关于资本项目开放的措施不断增多，取得了一系列实质性进展（见第 6 章 6.3 节）。这意味着国际资本在中国流入和流出受到的限制已经越来越少。一旦国际、国内出现有利于国际资本流动的利好或利空因素，就有可能导致国际资本的大规模流入或流出，从而出现人民币汇率过度波动。

虽然从理论上讲，国际资本流动是双向的，但是在现实中，在一定时间内国际资本的流动却是单向的。一旦其发现有利的投机时机，便会形成大规模流入或流出，不可能同时既流入又流出。对单个国家来说，如果一定时间内出现国际资本的大规模流入或流出，对该国的本币汇率波动会产生很大影响。

在人民币国际化进程中，如果国际资本大规模流入，无疑会导致我国的外汇储备增加，国际收支出现顺差，外汇市场上人民币需求量大于供给量，导致人民币升值；而持续不断的人民币升值预期又会带来国际资本的进一步流入，最后，形成一种国际资本流入和人民币升值的交替循环。反之，资本大规模流出导致国际收支出现逆差，外汇市场上人民币需求小于供给，人民币出现贬值；而人民币贬值预期又会导致资本的进一步流出。

（2）传导过程

从资本管制放松过程中所引起的汇率波动风险传导路径看，主要是通过资本频繁流动引起汇率波动以及两者的相互影响作用于金融市场上的货币供应量和利率而成。

从资本市场渠道看，在资本可以自由流动或在一定程度上可以自由流动的条件下，居民会在本币资产和外币资产中选择收益率较高的资产，即实现资产组合效应[①]；同时，居民会选择升值或有升值预期的货币以代替贬值或有贬值预期的货币，产生货币替代效应[②]。以上两种效应的综合作用会引起市场上货币供应量和资产价格的相应变化。在利率市场化或部分市场化的条件下，货币供应量和资产价格的变化自然会导致利率波动。而在利率市场化条件还不完全具备的情况下，政府为了抑制价格泡沫、稳定经济，也会相应调节利率，而利率过度波动必然会引起金融市场上资产价格过度波动，对金融市场稳定和宏观经济发展不利。

从贸易渠道看，汇率波动会引起进出口商品的相对价格发生变化，从而导致净出口量变动，净出口量的变动意味着外汇流入和流出量的相应变动。在我国现行结售汇制度下，这意味着外汇占款的相应变动，为了减少外汇占款引起的基础货币增加，在其他手段不足的情况下，中央银行一般会通过发行中央银行票据等控制对商业银行的再贷款和再贴现，调节存款准备金率和控制信贷规模。而同时中央银行的冲销会带来一系列不利影响。以发行中央银行票据为例，其利率一般高于商业银行贷款利率，这不仅提高了中央银行的冲销成本，而且货币市场利率会随之提高，引起套利资金的进一步流入。可将资本管制放

---

① 该理论最早可追溯到20世纪60年代美国经济学家 Mckinnon 和 Oates 所进行的研究。后来，经过许多人研究，逐渐形成了多种形式的资产组合理论。通常，人们认为，美国普林斯顿大学教授 Branson 分别于1975年和1977年对资产组合理论进行了系统论述，构成资产组合分析模型的基础。

② 见第6章6.5节：货币替代风险的生成及传导。

松所导致的汇率波动风险传导机理绘成图 5 - 13。

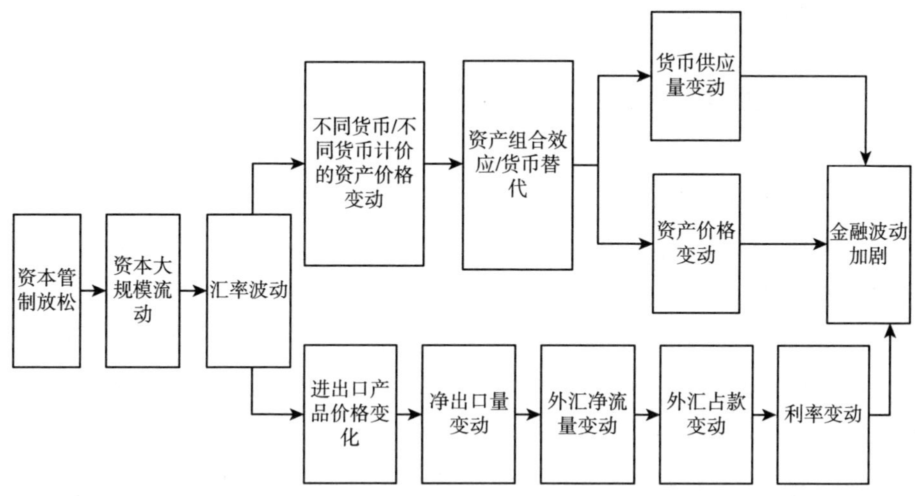

图 5 - 13 资本管制放松导致的汇率波动风险传导机理

从图 5 - 13 可以看出，在资本管制不断放松的过程中，大规模资本流动会引起人民币汇率发生波动，并通过两条路径——金融市场和商品市场传导风险，引起市场动荡，导致经济金融危机。

5.3 汇率波动风险的实证检验

汇率波动风险给实体经济和金融发展带来的影响除了上述定性分析外，能否通过定量分析加以验证？本节试图对汇率波动风险进行实证检验。

目前，理论界关于汇率波动风险的实证研究方法主要有 GARCH 模型、VAR 模型和 SVAR 模型，但是，无论是 VAR 模型还是 SVAR 模型都不能解决一个重要问题：这些模型最多只能纳入 12 个变量，但是影响人民币汇率波动的因素却很多。当这些变量不能被全部纳入模型时，实证研究结果必然要偏离现实和理论假设。因此，本节将运用可以处理多变量的 TVP - SV - FAVAR 模型对汇率波动风险进行实证检验。TVP - SV - FAVAR 模型是在经典 VAR 模型的基础上引入动态因子扩展的思想，将大量的宏观经济变量提取为几个共同因子，有效避免了经济系统重要信息缺失的问题。然后，令系数矩阵和扰动项协方差具有时变性，使其能够捕捉汇率波动对实体经济和金融发展的动态冲击和经济系统的平滑变化或结构突变特征，因而更加适用于研究和分析中国转型时期的汇率波动风险问题。

5.3.1 模型结构与估计

FAVAR 模型最初由美国前美联储主席 Bernanke（2005）提出，该模型是基于标准的 VAR 模型而扩展的，但是，它的出现解决了标准 VAR 模型不能解决的三个问题：

首先，解决了 VAR 模型不能反映的一些信息。在标准的 VAR 模型中，中央银行和私人部门的一些信息不能得到反映，这样，对政策冲击的度量就会不准确。比较经典的例子就是 Sims（1992）发现的“价格之谜”[①]。对此 Sims 的解释是，由于政府对通货膨胀信息的不当控制，即如果政府根据对未来的通胀预期全面实施紧缩型政策，但是关于未来通胀信息的一些信号不能反映在 VAR 的数据系列中，那么，对于 VAR 来说政策冲击实际上可能是中央银行对通胀信息的反应。

其次，将更多经济活动纳入模型中。一般地，“经济活动”并不能由产出或 GDP 完全替代，除此之外，还包括诸如失业率、零售额等变量。

最后，进行脉冲响应分析时可以考虑的变量增多。VAR 只能进行模型中包含的变量的脉冲响应，如上所述，“经济活动”涵盖的概念是很广泛的，但是由于自由度的限制，这些变量不能全部被纳入模型。而 FAVAR 模型既可以纳入尽可能多的变量又能保证模型的准确性。

FAVAR 模型可作以下描述：

$$\begin{bmatrix} F_t \\ Y_t \end{bmatrix} = B_1 \begin{bmatrix} F_{t-1} \\ Y_{t-1} \end{bmatrix} + \cdots + B_p \begin{bmatrix} F_{t-1} \\ Y_{t-1} \end{bmatrix} + v_t \tag{5-6}$$

其中，如果模型中只含有 F_t，则此模型就是 VAR 模型，为了解决多变量问题，加入 F_t，即为 FAVAR 模型。其中，F_t 称作不可观测的潜在因子变量，Y_t 称作可观测变量，可观测与不可观测是相对的，可观测变量指与研究直接相关的变量，不可观测变量是指其他间接影响研究的变量。F_t 为潜在因子构

---

① 即紧缩型货币政策却导致了价格上涨。传统理论认为，实行紧缩型货币政策会引起价格水平下跌。但是，Sims 研究后却发现，紧缩性货币政策反而经常伴随着价格上升，这一现象后来被称为“价格之谜（Price Puzzle）”。

成的 $K\times1$ 维向量；Y_t 为可观测变量和汇率波动变量构成的 $L\times1$ 维向量，$B_i(i=1,\cdots,p)$ 是 $(K+L)\times(K+L)$ 阶系数矩阵；
$v_t\sim N(0,\Omega)$，Ω 是 $(K+L)\times(K+L)$ 阶协方差矩阵。

潜在因子 F_t 根据以下方程获得：

$$X_t=\Lambda^f F_t+\Lambda^y Y_t+e_t \tag{5-7}$$

其中，X_t 表示经济系统中存在的大量时间序列构成的 $N\times1$ 维向量，且 $K+L\leqslant N$；Λ^f 和 Λ^y 分别为 F_t 和 Y_t 的 $N\times K$ 阶、$N\times L$ 阶因子载荷矩阵；$e_t\sim N(0,H)$，$H=diag[\exp(h_1),\cdots,\exp(h_N)]$，同时假定扰动项 e_t 与潜在因子 F_t 不相关，其自身也不存在序列相关，即：

$E(e_{i,t}F_t)=0,E(e_{i,t}e_{j,s})=0(i,j=1,\cdots,N;t,s=1,\cdots,T;i\neq j,t\neq s)$。

本部分选取两步主成分法估计 F_t，其步骤如下：第一步，对不可观测变量进行主成分分析，得出能代表不可观测变量的主成分信息集 $\hat{F}_t$，对所有变量信息集 X_t 进行主成分分析，得到能代表所有变量的主成分信息集 $\hat{C}_t$，那么：

$$\hat{C}_t=b^f\hat{F}_t+b^yY_t+e_t$$

第二步，将 F_t 代入方程（5-6），得到一个标准 VAR 模型。

在上述模型中，所有的参数都不随时间变化。

我们假定式（5-6）中的参数随时间变化，将基本的 FAVAR 模型拓展为 TVP-SV-FAVAR 模型：

$$\begin{bmatrix}F_t\\Y_t\end{bmatrix}=B_{1,t}\begin{bmatrix}F_{t-1}\\Y_{t-1}\end{bmatrix}+\cdots+B_{p,t}\begin{bmatrix}F_{t-1}\\Y_{t-1}\end{bmatrix}+v_t \tag{5-8}$$

其中，F_t 仍然为潜在因子构成的 $K\times1$ 维向量；Y_t 为可观测变量和汇率波动变量构成的 $L\times1$ 维向量；$B_{i,t}(i=1,\cdots,p,t=1,\cdots,T)$ 是 $M\times M$ 阶时变系数矩阵；$v_t\sim N(0,\Omega_t)$ 是 $M\times M$ 阶时变协方差矩阵，$M\times K+L$。

式（5-7）和式（5-8）构成了 TVP-SV-FAVAR 模型的主体，简便起见，我们将其分别称为"时变参数 FAVAR 方程"和"因子方程"。

遵循 Primiceri（2005）的做法，将协方差矩阵 Ω_t 进行以下形式的分解：

$$A_t\Omega_tA_t'=\sum\nolimits_t\sum\nolimits_t' \tag{5-9}$$

于是，可以获得：

$$\Omega_t=A_t^{-1}\sum\nolimits_t\sum\nolimits_t'(A_t'^{-1}) \tag{5-10}$$

其中，$\sum_t = diag(\sigma_{1,t},\cdots,\sigma_{M,t})$，$A_t$ 为以下形式的下三角矩阵：

$$A_t\begin{pmatrix} 1 & 0 & \cdots & 0 \\ a_{21,t} & 1 & \ddots & \vdots \\ \vdots & \vdots & \ddots & 0 \\ a_{M1,t} & \cdots & a_{M(M-1),t} & 1 \end{pmatrix} \tag{5-11}$$

将式（5-8）的系数矩阵按照行元素重新堆叠，记 $B_t=[vec(B_{1,t})',\cdots,vec(B_{p,t})']'$，$\log\sigma_t=(\log\sigma'_{i,t},\cdots,\log\sigma'_{M,t})$，$\alpha_t=(\alpha'_{j1,t},\cdots,\alpha'_{j(j-1),t})'$,j=1,…,M。

遵循 Koop 等（2009）、Korobilis（2013）的做法，假定 B_t、$\log\sigma_t$ 和 α_t 服从以下形式的随机游走过程：

$$\begin{aligned} B_t &= B_{t-1}+J_t^B\eta_t^B \\ \log\sigma_t &= \log\sigma_{t-1}+J_t^\sigma\eta_t^\sigma \\ \alpha_t &= \alpha_{t-1}+J_t^\alpha\eta_t^\alpha \end{aligned} \tag{5-12}$$

其中，$\eta_t^\theta\sim N(0,Q_\theta)$ 为相互独立的冲击向量；Q_θ 是参数向量 B_t、$\log\sigma=$ 和 α_t 对应的冲击协方差矩阵；J_t^θ 取值为 0 或 1，其中 $J_t^\theta=1$ 表示参数是时变的，$J_t^\theta=0$ 表示参数是固定的；$\theta_t\in\{B_t,\log\sigma_t,\alpha_t\}$。

我们可以将式（5-7）和式（5-8）改写为：

$$G_t=\Lambda Z+Wu_t^G \tag{5-13}$$

$$Z_t = B_t(L)Z_t+A_t^{-1}\sum_t u_t^Z \tag{5-14}$$

其中，$G'_t=[X'_t,Y'_t],Z'_t=[F'_t,Y'_t]$，

$W=diag[\exp(h_1/2),\cdots,\exp(h_H/2),\cdots,\exp(H_H/2),0_{1\times L}]$，

从而 $WW'=[H,0'_{1\times L}]',\Lambda=\begin{bmatrix}\Lambda^f & \Lambda^y \\ 0_{L\times K} & I_L\end{bmatrix},B_t(L)=B_{i,t}L+\cdots,B_{p,t}L^p,(u_t^G,u_t^Z)$ 是取自标准正态分布且相互独立的扰动项。

将式（5-14）代入式（5-13），我们就可以得到：

$$G_t = \Lambda\tilde{B}_t(L)^{-1}A_t^{-1}\sum_t u_t^Z+Wu_t^G = \Delta_t(L)\xi_t \tag{5-15}$$

其中，$\tilde{B}_t(L)=I-B_t(L)$，$\xi\sim N(0,1)$。利用式（5-15）进行脉冲响应分析。

在对模型进行估计时，我们采用两部估计法，第一步，采用主成分分析法，从宏观经济信息集中提取各主成分构成潜在因子；第二步，基于第一步中提取的潜在因子，使用马尔科夫链蒙特卡洛（MCMC）方法对模型参数进行估计。

在使用主成分法提取潜在因子时，分别有两种识别方案，第一种方案为 Bernanke（2005）提出，第二种方案由 Belviso 和 Milani（2006）提出。本书拟采用第二种方法，对原始变量根据其经济性质先进行分类，再进行因子提取，此方法克服了一般 FAVAR 模型对于共同因子的识别问题。在该方案中，首先对信息集 X_t 中的所有变量分为 I 组：X_t^1，X_t^2，…，X_t^1，其中 X_t^i 是 $K_i \times 1$ 维向量，$\sum_{i=1}^{I} N_i = N$。然后，对每一组变量进行主成分分析，得到相应的潜在因子：F_t^1，F_t^2，…，F_t^I，其中 F_t^i 是 $K_i \times 1$ 维向量，$\sum_{i=1}^{I} K_i = K$。最后，将 F_t^1，F_t^2，…，F_t^I 代入方程即可对模型参数进行估计，由该方案得到潜在因子。

5.3.2　变量选择与数据说明

由于汇率波动风险的各传导途径并不是相互独立的，而是相互交织在一起的，因此，选取变量时就要将各种因素综合考虑。形象地说，汇率风险传导途径是一张相互交织在一起的错综复杂的大网，各因素在影响汇率波动的同时也影响其他因素变动。为最小化经济系统的重要信息遗漏，据此，这里选取了 3 组，共计 78 个变量进行分析（见本书第 5 章附录）。各变量分别来自经济的三个基本层面：第一组：国内经济层面，包含经济增长、物价水平、城镇居民可支配收入和失业率等 27 个变量。第二组：对外经济层面，包括外汇储备、对外直接投资、外债水平和进出口总额等 23 个变量。第三组：金融市场层面，包括我国股票市场、货币市场和房地产市场等领域的 28 个变量。同时，考虑到近些年全球经济周期和中国的两次汇率改革，分别以 2002 年 6 月、2008 年 4 月和 2016 年 8 月代表汇率改革进程中的几个关键时间点和全球经济新常态三个典型时期，以美元对人民币的汇率中间价作为汇率水平代理变量。

本章以中国的“产出、通货膨胀、短期跨境资本流动、外汇储备、股价和房价”作为观测变量，分别以“GDP 同比增长率、CPI、短期跨境资本流动、外汇储备季度增长率、上证指数季度增长率和房地产销售价格季度增长率”具体来衡量。其中，借鉴张明（2011）的研究估算了我国跨境资本流动的规模，计算公式为：

$$\text{月度跨境资本流动量} = \text{月度外汇占款增量} - \text{月度货物贸易顺差} - \text{月度实际利用 FDI}$$

此外，本章提取了 3 个共同因子，并对所提取的 3 个共同因子做了单位根检验，检验结果显示平稳，各共同因子分别与 3 个经济基本面的波动趋势大致相同，说明本章提取的 3 个共同因子基本可以解释 78 个变量的大部分信息。本章数据来源于中国经济景气月报、中国人民银行网站、IMF 官方网站，BIS 网站、中国债券信息网等，时间跨度从 2000 年 1 月到 2016 年 12 月。在进行实证检验之前，本章对数据先做了以下处理：第一，消除季节因子的影响，用 X-12 方法对数据进行季节调整；第二，消除价格因素的影响，对各类与价格相关的指数都转化为以 2000 年第一季度为基期的定基比；第三，检验数据平稳性，对不平稳数据取对数差分直至平稳；第四，消除量纲差异，用 0-1 标准化法（最大值-最小值标准化法）将已平稳的序列进行标准化。

5.3.3 实证分析

在进行 MCMC 模拟之前，本书根据常系数 VAR 模型的 SIC 信息选取准则，确定各模型的滞后阶数后，对模型参数进行 3 000 次预烧和 30 000 次 MCMC 抽样，从收敛诊断值来看，Geweke 检验估计值远低于 5% 显著性水平的临界值 1.96（检验结果见本书第 5 章附录），所有参数均不能拒绝收敛于后验分布的原假设，说明 3 000 次预抽样已经能够使马尔可夫链趋于收敛。因此，各模型参数估计的模拟结果比较有效。

（1）汇率波动对国内经济层面的脉冲响应分析

这里以 6 个观测变量中的产出、通货膨胀代表国内经济层面，分别研究汇率波动在典型时期冲击和连续性冲击对中国国内经济的动态影响。

①汇率波动对产出的影响

汇率波动对产出的脉冲响应见图 5-14，结果显示，给汇率一个正向冲击，GDP 增长率基本呈正向波动态势。本章的理论分析表明，汇率波动与经济增长关系密切，人民币贬值对经济增长基本是扩张效应，而人民币升值则不利于经济增长。人民币贬值造成经济扩张的主要原因：一是人民币贬值使我国出口产品价格下降，有利于增加出口；二是人民币贬值增加了进口替代产品的生产。两个原因综合作用导致在短期内对我国经济具有扩张作用。但是，从长期看，人民币升值有利于我国的经济增长。原因：一是人民币升值有利于整个亚洲甚至国际范围内经济增长，增加我国出口产品需求；二是随着我国经济结构的转变，内需对经济增长的贡献越来越大，并且人民币升值使国外投资不断

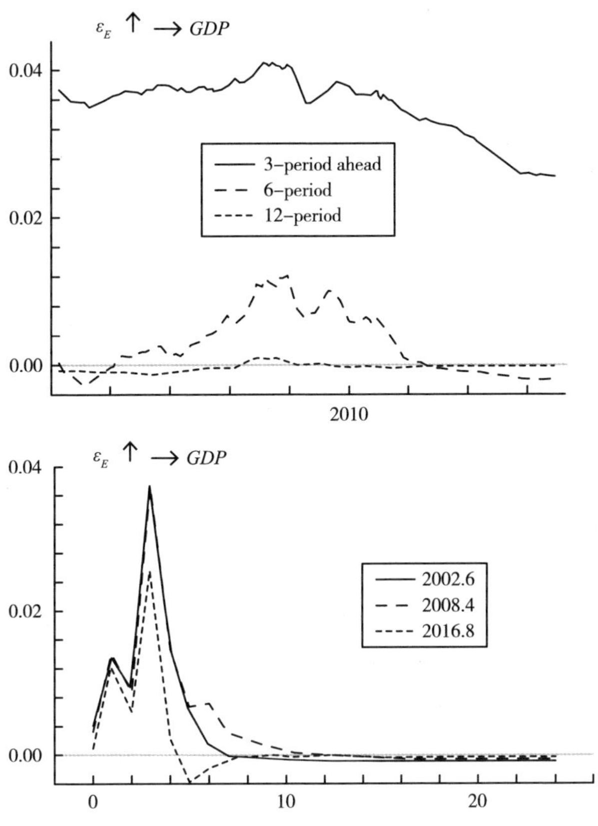

图 5－14　汇率对产出的等间隔脉冲响应和时点脉冲响应

增加，国内外投资的增加促进资本的积累，而资本积累是经济增长的重要因素，所以投资的增加促进了我国经济的增长；三是人民币升值提高了国际市场对人民币的信心，使得人民币在国际货币体系中享有较高的声誉和地位，2008年的金融危机已证明了这一点。人民币地位和声誉的提高将更加有利于中国的出口和对外贸易的发展，有利于中国经济整体的发展，有利于我国建立成熟的资本市场和金融市场，从而有利于人民币汇率制度进行更有效的改革，形成汇率和经济发展之间的良性循环。

汇率波动对经济增长的正向短期影响明显。汇率变动是国际市场中商品和货币供求关系的综合反映，一个国家的货币疲软时，汇率会贬值，从而引发更大的跨境购物活动。具有稳定货币国家的居民可能会利用汇率的差异设法购买海外价格便宜的商品。游客也会利用国际上的这种汇率差异进行消费，这又相应地刺激了货币较弱的国家的经济增长。外销产品在海外市场的竞争力增强，本国的贸易收入往往会得到改善，整个经济体系中外贸部门所占的比重会扩大，从而提高本国的对外开放程度，可以有更多的产品与国外产品竞争，促进本国的经济增长。2008 年全球金融危机期间，国外进口需求的变化导致汇率冲击的产出影响突然加剧。如果人民币汇率持续降低，会使得使用价值和价值降低，投资方的经济投资比重增加，经济运行中的风险性提高，社会整体投资行业的运行风险都提高，加大我国国内经济运行的实际运行压力，导致国内经济投资的风险性与收益性之间的比重失去平衡，不利于我国内部经济长期、稳定的增长。这说明汇率贬值对经济增长的影响具有明显的期限效应，短期内或许有助于经济增长，但中长期内并不是一个有利因素。

②汇率波动对物价的影响

汇率波动对物价的脉冲响应见图 5－15。2000 年之后，汇率冲击对于物价的传导效应时变特征与通货膨胀之间具有显著相关性，即低通胀的经济环境中汇率冲击的传导效应也较低。自 2000 年以来名义汇率冲击对于物价的传导效应具有增强的趋势，这一点不同于发达国家中汇率传导效应在降低的趋势。汇率传导效应的不同趋势可能是由两方面原因造成的：一是我国的通货膨胀率在此阶段的增强趋势在一定程度上强化了汇率传导效应。2005 年 7 月人民币汇率形成机制改革以来，人民币汇率波动弹性的逐步加强，使得汇率冲击对于价格的传递效应也越来越明显。直接标价法下，人民币对美元汇率上升，也就是人民币汇率贬值，会引起国内的价格下降，结合不同时点的脉冲响应图，我们可以看到当人民币汇率贬值时，国内的价格在当期会出现上升，随后会下降。理论上，当人民币汇率贬值时，国内进口的国外产品的价格会上升，因而会对国内的物价产生一个正向的冲击。由于我国长期内实行的都是盯住美元的固定汇率制度，即使在 2005 年汇改后，我国参考的是一篮子货币，但是货币篮子中美元占比仍旧很高，因而当国内的汇率贬值时，央行会在外汇市场上买进人民币，因而货币供应量减少，会对国内的价格形成向下的压力。二是汇率与价格之间的负向关系也佐证了我国存在较强的汇率不完全传递现象，人民币汇率与国内价格之间的相关关系不强，汇率向实体经济的传递存在阻滞。利率冲击对于物价水平的影响在短期具有显著时变性，当期通货膨胀水平越高则物价水平的响应幅度越大。长期中，上述影响较为微弱而且时变性特征消失。利率冲击对于总产出的影响在短期和长期中均具有时变性，当期资本形成对利率的敏感性越大或者资本形成在 GDP 所占比重越高，产出水平的响应越强烈，而且该时变特征伴随脉冲响应期数增加变得更为明显。汇率冲击对于物价水平的影

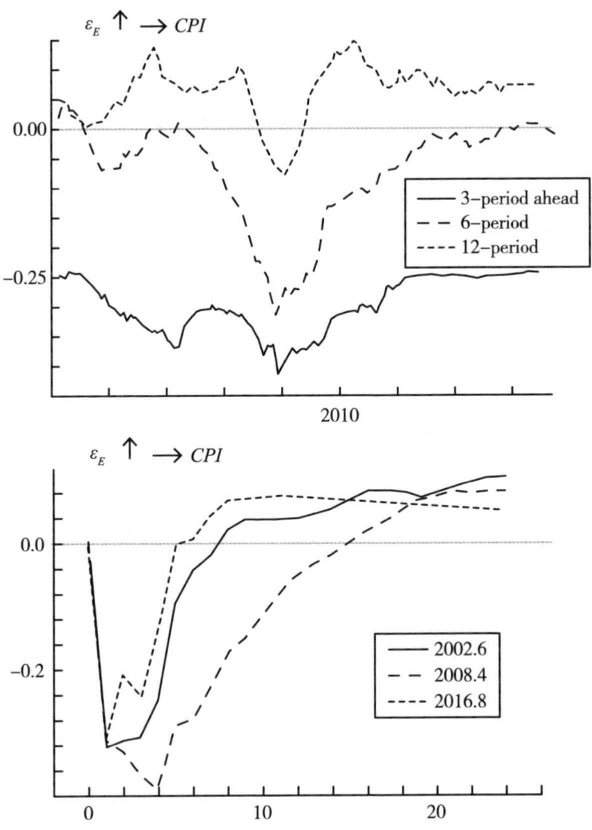

图 5-15 汇率对物价的等间隔脉冲响应和时点脉冲响应

响在短期和长期均具有时变性，当期通货膨胀水平越高则汇率的传导效应越强。但是，汇率对于物价的传递效应在整体上并未呈现降低趋势。

（2）汇率波动对对外经济层面的脉冲响应分析

这里以6个观测变量中的跨境资本流动、外汇储备代表对外经济层面，分别研究汇率波动在典型时期冲击和连续性冲击对中国对外经济的动态影响。

①汇率波动对跨境资本流动的影响

汇率波动对跨境资本流动的脉冲响应见图5-16。等间隔脉冲响应结果显示，汇率波动对跨境资本流动影响的时变性特征强，长期效应强于短期效应。2012年之后，人民币汇率变动对跨境国际资本的影响迅速增大，这与央行外汇市场改革和国际资本流动形势变化有关。中国人民银行在2012年4月和2014年3月分别扩大了人民币兑美元交易价的浮动幅度，使得人民币汇率双向浮动的弹性不断增强。随着汇率市场化改革进程的不断推进，跨境国际资本流动对汇

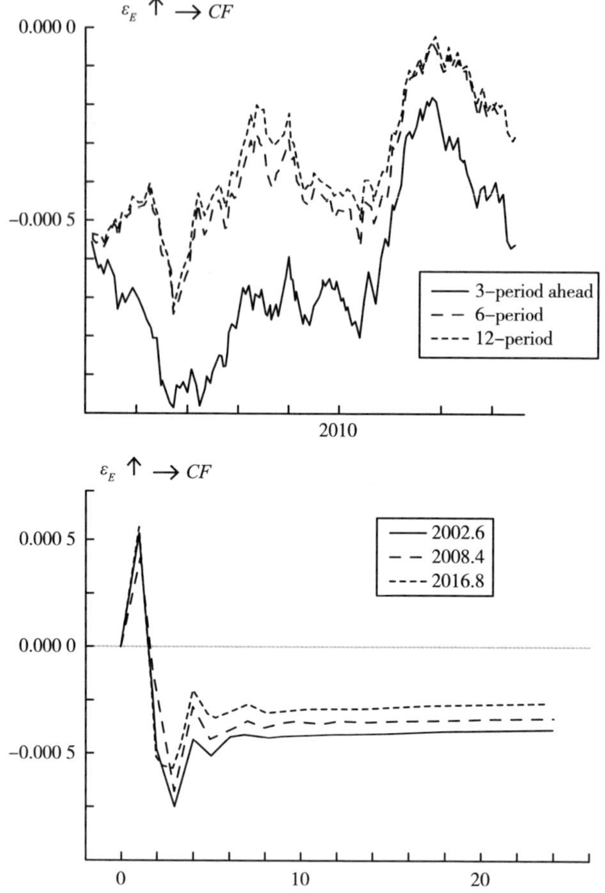

图 5-16 汇率对跨境资本流动的等间隔脉冲响应和时点脉冲响应

率波动的敏感性也不断增加，汇率变动对资本流动的影响逐渐增强。时点脉冲响应图显示，汇率制度改革提高了汇率波动对跨境资本流动的影响程度。

②汇率波动对外汇储备的影响

汇率波动对外汇储备的脉冲响应见图 5-17。等间隔脉冲响应结果显示，汇率波动对外汇储备的时变性特征不强，长期效应与短期效应差异不大。2010 年之后，人民币汇率变动对外汇储备的影响由正变负，这与我国的外汇储备整体变化趋势相一致。随着汇率市场化改革进程的不断推进。时点脉冲响应图显示，汇率制度改革大大改变了汇率波动对外汇的影响程度。2005 年汇改之前，人民币汇率变动与外汇储备的变化方向相一致，且长期效应作用明显，2005 年和 2015 年汇改之后，汇率波动对外汇储备的长期效应大大减弱，这说明我

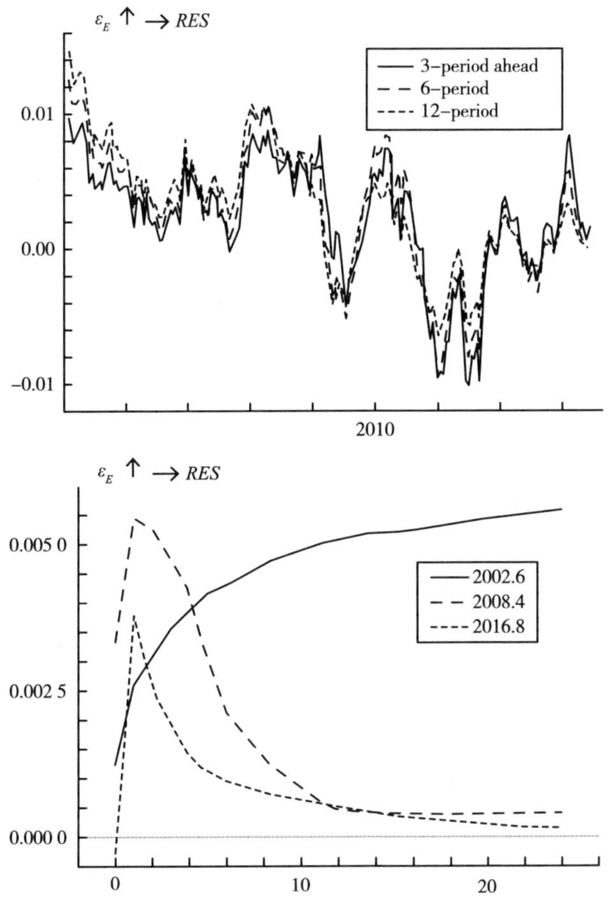

图 5－17　汇率对外汇储备的等间隔脉冲响应和时点脉冲响应

国的外汇储备政策灵活性加强。

（3）金融市场层面的脉冲响应分析

这里以 6 个观测变量中的股价、房价代表金融市场层面，分别研究汇率波动在典型时期冲击和连续性冲击对中国金融市场的动态影响。

①汇率波动对股价的影响

汇率对股价的脉冲响应图 5－18 显示。汇率对股价的影响有较强的时变性。随着两次汇率改革的实施，其影响不断增强。汇率与股价的关联主要受金融传导机制和实体传导机制影响，其中，实体传导机制主要通过收入效应、竞争力效应、廉价进口效应和竞争性贬值效应来实现，而金融传导机制主要体现在通货膨胀、金融结构和金融政策在国际传播和影响效应上。一般地，汇率对

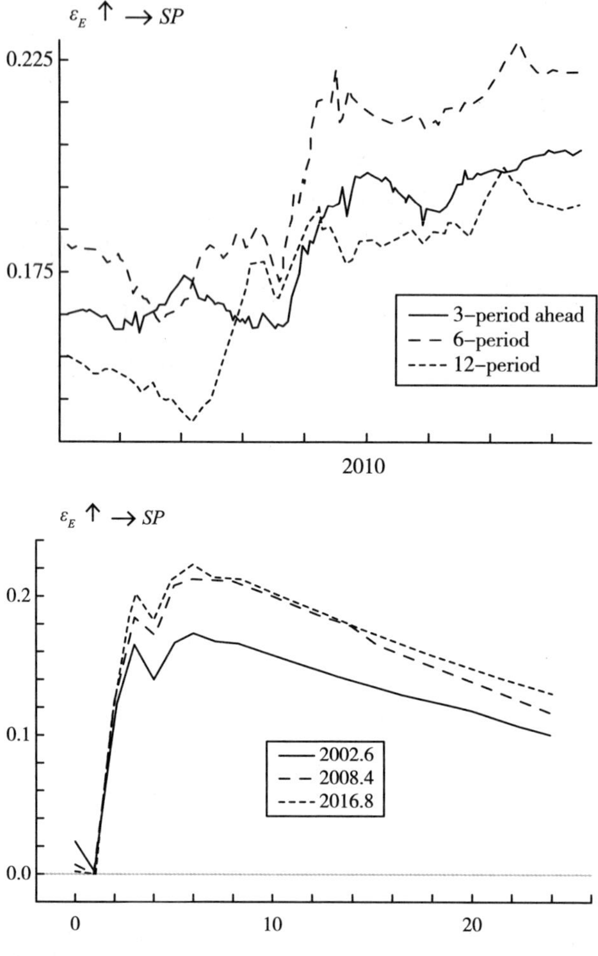

图 5－18　汇率对股价的等间隔脉冲响应和时点脉冲响应

证券市场的影响也可分为对个股和整个股市的影响。从个股来看，本币升值对原材料依赖进口的上市公司而言是好事；同时，本币升值对产品销售依赖出口的上市公司来说是坏事。反之亦然。从整个股市来看，则要根据该国股市的对外开放程度而定。如果该国股市对国外投资者完全开放，且本国货币已在资本项目下实现了可自由兑换，则汇率变动对股市会有直接而敏感的影响。一般地，若本币正处升值过程中，或者本币为坚挺货币，则外资便会涌入本国股市，从而有利于股市上扬。反之亦然。但若本币尚不允许资本项目可兑换，或者本国股市不对外开放，则本币汇率变化对股市的影响就不大，或者说并不构成直接影响。这时，汇率对个股的影响往往大于对整个股市的影响。短期正向：本币贬值，资本外流，股市下跌。反之亦然。长期反向：本币贬值，利于出口，推动经济，利好股市。反之亦然。一般来说，货币宽松、经济增长稳定时，汇率贬值可称为“主动贬值”，此时无风险利率下降，风险偏好提升，企业盈利有望向好，带来股市上涨。经济受困、基本面恶化时，汇率贬值可称为“被动贬值”，此时企业盈利恶化，风险偏好随之下降，股市下跌。

②汇率与房价的关系

汇率对房价的脉冲响应图 5－19 显示。人民币汇率贬值对房价有正向作用。2006 年以来，其中长期效应的时变性明显，汇率与房地产价格表现出较强的相关性。汇率是经济结构的重要变量，它体现了制造业与服务业的相对比价。实际汇率升值往往对应着服务业价格的上涨，实际汇率贬值则对应着服务

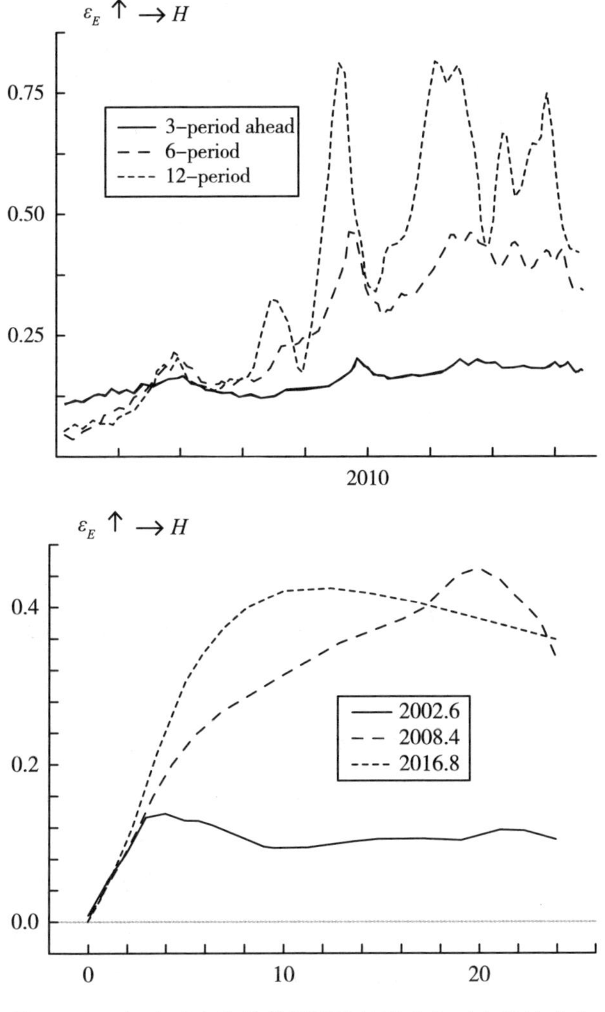

图 5－19 汇率对房价的等间隔脉冲响应和时点脉冲响应

业价格的下跌。房地产行业是中国经济服务业的重要组成部分。汇率升值和房价上涨有时会同时发生。在短期，名义汇率的升值预期会吸引短期资本流入，推高房地产价格。升值预期会吸引外资流入，如果央行没有完全对冲外汇资本，银行体系的基础货币会随之增加，房地产商的信贷约束就会进一步放松，进而推高房地产价格。

5.3.4 小结

从人民币汇率波动对宏观经济的影响看，汇率波动对国内经济、对外经济和金融市场都有显著影响。短期内，人民币汇率贬值对经济增长具有扩张效应，但是长远来看，人民币升值对我国经济增长具有正向促进作用；人民币升值对国内物价的影响不确定，且对价格具有“不完全传递效应”。汇率波动对跨境资本流动影响的时变性特征强，长期效应强于短期效应；2005 年和 2015 年汇改之后，汇率波动对外汇储备的长期效应大大减弱，这说明我国的外汇储备政策灵活性加强。汇率波动对资产价格的影响也具有明显的时变效应，汇率与股价的关联主要受金融传导机制和实体传导机制影响，随着两次汇率改革的实施，其影响不断增强；人民币汇率贬值对房价有正向作用，2006 年以来，其中长期效应的时变性明显，汇率与房地产价格表现出较强的相关性。由此可见，在进一步推进汇率制度改革的同时，相关部门应该关注汇率波动对其他宏观经济变量的不同程度影响，并结合具体的时代背景考察汇率波动的宏观经济效应。

5.4 人民币国际化进程中的最优汇率政策选择

均衡汇率是相对于汇率水平的高估与低估而言的，估计均衡汇率是一个极具挑战性的问题。Edwards（1988）认为，区分汇率均衡与非均衡运动是宏观经济研究中最具挑战性的问题之一。Williamson（1994）认为，估计汇率错位程度是开放经济条件下宏观经济研究中最负挑战性的实证问题之一。可见，汇率问题不仅牵涉中国开放金融市场如何开放，更关系到人民币国际化能否成功推进。因此，研究人民币国际化过程中均衡汇率的形成具有重要意义。

目前，关于均衡汇率的研究主要有 5 种方法：Kassel 于 20 世纪初提出的购买力平价（PPP）方法；Williamson（1983）提出的要素均衡汇率（FEER）方法；Stein（1995）提出的自然均衡汇率（NATREX）方法；Edwards（1989）提出的发展中国家均衡汇率（ERER）方法；McDonald（1998）提出的行为均衡汇率（BEER）方法。其中 FEER 方法和 NATREX 方法一般适用于发达国家。然而，以上汇率决定理论研究的都是 M2、CPI、GDP 等通宏观因素如何影响汇率决定与汇率波动，分析探讨不同宏观环境下汇率形成机制的不同表现，并且都基于同一前提条件：模型中涉及的宏观经济变量都是可以计量的。但是，在现实的经济生活中，世界上每个国家的汇率波动一般来说都会有很大的随机性和不确定性。面对这一困惑，20 世纪 80 年代以后很多学者开始探索新的方法以期突破传统理论。通过对汇率决定和波动的非线性的成因进行研究，并受到物理学中“混沌”概念的启发，逐渐开辟出了关于均衡汇率决定的混沌分析方法。目前，混沌分析方法是非线性科学的主流研究方法，将混沌方法与汇率理论相结合，为研究均衡汇率决定问题提供了新的视角。以下从这一新视角出发，推导出人民币国际化进程中的均衡汇率模型。

5.4.1 基本的汇率决定混沌模型

德格劳威和杜瓦赫特最早提出了汇率决定的混沌模型，他们假设市场中技术分析者和基础分析者这两类人，运用系统理论，将汇率决定的长期模型和短期模型融为一体，认为市场上的利率是由这两类人共同决定的，而长期模型是基于基本因素分析汇率决定的，短期模型是基于非线性理论分析汇率决定的：

$$\frac{E_t(S_{t+1})}{S_{t-1}} = \left[\frac{E_{ct}(S_{t+1})}{S_{t-1}}\right]^{mt}\left[\frac{E_{ft}(S_{t+1})}{S_{t-1}}\right]^{1-mt} \tag{5-16}$$

其中，$E_{ct}(S_{t+1})$ 表示技术分析者预期的汇率；$E_{ft}(S_{t+1})$ 表示基础分析者预期的汇率；m_t 是 t 时市场中技术分析者所占据的比例，$1-m_t$ 是 t 时基础分析者所占据的比例。

其中，m_t 被定义为：

$$m_t = \frac{1}{[1+\beta(S_{t-1}-\bar{S}_{t-1})^2]} \tag{5-17}$$

行为模型构建的汇率决定模型为：

$$S_t = X_t[E_t(S_{t+1})]^b \tag{5-18}$$

该模型假设技术分析者预测未来汇率时采用的是平均移动方法，同时假定

外生经济变量 $X_t=1$，将式（5－16）和式（5－17）代入式（5－18），就可以得到一个基本汇率决定混沌模型：

$$S_t=S_{t-1}^{\phi_1}S_{t-2}^{\phi_2}S_{t-3}^{\phi_3}$$

式中，$\Phi_1=b[1+\gamma m_t-\alpha(1-m_t)]$，$\Phi_2=-2b\gamma m_t,\Phi_3=b\gamma m_t$

其中，γ 是技术分析者使用历史汇率推断未来的参数；α 是基础分析者内心推断的预期汇率回归均衡汇率的速率。从表达式 S_t 中可以推断出，是否会发生混沌，主要决定于 γ 和 α。当 γ 越大或者 α 越小时，模型得到混沌解的概率就越大，当 γ 越小或者 α 越大时，此模型获得确定解的概率就越大。

5.4.2 扩展的汇率决定混沌模型

基本的汇率决定混沌模型并没有考虑基本经济变量对汇率的影响，为解决这一问题，德格劳威等提出了一个扩展的汇率决定混沌模型。该模型不仅保留了原模型中对市场中存在两种投机者的假设，还将多恩布什的价格黏性经济特征融入了该模型。具体表达如下：

货币市场的均衡：

$$M_{dt}=M_{st}=Y_t^{\theta}P_t(1+r_t)^{-\lambda} \tag{5-19}$$

开放的利率平价：

$$\frac{E(S+1)}{S}=\frac{1+r_{At}}{1+r_t} \tag{5-20}$$

商品市场的均衡：

$$\frac{p_t}{p_{t-1}}=\left(\frac{S_tP_{At}}{P_t}\right)^k,k>0, \tag{5-21}$$

长期购买力平衡：

$$\bar{S}_t=\frac{\bar{P}_t}{\bar{P}_{At}} \tag{5-22}$$

式中，M_{dt}、M_{st}、Y_t、P_t、r_t 分别表示 t 时期本国的货币需求量、货币供给量、总产出水平、价格水平和利率水平；r_{At} 和 P_{At} 分别表示 t 时期国外的利率水平和物价水平，$\bar{S}_t$、$\bar{P}_t$ 和 $\bar{P}_{At}$ 分别表示 t 时期本国的均衡汇率水平、物价水平和外国均衡的物价水平；常数 θ 货币需求的收入弹性，λ 代表货币需求的利率弹性，k 表示商品市场价格的调整速度。

扩展后的汇率决定混沌模型基本假定是：经济处于充分就业状态；货币供给量和总产出水平都为外生变量；$r_{At}=0$，$P_{At}=1$。同时与上节式（5-18）对应的扩展的汇率决定模型：

$$S_t = Z_t^{\psi}[E_t(S_{t+1})]^{\phi} \tag{5-23}$$

将式（5-19）、式（5-20）、式（5-21）和式（5-22）代入式（5-23），再将其代入简单的汇率决定混沌模型，最终得到扩展的汇率扩展模型：

$$S_t = Z_t^{\psi} S_{t-1}^{\Phi_1} S_{t-2}^{\Phi_2} S_{t-3}^{\Phi_3} S_{t-4}^{\Phi_4}$$

式中，$Z_t = M_{st} Y_t^{-\theta} P_t^{-\eta}$，$\eta = \dfrac{1}{1+k}$，$\psi = \left(\dfrac{1}{\lambda}\right)^{\phi}$，$\phi = \dfrac{(1+k)\lambda}{K+(1+k)\lambda}$；

$\Phi_1 = \Phi[1+\gamma m_t - \alpha(1-m_t)]$；$\Phi_2 = -2\Phi\gamma m_t$；$\Phi_3 = \Phi\gamma m_t$；$\Phi_4 = \Phi\alpha(1-m_t)$。

从上述表达式中看出，均衡汇率除了受基本模型中提到的 α 和 γ 的影响外，还受基本经济变量总产出水平 Y，物价水平 P，货币供应量 M 等的影响。

5.4.3 引入中央银行干预后的汇率混沌模型

自 1944 年建立的布雷顿森林体系解体后，很多国家尤其是西方发达国家纷纷实行浮动汇率制，由于短期内汇率剧烈波动会对一国经济产生较大冲击，因此，中央银行干预外汇已经成为政府调节宏观经济的重要手段和影响一国汇率波动的重要变量。但是，前述模型并没有引入中央银行干预这一新增变量，因此所描述的均衡汇率实现路径与现实仍存在一定差距。

中央银行对干预外汇的主要途径一是直接干预，即通过在外汇市场上直接进行外汇交易以改变本国汇率；二是间接干预，即通过表明中央银行对本国货币汇率未来趋势的判断和态度影响市场参与者的预期，实现汇率目标。不论中央银行通过哪条途径作用于外汇市场都是等于给汇率系统波动输入了一个反馈信号，导致汇率出现新变化。据此，本节引入中央银行干预变量 $\zeta(S_{t-1})$，即中央银行在（t-1）时期对汇率的干预量。引入这一新变量后，基本的汇率决定混沌模型中的式（5-18）变为：

$$S_t = X_t[E_t(S_{t+1})]^{b} + \zeta(S_{t-1}) \tag{5-24}$$

扩展模型中的式（5-23）变为：

$$S_t = Z_t^{\psi}[E_t(S_{t+1})]^{\Phi} + \zeta(S_{t-1}) \tag{5-25}$$

关于中央银行的外汇干预目标类型学术界至今没有统一标准，Lehment 和

Sommer 按照中央银行的决策标准将其分为四类：平滑干预、趋势中断干预、方向指标干预以及其他干预。本节通过观察各国学者的实证研究结果，认为中央银行干预汇率市场往往是着眼于短期目标和长期目标，平滑汇率波动的短期目标和实现汇率均衡的长期目标。

（1）中央银行实施平滑汇率干预的汇率决定混沌模型

长期来看，汇率水平一般都会围绕某一均衡值上下波动。但短期内汇率会受市场需求波动、投机资金冲击、市场预期等非经济变量影响，呈现出随机剧烈单一方向的波动，且这种波动会在短期内对经济产生负面影响。因此，当汇率短期波动水平超过宏观经济良好运行所能承受的范围时，中央银行就需要介入，进行汇率干预以期达到降低汇率波动的目标。由于其干预方向和汇率波动方向相反，因此，其干预函数可以表示为：

$$\xi(S)=\mu(S_{t-1}-S_t) \tag{5-26}$$

式中，反馈系数 $\mu>0$，表明央行总是进行逆风向的干预。

将基本模型中的式（5－24）结合式（5－26），得：

$$S_t=X_t\left[E_t(S_{t+1})\right]^b+\mu(S_{t-1}-S_t) \tag{5-27}$$

扩展模型中，将式（5－23）结合式（5－27），得：

$$S_t=Z_t^{\psi}\left[E_t(S_{t+1})\right]^{\phi}+\mu(S_{t-1}-S_t) \tag{5-28}$$

在式（5－27）和式（5－28）中，假定技术分析者采用最简单的移动平均模型预测未来汇率变化，未来汇率水平主要取决于短期移动平均值与长期移动平均值的差。如果短期内移动平均值超过长期移动平均值，汇率会加速上升，就会得出预期汇率上升的结论；反之，则反是。从而有：

$$\frac{E_{ct}(S_{t+1})}{S_{t-1}}=\frac{SMA(S_{t-1})}{LAM(S_{t-1})} \tag{5-29}$$

同时，假定短期平均移动为一期移动平均，而长期平均移动为两期平均移动，可得：

$$SMA(S_{t-1})=\left(\frac{S_{t-1}}{S_{t-2}}\right) \tag{5-30}$$

$$LMA(S_{t-1})=\left(\frac{S_{t-1}}{S_{t-2}}\right)^{\frac{1}{2}}\left(\frac{S_{t-2}}{S_{t-3}}\right)^{\frac{1}{2}} \tag{5-31}$$

$$\frac{E_{ct}(S_{t+1})}{S_{t-1}}=\left(\frac{S_{t-1}}{S_{t-2}}\right)^{\gamma}\left(\frac{S_{t-2}}{S_{t-3}}\right)^{\gamma} \tag{5-32}$$

上述分析显然和现实存在一定差距，由于长期事件影响人们心里的力度明显低于短期事件，因此，技术分析者对未来汇率的预期更容易受到近期汇率波动的影响，因此给两期汇率变动赋予不同的权数，式（5－24）修改为：

$$\frac{E_{ct}(S_{t+1})}{S_{t-1}}=\left(\frac{S_{t-1}}{S_{t-2}}\right)^{2\gamma}\left(\frac{S_{t-2}}{S_{t-3}}\right)^{\gamma} \tag{5-33}$$

式（5－33）中，2 和 1 为所赋权重。

整理后可得到，引入央行实施“平滑汇率干预”后的汇率决定混沌模型表达式改进为：

基本模型：

$$S_t=S_{t-1}^{\Phi_1'}S_{t-2}^{\Phi_2'}S_{t-3}^{\Phi_3'}+\mu(S_{t-2}-S_{t-1})$$

$m_t=\dfrac{1}{[1+\beta(S_{t-1}-S_{t-1})^2]}$，$\Phi_1'=b[1+2\gamma m_t-\alpha(1-m_t)]$，$\Phi_2'=-3b\gamma m_t$，$\Phi_3'=b\gamma m_t$

扩展模型：

$$S_t=Z_t^{\psi}S_{t-1}^{\Phi_1'}S_{t-2}^{\Phi_2'}S_{t-3}^{\Phi_3'}\bar{S}_{t-1}^{\Phi_4'}+\mu(S_{t-2}-S_{t-1})$$

式中，$Z_t=M_{st}Y_t^{-\theta}P_t^{-\eta}$，$\eta=\dfrac{1}{1+k}$，$\psi=\left(\dfrac{1}{\lambda}\right)^{\phi}$，$\phi=\dfrac{(1+k)\lambda}{K+(1+k)\lambda}$；

$\Phi_1'=\Phi[1+2\gamma m_t-\alpha(1-m_t)]$，$\Phi_2'=-3\Phi\gamma m_t$，$\Phi_3'=m_t$，$\Phi_4'=\Phi\alpha(1-m_t)$

当本国货币短期内呈现单一升值趋势时，中央银行卖出本国货币，增加本国货币供给量，从而阻止本国货币进一步升值；反之，则买入，在短期内将本币汇率维持在一定水平内。至于买卖的数量则要根据模型中参数的大小进行模拟测算。

（2）央行实施“目标干预”的汇率决定混沌模型

在我国，人民币汇率在一定范围内可以上下波动，从而可以在理论上视作是以长期均衡汇率为中心上下波动。如果汇率长期偏离均衡汇率，则会给宏观经济带来不利影响，此时，需要中央银行对外汇市场实施干预，以使汇率保持合理水平。

可将中央银行的干预函数表示为：

$$\zeta(S_t)=\mu(\bar{S}-S_t) \tag{5-34}$$

式（5－34）中，反馈系数 μ 代表中央银行实施外汇干预的力度强弱。如果实际汇率高于长期均衡汇率，央行干预为负；反之为正。

基本模型中，将式（5－18）结合式（5－34），得：

$$S_t = X_t \left[E_t(S_{t+1}) \right]^b + \mu(\bar{S} - S_t) \quad (5-35)$$

扩展模型中，将式（5－23）与式（5－28）结合，得：

$$S_t = Z_t^{\psi} \left[E_t(S_{t+1}) \right]^{\phi} + \mu(\bar{S} - S_t) \quad (5-36)$$

此时，假设技术分析者采用加权平均移动模型预测未来汇率变化，则中央银行实施“目标干预”的汇率决定混沌模型表述如下：

基本模型：

$$S_t = S_{t-1}^{\Phi_1'} S_{t-2}^{\Phi_2'} S_{t-3}^{\Phi_3'} + \mu\ (\bar{S} - S_t)$$

$m_t = \dfrac{1}{[1+\beta(S_{t-1} - \bar{S}_{t-1})^2]}$，$\phi_1' = b[1 + 2\gamma m_t - \alpha(1 - m_t)]$，$\phi_2' = -3b\gamma m_t$，$\phi_3' = b\gamma m_t$，

扩展模型：

$$S_t = Z_t^{\psi} S_{t-1}^{\Phi_1'} S_{t-2}^{\Phi_2'} S_{t-3}^{\Phi_3'} \bar{S}_{t-1}^{\Phi_4'} + \mu(\bar{S} - S_t)$$

式中 $Z_t = M_{st} Y_t^{-\theta} P_t^{-\eta}$，$\eta = \dfrac{1}{1+k}$，$\psi = \left(\dfrac{1}{\lambda}\right)^{\phi}$，$\phi = \dfrac{(1+k)\lambda}{K+(1+k)\lambda}$；

$\Phi_1' = \Phi[1 + 2\gamma m_t - \alpha(1 - m_t)]$，$\Phi_2' = -3\Phi\gamma m_t$，$\Phi_3' = m_t$，$\Phi_4' = \Phi\alpha(1 - m_t)$。

混沌分析方法作为目前非线性科学的主流研究方法，可以将混沌方法与汇率理论相结合，为研究均衡汇率决定问题提供了新的视角。从本节的推导中可以看出，在有中央银行参与的均衡汇率决定中，短期调控力度与近期的平均汇率相关；而长期调控则受目标汇率的影响。进一步的定量研究则需要根据历史数据模拟出模型中的未知常数参数，然后根据未来目标进行量化分析。

附 1：关于变量选择

本章所采用的 78 个变量分别来自经济的三个基本层面：第一组：国内经济层面，包含经济增长、物价水平、城镇居民可支配收入和失业率等 28 个变量。第二组：对外经济层面，包括外汇储备、对外直接投资、外债水平和进出口总额等 22 个变量。第三组：金融市场层面，包括我国股票市场、货币市场和房地产市场等领域的 28 个变量。具体内容见下表：

表 1　　国内经济层面变量

GDP 增加值	社会消费品零售总额	城镇居民人均可支配收入	CPI（服务）
GDP 增加值（第一产业）	GDP 增加值（交通仓储邮政业）	城镇居民人均消费性支出	RPI
GDP 增加值（第二产业）	原煤	PMI	RPI（食品）
GDP 增加值（第三产业）	发电量	CPI	PPI
GDP 增加值（工业）	国有单位从业人数	CPI（食品）	固定资产投资价格指数
城镇单位从业人数	企业景气指数	CPI（消费品）	农业生产资料价格指数
公共财政收入	公共财政支出	消费者信心指数	宏观经济景气指数：预警指数

表 2　　对外经济层面变量

非金融类对外直接投资	出口金额：纺织纱线、织物及制品	外汇储备	黄金储备
进出口金额	进口金额：纺织纱线、织物及制品	国外资产	国外净资产
出口金额	中央银行外汇占款	银行代客结汇	出口价格指数
进口金额	对外国政府债权	银行代客售汇	进口价格指数
贸易差额	储备货币	外债余额	
实际使用外资金额	国外负债	短期外债与外汇储备之比	

表 3　　金融市场层面变量

活期存款利率	M2	商品房销售额	全国银行间市场债券质押式回购交易额
定期存款利率：3 个月	M1	上市公司行业市盈率	股票成交额
定期存款利率：1 年	M0	上证综合指数	上市公司市值

续表

短期贷款利率：6个月	金融机构：各项存款余额	综合月市场回报率	房屋新开工面积
中长期贷款利率：3至5年	房地产开发投资	金融机构人民币贷款加权平均利率	金融机构：各项贷款余额
中长期贷款利率：5年以上	商品房销售面积	不良贷款余额：商业银行	银行间同业拆借加权平均利率
股票成交笔数	深证成分指数	深市换手率	银行间7日同业拆借交易量

附2：关于参数估计

本书根据常系数VAR模型的SIC信息选取准则，确定各模型的滞后阶数后，对模型参数进行3 000次预烧和30 000次MCMC抽样，从收敛诊断值来看，Geweke检验估计值远低于5%显著性水平的临界值1.96，所有参数均不能拒绝收敛于后验分布的原假设，说明3 000次预抽样已经能够使马尔可夫链趋于收敛。具体检验结果见下表：

表4　　　　模型（1）参数估计结果

参数	均值	标准差	95%置信区间	Geweke	无效因子
sb1	0.002 7	0.000 3	(0.002 2, 0.003 5)	0.956	3.26
sb2	0.002 3	0.000 3	(0.001 8, 0.002 9)	0.010	9.58
sa1	0.005 5	0.001 61	(0.003 4, 0.009 5)	0.559	8.83
sa2	0.005 6	0.001 8	(0.003 4, 0.009 8)	0.973	37.37
sh1	1.876 5	0.269 1	(0.042 7, 0.375 4)	0.428	23.27
sh2	0.006	0.002 2	(0.003 4, 0.011 5)	0.579	96.08

表5　　　　模型（2）参数估计结果

参数	均值	标准差	95%置信区间	Geweke	无效因子
sb1	0.057 4	0.018 5	(0.032 2, 0.102 4)	0.649	86.56
sb2	0.050 0	0.015 2	(0.029 1, 0.087 1)	0.435	75.53

续表

参数	均值	标准差	95% 置信区间	Geweke	无效因子
sa1	0.005 6	0.001 6	(0.003 4, 0.009 5)	0.242	35.29
sa2	0.117 9	0.028 9	(0.074 3, 0.184 4)	0.091	109.26
sh1	0.661 6	0.181 4	(0.372 3, 1.014 8)	0.079	26.08
sh2	0.525 3	0.153 4	(0.435 3, 0.861 7)	0.140	119.93

表 6　　模型（3）参数估计结果

参数	均值	标准差	95% 置信区间	Geweke	无效因子
sb1	0.004 8	0.001 6	(0.002 8, 0.008 9)	0.58	62.37
sb2	0.005 2	0.002	(0.002 7, 0.010 2)	0.015	77.91
sa1	0.278 2	1.458 5	(0.042 2, 1.332 3)	0.598	5.73
sa2	0.090 9	0.060 9	(0.041 6, 0.233 4)	0.395	87.34
sh1	0.656 9	0.152 1	(0.334 7, 0.939 0)	0.026	127.22
sh2	0.817 0	0.288 6	(0.346 6, 1.533 6)	0.479	191.83

6　人民币国际化进程中的资本项目开放风险

基于本书第 4 章对人民币国际化进程中金融风险生成和传导的理论分析，本章从人民币国际化和资本项目开放之间的内在联系出发，立足于资本项目开放的“双刃剑”效应，在借鉴国外资本项目开放经验教训的基础上，重点研究中国资本项目开放进程中的金融风险生成机理、传导机制以及对中国经济金融运行带来的负效应。

6.1　人民币国际化与资本项目开放

6.1.1　资本项目开放

从理论上讲，资本项目开放是金融自由化的重要内容之一，也是金融自由化进程的最后一块堡垒。根据货币国际化相关理论，伴随着货币国际化进程的推进，也应相应开放资本项目。从人民币国际化进程的推进路径来看，中国目前所采取的策略与英镑、美元、欧元等的国际化路径存在较大差异，而且现在人民币还没有实现资本项目下的完全自由兑换。在中国现有的金融体系抵御金融危机传染的能力还相对较弱的背景下，来自资本项目开放的风险与其他国家和地区所面临的情形不尽相同。尽管在理论上说，一种货币的国际化并不等于要在货币主权国的资本项目自由化和本币可完全自由兑换实现后才可以进行，但是，资本项目自由化要求本币可在一定程度上与别国货币自由兑换则是一种货币国际化的基本前提。如果资本项目自由化进程中出现问题，必然要影响到货币国际化的整体推进。根据本书第 4 章的研究结论，在人民币国际化进程所面临的各种可能风险来源中，资本项目开放风险是其中最主要的来源之一。

长期以来，国内外学者对于资本项目开放给本国经济带来的影响争论不休，各国的实践操作效果也差异较大。有些学者认为，资本项目开放可以弥补资金缺口、优化资源配置、促进成本节约和知识溢出，进而有助于推动本国经济增长。但也有些学者认为，资本项目开放会导致巨额投机资本跨国流动、本国金融体系脆弱化等，从而不利于宏观经济发展，20 世纪 90 年代中后期发展中国家发生的金融危机已经充分说明了资本项目开放对一国经济所产生的巨大的负面冲击效应。还有一部分学者则持相对中立的观点，他们认为资本项目开放对一国经济的影响具有“门槛效应”，即资本项目开放是否有助于一国经济增长主要取决于该国的初始条件，比如实体经济是否健康、金融体系是否完善、监管机制是否健全以及宏观经济政策是否恰当等。

事实上，开放资本项目对一国的影响要具体问题具体分析，不能一概而论。学术界目前还未能从理论上和经验上形成统一结论。虽然许多经济学命题在经济学界已基本形成共识或有基本结论，但在资本项目自由化问题上还未形成共识。可见，开放资本项目并不是世界上所有国家都应该追求的经济体制改革的标准范式（余永定，2014）。

根据本书第 5 章的研究结论，在人民币国际化加速推进的背景下，当人民币汇率由固定转变为有管理的浮动汇率制后，中国的资本项目开放已势在必行[①]。就中国的现实分析，目前我们采取的战略正是在保持货币政策独立性的同时，将汇率制度由固定过渡为浮动，并渐进式开放资本项目。但是，中国目前的金融市场发育还不成熟，金融体系和监管机制还不健全。那么，开放资本项目会带来哪些金融风险？这些风险是如何生成的？传导路径又如何？最终会对我国经济金融运行带来哪些影响？以上问题共同构成人民币国际化进程中资本项目开放风险研究中亟待解决的问题，也是本章研究的核心内容。

6.1.2 中国资本项目开放

我国早在 1993 年就明确提出实现人民币的完全可自由兑换的目标。1994 年，提出进一步放宽资本流动的规定。1996 年 12 月，为了履行 IMF 章程的第

---

① 作为大国，在开放经济条件下面对“三元悖论”时，保持货币政策独立性应当被视为首选。而当其主权货币要实现国际化时，如果实行浮动汇率制将有利于动态反映资金市场供求状况，合理引导资金和资源流动，充分发挥资金价格的资源配置作用，最终实现宏观经济的内外均衡。因此，伴随本国货币国际化进程的推进，逐渐放开资本项目管制就成为一种必然选择。

八条款义务，我国实现了人民币经常项目下的可兑换。由于1997年爆发亚洲金融危机，暂时放缓了人民币自由兑换的进程。直到2003年，对资本项目开放又有了进一步明确规定，指出应“在有效防范风险的前提下，有选择、分步骤地放宽对跨境资本交易活动的限制，并逐步实现资本项目的可兑换”。随着对外开放进程加速，我国的资本项目开放出现了加速的趋势。2005年2月，中央银行、财政部等四部委联合发布《国际开发机构人民币债券发行管理暂行办法》，允许符合条件的国际开发机构在我国境内发行“熊猫债券”①。2006年4月，中央银行对境内机构投资者（QDII）的政策进行了部分调整，允许合格的境内银行和证券经营机构等开展代客外汇境外理财业务。

2009年7月，人民币自由兑换的进程因跨境人民币业务的正式推出而继续推进。2010年10月，“十二五”发展规划中明确了“逐步实现资本项目可兑换”的目标。2011年1月，《境外直接投资人民币结算试点管理办法》发布，使银行业金融机构的境外直接投资人民币结算业务得到了规范。同年7月，中国人民银行与香港金融管理局签订关于人民币交易安排的《香港银行人民币业务的清算协议》和《补充合作备忘录（四）》。同年10月，商务部发布《关于跨境人民币直接投资有关问题的通知》，对QFII来华开展直接投资活动进行规范。2011年10月，中国人民银行公布《外商直接投资人民币结算业务管理办法》，对合格的QFII进行人民币境内资本投资加以认可。2013年1月，中央银行提出要做好QFII2试点准备工作。6月19日，国务院确定“QDII2试点工作”。

2013年初，深圳“前海”改革试验开始，人民币资本项目多层次、宽领域开放渠道拓宽。2013年8月22日，中国（上海）自由贸易试验区设立，标志着资本项目开放力度进一步加大。2015年3月21日“中国发展高层论坛2015”召开，时任中国人民银行行长周小川提出，中国现在正在准备新一轮的《外汇管理条例》修改工作，在这次修改过程中也会考虑有关方面提出的实现资本项目可兑换，人民币变成可自由使用的货币的要求。

从资本项目开放的内容看，中国在2002～2009年间共出台了42项相关资本项目改革措施，加大了我国对外开放的力度。从资本项目开放的结构看，根据IMF2011年的《汇兑安排与汇兑限制年报》，中国资本项目项下不可兑换的

---

① 2005年，境外机构首次获准在华发行以人民币计价的债券，时任财政部部长的金人庆将其命名为“熊猫债券”。

项目有4项，占10%；部分可兑换的项目有22项，占55%；已实现基本可兑换的项目14项①。就资本项目开放进程看，90%的资本项目已实现基本可兑换或部分可兑换。尽管与资本项目完全可兑换还有一定距离，但总的来说，目前开放程度相对较高。之所以这么做，最主要的原因是在不可兑换的项目中，主要涉及金融衍生品交易等领域，风险系数较高。但是，上海自贸区即将进行的一系列改革将破除这一资本项目开放的最后堡垒。

2014年10月，上海证券交易所和香港联合交易所发表联合公告，于2014年11月17日开始允许两地投资者通过当地证券公司（或经纪商）买卖规定范围内的对方交易所上市的股票，建立沪港股票市场交易互联互通机制，简称“沪港通”。沪港通既可方便内地投资者直接使用人民币投资香港市场，也可增加境外人民币资金的投资渠道，便利人民币在两地间有序流动。有利于推动人民币国际化，支持香港发展成为离岸人民币业务中心。2016年12月5日，深港通也正式启动，标志着人民币国际化又增加了一个新渠道，有利于深化内地与香港的金融合作，巩固和提升香港作为国际金融中心的地位，对人民币国际化具有非常重要的意义。

6.1.3 人民币国际化与资本项目开放间的内在联系

货币国际化相关理论说明，本币国际化水平与资本项目开放程度之间联系紧密。在本节，梳理人民币国际化与中国资本项目开放之间内在联系的目的是考察资本项目开放在人民币国际化进程中的战略地位以及在人民币国际化进程中应当如何处理好两者之间的关系。

人民币国际化与资本项目开放的关系属于货币国际化研究范畴的内容。在学术界，关于货币国际化和资本项目开放之间关系的研究一直是中外学者争论不休的话题。很多研究文献认为，资本项目的开放是实现货币国际化的基础性要求和前提条件，资本项目的开放有利于一国货币由非国际货币成为国际货币（Robert，2012）。国际清算银行高级分析师罗伯特（2012）认为，中国目前正在推进的人民币国际化是在资本项目还没有完全放开、存在一定管制的背景下推进的。从历史上看，虽然英镑和美元的国际化进程中也都经历过资本项目管

① 根据国家外汇局资本项目管理司司长郭松的研究，“十二五”期间在40项资本项目交易中，中国已经有34项达到了部分可兑换及以上水平，占比为85%。

制，但当时全球金融市场一体化程度不高，汇率体系基本是固定汇率，各国都实行资本管制。而今天中国推进人民币国际化的国际环境已经发生了很大变化。从这一角度看，目前中国在资本项目管制背景下推进人民币国际化的情况非常特殊。从未来人民币国际化发展的需要来看，必然要求资本项目逐渐开放，最终实现基本放开。

从中国现实情况看，早在1997年人民币实现经常项目下可兑换的时候，人民币就成为与边境国家贸易中使用的唯一支付和结算货币。然而，人民币在这些国家境内并不能流通，也无法支付利息；由于资本项目未能对外开放，中国也不允许国外贸易商在中国境内开设人民币资金账户，并在国内进行各种投资，这使得国外贸易商手中持有的人民币失去了流动性，提高了持有成本，也增加了持有风险，阻碍了人民币国际化的进程。可见，开放资本项目与人民币国际化的推进关系密切。

从资本项目开放和人民币国际化的内在联系来看，可以说，开放资本项目是人民币国际化的必要前提，原因是如果人民币不可以自由兑换，就意味着在国际范围内人民币被接受的程度会受到限制。此时如果推行人民币的国际化，则必将成为一种高风险货币。但是，到底两者之间是否一定存在先后顺序，回答却不是那么绝对。早在1996年底，实现经常项目下可兑换的前几年，人民币已经在周边国家中开始流通，有的还形成非正规汇市行市。由此可以看出，虽然人民币资本项目没有完全开放，但推进人民币国际化并非不可能。这两者的关系相辅相成，推进人民币国际化可以为资本项目开放创造有利条件；资本项目开放又提升了人民币的国际地位，可以加快人民币的国际化进程。

6.2 资本项目开放的“双刃剑”效应

从本质上讲，资本项目开放是一把“双刃剑”。根据国际贸易中的比较优势理论，如果一国资本能够在世界范围内实现自由流动，实现资本的优化配置，就可以使资本的利用效率提高，并为其带来最大的经济效益。如果开放资本项目，就可以实现资本的全球流动，分散投资风险，“不把所有鸡蛋放在同一个篮子”。而且，资本项目开放还能使资金从资本盈余的国家或地区流向资本缺乏的国家或地区，通过资本增值提高资本缺乏国家的生产能力和人民的生活水平。从实践看，众多国际经验都表明，资本项目开放确实显著促进了资本流入国家的经济增长。反过来看，如果资本项目开放过快或管制过多，都会给开放国带来一系列金融风险，如宏观经济运行风险加大、货币政策的独立性受到挑战、通货膨胀风险加剧等。

就某一单个国家或地区来讲，如果其资本项目开放完成，则不仅能使其分享国际专业化分工所带来的各种利益，加快金融资源从储蓄者向投资者转移的国际流动，有效提高金融部门的效率，而且还能获得货币国际化带来的铸币税收入。但是，如果开放失败，则必然会发生因开放资本项目所带来的负外部性，导致社会福利相互抵消。如果情况严重，可能还会导致改革走回头路，甚至还有可能发生金融危机。

6.2.1 两个案例

已有研究表明，在经济金融日益全球化的今天，除少数极端情况外，世界上几乎没有一个国家或地区宁愿置身于国际金融市场运作的大循环之外。为了在全球经贸往来中争取主动，世界各国都在程度不同地根据自身的实际情况积极推进金融自由化，其中开放资本项目已经成为金融自由化改革中的最主要内容。但是，由于每个国家的经济发展现状不同，金融市场发育的程度存在较大差异，所处的国际竞争环境不同。当开放资本项目的过程中，各国所采取的策略自然也就各不相同。有些采用了激进式改革战略，在较短时间内完全取消了资本管制，而大部分国家都是采用渐进式改革战略。可见，由于资本项目开放的基础和条件不同，开放资本项目后取得的效果也很不一样。由于发达国家经济发展基础好，金融市场发育成熟，资本项目开放的条件具备，一旦放开则成功率相对较高；而发展中国家则由于经济发展的基础差，金融市场发育不良，资本项目开放的初始条件较差，不少国家的开放最终只能以失败而告终。

（1）发达国家：英国和新西兰的成功经验

①英国的成功经验

作为世界上最古老、规模最大、国际化程度最高的金融市场之一，英国的金融市场发展不但基础好，而且发展稳健。为了促进本国金融市场进一步发展，1979 年 7 月，英国对资本流动放松了管制，并于 10 月彻底地取消了资本管制。1986 年 10 月 27 日，在撒切尔政府领导下，英国实行了一项轰动全球的金融业政策变革，因其改革力度大，影响深远，故被世人称其为“大爆炸”(Big Bang)，伦敦证券交易所对其操作、交易技术和规章制度等进行了一次影响深远的大变革。在这场大变革中，其中与资本项目开放相关的改革内容是“允许本国和外国银行、保险公司以及证券公司申请成为交易所会员，允许交易所以外的银行或保险公司，甚至外国公司可以100%地持有伦敦证券交易所会员公司的股份”。另外，伦敦金融城投资银行和经纪公司的所有权和投资者构成也进行了很大调整。这场“大爆炸”改革很快引发了全球的金融自由化浪潮。

“大爆炸”革命后不久，伦敦证券交易所启用了国际自动报价系统SEAQI（SEAQ－International）和自动报价系统SEAQ（Stock Exchange Automated Quotation），将伦敦证券交易与纽约、东京证交所的电脑联机，在全球范围内实现了24小时的证券交易。英国证券交易所协会随后对上市规则也进行了修改，方便外国公司直接进入英国证券市场。

英国金融业的“大爆炸”改革措施极大地巩固了伦敦证券市场在欧洲资本市场的地位。但是，从20世纪90年代初开始，法国、德国等也相继采取大力发展本国资本市场的措施，与伦敦证券交易所形成竞争的格局。为了在竞争中争取主动，英国证券市场又于20世纪90年代之后相继采取了一系列改革措施，资本市场对外开放步伐更快、力度更大。

为了配合金融体制改革，英国政府还根据其“中期金融战略（MTFS）”，对其财政体制也进行了相应改革，如税收政策和财政支出。同时，保持以前实行的货币政策总目标不变。

②新西兰的成功经验

新西兰虽然是一个以农牧业为主的小国，但却是世界上最富裕的国家之一。在新西兰资本项目开放进程中，其经济的平稳发展为其资本市场开放提供了天然基础。为此，新西兰作为传统的资金输入国，对外国投资实行国民待遇，以鼓励外国资本投资新西兰。为了给资本流动提供宽松环境，方便资本自由流动，新西兰政府于1984年对金融部门取消了直接控制，大大推动了金融自由化进程。

资本项目开放作为新西兰金融自由化进程中总体设计中最重要的改革内容，在其他条件基本具备的情况下，新西兰政府于1984年12月为了提高金融市场配置效率，迅速地取消了资本管制。相配套的金融改革政策主要包括：实行浮动汇率制、大面积取消税收优惠和补贴、改革转移支付及税收、取消最高利率限制、逐步提高资源价格等。

考虑到金融改革的全面实施可能会给经济带来过度波动，新西兰政府从改革开始将货币供应量控制在一个波动范围内，没有给定货币供应量总目标，为了配合金融改革，新西兰政府启动了渐进的、综合性的劳动力市场自由化改革和贸易自由化改革等。

（2）发展中国家：南锥体国家的失败教训①

由于麦金农和肖的金融自由化理论是以南美洲社会主义国家为研究对象，因此，该理论提出后不久，不仅引起了学术界的高度关注，也引起了南美洲国家的浓厚兴趣。20 世纪 70 年代中后期，南锥体国家纷纷进行金融自由化改革，快速对外开放了国内金融市场，在利率改革上，乌拉圭于 1974 年、阿根廷和智利于 1976 年分别取消了国内利率的最高利率限制。

资本项目也快速放开，同时，也进行了财政政策配套改革。如智利政府削减了政府财政开支，并在 1979 ~ 1980 年实现了财政结余；阿根廷减小了财政赤字占 GDP 的比重。通过金融自由化改革，国内资产价格重新定价，实际利率和汇率大幅升值。为此，南锥体国家不得不进行汇率制度改革，采取“盯住”美元的汇率制度安排。为减少货币发行过快增长，通过财政改革未形成通货膨胀。

但是，随着时间的延伸，南锥体国家的国内利率大幅上升，远远高于国际利率。这一方面导致外国资本最终大量流入，另一方面引起本国居民大量从外借债。与此同时，南锥体国家还出现了实际汇率大幅提高，截至 1980 年底，南锥体国家的实际汇率分别升值达 74%、37% 以及 67%。由此进一步加剧了这些国家贸易不平衡，破坏了改革的可信度。最后，南锥体国家不得不纷纷宣布放弃资本自由流动，实行资本流动的部分管制。

至此，这场以南锥体国家为试验田的轰轰烈烈的金融自由化改革不仅画上了句号，还最终发生了一场由这些国家的债务危机而引发的金融危机。

6.2.2 资本项目开放的经验教训

（1）发达国家的成功经验

在英国，当政府宣布取消资本管制并辅以其他配套改革措施后，虽然也

① 南锥体是指南美洲位于南回归线以南的地区。一般包括阿根廷、智利以及乌拉圭三国。有时也会包括巴拉圭和巴西的南里奥格兰德州、圣卡塔琳娜州、巴拉那州、圣保罗州。南锥体又称“南方共同市场”，是南美洲经济最为发达的地区。

曾导致资本流动的巨幅变化及实际汇率大幅上升，引起金融市场出现剧烈震动。但是，由于政府能够及时发现市场的突然变化并及时启用其他配套改革措施，最终使得市场做到了平稳运行。一个典型事例是，当外国资本大量流进同时，英国国内的抚恤基金、保险基金以及单位投资信托等机构也同时大幅度提高了投资于国外资产的比例，做到了资产的多元化分配，这部分抵消了外国资本对英国金融市场的冲击。1979 年英国的资本净流出为 38 亿美元；1980 年为 63 亿美元；1981 年净资本流出总计为 188 亿美元。从 1979 年底到 1981 年 6 月份，英国居民拥有的外汇总量增加了 50 亿英镑。另外，在进行金融改革期间，英国的实际汇率升值幅度仅为 1979 年的 16%，为 1980 年的 20%，为 1981 年的 6%（与南锥体国家的 74%、37% 和 67% 形成了鲜明对比）。对于这种现象，Maynard（1988）的研究结论是，英国作为石油输出国有数量较大的经常项目剩余，这使得政府的金融改革计划获得了人们的信任。

在新西兰，当政府宣布放松资本管制时虽然也同样出现了资本净流入增大以及实际汇率升值（1985 年，资本净流入 21 亿美元，1986 年猛增为 37 亿美元），但新西兰政府仍坚持资本项目自由兑换政策。为了更好地落实资本项目自由兑换政策，新西兰政府出台了一系列财政政策和货币政策改革，取得了人们对政府进行改革的信任。

由此，可将发达国家开放资本项目的成功经验概括为：首先，资本项目开放要具有坚实的经济基础，能够与整体经济改革方案相配套；其次，当出现本币巨幅升值、资本大量流入、国内利率飙升等不稳定现象时，政府能够及时采取相应配套改革政策，从而能够实现国内资产重新定价，维持经济金融稳定运行；最后，改革取得了公众对政府的信心。另外，不管是英国还是新西兰，在资本项目开放的战略上虽然都采取的是所谓的“激进式”改革，但仍然取得了成功。看来，只要开放资本项目的基础条件好，环境宽松，政府的配套改革措施到位，“激进式”改革也能取得成功。

（2）发展中国家的失败教训

在南锥体国家，因金融自由化改革失败而引起的 20 世纪 80 年代金融危机除了给南锥体国家本身带来一系列负面效应之外，还为人们提出了一个问题：为什么金融自由化的理论体系如此完美，影响如此巨大，但以南锥体国家为“试验田”的资本项目开放最终却不能取得成功？

那场金融危机发生后，引起了一场旷日持久的关于发展中国家应如何开放其资本市场的研究。很多学者（包括 McKinnon 本人）将改革失败的原因归结为南锥体国家的资本项目开放速度过快，无法与宏观经济发展、居民收入水平和其他金融改革政策等配套。在阿根廷，对财政赤字融资导致了通货膨胀。实际汇率升值加大了经常项目逆差进一步加大；在智利，虽然坚持政府预算平衡政策，但经常项目却因实际汇率升值而恶化；在乌拉圭，因实际汇率升值过快导致财政赤字迅速加大，最后不得不从外举债来弥补财政赤字。当出现经济政策与资本流动之间不协调现象时，意味着支付危机就要来临，最后只能对资本项目进行管制，放弃金融自由化改革。

由此，可将南锥体国家初次开放资本项目的失败教训总结为：首先，南锥体国家的资本项目开放是在其国内宏观经济环境不宽松，资本项目开放的初始条件不够成熟，特别是政府财政实力不强甚或较差的情况下进行的；其次，当利率、汇率大幅上升，通货膨胀加剧时，政府没有有力的应对措施；最后，由于改革失败，最终不得不走“回头路”。另外，这些国家在放开资本项目管制时没有考虑到本身经济基础薄弱、金融市场发育不良的现实，而是采取像发达国家一样的“激进式”改革战略，这为改革的最后失败埋下了祸根。

总的来看，由于不同国家面临的经济发展状况不同，金融市场发育各异，全球目前还没有完全可以仿效的资本项目开放模式，资本项目开放不能盲目照搬别的国家的经验。虽然如此，在资本项目开放进程中，几乎所有国家都在允许资本自由流动的同时对资本的跨境流动，特别是短期资本流动都进行了不同程度的限制，全球目前已经完全开放资本项目的国家几乎没有，即使是号称已经实现了金融自由化的美国也没有完全放弃其在关键项目和关键时间上对资本项目的部分管制，在某些特殊时期或对某些特殊项目下的资本自由流动也要实行或明或暗的限制。由此可见，作为金融自由化进程中的关键内容和最后堡垒，资本项目开放意义重大，如果掌握不好将会带来一系列金融风险，甚或引发金融危机。

6.2.3　对中国的启示

通过比较发达国家和发展中国家在金融自由化进程中开放资本项目的经验教训，不难得出如下结论：不同国家开放资本项目时的政治、经济基础各不相同，因此资本项目开放所带来的经济金融效应自然也很不一样。就发达国家来看，其资本项目自由化是在经济金融发展进程中经济金融对外开放的一种自然需要，因此是一种主动的自由化。相反，对南锥体等发展中国家来讲，由于资本项目开放的初始条件不具备，抗风险能力较弱，资本项目自由化最后反而演变成了一种被动的自由化。

从资本项目开放引起的金融市场反应来看，一国开放资本项目的进程同时也是国内金融资产重新定价的过程。如果在开放资本项目的进程中金融监管不到位，盲目开放资本项目必然会刺激国内外金融机构过度追求风险收益，忽视风险损失。资本大进大出会导致国内资产价格波动剧烈，重新定价，带来资本消耗过大，最后加大了发展中国家资本项目进程中的金融市场波动幅度。在近期金融市场发展中，资本项目开放通常与金融危机相伴，给开放国实体经济带来了巨大损失，导致社会福利相互抵消，甚至发生金融危机。相反，如果一国具备资本项目开放的初始条件，则资本项目开放后出现大量资本流入或流出会使国内资产重新定价速度加快，不会引起金融动荡。即使是初始条件不完全具备，如果开放的时机选择适当，则资本项目开放同样也能使开放国获得一定收益。

对于中国来讲，目前的资本项目开放是在国内金融市场环境逐渐宽松的大背景下，人民币还没有实现完全自由兑换的条件下进行的。目前的有利条件是：宏观经济虽然下行但基本稳定；金融市场效率不断提高；金融监管水平不断提高；国家外汇储备充足；金融机构稳健运行等。但同时，进一步开放资本项目也将面临一系列不利条件：如因房地产价格过高、地方政府债务规模过大、影子银行体系发展过快等引起的系统性和区域性金融风险加大，因经济发展速度下滑所引起的商业银行风险负担过大，因金融市场对外开放而给国内金融市场发展提出的各种挑战等。一旦其中的任何一个风险爆发源发作，都有可能加大经济金融运行风险，引发经济金融危机。

另外，虽然经典金融理论和国际实践要求开放资本项目要以本币实现完全自由兑换为前提，但国内学术界有不少人认为，根据中国现实，资本项目开放不一定非要等到人民币实现完全自由兑换后才可以进行，完全可以在人民币还没有实现完全可自由兑换之前开放资本项目，国内目前的金融改革进程也基本上是基于这一现实的。尽管如此，如果两者之间的开放进程协调不好，还是会给资本项目开放埋下隐患。

6.3 资本项目开放进程中金融风险生成和传导的总分析

随着人民币国际化进程的不断加快，当人民币成为跨境贸易结算货币之后，就面临着人民币流出之后如何回流的问题，这一方面倒逼中国必须加快开放资本项目进程，另一方面也增大了中国经济金融运行中的风险。本节首先对中国资本项目的开放政策进行梳理，然后分析资本项目开放进程中的金融风险是如何生成并传到实体经济的。

6.3.1 资本项目开放进程中的金融风险生成机理

国际经验表明，在金融开放进程中，由于资本项目开放情况复杂，关系重大，因此，开放资本项目必须具备一系列前提条件，如宏观经济环境良好、金融部门运行平稳、国内金融市场发育良好等。如果资本项目开放的前提条件不具备或不完全具备，则盲目开放资本项目后有可能给本国的金融市场和实体经济发展带来巨大冲击，并引起系统性经济危机。即便是前提条件具备，也有可能在资本项目开放进程中产生一系列金融风险爆发源。因此，可以说，只要一国或地区开放其资本项目，都会面临相应的金融风险。但是，正如本章6.1节所言，一国货币要走向国际，却不得不开放资本项目。如果不开放资本项目，则资本管制的成本会越来越大，风险也会越来越大，“斯蒂格利茨效应”[①] 将由正变负。不仅如此，资本管制还面临自身的有效性问题，如果资本项目开放与其他金融改革政策不匹配，开放步伐不一致，就会出现资本管制效率降低，阻碍金融改革，引起金融不稳定。

那么，在中国资本项目开放进程中到底会面临哪些金融风险？其生成机理如何？在这方面的研究中，IMF的研究切入时间最早，研究也最深入，其研究成果已经得到众多学者的认可。根据IMF的观点，当一国发生大规模资本流

① 斯蒂格利茨效应也称“斯蒂格利茨怪圈”。是指在国际资本流动中出现的新兴市场国家以资金支援发达国家的现象（如许多东亚国家持有巨额外汇储备）的得不偿失的资本流动怪圈（Capital Doubtful Recycling）。具体表现为：新兴市场国家以较高融资成本从发达国家引进了过剩资本后，又以购买美国国债和证券投资等低收益形式把借来的资本再倒流回去。

入或迅速流出时，就意味着开放资本项目的风险要威胁到本国的经济金融安全，金融监管部门对资本流动的监管能力下降。基于此，本书在总结国际资本项目开放的经验教训的基础上，根据中国资本项目开放的最新情况，将中国资本项目开放进程中可能会出现的金融风险生成因素总结为以下五个方面：

（1）国际资本流动

资本项目开放对一国经济发展最为直接的影响是促进了资本进出该国的自由度，因此，分析资本项目开放进程中金融风险生成和传导的第一条途径应该是资本流动。资本项目开放所带来的资金流动既包括资本流入，也包括资本流出，从期限上可分为短期流动和长期流动，因此，在分析资本流动途径的风险生成和传导时应当分别进行研究。在当前国际、国内环境影响下，为了进一步推进人民币国际化，中国政府已经开启了境外人民币的回流机制，这可能引致短期国际资本的大规模流入。同时，资本的外逃也会给一国经济发展带来严重危害。因此，短期国际资本大规模流入和流出是人民币国际化进程中的资本项目开放最有可能导致的风险因素之一。由是，本节将重点对国际资本流动中的短期资本流动所引起的金融风险生成和传导进行专题研究。

（2）居民资产组合

由于资本项目开放，资金进出国门相对自由，有可能导致开放国的居民不仅将资金投资于国内，还有可能投资到国外，实现资产的多国化配置，以分散投资风险，抓住更多市场机会，实现最优投资组合。但是，这样做带来的一个后果是，由于投资者可以自由选择其持有的币种与结构，并且在不同币种之间自由转换，这不仅大大方便了货币替代行为的发生，而且更重要的是，一旦某国或某地的投资收益下降或出现风险，在货币替代的效应作用下，这些资本会在短时间内逃离，最后导致本国货币不但没有替代外国货币而成为国际货币，还有可能发生被替代，从而导致货币国际化失败①。从国际经验看，这种案例曾经发生不止一次。就目前人民币国际化进程来看，虽然离岸市场、跨境贸易的起步相对良好，但毕竟还存在资本项目管制。随着香港离岸金融市场继续发展、上海自贸区改革力度进一步加大，人民币走出国门的数量将会日新月异，数量不断增大，流通区域更加广泛，国内外机构和个人的资产组合中以人民币

① 货币替代，一般是指一国居民在对本币币值稳定失去信心，或因本币资产收益率相对较低的情况下，将本国货币兑换为外国货币，从而使外币在价值贮藏、交易媒介和计价标准等货币职能方面全部或部分地替代本币的一种过程。对人民币国际化进程中的货币替代的进一步分析见第8章。

计价的比例将会发生很大变化；外国政府、企业以及个人持有的金融资产中人民币比重将会从无到有、由少到多。这样，一旦改革道路上出现任何风险，人民币反替代的风险将不容小觑。有鉴于此，本节将对资本项目开放进程中因为居民投资组合变化所引起的金融风险生成和传导途径进行专题研究。

（3）消费和储蓄

理论上说，对资本项目开放国的居民来说，开放资本项目为其带来的最大好处之一是借助资本项目开放，本国居民可以利用国际资本的流入与流出来对其消费活动与储蓄行为进行调节。同时，通过资产的合理组合，本国居民可以参与国际金融市场投资活动，分享更多投资收益，增加其财富，促进未来消费，从而形成资本项目开放进程中的消费储蓄调节机制。然而，在现实社会中，有许多因素会制约这一机制作用的发挥。比如：外资的引入对国内储蓄产生了消极影响，挤出国内储蓄，从而对一国的经济发展没有显著推动作用；外资的进入没有实现消费与投资的有效转化，便很容易引发消费膨胀问题等。对于中国来讲，虽然中华民族的优良传统是勤俭节约，但改革开放所带来的一个重要变化是人们的生活水平的极大提高，消费观念也发生了很大变化。从今后看，能否防止因过于依赖外资进行国内消费和投资，导致过度负债和道德风险是资本项目开放进程中风险生成和传导的第三条途径。

（4）政策操作

1997 年，泰国、印尼、韩国等亚洲国家相继发生金融危机。这些原先实行固定汇率制的国家在金融危机中被迫放弃了固定利率制，转而实行浮动汇率制。1999 年，Krugman 在 Mundell－Fleming 模型（见第 5 章 5.1 节：汇率波动风险的生成）的基础上，通过对亚洲金融危机进行实证分析，提出了“不可能三角”理论。对于中国来讲，虽然有人认为该理论不适合中国现实（孙华妤，2007），但是，随着中国金融市场逐渐开放，中国推进的金融改革实践之一便是放开汇率管制，实行盯住一揽子货币的有管理的浮动汇率制；逐渐开放资本项目管制，允许资本在一定程度上自由流动。这样的话，看似货币政策的独立性可以维持，但是，实际操作起来的话，货币政策的独立性还是要经受严峻考验。在人民币国际化进程中，中国政府应当如何运用货币政策调控宏观经济将面临巨大挑战。特别是，随着资本自由兑换、汇率自由浮动与利率市场化等改革措施的深化，我国货币政策的准确制定、合理实施与有效传导的难度将与日俱增。由是，宏观经济政策能否成功操作将是资本项目开放进程中可能引发的第四种风险。

（5）国际金融风险传染

伴随着经济全球化的不断深入，世界各国之间经济的联动性日益增强，国际金融风险传导的速度和范围也进一步增大。美国次贷危机迅速蔓延至全球并触发了欧洲地区严重的主权债务危机正是这一新现象的有力证明。因此，资本项目开放后，我国受国际金融风险的冲击，进一步爆发金融危机的可能性增大，一旦危机发生，我国的经济增长必然受到破坏。鉴于此，人们对资本项目开放最大的担心是会不会发生金融危机，所以，引致资本项目开放进程中的风险因素还应当包括国际金融危机传染。

6.3.2 资本项目开放进程中的金融风险传导路径

通过梳理人民币国际化进程中资本项目开放可能生成的各种风险来源可以发现，如果资本项目开放成功，则可以改善资源配置、促进金融中介发展，使一国的经济保持较快增长水平。如若避免不了这些风险生成因素，则资本项目开放也可能会对一国经济增长产生负面作用，带来沉重打击，甚至发生经济危机。同时，由于以上风险因素相互交织在一起，纵横交错，对其进行生成机理和传导路径分析也非常复杂。据此，可将中国资本项目开放进程中的金融风险生成机理和传导路径绘成图 6 – 1。

从图 6 – 1 可以看出，中国资本项目开放进程中的金融风险是由“国际资本流动、居民资产组合、储蓄和消费、政策操作以及国际金融危机传染”五个爆发源生成并传导的，在风险传导过程中，风险逐渐加大，实体经济出现非理性繁荣，泡沫加大，最后，资产价格泡沫破裂，金融体系出现动荡，经济出现衰退或危机。

需要说明的是，本章将重点讨论从前三个风险生成因素（即国际资本流动、资产组合以及储蓄和消费）中分离出的“短期国际资本流动、货币替代风险以及过度债务”风险的生成机理和传导路径。对于后两个风险生成因素（资本项目开放进程中的政策操作风险和国际金融危机传染风险）将在本书第 7 章、第 8 章进行深入剖析。其中，第 7 章研究人民币国际化进程中的宏观经济政策操作风险，并进一步探讨在人民币国际化进程中，最适宜我国经济发展的货币政策规则；而国际金融危机传染风险将在第 8 章进行专题分析。

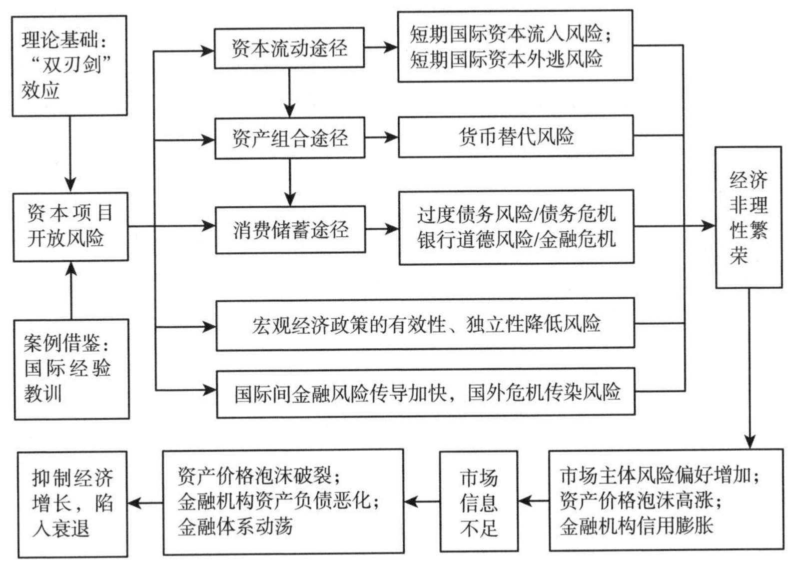

图6－1 资本项目开放风险传导途径

6.4 短期国际资本流动风险的生成及传导

6.4.1 短期国际资本流入的动力机制

改革开放以来，为了吸引外资，我国曾经对外商投资实施了一系列非常优惠的政策，吸引了大量国际资本。这既形成了我国资本与金融项目的巨大顺差，也产生了经常项目的巨额顺差，即长期以来存在的“双顺差”格局。尽管近年来“双顺差”逐渐变小，但长期形成的“双顺差”增加了我国外汇储备，为短期国际资本流入增强了信心。在当前国际经济环境不宽松，投资环境相对较差的条件下，国际资本的全球投资机会变少。与之形成截然不同的是，中国经济近年来却一直保持良性增长，特别是2008年金融危机后，我国实施并加快了人民币国际化战略，允许人民币流出境外后可以回流，这样，国际投机资本流入我国后可以获得至少三重套利机会。

（1）人民币升值的预期收益

2005年7月汇改以来，人民币升值成为我国对外开放进程中实现经济内外均衡的一种自然而然的结果。相对于以前的人民币汇率制度，2005年7月实行的“盯住一篮子货币的、有管理的浮动汇率制”为人民币汇率更自由地浮动提供了制度保障，从此之后，人民币汇率波动的幅度逐渐加大。由于我国经济发展水平不断提高，金融市场发育不断成熟，自 2005 年 7 月汇改以来，人民币一直处于升值状态。虽然进入 2014 年以来，人民币汇率首次出现了双向波动的局面，给国际投机资本套汇以严厉打击，但是，从今后看，人民币双向波动的格局还会持续。当国际投机资本适应了我国的投资环境，运作思路矫正过来之后，更有利于其在中国进行双向套汇，既可以赚到人民币升值的收益，也可以通过人民币贬值赚取汇差。

（2）中外利差收益

2000 年，网络泡沫破裂，以美国为首的发达国家经济发展速度放慢。为了刺激经济，美联储的货币政策发生了很大转变，联邦基准利率几乎降到零水平，经过从 2000 年到 2005 年长达 5 年时间的刺激，美国经济才进入相对繁荣的水平，但是，由于从次贷危机到华尔街金融危机的发生，以美国为首的西方发达国家又进入一个新的衰退阶段，为了刺激经济，又不得不采取低利率政策。与此同时，中国经济则因加入 WTO 后的历史契机和经济内部爆发的巨大潜能而获得了长期的高速增长，国内利率水平也逐年提高，这大大增强了国际资本的投资信心。在巨额利差空间面前，国际投机资本自然要涌入我国以赚取巨额利差。

（3）资产价格上涨收益

由于我国加入 WTO 以后经济发展良好，资产价格也随之上涨。特别是随着 2004 年以来房地产价格的不断攀升，国际资本涌入我国后，大量资金进入我国房地产市场，获得了巨额回报。从这一角度可以说，国际投机资本是导致我国房价上涨的“始作俑者”。由此可见，国际资本流入后既可以获得人民币升值收益，也可以获得资产价格上涨收益。

在获得多重套利收益的同时，短期国际资本也加速了我国资金的流动，如通过降低资金成本，有利于一国引进外资；通过加快经济与金融一体化的进程，为资本流动营造一个良好的外部环境等。然而，资本的大规模流进流出也会导致一国金融风险的产生，本书将在 6.6 节进行具体阐述。

6.4.2 短期国际资本流动风险的生成机理

大规模资金流入所引发的金融风险的一个理论分析模型如下：资本大规模流入形成资本存量→产生相应利润→投资者跟风。但由于不同投资者的风险偏好不同，一个时期结束后会有一部分资本因获利而流出，另一部分资本留下寻找投资机会以获取更高的资本回报。当然，也有新的资本相继流入。根据经济学基本假定，投资者都是厌恶风险的，即使有部分投资者偏好风险，其偏好的程度也非常有限。据此，可以假设在某一期内投机资本获利足够让风险偏好者感到“满足”时，或者当市场出现不利于国际投机资本的预期变化时，投机资本便会出现大规模撤离，导致市场上对本国货币供过于求，资产价格波动剧烈，引发金融市场动荡和金融危机的出现，实体经济因为连锁反应也会陷入危机。

假设在金融风险的传递过程中，国际资本流入按照某一固定比率增加。但由于不同时期国际资本流入规模都受到风险投资者的偏好的影响，于是，可以将国际资本流入的函数定义为：

$$K_t = \sigma_i(1+\alpha)K_{t-1} \tag{6-1}$$

在式（6－1）中，σ_i，$i=1$，2，…，n 代表不同投资者风险偏好的程度，α 是国际资本流入的固定比率。此时，国际收支平衡函数可以勾画为：

$$B_t = K_t - r_t S_{t-1} \tag{6-2}$$

在式（6－2）中，r_i 表示资本利润率在第 t 时期的值，S_{t-1} 表示第（t－1）时期期末资本流入存量。

资本积累方程为：$S_t = S_{t-1} + K_t$ （6－3）

结合式（6－1），式（6－2）和式（6－3），经过差分后可得：

$$B_t = [\sigma_i^{t-1}(1+\alpha)^{t-1}]K_t\left[1-\frac{r}{\alpha}\left(1-\frac{1}{\sigma_i^{t-1}(1+\alpha)^{t-1}}\right)\right] \tag{6-4}$$

在式（6－4）中，当 $r=\alpha$ 时，即利润率与资本流入增长率相等时，则 $B_t = K_t$，说明资本流入增量刚好被利润回流抵消了，从而使资本存量可以一直与第一时期持平；当 $r<\alpha$ 时，即当利润率小于资本流入增长率时，$\lim\limits_{t\to\infty}B_t = +\infty$，表示存在一个时点 t^*，当 $t>t^*$ 时，对于所有的 t，都有 $B_t<0$，即从 t^* 时刻起，出现资本净流出，且流出规模会持续增大。如果这种情况持续，有可能扰乱东道国的金融市场秩序，最终引发金融危机。

6.4.3 短期国际资本流动风险的传导路径

短期国际投机资本的流动方向和规模与资本项目的开放进程具有紧密联系。当一个国家宣布对外开放其资本项目后，就有可能引起国际短期资本的高度关注，如果其认为对自己有利，或者在其中寻找到了获利机会，便会大规模流入。相反，在一国开放其资本项目的进程中也有可能会对资本外逃产生刺激作用，导致资本外流，原因是在资本项目开放条件下，私人资本可以自由进出，这方便了资本外逃。从这一视角看似乎国际短期资本的流动是在全球范围内寻找机会，流动方向很不确定。但是，如果仔细观察就会发现，由于全球经济发展的不平衡，自 20 世纪 80 年代以来，随着经济全球化和自由化浪潮的不断推进，全球资本流动所出现的新趋势是发达国家的国内市场普遍发育成熟，国内市场饱和、投资机会普遍减少，于是，发达国家的资本普遍流向发展中国家，出现了国际资本流动几乎是“一边倒”的现象。

对发展中国家来讲，由于国内经济发展基础差、增长慢，因此，国际资本大规模流入固然是好事，直接好处是能够使发展中国家在短时间内融入巨额资金用于国内经济发展，降低资金的使用成本，从而有利于推动国内经济增长。但同时，如果对国际资本的流入节奏掌握不好，就有可能导致因国际资本过度流入而使国内经济发展出现虚假繁荣，出现通货膨胀和经济泡沫；一旦国际投机资本就有可能趁机抽逃，就会导致国内经济发展泡沫破裂，引发经济衰退或经济危机。在这一教训上，本章 6.1 节描述的南锥体国家就是最好的例证。正是因为 20 世纪 80 年代初这些国家开放资本项目的进程中过度负债，导致国内通货膨胀盛行，经济虚假繁荣，最后不得使改革走“回头路”。

就中国来说，随着人民币国际化进程的推进，当资本项目逐渐开放后，也出现了货币壁垒和金融市场阻碍逐渐减少、跨境资金流动更加自由和频繁等新现象。随着中国金融市场开放进一步深入，投资或投机预期变化，特别是当出现升值、贬值预期强烈或本外币利差收益时，都会导致大规模国际投机资本的异动，加剧经济波动程度。

国际投机资本还具有顺周期性。具体表现为：如果中国经济出现向上迹象，国际投机资本就会大量流入，推高资产价格，导致经济发展增速，随着时间的延伸，投资者风险偏好增加，信用膨胀加剧，经济出现泡沫；相反，当中国经济出现向下迹象时，国际投机资本会大量抛售人民币金融资产，导致资本大规模流出，资产价格泡沫破裂，资金供给骤然收紧，金融机构资产负债状况恶化，由此引发企业和家庭的资产出现快速萎缩。因金融体系运行出现异常，加剧经济不景气状况[①]。当金融市场发育不健全、金融监管水平有限的情况下，跨境投机资本的大规模流进流出很容易引起中国经济金融的运行进入动荡或衰退阶段。因此，这种大规模的跨境资本流动形成了扰动风险，导致了难以熨平的顺周期特性。可将国际短期资本流动风险的传导路径绘成图6-2。

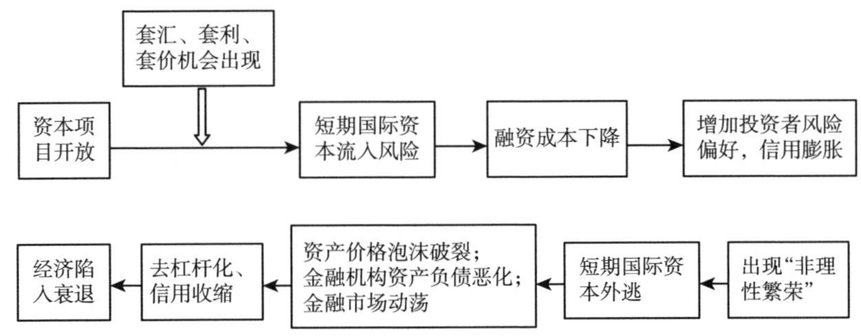

图6-2 资本项目开放的短期国际资本流入和外逃风险传导图

从图6-2可以看出，资本项目开放进程中的短期国际资本流动与经济衰退、金融危机具有密切联系。因此，在中国开放资本项目的进程中，应特别关注国际短期资本的流动方向，在开放资本项目进程中审慎把握开放节奏。同时，应和汇率制度改革密切配合，通过提高汇率波动幅度，提高汇率弹性等手段来抑制国际短期资本过度流动。从国际经验看，凡是那些运用各种宏观审慎管理手段（韩国、泰国、巴西采用了“托宾税”，即对短期国际资本流入征收预提税、资本利得税以及额外费用等；韩国、印度尼西亚、秘鲁等实行了外汇头寸限额；智利、巴西、印度尼西亚、以色列、中国台湾等对国际资本征收程度不等的无偿准备金和提高存款准备金率；印度尼西亚还规定了国际资本滞留国内的期限），加大汇率波动弹性的新兴市场国家都在一定时期内、在一定程度上达到了抑制短期资本过度流动的目的。尽管有些做法效率不高，有些做法负效应过大，但部分做法还是值得我们借鉴的。

① 2013年4月22日，曾因2001年做空并揭发安然集团（Enron）而闻名世界的美国对冲基金经理人、全球最大空头基金公司尼克斯联合基金总裁查诺斯用19页PPT预言中国经济发展中房地产市场泡沫过大，金融危机已经开始。6月20日，国内出现“钱荒”，Shibor隔夜回购利率最高达到史无前例的30%，7天回购利率最高达28%。同年9月，美国宣布拟退出量化宽松货币政策，印尼、印度等亚洲新兴市场出现了国际资本大量外流，市场出现恐慌的局面，我国也出现了资本大量外流。

6.5 货币替代风险的生成及传导

当一国开放其资本项目后，意味着给国内投资者提供了一个可以在全球范围内进行投资与套期保值的机会，表明投资者可以进行全球性风险收益权衡，从而实现其资产的最优组合①。具体来看，资本项目的开放产生的资产组合效应主要体现在以下四个方面。首先，资本项目的开放使国内居民的资产实现了多样化组合，从而可以谋取更高收益。其次，资本项目开放也为投资者分散风险提供了更广范围的操作空间。再次，资本项目开放为投资者捕捉到更多的投资机会提供了可能。最后，资本项目开放也为债务人提供了降低成本与风险的机会。

但是，理论和国际经验都表明，如果资本项目开放节奏掌握不好，导致开放失败，则资本项目开放之后就有可能出现大规模的货币替代现象②。理由是资本项目开放后，投资者可以自由地选择所持有货币种类与数量，实现在不同货币及不同资产之间的自由转换，大大优化了货币替代功能。可见，货币替代是资本项目开放进程中一个非常复杂的经济现象。为了研究的方便，这里结合 Thomas（1985）和 Freitas（2004）的货币替代模型分析资本项目开放后可能会出现的货币替代现象。

6.5.1 人民币替代风险的生成和传导路径

关于货币替代的理论和效应已经在第 3 章进行陈述。但是，关于人民币国际化进程中的货币替代风险还未涉及。本节就人民币替代外国货币而成为一种国际货币后给我国经济金融运行所带来的风险问题进行分析。

长期以来，学术界主要是从本币替代外币的视角来研究货币替代理论。

---

① 关于资产最优组合的微观视角分析源于 Marketz 的资产组合理论，而关于资产最优组合的宏观视角分析则源于货币替代理论。姜波克（1998）将货币替代理论划分为：货币服务的生产函数理论、货币需求的边际效用理论、货币需求的资产组合理论以及货币的预防需求理论等四类。这里从货币需求的资产组合理论出发，分析人民币国际化进程中资本项目开放后，可能引起的货币替代风险。

② 货币替代是指由于经济或政治因素而导致的本币大量贬值，或本币资产收益相对较低时，发生大规模本币的货币职能被外国货币替代的一种现象。

在研究中，有很多人忽略了当本币与外币形成竞争关系后，货币替代往往呈双向运动的特点。如果外币的能量大于本币，就会出现外币替代本币现象；如果本币的能量大于外币，就出现本币替代外币，即货币反替代现象。实践中，一旦货币替代的现象出现，就不可能只有一次，往往会出现二次或多次替代，直到形成本币替代外币或外币替代本币的结果。一次替代一般都是基于各国自身的经济状况自发做出的选择，二次以上的替代则决定于国际货币相互博弈的结果，一般被认为是主要国际货币发行国重新划分势力范围的结果。

根据国际经验，一旦某一货币确立了国际货币的地位，便具有自我强化作用①。即使该货币发行国的国际经济地位下降，其货币可能仍然继续执行国际货币的职能。这种现象说明一个简单的线性替代过程不能很好地描述国际货币的替代，而是需要非常复杂的非线性过程来描述。为了解释这一现象，Krugman（1980）采用“局部均衡分析方法”，建立了一个“三国三货币模型”，对国际货币的替代过程进行研究。他发现存在一种所谓的“倾覆现象”，即某一货币失去国际货币职能的过程一般需要经历一段时间的积累，期间由于贸易量下降导致交易成本上升，反过来又导致贸易量出现进一步下降。只有当积累量达到某一关键节点后，才会出现国际汇兑结构“突变”（即出现国际货币的转换，原先的国际货币被非国际货币所替代），见图 6－3 左半部分。

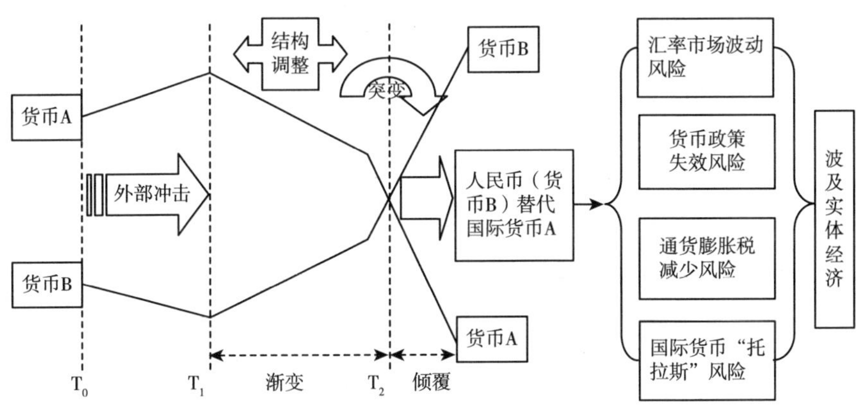

图 6－3　人民币替代过程中的风险传导机理

① 美元国际化进程就是最好的证明。

如果出现一种货币被另一种货币所替代，就会形成加速和不可逆性。为此，有学者将这一现象总结为货币替代现象中的棘轮效应（Ratchet Effect），即当某一货币的数量增加、流通范围扩大，就会增强该货币的影响力，币值稳定，从而形成规模效应。这种棘轮效应越大，某货币的原有数量就越大，被替代的可能性就越小。

在人民币国际化进程中，如果人民币能够替代现有国际货币，成为一种主要国际货币，自然也需要面临国际货币体系演变中曾经发生过的货币替代现象，为国内金融市场、外汇市场，甚或大国间带来一场货币博弈。一旦替代不成功，就有可能牵连实体经济并带来一系列负效应，见图 6-3 右半部分。

从图 6-3 可以看出，在人民币国际化进程中，货币替代的原理一样可以发挥作用。货币替代现象已经被很多学者证实（李富国等，2005；余永定、刘力臻等，2009；陶士贵、崇亮亮，2014）。如果人民币替代外国货币流通，有可能会带来以下风险：汇率市场波动、货币政策失效、通货膨胀税减少以及国际货币“托拉斯”等。

6.5.2 货币替代条件下投资者的预算约束

假设某一开放资本项目的小国经济只有一种消费品，消费者固定初始消费品为 y，其在 t 时期的消费数量表示为 c_t。p 表示国内价格，e 为直接标价法下的汇率，p 与 e 的变化都符合随机过程：

$$dP/P=\pi dt+\sigma dZ \tag{6-5}$$

$$de/e=\varepsilon dt+\gamma dX \tag{6-6}$$

式（6-5）和式（6-6）中，dZ 和 dX 是一种标准维纳过程，π、σ、ε、γ 为参数，假设两个随机过程之间的协方差为 ρ。

假定消费者既可以持有货币也可以持有证券（为了研究方便，这里只考虑债券，比考虑股票等），财富的具体形式可被划分为：国外货币（M^*）、国内货币（M）、以外币计价的债券（B^*）以及以本币计价的债券（B）等四种资产。假设货币的名义收益额是零，本币计价的债券和外币计价的债券的名义收益额分别为 i 与 j。另外，还假设各类资产的实际余额为：

$$m=M/P \tag{6-7}$$

$$m^*=eM^*/P \tag{6-8}$$

$$b=B/P \tag{6-9}$$

$$b^* = eB^*/P \tag{6-10}$$

则 M、M*、B、B*的实际收益分别为：

$$dm/m = (\sigma^2 - \pi)dt - \sigma dZ \tag{6-11}$$

$$dm^*/m^* = (\varepsilon + \sigma^2 - \pi - \rho)dt - \sigma dZ + \gamma dX \tag{6-12}$$

$$db/b = (i + \sigma^2 - \pi)dt - \sigma dZ \tag{6-13}$$

$$db^*/b^* = (j + \varepsilon + \sigma^2 - \pi - \rho)dt - \sigma dZ \tag{6-14}$$

因购买消费品的成本 τ 与实际消费水平 c 呈正比关系、与 m 及 m^* 之间呈反比关系；又由于本币与外币都可以充当交换媒介，因此，Freitas 将 τ 定义为一个非负的二阶可微凸函数：

$$\tau = cv\left[\frac{m}{c}, \frac{m^*}{c}\right] \tag{6-15}$$

式（6-15）中，$v>0$，满足一阶偏导数 $v_1 = dv/d(m/c) < 0$，$v_2 = dv/d(m^*/c) < 0$；二阶偏导数 $v_{11} = d^2v/d(m/c)^2 > 0$，$v_{22} = d^2v/d(m^*/c)^2 > 0$；混合偏导数 $v_{12} = d^2v/[d(m/c)d(m^*/c)] \geqslant 0$，$\Delta = v_{11}v_{22} - v_{12}^2 > 0$。货币替代只有在混合偏导数 $v_{12} > 0$ 时才会发生。

根据上述分析，消费者的实际财富总额为：

$$\omega = m + m^* + b + b^* \tag{6-16}$$

预算约束则取决于因资产及实际收益变化而引起的财富总量变化：

$$d\omega = dm + dm^* + db + db^* + [y - c - \tau]dt \tag{6-17}$$

将式（5-11）和式（5-16）代入式（5-17）后可得：

$$d\omega = \Phi dt + (\omega - b - m)\gamma dX + \omega\sigma dZ \tag{6-18}$$

其中，

$\Phi = (\sigma^2 - \pi)m + (\varepsilon + \sigma^2 - \pi - \rho)m^* + (i + \sigma^2 - \pi)b + (j + \varepsilon + \sigma^2 - \pi - \rho)b^* + y - c(1 + v)$ 表示相对风险偏好系数，代表资本项目开放后消费者的预算约束条件。它表明，当资本项目开放后，由于国内消费者的消费偏好发生了变化，其可以在全球范围内考虑其消费，因此，当消费者的预算约束条件发生了改变后，货币替代风险就产生了。

6.5.3 货币替代条件下投资者的最优化选择

假设投资者的效用函数为：

$$U = E\int_0^{\infty} e^{-\beta \cdot t} \frac{c_t^{1-\phi}}{1-\Phi} dt \tag{6-19}$$

消费者的选择为在式（6-18）约束下使式（6-19）中的U值最大化。

消去 b^*，对 b、m 与 m^* 求一阶条件，可得到：

$$\frac{b^* + m^*}{\omega} = \left(\frac{1}{\Phi}\right)\left(\frac{j+\varepsilon-i}{\gamma^2}\right) + \left(1-\frac{1}{\Phi}\right)\left(\frac{\rho}{\gamma^2}\right) \tag{6-20}$$

式（6-20）揭示了某国开放其资本项目后居民可以实现的最佳资产组合。这时，持有外币资产的最优比例应当为：投机性的 $\left(\frac{j+\varepsilon-i}{\gamma^2}\right)$ 与套期保值性的 ρ/γ^2 之间的加权平均数，为 $1/\Phi$，其大小取决于相对风险偏好系数 Φ。由此得出结论认为，投资者持有何种资产组合取决于其对风险偏好的权衡及其对各种资产的预期报酬率。

基于以上推论，可以分析汇率与利率变化时消费者的货币替代情况。当消费者预期汇率要贬值（$d\varepsilon > 0$），同时国内利率上升而国外利率不变（$di > 0$，$dj = 0$），消费者的国内货币使用成本上升时，便会减少本国货币的余额。在资本项目开放前，由于货币不可替代（$v_{12} = 0$），因此，消费者只能在本国货币与债券之间进行调整；但是，当资本项目开放后（$v_{12} > 0$），消费者的选择余地增大了，当以上情况出现后必然会增加外币的持有量。

由此，可以构建资本项目开放条件下具有货币替代现象的实际货币需求函数：

$$M/P = m(i, j+\varepsilon, \varepsilon, y, \omega) \tag{6-21}$$

其中，$(j+\varepsilon)$ 表示国内货币与国外债券的替代性、ε 表示国内货币与国外货币的替代性。

由此可见，不管是本国货币替代外国货币还是本国货币被外国货币所替代，都会给本国带来金融风险。一般来讲，在开放资本项目条件下本国居民会根据其对收益、风险、偏好、成本等情况选择不同的资产组合。当本币资产出现贬值预期或汇率风险加大、外币资产的收益上升时，本国投资者倾向于减少对本币的需求，增加外币资产的持有量。因此，资本自由流动的结果是本国货币被外国货币替代了。当出现货币替代后，意味着本国丧失了货币发行的独立性，货币政策操作目标无法实现，这对本国经济金融发展极为不利。从国际经验看，一些拉美国家出现的“美元化”现象以及东欧一些转型国家出现的货币替代现象教训非常深刻，值得深入研究并从中汲取失败教训。

目前，人民币国际化虽然处于起步阶段但推进速度非常快，我国的资本项目开放进程还较缓慢，人民币国际化的方向和目标是反替代，即人民币要走出国门，在国际货币体系中占有一席之地，逐渐替代其他国际在位货币，最后成为国际主要货币之一。但是，如果稍有不慎，就有可能发生相反情况。因此，如何防范进一步开放资本项目进程中出现的人民币替代风险需要高度关注并做进一步研究。

6.6 过度债务风险的生成及传导

资本项目开放进程中的过度债务风险是指一个国家或地区的对外负债风险。从期限来看，一国的外债包括短期外债和长期外债。从国家的资产负债表角度来看，一般情况下，一国的负债主要包括经济部门之间相互持有的金融债权债务和经济部门的对外负债两部分。新兴国家发生的金融危机表明，资本项目开放后，以借债方式流入该国的资本，无论速度还是规模都会增大，如果政府不能采取措施合理引导，则该国的国际收支就会失衡，导致还债困难，甚或爆发债务危机，并进一步导致金融危机和经济危机。拉丁美洲国家 20 世纪 80 年代中期的债务危机便是最好的例证①。为了防范中国资本项目开放进程中出现过度债务导致的金融风险，本节首先对现代债务危机理论模型的演进过程进行分析，然后，分析过度债务风险的生成和传导路径。

6.6.1 现代债务危机理论模型的演进

现代债务危机理论模型产生的背景源于发展中国家产生的过度外债，后来，经过不断发展，先后形成了三代理论模型。随着 2009 年以来欧债危机的发生，现代债务危机理论模型又被赋予了新的内容，正处于不断拓展中。

（1）第一代模型：无抵御政策和抵御政策模型

Krugman（1979）首先发展了第一代投机攻击模型，其后，很多经济学家

① 20 世纪 60 年代和 70 年代，拉美国家的外债并不多，但 1973 年石油提价及西方国家实行宽松货币政策后，欧美国家商业银行加大了对拉美国家的贷款规模，拉美国家的外债便急速上升，1982 年为 3153 亿美元，1987 年增至 4105 亿美元，陷入了严重的债务危机。

对模型进行了发展。Flood 和 Garber（1984）放弃了原模型中的完全预见能力假设，假定国内信贷过程是满足随机分布的，因此，投机攻击的时间也就不能确定，在此基础上，他们构建了一个简单的线性模型用以说明投机攻击行为。Krugman 和 Rotemberg（1991）对投机攻击的目标区域进行了划定。在 Flood、Garber 和 Kramer（1996）的研究中将干预政策和利率政策结合到第一代货币危机模型当中，假设一国货币当局的主要工作就是固定汇率，在此基础上分析了国内货币市场私人部门和政府部门的行为方式。

（2）第二代模型：阶段性条件政策模型

Obstfeld（1994，1996，1997）发展了第一代标准模型，构建了第二代投机攻击模型。该模型首先注意在政府行为方程当中的非对称性的潜在重要作用，主要研究私人行为发生改变时，政府的政策会做出怎样的反应，或者当政府面临着固定汇率政策和其他目标之间存在明确替代效果时政府行为将会怎样。第二代投机攻击理论研究表明，即使政府政策与固定汇率制度是相容的，当投机攻击发生时，政策的变化也能够使经济陷入危机。第二代投机攻击模型假定经济可以处于非攻击均衡，这时投机者掌握信息但却没有追求可能利润的机会。在这样的情形下，任何协调预期和投机者行动的因素都可能随时突然导致投机攻击的发生。

（3）第三代模型：微观视角的模型解读

1997 年东南亚金融危机爆发以来，以 Krugman（1999）为代表的一些经济学家开始将第二代货币危机模型进行拓展和延伸。与之前的两代金融危机模型相比，第三代模型侧重于从企业、银行和债权人等微观主体行为来探讨金融危机的成因，其中具有代表性的包括道德风险模型、证券组合投资资本项目危机模型和“羊群效应”模型等。

①道德风险模型

Krugman（1998）通过分析东南亚金融危机认为，在新兴市场国家中，以银行为代表的金融中介机构一方面享受政府的免费担保，另一方面却没有受到有效的监管，因此而产生的金融资产泡沫是导致全面金融危机爆发的主要原因。

②证券组合投资资本项目危机模型

Calvo 和 Mendoza（2000）创建了证券组合投资资本项目危机模型，假设市场中的证券投资者都是同质的，因此可以将投资者视为单一投资者，当他获得新的信息时，如获得国家 K 证券投资收益将达到 r 的信息时，这个投资者必将建立新的投资组合。假设经济基本面不存在任何问题，一个虚假信息也能够使证券投资资本流入或撤出。在开放经济条件下，一个小国将无法承受资本过度流动所带来的金融泡沫。

③“羊群效应”模型

“羊群行为”是指在交易过程中一些没有形成自己投资理念的投资者通过模仿和学习其他投资者的行为，做出相同的投资决定。新兴市场的资金管理人在推断经济形势并没有达到投资者预期的情况下，也会做出投资跟进的投资行为。此外，市场中的投资者大多数是愿意跟随资金管理人的投资行为的。“羊群效应”的另一表现是来自不同途径的传言或突发事件都会影响资金管理人的投资判断，致使他们撤出资金，这便引发了恐慌性的“羊群行为”，也会出现银行挤兑，股市、汇市下跌，严重时则引发货币危机。

6.6.2 过度债务风险的生成及传导路径

根据以上理论分析，在一国开放资本项目进程中，过度债务风险的发生主要源于资本项目的开放。由于资本项目开放后从外借债更加容易，于是，国内企业和个人从外借债的偏好增强。最初时由于资金供应充足，国内金融市场和实体经济发展会因为得到资金支持而出现繁荣。但是，由于对外负债过多，经过一段时间后，就会出现外债负担过度，实体经济受到打击，金融体系受到冲击，最后，引发金融危机、经济衰退。据此，可将过度债务风险的生成原因和传导路径描绘成图 6 - 4。

从图 6 - 4 可以看出，资本项目开放进程中的过度债务风险不但会破坏金融体系的正常运行，而且对实体经济的威胁也很严重。一旦一国在开放资本项目进程中不慎发生过度债务风险，将会对一国经济金融发展带来一系列负效应。

(1) 国家债务负担加重

资本项目开放后，外债流入难以收回的情况有三种：一是进入非生产性领域。如果外债规模的上升速度快于经济规模增长，则特定的经济发展阶段和有限的经济增长速度就无法为新增巨额资金流入提供足够的投资机会，可供外资投资并取得高额回报的行业就显得相当有限。此时，追逐利润的本质将使债务资本纷纷进入非产出性市场，如房地产市场和股市等，最终成为银行的呆账。二是进入生产领域的债务资本。若企业缺乏市场竞争意识，将导致低效率运

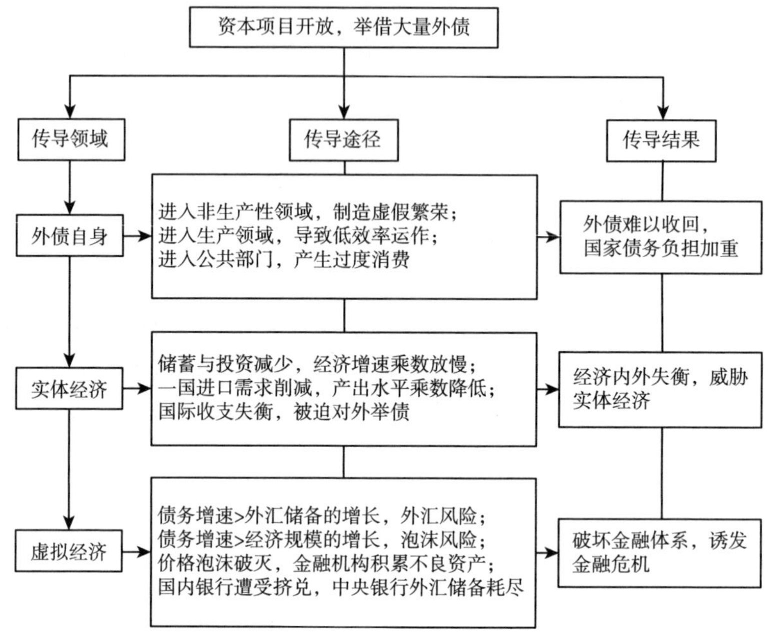

图 6－4 资本项目开放进程中的过度债务风险传导路径

作，从而无法产生预期收益。三是与发达国家相比，发展中国家资金市场化配置机制不完善，金融机构内部控制机制存在欠缺，通过金融机构进入的债务资本往往缺乏严格的金融审查、监督，债务资本可能流入公共部门用于消费。

（2）实体经济受到威胁

伴随资本项目开放而来的过度外债与资本外逃会破坏一国金融稳定并威胁到实体经济发展。首先，资本外逃会减少国内储蓄，从而减少国内投资资金来源，而投资的减少势必会造成经济增长速度乘数放慢；其次，当资本外逃引发国际收支严重失衡时，政府对国际收支的调整往往是通过削减进口需求，而不是通过货币贬值来实现，从而使产出水平乘数降低；最后，为了保持国际收支的平衡，发展中国家政府就不得不对外举债，加剧国家的债务负担。

具体传导路径如下：假设一国货币政策和财政政策都独立，那么，t 时期政府财政预算约束为：

$$dB(t)/dt = G(t) - T(t) + i(b(t), \pi(t))B(t) + dM(t)/dt \qquad (6-22)$$

式（6－22）中，$dB(t)/dt$ 表示该国 t 时期新增债务流量；$G(t)$ 表示政府支出；$T(t)$ 表示政府税收收入；$B(t)$ 表示政府净债务（国债）；$dM(t)/dt$

表示该国 t 时期发行的基础货币量；$i(b(t),\pi(t))$ 为债券名义利率，且有：

$$i(b(t),\pi(t))=r(b(t))+\pi(t) \tag{6-23}$$

式（6-23）中，$r(b(t))$ 为债券实际利率；$\pi(t)$ 为 t 时期通货膨胀率。

令 $b(t)=B(t)/Y(t)$ 为债务占 GDP 比率，这一指标着眼于一国债务存量，反映整体经济对债务的承受能力。一般认为发达国家债务占 GDP 比率控制在 60% 以内（如欧元区标准），发展中国家控制在 45% 以内，国债风险比较小。

式（6-22）的经济含义是：当资本项目开放带来过度外债时，如果一国政府不能通过增加货币供应量和资产出售为其财政赤字筹资，则 t 时期该国就只能通过发行新债 $dB(t)/dt$ 来弥补其赤字 $G(t)-T(t)$ 和支付债券利率 $i(b(t),\pi(t))B(t)$。当政府通过发行新债来弥补其财政赤字时会带来未来债务支付过大。如果未来财政赤字不可能好转，则政府就不得不继续发行新债以偿还旧债，这就导致了所谓的"滚雪球效应"[①]。在这种情况下，政府保持债务水平的动态平衡就非常重要，否则，就会陷入债务危机中。

假设该国实际经济增长率 $Y'(t)/Y(t)=a$，则有：

$$db(t)/dt=g(t)-t(t)+[r(b(t))-a]b(t) \tag{6-24}$$

可见，如果债券利率 r 大于实际经济增长率 a，上式斜率为正值，债务率 $b(t)$ 呈现持续增长趋势。令 $db(t)/dt=0$，可以得到：

$$t(t)-g(t)=[r(b(t))-a]b(t) \tag{6-25}$$

式（6-25）说明，如果一国的债券利率 r 大于实际经济增长率 a，就会出现该国的债务率 $b(t)$ 持续增长，为了使政府债务率 $b(t)$ 趋于稳定，政府就需要增加税收收入以满足政府开支。但是，如果一国为弥补财政赤字而发行债券，必须会出现同时增加税收、减少政府开支，以财政预算盈余来维持其债务水平。

（3）诱发金融危机

由于发展中国家过早地开放资本项目，而金融监管体系没有相应建立起来，银行和其他金融结构自身也缺乏足够的监测客户的有效手段，因此，发展中国家对银行债务或明或暗的担保也会形成银行的道德风险。这些都会加剧发展中国家金融体系的脆弱性，表现为银行和其他非银行金融机构迅速扩张信

---

① 这种现象在美国国债发行的历史上不止一次出现过，给经济发展带来很大负效应。

贷，不断增加的以外币计量的短期外债以及越来越多的不良贷款，从而大大增加了发展中国家的金融风险。

当短期债务增长远远超过外汇储备的增长时，将使这些国家的外汇市场变得极为脆弱，许多企业和金融部门都面临外汇风险。当负债和流动性的快速上升领先于经济规模的增长时，银行的新增贷款往往集中于少数行业，如房地产和股市等高风险融资，由此推动这些国家房地产价格和股票价格的迅速攀升。但是，泡沫终归是要破灭的。当资产价格大幅下跌，泡沫破灭之时，金融机构必然要积累大量不良资产。从风险的传导过程看，由于微观经济层面薄弱，使得那些获得信息的国际金融机构和投资者决定将其资金从这些国家撤走，从而引发外国投资者对这些国家国内银行的挤兑，这反过来会产生对外汇需求的突然增加。为了援助这些商业银行，中央银行不得不大量使用其外汇储备，而外汇储备的大量减少必然带来国内货币供应的短期大幅度减少，使得实体经济发展出现萎缩，最终导致金融危机爆发。

6.7 人民币国际化进程中的最优资本项目开放策略选择

既然在人民币国际化进程中资本项目所处的地位如此重要，同时资本项目开放的风险又难以控制，则在人民币国际化进程中把握好资本项目开放的节奏，选择最优的资本项目开放策略，就非常重要。

既然如此，则接下来我们应该做的就是，如何根据资本项目开放的理论和国际经验，在理论上求解资本项目开放的最优时点。本节在前述研究的基础上，运用数理经济学推演人民币国际化进程中资本项目开放的最佳时间选择。

具体推演过程是：利用两阶段动态最优控制理论进行模型构建与求解路径分析。

6.7.1 资本项目开放最优时点选择的模型构建

根据两阶段动态最优控制理论，首先需要建立资本项目开放进程中的相关函数：

（1）国内生产函数

这里选用内生增长的 AK 模型，即假设生产函数采用如下形式：

$$Y = AK(A > 0) \tag{6-26}$$

其中，K 表示包括人力资本在内的所有资本，即资本存量。A 是资本的生产效率。在 A 不变下，该生产函数规模报酬不变，即资本规模扩张会使得国内总产出以固定的比例扩张。

（2）财富积累方程

假设该国的国民总财富 W 由国内资本 K 和以外币度量的国民所持有的国外资产 B 组成，并满足：

$$F = B \times S \tag{6-27}$$

其中 S 为外汇的国内价格，F 则表示国民所持有的以外币度量的国外资产。根据 Pagano（1993）、Bailliu（2000）、吴信如（2006）的做法，我们同样选用 φ 来表示金融效率，假设国外资产的收益率为 r^*，则本国居民持有以本币度量的国外资产的收入为 $r^* F$，本国居民持有的以本币度量的净资产头寸为：

$$NY = (A - \delta)K + r^* F \tag{6-28}$$

其中 δ 为资产的折旧率。因此，我们得到开放经济下的财富积累方程为：

$$dW/dt = \varphi[(A - \delta)K + r^* F - C] \tag{6-29}$$

其中 C 代表总消费。由于资本项目的开放使得资本的流动更加便利，易于国内外之间的资产套利行为，则国内资本的边际收益应该等于投资国外资产的收益率，即 $A - \delta = r^*$。简化得到：

$$dW/dt = \varphi[(A - \delta)W - C] \tag{6-30}$$

这里假设物价水平稳定为 1。当资本项目未开放时，国民总财富只有国内资本，即 W = K，因此，我们得到封闭经济下的财富积累方程为：

$$dW/dt = dK/dt = \varphi[(A - \delta)K - C] = \varphi[(A - \delta)W - C] \tag{6-31}$$

（3）最大化问题

假设消费者的效用函数是 $U[c(t)]$，效用函数为凹函数，满足 $U' > 0$，$U'' < 0$ 的属性。因此，社会福利最大化问题是：

$$Max\left[\int_0^{s^*} e^{-\rho t} U(c)\,dt + \int_{s^*}^{\infty} e^{-\rho t} U(c)\,dt\right] \tag{6-32}$$

$$\text{s. t. } dW/dt = \varphi[(A - \delta)W - C]$$

其中，ρ 是国民在消费上的时间偏好率（$\rho > 0$），s^* 为资本项目开放前后的连结点。

6.7.2 资本项目开放最优时点选择的模型求解路线

以总消费 C 为控制变量，以总财富 W 为状态变量，运用两阶段最优控制理论来求解资本项目开放的最佳时点 s^*。

（1）汉密尔顿函数的表达

根据最优控制理论，汉密尔顿函数为：

$$H_i = e^{-\rho t}U(c) + \lambda_i\varphi_i[(A_i - \delta_i)W - C] \tag{6-33}$$

其中 $i=1$，2，即分别代表资本项目开放前后的两个阶段。需要满足以下优化条件：

$$\frac{\partial H_i}{\partial C} = U'(c)e^{-\rho t} - \lambda_i\varphi_i = 0 \tag{6-34}$$

$$W' = \frac{\partial H_i}{\partial \lambda_i} = \varphi_i[(A_i - \delta_i)W - C] \tag{6-35}$$

$$\lambda'_i = -\frac{\partial H_i}{\partial W} = -\lambda_i\varphi_i(A_i - \delta_i) \tag{6-36}$$

（2）（s^*，∞）时间段内的求解

当 $i=2$ 时，联立方程组式（6-34）、式（6-35）得到如下结果：

$$\lambda_2 = \lambda_s e^{-\varphi_2(A_2-\delta_2)(t-s)} \tag{6-37}$$

$$U'(c) = \lambda_s\varphi_2 e^{\rho t - \varphi_2(A_2-\delta_2)(t-s)} \tag{6-38}$$

此阶段满足横截条件：

$$\lim_{t\to\infty}\lambda_2 W = 0 \tag{6-39}$$

式（6-39）理解为，沿着此最优路径，人均消费的边际效用为 $\lambda_s\varphi_2 e^{\rho t - \varphi_2(A_2-\delta_2)(t-s)}$。判断二阶条件，我们可以得到：

$$\frac{\partial H^2}{\partial c^2} = U''(c)e^{-\rho t} < 0 \tag{6-40}$$

此时，汉密尔顿函数最大化。在这种一般的情况下，我们只能从定性的角度来理解这个模型。进一步的求解需要效用函数的特定形式来求解出最优的 Hamilton 值 H_2^*（W_s，s）。

（3）[0，s^*] 时间段内的求解

当 $i=1$ 时，$W(0)=W_0$，$W(s)=W_s$ 给定，联立方程组（6-34）、

(6-35)，得到如下结果：

$$\lambda_1 = \lambda_s e^{-\varphi_1(A_1-\delta_1)(t-s)} \tag{6-41}$$

$$U'(c) = \lambda_1 \varphi_1 e^{\rho t-\varphi_1(A_1-\delta_1)(t-s)} \tag{6-42}$$

式（6-42）理解为，沿着此最优路径，人均消费的边际效用为 $\lambda_1 \varphi_1 e^{\rho t-\varphi_1(A_1-\delta_1)(t-s)}$。判断二阶条件，我们可以得到：

$$\frac{\partial H^2}{\partial c^2} = U''(c)e^{-\rho t} < 0 \tag{6-43}$$

此时，汉密尔顿函数最大化。与（s^*，∞）时间段内的求解过程类似，最终得到最优的 Hamilton 值 H_1^*（W_s，s）。

（4）最佳资本项目开放时点 s^* 的选择

如果存在最优的资本项目开放时点 s^*，则在 s^* 时刻斜态变量以及状态变量都不变，需要满足：

$$H_1^*(W_s^*, s^*) = H_2^*(W_s^*, s^*) \tag{6-44}$$

我们可以初步判断出，参数 A、δ、φ 以及 ρ 之间的不同关系和大小，都会对最优资本项目开放的时间点选择有影响。

7 人民币国际化进程中的货币政策操作风险

国际经验表明，在一国货币国际化进程中，若货币政策操作出现偏差，同样也会带来金融不稳定，加大金融系统的运行风险。因此，在研究人民币国际化进程中的金融风险问题时，还必须重点关注货币政策操作风险。换句话说，随着人民币国际化进程的加快，作为宏观经济政策的重要组成部分，货币政策的制定和执行不仅要考虑国内经济金融环境，还需要关注国外经济金融变化。从中国现实看，随着人民币国际化进程的不断推进，当开放资本项目和浮动汇率制已成为必然选择后，我国货币政策的独立性似乎能够保持，但现实却是近年来货币政策的独立性正在面临巨大挑战。由于受人民币国际需求这一新增变量的影响，我国货币政策的制定、实施及传导的难度正与日俱增。因此，如何防范人民币国际化进程中的货币政策操作风险就成为需要认真研究的重要问题。

关于货币国际化如何影响一国货币政策的研究，国外文献相对较多，也较成熟。Aliber（1964）、Bergsten（1975）认为，以美元国际化为例，美元国际化虽然使美国获得了铸币税等收益，但同时也降低了美国执行独立的货币政策及运用贬值货币政策来调控经济的能力。具体表现为，如果美国实施扩张性货币政策，会出现国内利率下降，资本流出，经济出现紧缩局面并且难以改善；反之，如果美国实施紧缩性政策，会出现其他国家也会以同样比例贬值其本币，以抵消美元贬值带来的影响。Tavalas（1998）认为，当某一货币国际化后，如果实行盯住汇率制，当外国投资者的偏好发生转移时，可能会引起国际资本大量流动，从而抵消掉货币当局调控基础货币的能力，最终影响国内经济活动；反之，如果一国实行浮动汇率制，则国际资本流动的结果会导致本币汇率过度变动，也会降低货币当局的货币政策操作水平。Otani（2002）以日本为例进行分析，认为日元国际化加大了日本货币政策的外部影响，因此，日本制定货币政策时不仅要考虑国内，还要考虑亚太其他地区的情况。

在国内学者的研究中，刘力臻（2005）从资本流动、货币替代以及外汇储备等方面入手，认为人民币国际化后会对我国货币政策的效力产生很大影响。江凯（2010）的观点与刘力臻大体相同，认为人民币国际化后也会加大货币政策调控的难度和效果，诱发通货膨胀发生。在理论分析方面，张青龙（2011）的观点具有代表性，他根据 IS－LM 模型，通过理论分析得出结论，认为人民币国际化会严重影响货币政策执行效应，货币流通速度也会发生相应变化。在杨鹏军、冯科（2012）的研究中，更关注人民币国际化对货币政策的冲销机制和冲销效果，认为人民币国际化会产生前所未有的影响与冲击。王鸿飞（2013）认为，随着人民币国际化进程加快，货币政策的独立性将受到较大冲击。同时，由于存在货币替代，货币需求函数将变得更复杂，货币流通量将更难以监控。王旭祥（2014）认为，人民币国际化进程中可能面临货币替代问题，货币政策的传导机制可能发生变化，货币政策操作的复杂性和难度将会加大，货币政策操作的独立性将会面临严峻考验。李蕊（2015）认为，人民币国际化会对我国货币政策的独立性、政策传导机制等方面产生影响，强化货币政策的负溢出效应，倒逼我国实行浮动的汇率制度，使我国面临新的“特里芬难题”，引发货币替代，影响货币需求量等。但是，梅建予、陈华（2017）的实证研究结论却表明，目前人民币国际化未对国内利率、产出和价格带来明显冲击，且无论是在 M_0 层次，还是在 M_2 层次，人民币国际化均未明显影响国内货币政策的有效性。

从国内外学者的研究结果可以看出，目前学术界的主流观点均认为，一国货币国际化将增加其中央银行货币政策操作的难度和复杂性，对一国货币政策造成巨大冲击。但是，具体就中国目前正在推进的人民币国际化实践看，虽然已经有一些成果相继问世，开始研究人民币国际化对货币政策的影响以及货币政策操作风险，但目前存在的问题是，主流研究基本上还处于对人民币国际化带来的货币政策效应进行定性分析和经验描述阶段，缺乏从定量视角研究人民币国际化进程中货币政策的操作风险和最优货币政策选择的研究。

基于此，本章将在现有研究文献的基础上，基于对现代国际货币制度理论中的两个著名命题——“特里芬难题”及“三元悖论”的再认识，从货币政策的内容构成，也即货币政策的操作基础、操作工具、传导机制及政策效果等四个环节来探讨人民币国际化对货币政策的影响以及人民币国际化进程中的货币政策操作风险，并进一步分析人民币国际化进程中最适宜于我国经济保持内外均衡的最优货币政策目标规则和工具规则。

7.1 人民币国际化与货币政策的关系

为了研究人民币国际化给中国货币政策操作带来的影响以及人民币国际化进程中会出现何种货币政策操作风险，首先应当在理论上梳理清楚货币国际化与货币政策之间的内在联系，以此为基础，研究人民币国际化进程中人民币供给和需求会发生何种新变化以及给货币政策操作带来的影响。由于美元国际化后美国货币政策的独立性曾经面临各种考验，学术界也围绕美元国际化进行了长时间讨论，形成了一些非常有影响的经典理论，这对于正确认识并合理处理人民币国际化和货币政策操作之间的关系具有很好的参考价值。基于此，本节首先从理论上进一步分析“特里芬难题”和“三元悖论”，然后，对美元国际化进程中美国货币政策的独立性进行剖析，最后，分析人民币国际化进程中中国货币政策的变化情况。

7.1.1 “特里芬难题”与“三元悖论”的再解读

“特里芬难题”与“三元悖论”是现代国际货币制度理论中的两个著名命题，也是研究货币国际化与货币政策关系的重要理论依据。

（1）“特里芬难题”

美国经济学家 Triffin 于 20 世纪 60 年代在其出版的著名论著——《黄金与美元危机：自由兑换的未来》中提出，“由于（布雷顿森林体系确定的）美元与黄金挂钩，其他国家的货币与美元挂钩（以下简称“双挂钩”），美元取得了国际核心货币的地位。但是，世界各国为了开展国际贸易，只有用美元作为计价、结算及储备货币，这会导致流出美国的美元不断在海外沉淀，形成美国的长期贸易逆差。与此同时，美元作为主要国际货币的前提是必须保持币值稳定，这又要求美国必须长期保持贸易顺差。这两个截然相反的要求形成一个悖论。”Triffin 由此揭示了这一对矛盾关系，后来被称为“特里芬难题”。

“特里芬难题”的提出虽然直接揭示的是布雷顿森林体系下在美元充当国际货币的进程中所面临的两难选择，但是，它告诉我们的更是一国货币的国际化进程与货币政策操作之间的逻辑关系。如果要以某一主权国家的货币作为国际货币，则该货币必然要面临这种尴尬抉择。在国际货币体系发展进程中，如果要依靠某一主权国的国家货币来充当国际清偿能力，必然会陷人“特里芬难题”而走向崩溃。这对于分析现有及未来国际货币体系发展趋势无疑有着重要的理论和现实意义。

需要说明的是，由于特里芬难题实际上是基于凯恩斯的国际货币管理理论而提出的，具有较强的理论基础，因此，在布雷顿森林体系还处于良好运转的20世纪50年代，当大多数人还满足于对布雷顿森林体系颇加赞誉之时，特里芬就能独具慧眼、切中该体系的要害，将布雷顿森林体系存在的弊端充分揭示出来。今天，当美元主导的国际货币体系越来越弱时，当全球很多经济学家都在指责美元主导的国际货币体系所存在的负效应时，“特里芬难题”为我们清晰地解答了问题的所在，也为我们重新认识一国主权货币要实现国际化将会面临的新问题。

我们的认识是，在“特里芬难题”提出来的20世纪60年代，当时的全球经济并未实现一体化和全球化，各国之间的资金流动主要是通过国际贸易进行，因此，当国际贸易出现不平衡时，必然要影响货币的国际化进程，美元的国际化就是最好的例子。但是，当今天我们讨论人民币国际化时，国际经济环境已经与20世纪60年代很不相同，在经济全球化、金融自由化浪潮的推动下，国际资本流动已经发生了很大变化，国际贸易不平衡已经不能成为制约一个国家保持资金内外平衡的唯一砝码，除国际贸易外，通过资本项目的资金流动正在起着越来越重要的作用。因此，当我们今天再来重新解读“特里芬难题”时，一定要结合时代特征，不能盲目地人云亦云。人民币国际化进程中完全可以避免“特里芬难题”语言的陷阱（马骏，2012）。对此我们不敢苟同。

（2）“三元悖论”（The Impossible Trinity）

三元悖论或称“不可能三角”，由美国经济学家 Krugman 根据“Mundell - Fleming”模型，针对开放经济条件下一国如何选择宏观经济政策而提出，认为一国货币政策独立性、汇率稳定性以及资本完全自由流动性三者不能同时存在。简洁地说，一个国家在一定时期内最多只能在三者中同时满足两个而放弃另外一个。一般主要有如下三种选择：

①保持货币政策独立性，维持资本完全自由流动性，实行浮动汇率制

理由是如果资本完全自由流动，则一国的国际收支状况会因资本的频繁流动而不稳定。此时，货币当局为了保持货币政策独立性，不会对市场进行干预，这样，本币汇率会因资金供求关系变化而频繁波动。因此，为了保持货币政策独立性，有必要放弃固定汇率而维持资本自由流动。虽然这种选择策略会带来汇率频繁波动，不利于保持经济内外均衡，但有利于保持本国货币政策独立性，有效解决“三难选择”。

②保持货币政策独立性，维持汇率稳定，牺牲资本完全自由流动

这一政策选择一般主要适用于大多数发展中国家，对这些国家而言，为了保持货币政策独立性，维护汇率稳定，政府都会放弃资本的完全自由流动。这样做的原因主要有两个：一个是这些国家需要有相对稳定的汇率制度，保持经济内外均衡；另一个是发展中国家一般金融监管水平有限，能力较弱，对资本自由流动管理水平不高，不敢贸然开放期资本项目。

③放弃货币政策独立性，保持汇率稳定，同时允许资本完全自由流动

之所以有这种选择，是因为资本完全自由流动后，维持固定汇率制，本国的货币政策效果会被资本完全自由流动所抵消，无法维持货币政策的独立性。如果该国加入了某一货币联盟，或实行严格的货币局制度，便很难通过货币政策的独立调控本国经济。发生国际投机资本攻击时，短期内虽然可以通过调整本国利率，保持固定汇率制不变，但在长期内没有任何办法。

“三元悖论”虽然指出了开放经济条件下各国宏观经济政策的选择，但并未直接就一国的货币国际化做出任何解释。但是，这一理论对一个高度开放的、不受管制的金融市场发展格局的形成，以及如何维持本国货币价值稳定等极其重要。因此，当一国货币国际化后，货币政策的独立性有可能受到挑战时，如何根据“三元悖论”兼顾好货币政策的独立性、汇率稳定以及资本项目开放之间的关系就成为不得不考虑的问题。基于此，在研究人民币国际化进程中的货币政策选择时就应当以此为出发点。

7.1.2 美元国际化进程中的货币政策

(1) 美元国际化进程

可以将美元国际化进程概括为六个主要阶段。

①第一次世界大战爆发至1939年

第一次世界大战爆发后，国际金融中心主要有伦敦、纽约、巴黎等；除黄金、英镑外，美元逐渐充当着国际性清算货币的职能。一战的爆发使各参战国经济遭受重创，出现不同程度的通货膨胀，在这种情况下，各国不得不放弃金本位制。幸运的是，由于美国远离战场，国内经济发展影响不大，不但如此，还因为战争而发了一笔横财。因此，美国在黄金储备和稳定性方面具有绝对优势。至20世纪30年代，国际上已经有不少国家采用美元计价、结算，从而形成了一个美元区。作为当时风靡全球的英镑，虽然在英镑区内仍然很有影响，却因战争而陷入颓势，这给美元变得更加强大提供了机会。

②1939年至1945年第二次世界大战结束

当美元变得越来越强大后，美国和英国就开始了货币战。20世纪40年代初，为了使美元在国际上占领更大市场，美国就开始积极策划，试图取代英镑，最后建立一个以美国自己的货币——美元为基础的国际货币体系。第二次世界大战的爆发使国际主要经济力量发生了根本性变化，彻底改变了国际经济政治格局，这给美元国际化提供了历史机遇。为了争得国际货币的主动权，在这期间，美英两国政府都从本国利益出发，各自设计了一个新的国际货币秩序提案，并于1943年4月7日分别发表了各自的设计方案，美国政府提出了“怀特计划[①]”，英国政府提出了“凯恩斯计划[②]”。这两个计划在历史上非常有名，经过长时间激烈辩论，美国政府最终因其经济实力强大而胜出，英国政府则不得不放弃“凯恩斯计划”被迫接受“怀特计划”。具有里程碑意义的是，1944年7月，全球共有44个国家的代表在美国的布雷顿森林召开了一个“联合与联盟国家货币金融会议”，在会上通过了以“怀特计划”为基础的著名的《布雷顿森林协定》。该协定确立了以美元为中心的新的国际货币体系的原则和运行机制，表明美元已经取代英镑初步获得了在国际货币体系中的霸主地位。

---

① 即“联合国平准基金计划”，由美国财政部长助理White提出。该计划企图由美国控制“联合国平准基金”，即通过该“基金”使会员国的货币“盯住”美元。该计划还立足于取消外汇管制和各国对国际资金转移的限制。

② 即“国际清算同盟计划”，由英国经济学家Keyens于1944年在美国新罕布什尔州的布雷顿森林举行的联合国货币金融会议上提出。目的是维持和延续英镑的国际地位，削弱美元的影响力，并与美国分享国际金融领导权。由于历经第二次世界大战的英国经济军事实力严重衰退，而英国最有力的竞争对手美国的经济实力空前膨胀，最终凯恩斯计划在美国提出的怀特计划面前流产。

③1945 年至 20 世纪 50 年代中后期

布雷顿森林体系建立后，美国开始拉开架势，极力将美元推向国际。借助“布雷顿森林协定”及“关税及贸易总协定”建立了全球多边经济体制（即以外汇自由兑换、资本项目自由化和贸易自由化为主要内容），夯实了美元作为国际货币的基础，确立了美元在国际货币体系中的主导地位。为了保持美元的国际地位，美国还采取了一系列配套措施，如著名的对外扩张政策——“马歇尔计划[①]”，该计划被认为是美国对西方主要国家的经济援助计划，美国在帮助西方各国恢复和发展其国内经济的同时，也通过各种贷款和经济援助，对西方各参战国竭力进行经济渗透，试图控制西方各国经济命脉，结果导致了大面积的“美元荒[②]”。由于无法提供合理的国际清偿，“美元荒”一直持续到欧洲各国的经济基本复苏。在“美元荒”时期，由于美元成为唯一可自由兑换货币，因此可以说，国际货币体系已经演变为以美元为本位货币的体系，美元成为国际货币主导货币的标志是“美元荒”。

④20 世纪 60 年代至 70 年代中期

在这期间美国经济得到快速发展，黄金储备达到 1949 年底的峰值（245.63 亿美元）后开始下降，1959 年底仅为 195 亿美元，与此同时，美国的对外流动负债已达 194 亿美元。截至 1960 年底，美国的对外流动负债已达 210 亿美元，大大超过其黄金储备 178 亿美元。这意味着不可能将美元无限制地兑换成黄金了，美元出现了信任危机，最后导致美元危机爆发。危机的爆发也意味着由布雷顿森林体系确定的国际货币体系的“双挂钩”已不能维持，美元的国际霸权地位开始动摇，以至于以后的几十年里频频爆发美元危机。最有历史意义的是，1973 年 3 月，国际主要国家宣布其货币与美元脱钩，标志着第二次世界大战之后实行了近 30 年的以美元为主导的国际货币体系最终瓦解，美元的国际霸权地位由盛转衰。

表面看来，美元国际霸权地位的衰落是因为美国的国际收支长期逆差，出

---

① 官方名称为“欧洲复兴计划”（European Recovery Program），是第二次世界大战结束后美国对被战争破坏的西欧各国进行经济援助、协助重建的计划，对欧洲国家的发展和世界政治格局产生了深远的影响。该计划于 1947 年 7 月正式启动，并整整持续了 4 个财政年度之久。在这段时期内，西欧各国通过参加经济合作发展组织（OECD）接受了美国包括金融、技术、设备等各种形式的援助合计 130 亿美元。

② 指 20 世纪 50 年代开始美国实施“马歇尔计划”后，各参战国为了恢复国内经济，纷纷大量从美国进口商品，结果产生了对美国的大量逆差，但由于缺乏国际清偿手段，从而出现了美元短缺。

现恶化。但最根本的原因还是由于美国的经济实力不断减弱、国际经济地位不断下降所带来的。Triffin 教授所预言的布雷顿森林体系下美元面临的内在矛盾终将美元置于了两难处境而无法自拔，导致美元的霸主地位不保。

⑤20 世纪 70 年代末至 2008 年

从 20 世纪 70 年代末起，由于美国调整其经济政策、注意加强国际协调等，美元的国际地位有所上升，美元霸权在一定程度上有所恢复。这一标志的表现是，《牙买加协定》[①] 于 1978 年 4 月 1 日正式生效，宣告了布雷顿森林体系的解体，国际货币体系演变成“牙买加体系”。该体系虽然也遭到诟病，但它的推出削弱了美元在国际货币体系中的地位。在牙买加体系确立初期，美元在各国官方外汇储备中的比重开始下降，1990 年降至历史最低点。进入 20 世纪 90 年代以后，美元的国际货币地位有所上升，最终占到国际储备的约三分之二水平，可以说在这期间美元的国际霸权地位得到调整并重振。

⑥2008 年华尔街金融危机至今

2008 年华尔街金融危机的爆发粉碎了美国人的国际经济霸权的美梦，同时也标志着美元霸权地位的大大下降。危机发生后，世界各国纷纷发出谴责美元滥发之声音，要求改革现行的以美元为主导的国际货币体系。学术界关于如何改革国际货币体系的争论异常激烈。美国等仍然坚守美元的国际地位不放松，但更多国家政府和学者都发表了不同的观点。时任中国人民银行行长周小川在 2009 年的 G20 国峰会上提出了一种“超主权货币”的设想，尽管可行性不大，但对美元的国际霸权地位提出了严峻挑战。

（2）美国的货币政策

从美元国际化的历史演进中可以看出，美元国际化的经济基础是美国强大的政治及经济实力，而美元国际化的历史机遇却是在特定的历史条件下，美元经过与英镑开展了反复激烈的博弈后逐渐提升其国际地位的。此外，美元在全球外汇市场交易和 IMF 的官方持有外汇储备中一直高居首位。在美元国际化进程中，美国的货币政策操作在不同的时期表现也各不相同（见表 7－1）。

---

① IMF 和国际货币制度临时委员会 1976 年于牙买加首都金斯顿达成一项协议，取消了汇率协定和美元中心汇率，采用浮动汇率，成员国可以自行选择汇率制度，同时取消了黄金官价，黄金非货币化；国际储备除美元、英镑、日元、黄金之外，还包括特别提款权，可以在成员国之间进行自由交易。

表 7-1 美元国际化与美国的货币政策

时期	美元国际化进程	货币政策调控目标	货币政策独立性
1914 年至 1945 年	美元逐渐成为强势货币但非国际化货币。	盯住利率的货币政策，调控货币和信贷的增长。	货币政策不具有独立性。
1945 年至 20 世纪 60 年代中期	布雷顿森林体系建立标志着美元成为霸主货币。	1952 年之前，盯住利率的货币政策。1952 年以后，控制贴现率政策。	1951 年 3 月美联储独立于财政部，货币政策独立。
20 世纪 60 年代中期至 80 年代初	1973 年布雷顿森林体系瓦解，美元霸权由盛转衰。	20 世纪 70 年代后盯住利率政策转移到控制 M1 的增长速度。	20 世纪 60 年代实施了资本管制措施，货币政策独立性受到制约。
20 世纪 80 年代	美元霸权得到调整并重振。	盯住货币供给量，采用高利率政策控制通胀。	货币政策独立性增强。
20 世纪 90 年代至今	1999 年后美元开始走弱，但无货币能替代。	盯住利率。	货币政策独立性短期较强，长期受限。

从表 7-1 可以看出，随着美元国际化进程的推进，美国的货币政策目标也发生了相应变化，其独立性主要受以下因素的影响：

①资本项目开放

美国的资本项目开放实际上并不如人们理解的一样。虽然美国一直对国际资本流动采取的是相对自由的政策，但对一些关键的资本项目仍然实行管制政策。如 20 世纪 30 年代制定的《Q 条例》对存款利率进行了最高利率的限制，以维护国内低利率政策，促进国内经济发展。20 世纪 60 年代，美国出台了第一个资本管制措施：收取“利息平衡税”（即当国内居民购买外国的证券和股票时需要纳税，目的在于降低外汇贷款在美国国内的吸引力）。后来，利息平衡税政策被扩展到美国银行的离岸贷款业务（由于地理和经济密切度的关系，仅对加拿大和日本等国免税）。除此之外，美国联邦储备委员会还宣布了一项“自愿限制在国外的贷款和投资”政策，以限制美国的银行和非银行金融机构增加贷款余额；到 1968 年，美联储干脆将该政策改为强制原则，直接按地区对资本外流进行限制，并按所规定比例强制资金流回美国国内。后来，由于布雷顿森林体系崩溃，上述管制措施也随即被废除。

根据本章前述分析结论，如果一国实行汇率浮动制，则对资本项目进行管制有利于维持本国货币政策的独立性；反之，则不利于货币政策独立性的发挥。但是，美国经验表明，理论与现实存在差距，美国实施的资本管制政策并没有如理论所说的——提高了美国货币政策的独立性，反而是降低了美元的国际地位。

②汇率制度选择

从表7－1可以看出，美国汇率制度选择的演变对其货币政策的独立性也有一定影响。主要表现为，从第二次世界大战结束到1973年以前，在布雷顿森林体系下，因为存在“特里芬难题”与“三元悖论”，美国在维持美元汇率稳定的同时，其货币政策的独立性受到了削弱。对此学术界进行了不少研究，做出了诸多解释。一种主流观点认为，第二次世界大战后美国实施的固定汇率制应该是导致货币政策独立性不保的重要原因。另外，在资本项目开放进程中，货币政策的调控能力逐渐下降也成为美国放弃固定汇率制的原因之一。由此可以推论如下：当经济发展实力提高后，随着一国资本项目开放程度不断加大，一国选择浮动汇率制可能有利于其维持本国货币政策的独立性。

③经济金融规模扩大

随着美元国际化的深入，美国在全球的经济金融规模也在不断增长。尽管由于美国经济发展实力强，金融市场环境宽松，流入、流出美国的资金增长较快（1984年以前，外国在美国的金融资产额仅为0.1万亿美元，截止到2010年这数字增大为2.28万亿美元）。但由于美国经济发展的规模也在不断扩大，金融市场的总量和结构也发生了很大变化，因此当经济和金融发展水平不断提高后非常有助于维护货币政策的独立性。

④离岸金融市场发展

离岸金融市场的发展对美元的国际化发挥了极大的推动作用。离岸金融市场发展是本国金融市场发展的有效补充和对外开放金融市场的首要步骤，但随着离岸金融市场的发展，离岸业务规模不断增大，跨境资金流动也有可能给本国经济金融发展带来风险，对货币政策的独立性必然会受到一定影响。

总体来看，在美元国际化进程中，由于资本项目不断开放，市场规模增大，选择浮动汇率制度，最后提高了货币政策的独立性。与此同时，美国货币政策的独立性也因美国对其他国家的依存度上升而受到影响。但由于美国有相对完善的金融市场，货币政策的独立性受到的影响有限。

通过总结美国货币政策的演变我们得到以下启示：一国货币国际化的前提是具有庞大、流动、安全、成熟的金融市场。当出现国内资金流出后最终还会顺利回流，这有利于稳定美元汇率，保持货币政策的独立性。

7.2 人民币国际化进程中的货币政策操作风险生成

现有研究文献表明，学术界关于人民币国际化进程中金融风险的相关前瞻性研究成果已经问世，其中有人触及了货币政策操作风险问题（范祚军等，2012；张涛等，2014），但是，在人民币国际化进程中的货币政策操作风险生成机理和传导机制方面还缺乏专题性研究成果。

从货币政策操作风险的生成机理看，国际经验表明，货币国际化虽然可以给本国带来铸币税、赤字融资等潜在收益，但同时也会产生一系列负效应，其中在货币政策的有效性方面更为突出（Bergsten，1875；匡可可，2011；王旭祥，2014）。对中国来说，当前的人民币国际化正受到国内外学者的广泛关注。人民币国际化不仅仅是中国作为全球经济大国崛起的需要，也是中国全面参与国际金融体系重构的重要条件之一。目前，中国作为全球主要债权大国，及时推进人民币国际化有助于降低中国的对外投资风险，提高人民币在国际经济舞台上的地位，但是，如果没有控制好节奏，在人民币国际化进程中也会给中国货币政策操作带来一定难度，生成一系列风险来源。主要理由和推论如下：

根据本书第5章和第6章的研究结论，在人民币国际化进程中，人民币汇率的自由浮动性、资本在境内外的自由流动两大特性决定了中国要走维持货币政策独立性的道路。从汇率波动角度看，人民币国际化进程必然是汇率从固定到自由浮动的一个转变过程。按照 Mundell - Fleming 模型，似乎实行浮动汇率制下的资本自由流动可以保证货币政策的独立性，但是，人民币要作为国际化货币，新的问题又出现了（新“特里芬难题”），即要保持人民币价值稳定，就应当控制人民币的输出，这样，人民币要作为国际化货币就要受到很大制约；反过来看，人民币要作为国际化货币，就必须输出人民币，但这样做的话人民币的价值就难以保持稳定。这一两难选择说明，在人民币国际化进程中要实现中国经济内外同时均衡的货币政策是不可能的。如果货币政策的目标是内部均衡，那就得面临汇率大幅波动的风险，人民币国际化就会受到挑战；如果要保持汇率基本稳定，那么，货币政策对内部经济的调控目标就难以实现。

由此可以看出，在中国目前所选择的开放资本项目、实行浮动汇率以及保持货币政策独立性的宏观政策组合中，如果三项政策能够有机配合，则有利于中国经济金融稳定发展。否则，为配合人民币国际化目标的实现，在开放资本项目、实行浮动汇率制已成为中国金融改革战略的前提下，货币政策的独立性将会经受严峻考验。

尽管人民币与美元、欧元等国际主要国际货币相比，国际化进程才刚刚开始，国际化程度还较差，但是，从目前的推进程度看，可以说人民币已经实现了周边化战略目标，区域化、国际化战略的步伐正日益加速。在人民币国际化进程中，影响中国中央银行货币政策制定和执行的因素已经较以前发生了很大变化，因为从货币需求角度看，随着人民币流通范围越来越广，市场对人民币的需求已经不仅限于境内居民，而且还包括境外居民，这样，在人民币的需求函数中就需要加入新增变量，如外币收益率、非居民的恒久性收入、人民币与外币的汇率等，与此同时，这一新变化也意味着中央银行的货币供给总量和结构也将变得更加复杂。

7.2.1 人民币存量管理和监测难度加大

（1）人民币面临货币替代效应

关于人民币国际化进程中的货币替代效应在本书第3章已经讨论论过，这里不再赘述人民币替代或反替代的原理，只研究出现货币替代效应后对中国货币政策的影响。具体来看，就货币替代效应下人民币国际化进程推进对货币政策的影响看，主要表现为人民币国际化为人民币替代外币或外币替代人民币均提供了可能性，而这种可能性的存在会使本国居民和外国居民均可以寻求利润最大化而在本外币资产之间进行自由兑换，从而导致中央银行对货币供给总量的衡量、控制比以前更为困难，并进而影响货币政策的传导效应，如货币数量的来源和构成会发生变化，利率的决定等更为复杂，国内信贷总量和货币总量会超出中央银行的控制范围等。当这些新情况出现后都会对中央银行货币政策的制定和执行带来新挑战，从而加大人民币管理和监测的难度。

（2）人民币需求函数将会发生新变化

从货币需求角度看，由于在人民币国际化之前对人民币的需求仅限于国内居民，当利率提高时，市场上对人民币需求量变小；反之，对人民币的需求量增大。因此，人民币的货币需求函数变化是严格遵守市场供求关系的。这样，可以根据凯恩斯的货币需求理论将国内居民对人民币的投机性需求与利率的反方向变化关系描述为图7-1。

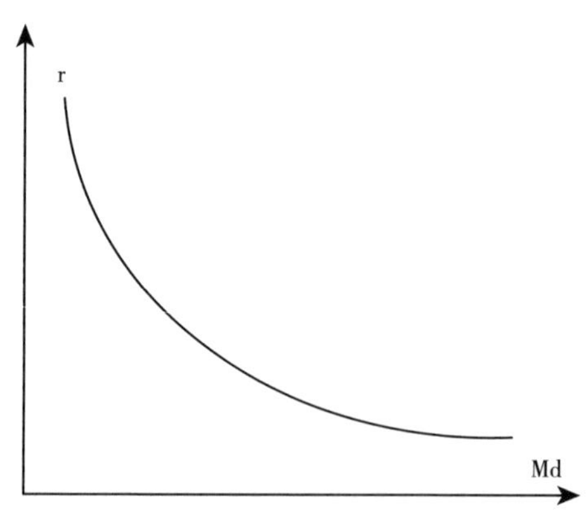

图 7－1　人民币国际化之前的货币需求函数

从图 7－1 可以看出，在人民币国际化之前，市场上对于人民币的需求情况很简单，人民币的货币需求函数也很单一。

但是，当人民币流通范围由国内向国际扩大后，非居民对人民币的需求就成为影响货币需求函数变化的关键变量之一。因此，在人民币的货币需求函数中就需要加入外国居民对人民币的需求这一新增变量。表面看来，加入这一新因素后只是增加了人民币的需求总量，但是，实质上却是发生了货币流动方向和结构的本质变化，因为虽然国内居民对人民币的投机性需求与利率变化呈反方向变动关系，但是，对于外国居民来讲，他们之所以愿意持有人民币关键是看好人民币的收益，因此，外国居民对人民币的需求与利率变动却成正方向关系，这一作用机理是人民币国际化后货币替代效应的存在使得人民币利率的提高后会吸引国外居民更多地用人民币替换其原有的外国货币，从而增加了对人民币的需求。此时，利率上升最终是否会引起人民币需求总量的增加关键就取决于国内居民和国外居民各自针对利率变动情况对人民币需求变动幅度的力量对比。因此，人民币国际化后因为新增加了外国居民这一新增变量，人民币的需求函数比之前要复杂得多，主要呈现三种情况（见图 7－2）。

从图 7－2 可以看出，人民币国际化之后，因市场对人民币的需求出现了新变化，导致人民币的货币需求函数出现了三种不同情况。这三种可能情况的出现意味着中央银行的货币政策调控遇到了新挑战，对中央银行来说，要能够准确预测人民币的需求变化和科学监测人民币的市场存量并非一件容易的事情。

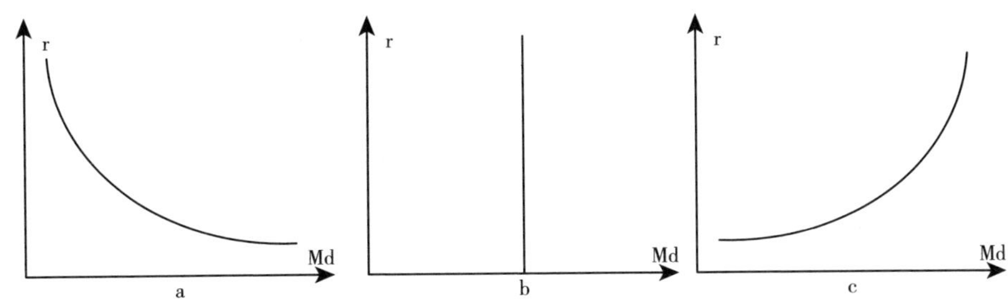

图 7－2 人民币国际化之后的货币需求函数

(3) 人民币供给函数也会发生新变化

在人民币国际化之前，人民币的发行完全由中央银行根据市场货币需要量统一发行，不受利率影响（见图 7－3）。但是，当人民币国际化之后，人民币除了由中央银行发行外，还受国外居民间接创造的那部分货币供给影响，并且随着利率的上升，外国居民所持有的人民币也相应增加。在这种情况下，在人民币的总供给函数中，人民币供给量将和利率变化成正方向变动（见图 7－4）。

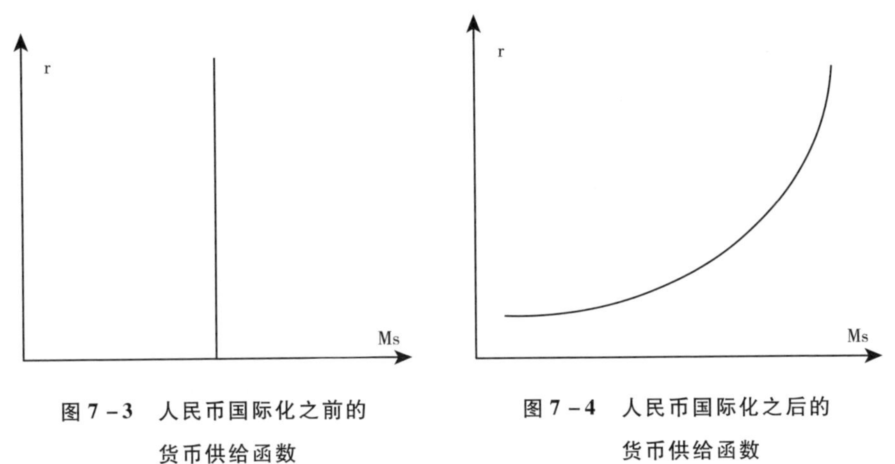

图 7－3 人民币国际化之前的货币供给函数

图 7－4 人民币国际化之后的货币供给函数

从图 7－3 和图 7－4 可以看出，人民币国际化之前和之后的货币供给函数也发生了很大变化，这种新情况的出现意味着中央银行的货币供给机制也要发生相应变化，中央银行控制货币供给量时需要考虑的因素比以前更加复杂。

7.2.2 货币政策传导过程发生变化

货币政策传导机制是中央银行从运用货币政策到实现货币政策目标的全过程。货币政策传导机制是否完善和科学，直接影响到货币政策的实施效果以及对经济发展的贡献。在改革开放40多年的时间内，由于人民币作为中华人民共和国的法定货币一直在国内流通，因此，货币政策的传导机制基本确定。但是，随着人民币国际化进程的推进，人民币的流通范围发生变化，货币政策的传导机制必然也要发生相应变化，在这种情况下，就有可能生成以下风险：

（1）货币供给量目标的可测性和可控性降低

由于人民币国际化，必然会出现大量人民币流向中国境外并进行定价和交易，这样，人民币的需求总量和供给总量除受本国市场供求影响外，还会受到跨境资本流动的影响。众所周知，国际资本流动的最大特点是很难监测其流向和流量。这样，人民币流向国外后不仅增加了中央银行对人民币需求的监测难度，还增加了中央银行对人民币存量（即供给量）进行统计监测的难度，从而降低中央银行调控货币供给的能力。

（2）利率杠杆作用发挥受限

开放经济条件下，利率是中央银行调控货币供给量的最主要手段之一。但是，根据本书第6章的研究结论，在人民币国际化进程中，如果国内利率上升，就会引起国际投机短期资本的大量流入，引起人民币升值，进而出现本国外贸出口减少，国民收入下降，导致国内物价下降。如果利差继续存在，国际资本进一步流入，就会产生货币供给中外汇占款增多，人民币基础货币投放相应增多，当国内货币供过于求，出现过多现象后，就会带来国内利率下降，过多的人民币供给必然会引起国内物价上升，抵消了紧缩货币政策的效应。当其他条件不变时，物价的涨跌主要取决于出口减少所导致的物价下降与资本流入引起的物价上升之间相互抵消的程度。可见，随着人民币国际化进程加快，中央银行利用利率杠杆调控宏观经济的效果的不确定性加大了，如果对市场利率和货币供给量掌握不好，极有可能出现实施结果偏离原来的调控目标。

（3）汇率调节工具部分失效

开放经济条件下，利率和汇率是中央银行调控宏观经济，实现经济内外均衡的两大主要工具，两者应当互相配合，共同发挥作用。在人民币国际化进程中，当利率工具的杠杆作用发挥受限时，汇率作用的发挥同样也不能够做到游刃有余。虽然根据本书第 5 章和第 7 章 7.1 节的研究结论，当人民币国际化进程中面临“三元悖论”时，实行浮动汇率制已经成为中国金融体制改革的必然选择，这似乎有利于国家宏观经济管理部门运用不同的货币政策和财政政策组合，达到调控宏观经济的政策目的。但是，在实际操作中，当中国力图将人民币更广泛地输送到全球更多国家和地区时，则需要与不同国家和地区建立货币合作和货币政策的协调机制，这无疑会引起人民币汇率政策工具的部分失效，从而限制中央银行货币政策的独立性和自主性。

7.2.3　货币政策操作工具面临转换

改革开放以来，由于人民币基本在国内流通，因此，中央银行对人民币的供给量、利率、信贷规模等的调控能力一直非常强。在调控国内人民币供求关系时，中央银行长期以来主要采取的是数量型货币政策工具，而且取得了非常明显的效果。但是，近年来，随着利率市场化改革的进一步深化，中央银行将逐渐转向主要以价格型货币政策工具为主。在这种背景下，当影响货币需求量的诸多因素中新增添了国际需求因素这一变量后，中央银行的货币政策操作将会面临新的挑战：如何才能在满足国内外对人民币合理需求的同时，避免或减少全球市场吸纳与吞吐人民币给中国货币供给量所造成的较大冲击？可见，当人民币在国际金融市场大量流通的情况下，中国人民银行对国内人民币的调控能力将会受到来自国际上流通的人民币的限制和约束，从而大大削弱中央银行调控货币的能力。

7.2.4　面临新“特里芬难题”

尽管“特里芬难题”是针对当时的美元国际化所面临的两难选择而提出的，但毕竟美元国际化是在美元与英镑竞争了很长时间后，以全球 44 个国家在美国布雷顿森林会议上做出的共同协定为基础的，因此，国际上很多经济学家一直为解决“特里芬难题”而努力。尽管如此，国际社会至今也没有找到可以解决美元所面临的这一难题的任何良策。同样，当今天人民币要冲出国门，走向国际之时，“特里芬难题”同样也摆在了中国人面前，原因是它指出了货币发行国在以贸易逆差向储备国提供结算与储备手段的过程中，本币贬值压力与保持本币币值稳定之间必然会出现冲突。

不但如此，今天的人民币国际化与美元当年的国际化所面临的国际市场环境已经很不相同了，美元国际化的时代背景是在全球经济发展还不甚发达，各个国家和地区之间还相对较封闭的国际市场环境下进行的。今天，人民币的国际化则是在经济一体化和全球化的国际市场环境下，在金融自由化浪潮的推动下向前推进的。因此，在人民币国际化进程中将要面临的“特里芬难题”比当年美元国际化遇到的要复杂得多。当中国面临“特里芬难题”时到底应当怎么办？能否突破这一难题？在目前的学术研究中，虽然已有不少人指出了这一问题，但却没有人能够提出可行的解决方案。

以上四点分析说明，随着人民币国际化进程的加快，中国货币政策操作中存在的不确定因素将会不断增多，操作难度将会不断加大，货币政策操作的独立性和实施效果将会面临新的挑战。

7.3 人民币国际化进程中的货币政策操作风险传导

7.2 节的分析结论表明，伴随着人民币国际化进程的进一步深入，国内外市场对人民币的货币需求函数和货币供给函数都比之前发生很大变化，在中央银行的货币政策操作中隐含着一系列风险生成因素。在这种情况下，如果货币政策操作稍有不慎，都有可能将以上风险转化为现实，并通过货币政策操作传导到实体经济中，降低中央银行的货币政策操作效果，给实体经济带来一系列冲击，甚或带来经济金融危机。

根据 7.2 节的研究结论和货币政策的传导途径，我们认为人民币国际化进程中的货币政策操作风险会通过以下环节传导到实体经济，最后导致经济衰退：首先是因国内外对人民币的需求加大而产生的货币需求管理难度加大，其次是中央银行运用货币政策操作工具失灵，再次是货币政策传导机制不畅通，最后是不能达到宏观调控的目的。据此，可将人民币国际化进程中的货币政策操作风险的传导机制绘成图 7－5。

从图 7－5 可以看出，随着人民币国际化的推进，国内外对人民币需求的增加，人民币的供给量必然也要相应增加。但这时，市场上的利率变化与人民币国际化之前很不相同，已不再表现为货币供给量增加，利率下降的单一变化了，而是有可能出现上升或下降两种可能。但无论是上升还是下降，中央银行都无法做到像人民币国际化之前的操作那样顺利了。当利率出现下降时，因资本可以自由流出，最终会导致中央银行基础货币投放减少，通货紧缩，经济衰退，中央银行货币政策效果失效。反过来看，当利率上升，国外居民投资偏好加大，在资本流入和利率上升的循环作用下，经济出现通货膨胀，中央银行原有的通过加大货币供给量以降低利率、刺激经济发展的目标不但完全失效，而且还有可能引发经济金融危机。基于此，本节下面将对以上风险进行进一步解析。

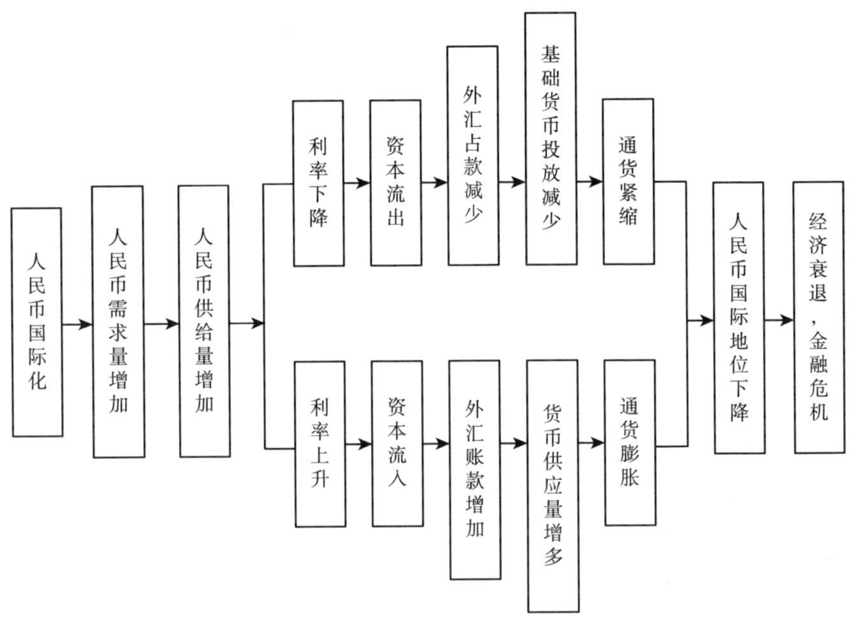

图 7-5 人民币国际化进程中的货币政策操作风险传导

7.3.1 货币需求管理监测风险

根据 7.2 节的研究结论，随着人民币国际化进程的加快，全球主要经济体对人民币的容纳与吞吐量将呈逐年上升趋势，这会对人民币的供给量造成较大冲击，同时也意味着人民币发行量必须同时满足国内和海外两重需求。这样，人民币国际化进程中的货币存量管理监测风险表现如下：

(1) 货币需求函数更加复杂

人民币国际化之前的货币需求函数如弗里德曼的货币需求函数公式：

$$M = f(P, Rm, Rx, W, Yp, U) \tag{7-1}$$

在式（7-1）中，M 表示名义货币需求量；P 表示价格水平；Rm 表示货币收益率；Rx 表示其他资产的收益率；W 表示非人力财富与人力财富的比率；Yp 为恒常收入，代表财富；U 表示其他随机因素。

随着人民币国际化进程的推进，由于影响人民币需求的各种经济变量不仅源于国内，还源于国外。因此，在影响人民币需求的因素中，除式（7-1）所包含的因素外，还包括国外居民出于追逐利润、资产保值增值、规避风险等目的而对人民币所产生的需求。这样，人民币国际化条件下的货币需求函数将在式（7-1）的基础上被分解为两部分：

$$M = f_1(P, Rm^*, Rx, W, Yp, U) + f_2(Rm, Rm^*, Yp^*, E, U) \tag{7-2}$$

在式（7-2）中，Rm^* 表示外币收益率，Yp^* 表示国外居民的恒常收入，E 表示人民币与外币的汇率。等式右端第一部分表示国内居民对人民币的需求，第二部分表示非居民对人民币的需求。如果人民币在国际范围内的流通量越来越大、流动性不断增强，则可能导致国际范围内对人民币需求产生巨大波动，这样，中央银行对人民币需求量的准确监测难度加大，从而产生人民币在国际范围内供求失衡而带来的金融风险。

（2）货币替代风险增大

在本书第6章中，6.5节专门研究了资本项目开放条件下人民币替代风险的生成机理和传导机制。这里将在第6章的理论分析基础上，重点研究存在货币替代效应下中央银行的货币需求管理监测所面临的风险。

①货币的来源渠道和构成要素将发生变化

因为存在货币替代效应，因此，在人民币国际化进程中，不管是本国居民还是外国居民，其对货币的需求中既包含了对本币的需求，也包含了对外币的需求；同样地，货币的供给也不再局限于本国中央银行所发行的本币，除本国货币外，还包括外国政府所发行的货币。在这种情况下，中央银行再用传统的货币概念将难以衡量人民币的市场存量。加上资本项目开放后，国际资本的频繁流动，特别是短期国际资本投机的频繁进出，势必加大中央银行对人民币在市场上的需求总量和流动方向进行统计监测的难度，难以准确把握一定时期内人民币在国内外市场的存量。

②利率的决定更为复杂

如果人民币只在国内流通，中央银行就可以根据国内市场供求情况适时地通过利率工具调控货币供给量。但是，现在情况不同了，由于存在货币替代效应，人民币不但面临国内居民的需求，还面临非居民的需求。这样，人民币利率的变化还受本外币之间相对数量关系的影响，这意味着人民币利率水平的决定要比无货币替代效应时复杂得多。因此，传统上中央银行根据人民币仅在国内流通所形成的供求关系，采用利率调节货币供给量的做法就受到挑战，导致中央银行无法运用利率工具调控人民币市场供求，无法控制人民币在国内外市场的流量和流向。

③国内信贷总量和货币总量超出中央银行的控制范围

根据货币替代的定义，如果一国货币国际化进程推进顺利，则出现的应当是本国货币替代外国货币而流向国际，即货币的反替代。但是，如果推进过程不顺利，就会出现由于本国居民对本国货币失去信心而大量兑换外币，出现货币替代现象。这时，外币的大规模流入就会导致本国国内金融体系将外币转化为本币存款和信贷，从而削弱中央银行对本国国内货币总量的调控能力。在人民币国际化进程中，虽然我们不愿意看到人民币不但没有实现国际化，反而被别的货币替代现象的出现，但也不得不防患于未然。

7.3.2 货币政策操作工具失灵风险

中央银行的货币政策目标需要通过对货币政策工具的运用才能得到实现。众所周知，法定存款准备金率、再贴现率以及公开市场业务是中央银行进行宏观经济调控的三大政策工具。但是，随着本币国际化进程的推进，传统的货币政策操作工具将会面临新的市场环境，传统政策工具将会面临新的挑战。在人民币国际化进程中，市场环境的变化将对以上三大政策操作工具产生不同的影响。

（1）法定存款准备金率政策趋于失灵

法定存款准备金率政策是中央银行控制商业银行可以放贷的资金数量，从而控制整个社会货币供给量的首要政策。经过长期实践，已经充分证明法定存款准备金率政策的有效性。虽然以美国为代表的发达国家已经很少使用这一政策手段，转而采用基准利率等手段调控宏观经济。但是，随着人民币国际化的进行，市场对人民币的需求发生了新的变化后，为了维持市场上人民币的供求均衡，中央银行就必须采取紧缩或者扩张的货币政策。假设当市场上的货币供给量过多，中央银行就需要提高法定存款准备金率，实行紧缩性货币政策，相应的，商业银行需要向中央银行缴存的准备金就要增多，可以向市场发放的贷款资金就要减少。这时，假设市场对人民币的需求减少，当然就会出现市场利率下降，中央银行也达到了通过货币政策调控宏观经济的目的；但是，假设市场对人民币的需求没有减少，则就会导致市场利率上升，从而出现国内外市场的利差，这时，当国际资本发现不同市场间的套利空间后，就会乘虚而入，从而导致对人民币需求的进一步上升。这种情况出现后所带来的直接结果是，国内市场利率上升的幅度超过了中央银行的预期。这时，中央银行所能做的只有实行扩张性的货币政策以防止利率的进一步上升。但是，如果这样做的话，则与原来的目标背道而驰，表明中央银行通过法定存款准备金率政策调控经济的手段以失败而告终。可见，随着人民币国际化的推进，当市场对人民币的供需发生变化并伴随利率市场化后，有可能出现中央银行惯常采用的法定存款准备金率政策失灵。

（2）再贴现率政策趋于无效

与法定存款准备金率政策和公开市场业务政策相比较，尽管再贴现率政策不是中央银行所使用的最主要手段，但中央银行仍然可以通过改变再贴现率影响商业银行等存款性金融机构从中央银行获得的资金成本，达到增加或减少货币供给量，实现货币政策目标。随着金融市场的开放，外资银行的进入，再贴现率政策的效用将被削弱。虽然外资银行在国内也需要遵守我国法律规定，向中央银行上缴存款准备金，向中央银行申请再贴现，但是，由于其总行在海外，当其遇到资金短缺时，可以更方便地从国外金融市场获取资金或从其中央银行获得再贴现。同样地，随着人民币国际化进程的加快，国内金融市场进一步开放，国内商业银行的资金来源也不仅局限于国内资金市场，当海外融资成本低于国内市场时，也可以从海外融资。这种趋势最终会导致中央银行的再贴现率政策效用减小或无效。

（3）公开市场业务政策趋于有效

与前两项政策相比较，公开市场业务政策是更有利于中央银行通过公开市场买进或卖出有价证券来影响货币供给量，从而实现货币政策目标。由于公开市场业务的开展既可以通过利率机制传导，也可以通过汇率机制传导，还可以通过中央银行直接调控货币总量进行。因此，随着人民币国际化进程的加快，利率、汇率工具所能发挥的作用不断增强，公开市场业务这一政策工具的作用将会得到进一步加强。从这一角度看，可以说人民币国际化实际上对中央银行的公开市场业务倒是起到了加强的作用。因此，今后中央银行在运用货币政策工具调控货币供给量，进而实现其货币政策目标时，应当尽量减少使用准备金政策和再贴现政策，更多使用公开市场业务操作政策。

7.3.3 货币政策传导机制堵塞风险

虽然学术界对货币政策传导机制的定义还不完全统一，但关于货币政策传导机制的看法却是基本相同的，即在传导机制的最左端应当是货币政策，通常由货币政策工具（法定存款准备金率、再贴现率、公开市场业务）来代表，而在传导机制的最右端则应当是货币政策目标（经济增长、价格稳定、充分就业以及国际收支平衡）。由最左端变量的变化所引起的最右端的变量变化的过程即为货币政策的传导机制。根据这一共识，这里将人民币国际化进程中的货币政策传导机制堵塞风险总结为以下三点：

（1）利率杠杆有效性降低引起的传导机制阻塞

利率是间接反映和度量中央银行货币政策执行效果的中间变量之一。在封闭经济条件下，中央银行可以通过提高利率以压缩银行信贷，减少市场上的货币流通量，并与财政政策、产业政策等相结合共同达到资金在全社会的有效配置。但是，在开放经济条件下，情况则会出现新变化。由于利率已经实现市场化，市场利率的决定权将不再简单地由中央银行来决定，而是由市场上资金的供需双方共同决定。同时，正如7.3节关于货币替代风险的论述中所言，由于在人民币国际化进程中存在货币替代效应，人民币不但面临国内居民的需求，也面临非居民的需求；人民币利率的变化还受本、外币之间相对数量关系的影响，人民币利率水平的决定因素会变得很复杂。这样，人民币利率的杠杆作用在国内所能发挥的空间就会受到限制，导致利率杠杆这一货币政策中间目标不能有效发挥作用，从而使中央银行的货币政策最终目标发生偏离或不能实现，不但削弱了货币政策的独立性，还会给宏观经济发展带来一系列负效应。

从具体的传导过程看，因利率杠杆有效性降低引起的货币政策传导机制阻塞可以分为两种情况：

首先，假设国内出现通货膨胀，需要中央银行采取紧缩性货币政策，则中央银行就应该提高基准利率，从而市场利率提高。但是，正如前文所言，由于人民币国际化，国内利率上升会引起国际短期资本的大量流入，导致人民币升值，这一方面会引起本国贸易出口减少，国民收入下降，导致物价下降；另一方面会引起国际资本进一步流入，外汇占款增多，基础货币投放增加，进而导致国内价格上升，从而抵消掉了紧缩性货币政策的作用效果。当其他条件不变时，物价上升和下降关键取决于因出口减少导致的物价下降与资本流入所引起的物价上升之间的相互抵消程度。因此，在人民币国际化进程中，利用利率调控物价的效果具有不确定性，结果可能偏离原目标。其传导过程分为两种情况：

物价过高→基准利率提升→资本流入→人民币升值→

{①出口减少→国民收入下降→物价下降；
②外汇占款增多→基础货币投放增多→物价不降反升。

其次，假设国内出现通货紧缩，需要中央银行采取扩张性货币政策时，则中央银行就应该降低基准利率，从而市场利率降低。但是，由于人民币国际化，当国内市场利率下降到低于国外市场利率时，就会引起国际短期资本的大量流出，引起人民币贬值，这既会引起本国外贸出口增加，国民收入提高，物价上涨，也会导致资本进一步流出，外汇占款减少，基础货币投放萎缩，进而导致国内价格不升反降，抵消掉扩张性货币政策的作用。同样，在其他条件不变的情况下，物价的下降和上升关键取决于出口增加所导致的物价上升与资本流出引起的物价下降之间相互抵消的程度。在这种情况下，同样会出现在人民币国际化进程中，利用利率调控物价的效果具有不确定性，结果可能偏离原目标。其传导过程也分为两种情况：

物价过低→基准利率下降→资本流出→人民币贬值→

{①出口增加→国民收入增加→物价上升；
②外汇占款减少→基础货币投放减少→物价不升反降。

（2）汇率政策主动性丧失引起的传导机制阻塞

对货币政策的汇率传导机制研究最早源于 Mundell – Fleming 模型中所进行的经典分析。本章 7.1 节的分析表明，面临“三元悖论”，虽然中国目前所选择的战略是开放资本项目、实行浮动汇率以及保持货币政策独立性。可以说，为配合人民币国际化目标的实现，在开放资本项目、实行浮动汇率制已成为中国金融改革战略选择的前提下，似乎实行独立的货币政策是理想选择。但同时，我们的分析也表明，在实践中货币政策的独立性将会经受到严峻考验。原因是当中国政府力图将人民币的流通范围在全球不断扩大时，就需要与不同的国家或地区建立货币合作关系和货币政策的协调机制，这样做无疑会引起人民币汇率政策工具的部分失效。

基于此，这里试图在前述分析的基础上进一步揭示因汇率政策主动性丧失而引起的货币政策传导机制阻塞。在资本项目开放前提下，由于国内外对人民币的需求量上升，要求中央银行实行扩张性货币政策，这时，在浮动汇率制下货币政策的传导机制如下。

假设本国市场利率与国外保持一致，如果实行扩张性货币政策，货币政策的汇率传导机制为：

货币供给增多→本币贬值→净出口上升→国民收入增加，最终通过汇率变化和国民收入的不断调整经济达到均衡。

反之，如果实行紧缩性货币政策，货币政策的汇率传导机制为：

货币供给减少→本币升值→净出口下降→国民收入减少，最终达到经济均衡。

因此，在资本自由流动的情况下，货币供给量变动会通过汇率机制对国民收入产生影响。但是，这种货币政策的汇率传导渠道必须具有一个前提条件：浮动汇率制（Obstfeld & Rogoff，1995）。如果实行固定汇率制或对外汇进行管制，则货币政策的汇率传导机制就会遇到阻塞，传导渠道将会失效。纵观我国的汇率制度改革实践可以发现，经过十几年改革，人民币汇率才实现了每天2%涨跌幅限制的水平。从今后看，我国将会在很长一段时间内仍然采用有管理的浮动汇率制。这表明不管资本流动是否完全自由，只要实行有管理的浮动汇率制，中央银行的货币政策就不能充分发挥作用。

假设根据人民币国际化进程中国内外市场对人民币流通量扩大的需要，中央银行实行扩张性货币政策，则其货币政策的汇率传导机制如下：

国内人民币供应量增加→利率下降→资金迅速大量流出→资本项目收支出现逆差→本币迅速贬值→中央银行出售外汇购买本币（以维持汇率稳定）→外汇储备下降→基础货币投放减少→扩张性货币政策效应抵消。

反之，假设中央银行实行紧缩性货币政策，则货币政策的汇率传导机制如下：

货币供给量减少→利率上升→资金迅速大量流入→资本项目收支出现顺差→本币迅速升值→央行售出本币购买外汇（以维持固定汇率）→外汇储备上升→基础货币投放增加→紧缩性货币政策效应抵消。

这说明存在汇率管制下，当资本可以完全流动时，不管是扩张性货币政策还是紧缩性货币政策都无法对经济产生影响，货币政策无效。

（3）资本项目开放引起的传导机制阻塞

随着人民币国际化进程加快，跨境资金的自由流动会使得对人民币的需求结构发生相应变化，货币供给难以控制，增加了中央银行货币政策操作的难度和复杂性，操作效力和独立性都被削弱。具体有两种情况：

一种情况是当国内出现通货膨胀、经济过热迹象时，中央银行一般采用的调控手段是加息、收紧信贷规模，以抑制投资和消费，调控物价上涨和经济过热。但是，由于资金可以跨境流动、兑换自由，中央银行的加息和人民币升值预期会吸引大量资本流入境内，导致银根宽松、流动性过剩，带来通过膨胀、增加经济热度，抵消中央银行的调控效果。另一种情况是当国内经济出现疲软时，如果中央银行放松银根，由于存在本币贬值和国内外利差，人民币资金很容易被换成外汇后流出，导致资金大量外流，货币政策的操作效果同样大打折扣。

不管这两种情况的哪一种出现后都会削弱货币政策独立性和有效性，影响宏观调控效果。因此，可将资本项目开放引起的货币政策传导机制阻塞概括为：

经济过热→紧缩性货币政策→国内外利差扩大→资本流入增多→投资迅猛→经济进一步扩张；或者，经济过冷→扩张性货币政策→国内外利差扩大→资本流出增多→投资减少→经济进一步萎缩。

7.3.4 货币政策效果失效风险

中央银行进行货币政策操作所要达到的目标是要能够实现经济增长、价格稳定、充分就业以及国际收支平衡。但是，货币政策具有溢出效应（正效应和负效应），当一国的货币政策对他国的经济变量产生了积极作用时，即为正效应；反之，则为负效应，也即以邻为壑的政策。当今世界，全球经济一体化潮流已经形成，各国之间的经济依存度提高，一国货币政策不仅可以对本国的经济目标变量发挥作用，而且会对其他国家的金融市场稳定和实体经济发展产生一定作用。同时，国外的货币政策也会通过汇率等渠道对本国的经济变量产生影响，从而间接影响本国货币政策的调控效果。

目前我国货币政策的独立性是以资本项目管制为代价而得以保持的。随着人民币国际化的推进、资本的自由流动和汇率的自由浮动，我国货币政策从制定到实施必然将受到更多冲击，政策的溢出效应将全面显现，政策的实施效果将会被打折扣。

（1）货币政策受制于外国货币政策的溢出效应影响

由于人民币国际化，资本流动更加自由，本国货币政策的制定与实施更容易受他国经济金融态势以及货币政策“溢出效应”或“外部效应”的冲击和影响，主要表现为国内货币市场利率容易受到资本流入、外汇储备增加以及国际市场利率的冲击。例如，近年来美国政府执行持续的量化宽松货币政策，通过不断推高大宗商品价格，将美元流动性过剩输入到其他国家，造成其他国家的输入型通货膨胀，引发全球的货币供给过多就是最好的佐证。但是，当2014年9月份美国宣布退出量化宽松货币政策后，立即引起亚太地区金融市场动荡，以印度尼西亚和印度为代表的亚洲国家纷纷出现因国际资本大量流出而引起的“钱荒”。在事件发生的整个过程中，中国没有幸免于难，也出现了资本的大量外流，对货币政策实施效果造成很大冲击。

（2）货币政策目标很难实现

由于一国货币成为国际货币后，非居民对本币的持有量将大大增加。当国际货币发行国执行扩张性货币政策时，其国内利率水平下降，资产收益率相应下降，这可能会引起持有该国货币资产的非居民抛弃该国货币资产，转而持有他国货币资产，从而造成资本大量流出，扩张性货币政策失效。反之，当国际货币发行国执行紧缩性货币政策时，其国内利率水平上升，相应地，资产收益率也会上升，这有可能引起非居民持有的该国货币资产增加，从而造成资本大量流入，紧缩性货币政策失效。可见，由于人民币国际化进程中资本流动的自由化，中央银行不管采用何种货币政策，对宏观经济的调控效果都会大打折扣。

以下将人民币国际化之前和之后的货币政策实施结果进行比较，揭示货币政策实施效果的差异。

①人民币国际化之前的货币政策效果分析

在人民币国际化之前，中央银行采取扩张性货币政策之时，处于垂直状态的货币供给函数便会向右移动，人民币在市场上的均衡点由O移向O′，在新的均衡点O′处实现供需均衡（见图7－6）。与此同时，市场利率水平会有所下降，处于新均衡点下的利率水平低于原有水平，表明中央银行采取的扩张性货币政策达到了预期效果。当然，如果市场对人民币的需求量减少，情况则正好相反，中央银行的紧缩性货币政策也可以通过货币供给量的减少、市场利率水平的提高等达到其预期效果。

从图7－6可以看出，在人民币国际化之前，由于人民币的流通范围有限，货币政策的传导渠道既定，从而中央银行的货币政策传导机制畅通，传导目标容易达到，传导效果容易实现。

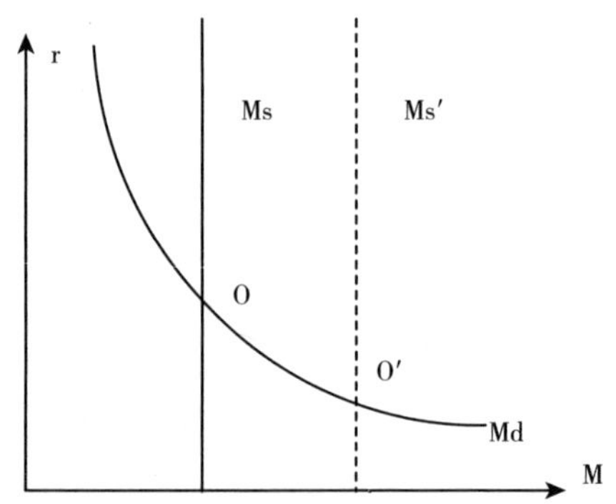

图 7－6 人民币国际化之前的货币政策效果

②人民币国际化之后的货币政策效果分析

根据本节的分析，人民币国际化之后，由于存在一系列影响货币政策操作的风险因素，导致人民币的需求函数和供给函数都与之前出现了明显不同。在这种情况下，传统货币政策工具面临失灵，货币政策传导机制出现阻塞，货币政策传导效果失效。具体分析如下：

根据图 7－3 和图 7－4，人民币国际化后，人民币的供给函数已不再是一条处于垂直状态的直线，而变成了一条向右上方倾斜的曲线了。此时，人民币的需求函数也已不再是一条处于向右下方倾斜的曲线，而是分化为在本国居民和外国居民对人民币投资偏好相互博弈下的四种不同情况了。这样，在新货币供给函数和四种需求函数下就出现了不同的货币政策传到效果（见图 7－7）。

从图 7－7 可以看出以下四种不同的货币政策操作效果：

第一，当人民币国际化之后货币需求函数表现为向右下方倾斜的情况时（见图 a），表明市场对人民币的需求和利率的变化方向相反。如果中央银行实施扩张性货币政策，货币供给曲线会由 S1 向右移至 S2，在短期内均衡点由 O 移至 O′。在新的均衡点 O′处，因货币供给量和需求量同时增加就会带来利率的相应下降。由于人民币利率下降，境外居民对持有人民币的偏好下降，由境外居民间接创造的那部分货币供给会相应减少，从而使得货币供给总量减少，最终由 S2 左移至 S3，并形成最终均衡点 O″。不管 O″的具体位置是更接近于 O 还是 O′，总之，扩张性货币政策没有达到预期效果；更有甚者，当 S3 与 S1 重合后，扩张性货币政策完全失效。

第二，当人民币国际化之后货币需求函数表现为一条处于垂直状态的直线

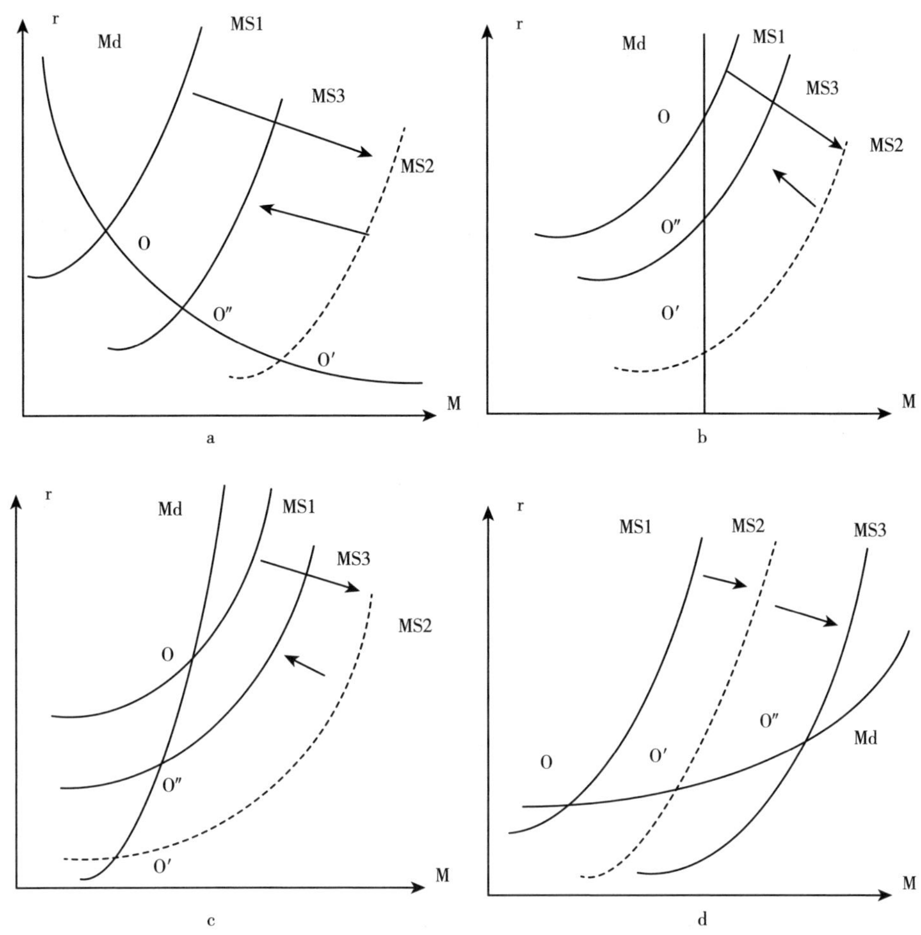

图 7-7 人民币国际化之后的货币政策调控效果

时（见图 b），表明市场对人民币的需求不受利率变化方向的影响。假设中央银行也实施扩张性货币政策，同样，也会出现货币供给曲线由 S1 移向 S2，在短期内使得均衡点由 O 移至 O′。但此时与图 a 不同的是，由于市场的货币需求量不变，因此，在新均衡点 O′处，因货币供给量增加导致的利率下降幅度也较图 a 大。在这种情况下，境外居民对持有人民币的偏好下降更快，需求减少更多，相应地货币供给总量由 S2 左移至 S3，并形成最终的均衡点为 O″。此时，O″更接近于 O，扩张性货币政策完全失效。

第三，当人民币国际化之后货币需求函数表现为一条向右上方倾斜的曲线，并表现为货币需求曲线的斜率大于货币供给曲线的斜率时（见图 c），表明市场对人民币的需求和利率的变化变化方向相同，而且市场对人民币利率的变化反应很敏感，越是利率上升，市场对人民币的需求量越大。人民币供求博弈的最终均衡点为 O″，介于 O 和 O′之间，扩张性货币政策实施效果被部分抵消。

第四，当人民币国际化之后货币需求函数表现为一条向右上方倾斜的曲线，但货币需求曲线的斜率小于货币供给曲线的斜率时（见图 d），表明市场对人民币的需求和利率的变化方向相同，而且市场对人民币利率的变化反应不太敏感，越是利率上升，市场对人民币的需求量稳步增大。当中央银行采取扩张性货币政策时，也会在新的均衡 O′处实现供求均衡，这时，不仅人民币供给量增加了，利率同时也上升了。此时，利率的上升会吸引更多外国资本流入，增加国外居民对人民币的持有及间接性货币供给，从而货币总供给曲线进一步右移，在新的均衡点 O″处，利率进一步上升，而货币供给量较预期增加得更多。这种情况表明，若原本以降低利率、刺激经济为政策目标而采取扩张性货币政策的话，那么此时货币政策不仅完全失效，还会带来经济运行成本加大，风险加剧，加速经济衰退。

综上，人民币国际化后货币政策操作情况更加复杂，操作难度更大，如果操作不当，货币政策效果会大打折扣或完全失效。

7.4 人民币国际化进程中的最优货币政策规则

为了避免人民币国际化进程中的货币政策操作风险，需要寻找能够与人民币国际化进程相适应的最优货币政策规则（包括货币政策目标规则和货币政策工具规则）。因此，本节首先从理论上推导出开放经济条件下的市场经济主体博弈行为以及总供给和总需求之间的关系，然后分别推导出开放经济条件下的最优货币政策目标规则和最优货币政策工具规则。

在讨论前两个问题时，主要基于 Calvo 交错定价下小国开放经济模型①：首先，详细描述在人民币国际化进程中，我国各经济主体（代表性家庭、代表性厂商以及政府）的行为目标；其次，利用动态优化方法得到各经济主体

① Calvo 交错定价模型假定，在垄断竞争市场环境中，厂商无法连续调整价格，只能在接收到某种价格调整信息时才调整其价格，且厂商在调整价格时，会考虑其他厂商过去的定价。因此，价格调整具有黏性。模型还假定，所有厂商具有前瞻性预期，即价格完全取决于厂商对未来经济运行趋势的理性预期。

在环境资源、生产技术约束条件下的最优决策行为所满足的一阶条件；最后，采用加总求和的方法将微观经济主体的最优行为决策转化为经济总量满足的行为方程。

假设国际经济是小国经济的闭联集，这里以单位间隔（0，1）表示。同时，假定不同国家的市场结构、个人偏好和生产技术相一致，但面临的生产力冲击却不一致。还需要注意的是，由于每一个经济体被记为零规模，因此，任一国家的货币政策制定不受国际其他国家影响，也不对其他国家产生影响。

在开放经济条件下，许多概念与封闭经济下的概念有很大不同，在下文正式分析前，第一，对一些相关概念进行界定。需要强调的是，大写字母代表变量的绝对值，小写字母代表其相应的对数值。

国内复合消费指数是指国内居民消费的一单位一揽子商品，是国内生产产品与进口其他国家产品的集合。令 C_t 代表国内复合消费指数①，定义其为：

$$C_t \equiv [(1-\alpha)^{\frac{1}{\eta}}(C_{H,t})^{\frac{\eta-1}{\eta}} + \alpha^{\frac{1}{\eta}}(C_{F,t})^{\frac{\eta-1}{\eta}}]^{\frac{\eta}{\eta-1}} \tag{7-3}$$

式（7－3）中：$C_{H,t}$代表国内产品复合消费指数。

假设消费者对国内产品的偏好一致，因此，$C_{H,t}$ 为等替代弹性函数（CES）：

$$C_{H,t} \equiv \left(\int_0^1 C_{H,t}(j)^{\frac{\varepsilon-1}{\varepsilon}} dj\right)^{\frac{\varepsilon}{\varepsilon-1}} \tag{7-4}$$

式（7－4）中：$j \in [0, 1]$ 定义为国内生产产品的种类变量②。

$C_{F,t}$是进口产品复合消费指数，消费者对外国产品的偏好一致，因此将$C_{F,t}$定义为：

$$C_{F,t} \equiv \left(\int_0^1 (C_{i,t})^{\frac{\gamma-1}{\gamma}} di\right)^{\frac{\gamma}{\gamma-1}} \tag{7-5}$$

式（7－5）中：$C_{i,t}$代表从 i 国进口并消费产品的数量。类似的，将其定义为：

$$C_{i,t} \equiv \left(\int_0^1 C_{i,t}(j)^{\frac{\varepsilon-1}{\varepsilon}} dj\right)^{\frac{\varepsilon}{\varepsilon-1}} \tag{7-6}$$

---

① 需要注意的是，在后文分析的一个特殊的例子（$\eta=1$）中，消费指 $C_t = \frac{1}{(1-\alpha)^{(1-\alpha)}\alpha^{\alpha}} C_{H,t}^{1-\alpha} C_{F,t}^{\alpha}$。

② 与后文分析一样，每个国家生产的产品是一个由不同产品组成的闭联集，并以单位间隔［0，1］表示。

注意，参数 $\varepsilon>1$ 定义为不同国家生产的不同产品之间的替代弹性；参数 $\alpha\in[0,1]$ 代表国内偏好的程度，也即一国的开放程度；参数 $\eta>0$ 代表从国内消费者的角度出发，国内生产产品和国外产品之间的替代弹性；参数 γ 代表不同国家产品之间的替代弹性。

国内复合价格指数是指国内居民消费一单位一揽子商品的最小支出，是国内生产产品与进口其他国家产品消费支出的集合，其也被称为国内消费价格指数 CPI。令 p_t 代表国内复合消费指数，定义其为①：

$$P_t\equiv[(1-\alpha)(P_{H,t})^{1-\eta}+\alpha(P_{F,t})^{1-\eta}]^{\frac{1}{1-\eta}} \tag{7-7}$$

式（7-7）中：$P_{H,t}$代表国内生产产品的价格指数；$P_{F,t}$代表用国内货币表示的进口产品的价格指数。

$$P_{H,t}\equiv\left(\int_0^1 P_{H,t}(j)^{1-\varepsilon}dj\right)^{\frac{1}{1-\varepsilon}} \tag{7-8}$$

$$P_{F,t}\equiv\left(\int_0^1 P_{i,t}^{1-\gamma}di\right)^{\frac{1}{1-\gamma}} \tag{7-9}$$

式（7-9）中：$P_{i,t}$代表用国内货币表示的国家 i 的价格指数。因此对每个 $i\in[0,1]$ 有：

$$P_{i,t}\equiv\left(\int_0^1 P_{i,t}(j)^{1-\varepsilon}dj\right)^{\frac{1}{1-\varepsilon}} \tag{7-10}$$

相应的，国内价格通货膨胀被定义为国内生产产品价格指数变化的速度，即：

$$\pi_{H,t}\equiv p_{H,t}-p_{H,t-1} \tag{7-11}$$

CPI 通货膨胀被定义为国内消费价格指数变化的速度，即：

$$\pi_t\equiv p_t-p_{t-1} \tag{7-12}$$

第二，定义本国和 i 国之间的双边贸易条件为以国内商品为计价单位的 i 国的商品价格：

$$S_{i,t}=\frac{P_{i,t}}{P_{H,t}} \tag{7-13}$$

定义本国有效的贸易条件为本国和国际各国双边贸易条件的积分：

$$S_t\equiv\frac{P_{F,t}}{P_{H,t}}=\left(\int_0^1 S_{i,t}^{1-\gamma}di\right)^{\frac{1}{1-\gamma}} \tag{7-14}$$

① 相应的，在后文分析的一个特殊的例子中（$\eta=1$），CPI 的表达式为：$P_t=(P_{H,t})^{1-\alpha}(P_{F,t})^{\alpha}$。

将式（3－14）对数线性化，得到如下的一阶近似：

$$s_t = \int_0^1 s_{i,t} di \tag{7-15}$$

同样，在对数稳态解附近对 CPI 公式进行对数线性化，在满足一价定律（PPP）$P_{H,t} = P_{F,t}$的条件下得到①：

$$p_t \equiv (1-\alpha) p_{H,t} + \alpha p_{F,t} = p_{H,t} + \alpha s_t \tag{7-16}$$

式（7－16）中：$s_t \equiv p_{F,t} - p_{H,t}$代表有效贸易条件的对数，即外国产品相对于国内产品的价格。需要注意的是，当$\gamma = 1$且$\eta = 1$时，式（7－15）和式（7－16）仍然成立。假定一价定律对所有进口产品和出口产品都成立，那么对所有的i，$j \in [0,1]$都有：$P_{i,t}(j) = \varepsilon_{i,t} P_{i,t}^i(j)$，其中，$\varepsilon_{i,t}$代表双边名义汇率，即用国内货币表示的$i$国货币的价格；$P_{i,t}^i(j)$代表用生产国货币（$i$国货币）表示的$i$国产品$j$的价格。

根据前面的定义式（7－10），可得：

$$P_{i,t} = \varepsilon_{i,t} P_{i,t}^i \tag{7-17}$$

式（7－17）中：$P_{i,t}^i \equiv \left(\int_0^1 P_{i,t}^i (j)^{1-\varepsilon} dj \right)^{\frac{1}{1-\varepsilon}}$。将其带入到式$P_{F,t}$的定义中，并且在对称稳态解附近，对其进行对数线性化，可以得到：

$$p_{F,t} = \int_0^1 (e_{i,t} + p_{i,t}^i) di = e_t + p_t^* \tag{7-18}$$

式（7－18）中：$e_t \equiv \int_0^1 e_{i,t} di$代表对数化的名义有效汇率；$p_{i,t}^i \equiv \int_0^1 p_{i,t}^i(j) dj$代表对数化的国家$i$的国内价格指数（用国家$i$的货币表示）；$p_t^* \equiv \int_0^1 p_{i,t}^i di$代表国际价格指数。注意如果将全世界看作一个国家，那么，CPI 和国内生产产品的价格指数将没有区别，相应的，国内价格通货膨胀与 CPI 通货膨胀也没有区别。将式（7－17）与贸易条件的定义式（7－15）相结合，可以得到下面的等式：

$$s_t = e_t + p_t^* - p_{H,t} \tag{7-19}$$

下一步，为了分析贸易条件和真实汇率之间的关系，首先，定义国家i的双边真实汇率，即以本国价格表示的两个国家 CPI 的比率：$Q_{i,t} \equiv \frac{\varepsilon_{i,t} p_t^i}{p_t}$。

① 本章后续讨论以购买力平价（PPP）成立为基础。

定义 $q_t \equiv \int_0^1 q_{i,t} di$ 为对数化的有效真实汇率，其中，$q_{i,t} \equiv \log Q_{i,t}$。于是，可以得到：

$$q_t = \int_0^1 (e_{i,t} + p_t^i - p_t) di = e_t + p_t^* - p_t = s_t + p_{H,t} - p_t = (1 - \alpha) s_t \tag{7-20}$$

其中，最后的等式当 $\eta \neq 1$ 时成立。

由于 $\frac{P_t}{P_{H,t}} = [(1-\alpha) + \alpha S_t^{1-\eta}]^{\frac{1}{1-\eta}}$，将其在对称稳态解附近进行对数线性化，可得 $p_t - p_{H,t} = \alpha s_t$，进而可推出最后一个等式。根据贸易条件的定义，可得关于国内价格通货膨胀与 CPI 通货膨胀的关系为；

$$\pi_t = \pi_{H,t} + \alpha \Delta s_t \tag{7-21}$$

式（7－21）代表两种方法测量的通胀之差是贸易条件的一定比例，比例系数为开放程度 α。

7.4.1 开放经济条件下的市场主体行为

在小国开放经济模型框架下，一国市场经济主体由代表性家庭构成，其目的是在满足预算约束条件下：

$$\int_0^1 P_{H,t}(j) C_{H,t}(j) dj + \int_0^1 \int_0^1 P_{i,t}(j) C_{i,t}(j) dj di + E\{Q_{t,t+1} D_{t+1}\} \leqslant D_t + W_t N_t + T_t \tag{7-22}$$

最大化如下效用函数：

$$E_0 \sum_{t=0}^{\infty} \beta^t U(C_t, N_t) \tag{7-23}$$

式（7－23）中，$C_{H,t}$代表国内产品复合消费指数，$P_{H,t}$代表国内生产产品的价格指数，$C_{i,t}$代表从 i 国进口并消费产品的数量，$C_{i,t}$代表从 i 国进口并消费产品的数量，D_{t+1}代表在时期 t 末为时期 t＋1 所持有的以名义价格计价的证券组合，W_t代表名义工资，T_t代表一次性支付的税或转移支付，$Q_{t,t+1}$代表在 t 期确定的 t＋1 期国内代表性家庭的证券组合的随机折现因子，N_t 代表劳动时间，C_t 代表国内复合消费指数的消费量，假设 $U(C,N) \equiv \frac{C^{1-\sigma}}{1-\sigma} - \frac{N^{1+\varphi}}{1+\varphi}$。

由于国内复合价格指数被定义为：国内居民消费一单位一揽子商品的最小支出。相应的，国内生产产品的价格指数被定义为：国内居民消费一单位一揽子国内生产商品的最小支出。根据此定义，可知国内生产产品的最优配置应满足下述规划：

$$MinP_{H,t}C_{H,t} = Min\int_0^1 P_{H,t}(j)C_{H,t}(j)dj$$

$$St:C_{H,t} = \left(\int_0^1 C_{H,t}(j)^{\frac{\varepsilon-1}{\varepsilon}}dj\right)^{\frac{\varepsilon}{\varepsilon-1}} = 1$$

运用拉格朗日函数求解上述规划，可知对于给定的价格，某一产品的需求函数为：$C_{H,t}(j)=\left(\frac{P_{H,t}(j)}{P_{H,t}}\right)^{-\varepsilon}C_{H,t}$。国家 i 的消费者对于产品 j 的需求函数如下：$C_{i,t}(j) = \left(\frac{P_{i,t}(j)}{P_{i,t}}\right)^{-\varepsilon}C_{i,t}$。根据上式，可以得到：$\int_0^1 P_{H,t}(j)C_{H,t}(j)dj = P_{H,t}C_{H,t}$；$\int_0^1 P_{i,t}(j)C_{i,t}(j)dj = P_{i,t}C_{i,t}$。

类似的，国内消费者对进口产品的最优需求函数如下：$C_{i,t}=\left(\frac{P_{i,t}}{P_{F,t}}\right)^{-\gamma}C_{F,t}$。最终，按照拉格朗日函数法，可以得到国内生产产品和进口产品的如下最优消费配置：$C_{H,t}=(1-\alpha)\left(\frac{P_{H,t}}{P_t}\right)^{-\eta}C_t$；$C_{F,t}=\alpha\left(\frac{P_{F,t}}{P_t}\right)^{-\eta}C_t$。

需要注意的是，当处于对称稳态时，国内生产产品价格指数和国外产品价格指数相等，参数 α 等于代表性家庭消费配置中进口产品的比例。因此，根据代表性消费者最优的消费配置，可知代表性家庭的总消费支出为：$P_{H,t}C_{H,t} + P_{F,t}C_{F,t}=P_tC_t$。

因此，跨期预算约束式可以被重述为：$P_tC_t + E\{Q_{t,t+1}D_{t+1}\} \leqslant D_t + W_tN_t + T_t$

假设，代表性家庭在某一时期的效用函数如下：$U(C,N)\equiv\frac{C^{1-\sigma}}{1-\sigma}-\frac{N^{1+\varphi}}{1+\varphi}$。

因此，代表性家庭问题可以描述为：在特殊效用函数、预算约束条件下，求解目标函数。通过求导，可得代表性家庭的最优劳动供给条件：

$$C_t^{\alpha}N_t^{\varphi}=\frac{W_t}{P_t} \tag{7-24}$$

代表性家庭的最优消费配置条件：

$$\beta\left(\frac{C_{t+1}}{C_t}\right)^{-\sigma}\left(\frac{P_t}{P_{t+1}}\right)=Q_{t,t+1} \tag{7-25}$$

对（7-25）式两边取条件期望，整理后可以得到一个常见的随机欧拉等式：

$\beta R_t E_t\left\{\left(\frac{C_{t+1}}{C_t}\right)^{-\sigma}\left(\frac{P_t}{P_{t+1}}\right)\right\}=1$。在该式中：$R_t=\frac{1}{E_t\{Q_{t,t+1}\}}$代表以国内货币表示的一期无风险折价证券的总回报；$E_t\{Q_{t,t+1}\}$ 代表一期无风险折价证券的价格。进一步地，可以将上式对数线性化为如下形式：$w_t-p_t=\sigma c_t+\varphi n_t$；$c_t=E_t\{c_{t+1}\}-\frac{1}{\sigma}(r_t-E_t\{\pi_{t+1}\}-\rho)$。其中，$\rho\equiv\beta^{-1}-1$ 是时间折现因子。

在小国开放经济模型框架下，典型的国内厂商以下述线性生产函数生产产品：

$$Y_t(j)=A_tN_t(j) \tag{7-26}$$

式中：$\alpha_t\equiv\log A_t$，α_t 满足一阶自回归过程 AR（1）：$a_t=\rho_a a_{t-1}+\varepsilon_t$，$j\in[0,1]$ 代表不同的国内厂商。以对数表示的实际边际成本可以写为：

$$mc_t=-v+w_t-p_{H,t}-a_t \tag{7-27}$$

由于厂商采用 Calvo 交错定价方式设定价格，即厂商在时期 t 重新定价的概率为 $1-\theta$。可以证明，典型的厂商在时期 t 将会按照如下规则来设定最优价格设定策略：

$$\bar{p}_{H,t}=\mu+(1-\beta\theta)\sum_{k=0}^{\infty}(\beta\theta)^k E\{mc_{t+k}+p_{H,t}\} \tag{7-28}$$

式（7-28）中，$\bar{p}_{H,t}$为新设定的国内价格的对数值；$\mu\equiv\log\left(\frac{\varepsilon}{\varepsilon-1}\right)$代表在弹性价格均衡状态下的最优价格加成的对数值。因此，与封闭经济相比，在本节的假设下，小国开放经济模型框架下的价格设定是一个前瞻性的过程，厂商将价格设定为未来边际成本的一定加权，而不是仅仅考虑本期边际成本。注意在弹性价格情况下，即当 $\theta\to0$ 时，厂商定价策略可以表示为 $\bar{p}_{H,t}=\mu+mc_t+p_{H,t}$。

证明：国内厂商 j 在时期 t 重新定价时，其目的是设定一个可以使未来现金流现值最大化的价格，也即其目标函数为：

$$\max_{\bar{P}_{H,t}}\sum_{k=0}^{\infty}\theta^k E_t\{Q_{t,t+k}[Y_{t+k}(\bar{P}_{H,t}-MC_{t+k}^n)]\} \tag{7-29}$$

式中：$MC_t^n=\frac{(1-r)W_t}{A_t}$定义为名义边际成本。

同时，公司 j 在时期 t 进行重新定价时，必须满足其产量小于等于该产品的总需求，也即其约束条件为：

$$Y_{t+k}(j) \leqslant \left(\frac{\bar{P}_{H,t}}{P_{H,t+k}}\right)^{-\varepsilon}\left(C_{H,t+k} + \int_0^1 C^i_{H,t+k}di\right) \equiv Y^d_{t+k}(\bar{P}_{H,t}) \tag{7-30}$$

在这一约束下，采用拉格朗日函数，对上述目标函数求极值，得到$\bar{P}_{H,t}$必须满足的一阶条件为：

$$\sum_{k=0}^{\infty}\theta^k E_t\left\{Q_{t,t+k}Y_{t+k}\left(\bar{P}_{H,t} - \frac{\varepsilon}{\varepsilon-1}MC^n_{t+k}\right)\right\} = 0 \tag{7-31}$$

将其与 $Q_{t,t+k}=\beta^k(C_{t+k}/C_t)^{-\sigma}(P_t/P_{t+k})$ 相联立，可以将该一阶条件等价表述为：

$$\sum_{k=0}^{\infty}(\beta\theta)^k E_t\{P^{-1}_{t+k}C^{-\sigma}_{t+k}Y_{t+k}(\bar{P}_{H,t} - \frac{\varepsilon}{\varepsilon-1}MC^n_{t+k})\} = 0 \tag{7-32}$$

将式（7－32）变形，用通货膨胀等变量将其表示为：

$$\sum_{k=0}^{\infty}(\beta\theta)^k E_t\left\{C^{-\sigma}_{t+k}Y_{t+k}\frac{P_{H,t+1}}{P_{t+k}}\left(\frac{\bar{P}_{H,t}}{P_{H,t-1}} - \frac{\varepsilon}{\varepsilon-1}\prod^{H}_{t-1,t+k}MC_{t+k}\right)\right\} = 0 \tag{7-33}$$

式中：$\prod^H_{t-1,t+k} \equiv \frac{P_{H,t+k}}{P_{H,t-1}}$，$MC_{t+k} = \frac{MC^n_{t+k}}{P_{H,t+k}}$。

在零通胀对称稳态附近对这一条件进行对数线性化，可以得到：

$$\bar{P}_{H,t} = P_{H,t-1} + \sum_{k=0}^{\infty}(\beta\theta)^k E\{\pi_{H,t+k}\} + (1-\beta\theta)\sum_{k=0}^{\infty}(\beta\theta)^k E_t\{\hat{mc}_{t+k}\} \tag{7-34}$$

式中：$mc_t \equiv mc_t - mc$ 代表实际边际成本偏离稳态值 $mc = -\log\frac{\varepsilon}{\varepsilon-1} \equiv -\mu$ 的对数值。注意，为了简便，以更为紧凑的形式重述上式：

$$\bar{P}_{H,t} - P_{H,t-1} = \beta\theta E_t\{\bar{P}_{H,t+1} - P_{H,t}\} + \pi_{H,t} + (1-\beta\theta)\hat{mc}_t \tag{7-35}$$

同时，采用关系式$\hat{mc}_t \equiv mc^n_t - P_{H,t} + \mu$ 来代替前式中的$\hat{mc}_t$，在进行一些代数简化以及向前迭代转化之后，可以得到以名义边际成本期望值表示的新定价：

$$\bar{P}_{H,t} = \mu + (1-\beta\theta)\sum_{k=0}^{\infty}(\beta\theta)^k E_t\{mc^n_{t+k}\} \tag{7-36}$$

因此，在给定价格设定结构下，动态的国内价格指数的可以被描述为：

$$p_{H,t} \equiv [\theta P^{1-\varepsilon}_{H,t-1} + (1-\theta)(\bar{P}_{H,t})^{1-\varepsilon}]^{\frac{1}{1-\varepsilon}} \tag{7-37}$$

综上分析，与封闭经济相比，在本节的假设下，小国开放经济模型框架下的价格设定是一个前瞻性的过程。原因很简单并易于理解：在任何时间调整价格的厂商明白他们将要设定的价格在很长一段时间是有效的，因此，厂商将价格设定为未来边际成本的一定加权，而不是仅仅考虑本期边际成本。注意在弹性价格情况下，即当 $\theta \to 0$ 时，厂商定价策略可以表示为 $\bar{p}_{H,t} = \mu + mc_t + p_{H,t}$。

7.4.2 开放经济条件下的总需求与总供给

在小国开放经济模型中，本国的产品市场出清条件为：

$$\begin{aligned} Y_t(j) &= C_{H,t}(j) + \int_0^1 C_{H,t}^i(j)\,di \\ &= \left(\frac{P_{H,t}(j)}{P_{H,t}}\right)^{-\varepsilon}\left[(1-\alpha)\left(\frac{P_{H,t}}{P_t}\right)^{-\eta} C_t + \alpha\int_0^1 \left(\frac{P_{H,t}}{\varepsilon_{i,t}P_{F,t}^i}\right)^{-\gamma}\left(\frac{P_{F,t}^i}{P_t^i}\right)^{-\eta} C_t^i di\right] \end{aligned} \tag{7-38}$$

式（7－38）中，$C_{H,t}(j)$ 代表本国消费者对本国生产的产品 j 的需求；$C_{H,t}^i(j)$ 代表外国国家 i 对本国生产的产品 j 的需求。

由于国内价格指数为 $p_{H,t} \equiv [\theta P_{H,t-1}^{1-\varepsilon} + (1-\theta)(\bar{P}_{H,t})^{1-\varepsilon}]^{\frac{1}{1-\varepsilon}}$，将其在零通胀稳态附近进行对数线性化处理，可以得到：

$$\pi_{H,t} = (1-\theta)(\bar{P}_{H,t} - P_{H,t-1}) \tag{7-39}$$

通过迭代并简化可得：

$$mc_t = -\nu + (\sigma - \sigma_\alpha) y_t^* + (\sigma_\alpha + \varphi) y_t - (1+\varphi) a_t \tag{7-40}$$

由（7－40）可知，一国边际成本是国内产出、国内技术水平以及国际产出的函数。在 $\alpha = 0$ 或者 $\sigma = \eta = \gamma = 1$ 的特殊条件下，由于 $\sigma_\alpha = \sigma$，一国边际成本仅与国内产出与国内技术水平的变动有关，而与国际产出或者国外产出的变动无关。定义 x_t 为产出缺口的对数值，即国内产出偏离自然产出水平的对数值，$x_t \equiv y_t - \bar{y}_t$，$\bar{y}_t$ 为在国际产出水平一定时，在没有名义刚性的条件下，一国均衡产出水平的对数值。可推导出以产出缺口规范表示的小国开放经济模型中的新凯恩斯菲利普斯曲线 NKPC 与动态 IS 曲线①：

$$\pi_{H,t} = \beta E_t\{\pi_{H,t+1}\} + \kappa_\alpha x_t \tag{7-41}$$

① 关于这一理论推论因为篇幅稍长，所以正文中不再展开，具体证明过程参见本章附 1：小国开放经济模型的新凯恩斯菲利普斯曲线；附 2：小国开放经济模型的动态 IS 曲线。

$$x_t = E_t\{x_{t+1}\} - \frac{1}{\sigma_\alpha}(r_t - E_t\{\pi_{H,t+1}\} - \overline{rr_t}) \quad (7-42)$$

式（7-42）中，$\kappa_\alpha \equiv \lambda(\sigma_\alpha + \varphi)$，$\overline{rr_t} \equiv \rho - \sigma_\alpha \Gamma(1-\rho_\alpha)a_t + \alpha\sigma_\alpha(\Theta + \Psi)E_t\{\Delta y^*_{t+1}\}$ 代表小国开放经济模型中的实际均衡利率水平。

7.4.3　人民币国际化进程中的最优货币政策目标规则

这里以封闭经济模型中很著名的 Calvo 交错定价模型作为分析的基准。根据以往研究，假设通过政府对劳动力市场一个稳定的补贴率，可以消除由劳动力市场垄断所引起的扭曲，在此条件下，最优货币政策与弹性价格均衡配置时的货币政策相同。与此同时，这一最优政策要求国内的实际边际成本固定于其稳态值，进而要求国内价格水平也固定于其稳态值。对于这一结论的理解是直观的：在政府执行上述补贴率的条件下，经济体中唯一存在的扭曲便是名义价格黏性。当把最优价格加成固定于“无摩擦”的稳态值时，由于厂商没有动力重新定价，经济体中的名义价格黏性便会消失。因此，弹性价格下的均衡配置是有效的，并且此时价格水平将保持不变。

但正如有些学者所指出的，在开放经济模型中，还存在另一种扭曲货币当局动机的因素：贸易条件的适当改变可能有利于国内消费者福利的提高。这种可能性源自国内外产品之间不完全的替代性，以及黏性价格的存在（这使得货币政策在经济体中非中性）。Benigno 所构建的两国家模型也认为，可以消除劳动力市场垄断扭曲的劳动力补贴率，并不足以使得弹性价格下的均衡配置成为最优配置，原因在于：货币当局为了改善贸易条件，有足够的动机去偏离弹性价格下的均衡配置。

接下来将证明，在 $\sigma = \eta = \gamma = 1$ 的特殊情况下，消除劳动力市场垄断和贸易条件扭曲的劳动力补贴率，可以使得弹性价格下的均衡配置成为最优配置。这一结论排除了通货紧缩和通货膨胀自我实现的可能性，使得下文的研究重点落脚于零通货膨胀货币政策，这与已有文献中关于封闭经济模型的研究结论一致。下文将在完全市场的假设下，从均衡时面临相同资源约束的政策制定者的视角出发，描述小国开放经济模型下最优的配置，并证明上述结论。

首先，在完全市场的假设下，最优配置必须在满足下述约束条件下，使得效用 $U(C_t, N_t)$ 最大化。约束条件包括：①国家 i 的生产约束 $Y_t = A_t N_t$；②国际风险分担条件所隐含的产出或者消费的可能集合 $C_t = C_t^i \Omega_{i,t}^{\frac{1}{\sigma}}$；③产品市场的

出清条件 $Y_t = C_t S_t^{\alpha}$。在 $\sigma = \eta = \gamma = 1$ 的特殊情况下，结合前式可得：

$$C_t = Y_t^{1-\alpha}(Y_t^*)^{\alpha} \tag{7-43}$$

由于从小国开放经济视角出发进行分析，所以认为国际产出和消费是既定的，同时联合上式，在满足上述三个约束条件时，使得效用 $U(C_t, N_t)$ 最大化的一阶欧拉条件表述如下：

$$-\frac{U_N(C_t,N_t)}{U_C(C_t,N_t)} = (1-\alpha)\frac{C_t}{N_t} \tag{7-44}$$

根据此一阶条件，以及相同的偏好假设，可以推导出劳动供给的稳定值：

$$N_t = (1-\alpha)^{\frac{1}{1+\varphi}} \tag{7-45}$$

其次，小国开放经济模型下弹性价格均衡（相应变量用带上划线的字母表示）要求边际成本等于最优的价格加成，即下式成立：

$$1-\frac{1}{\varepsilon} = \overline{MC}_t = -\frac{1-\tau}{A_t}\overline{S}_t^{\alpha}\frac{U_N(C_t,N_t)}{U_C(C_t,N_t)} = \frac{1-\tau\overline{Y}_t}{A_t\overline{C}_t}\overline{N}_t^{\varphi}\ \overline{C}_t = (1-\tau)(1-\alpha) \tag{7-46}$$

当补贴率满足等式 $(1-\tau)(1-\alpha) = 1-\frac{1}{\varepsilon}$ 时，便可以得到弹性价格下的均衡配置。与封闭经济模型一样，最优的货币政策要求产出缺口固定于其稳态值，即对任一时期 t 都有 $x_t = 0$；也即对任一时期 t 都有 $\pi_{H,t} = 0$。因此，最优的货币政策目标规则是严格的国内通货膨胀目标制政策。

7.4.4 人民币国际化进程中最优货币政策工具规则

在小国开放经济模型下，中央银行的目标是社会福利损失的最小化，约束条件是 $\sigma = \eta = \gamma = 1$ 的特殊情况下的新凯恩斯菲利普斯曲线以及动态 IS 曲线。

根据贝尔曼方法，中央银行的目标函数可以表述为①：

$$W(\pi_{H,t}) = MinE_t\left\{\frac{(1-\alpha)}{2}\left[\frac{\varepsilon}{\lambda}\pi_{H,t}^2 + (1+\varphi)x_t^2\right] + \beta W(\pi_{H,t+1})\right\} \tag{7-47}$$

约束条件为式：

① 关于人民币国际化进程中的福利损失函数的具体证明这里不再展开，参见本章附 3：人民币国际化进程中的福利损失函数。

$$E_t\{\pi_{H,t+1}\}=\frac{1}{\beta}[\pi_{H,t}-\lambda(1+\varphi)\mathrm{x}_t] \tag{7-48}$$

$$E_t\{\mathrm{x}_{t+1}\}=-\overline{rr}_t+r_t-\frac{1}{\beta}\pi_{H,t}+\left[1+\frac{\lambda(1+\varphi)}{\beta}\right]\mathrm{x}_t \tag{7-49}$$

上式中：$\pi_{H,t}$代表状态变量；x_t 代表控制变量。

将式（7－48）、式（7－49）带入到式（7－47）得到：

$$W(\pi_{H,t})=MinE_t\left\{\frac{(1-\alpha)}{2}\left[\frac{\varepsilon}{\lambda}\pi_{H,t}^2+(1+\varphi)x_t^2\right]+\beta W\left[\frac{1}{\beta}(\pi_{H,t}-\lambda(1+\varphi)\mathrm{x}_t)\right]\right\} \tag{7-50}$$

对 x_t 求导，可以获得式（7－50）的一阶最优条件为：

$$\frac{\partial W(\pi_{H,t})}{\partial \mathrm{x}_t}=(1-\alpha)(1+\varphi)x_t-\lambda(1+\varphi)E_t\left\{W'\left[\frac{1}{\beta}(\pi_{H,t}-\lambda(1+\varphi)\mathrm{x}_t)\right]\right\}=0 \tag{7-51}$$

根据包络定理可以得到 $E_tW'(\pi_{H,t+1})$ 的表达式：

$$E_tW'(\pi_{H,t+1})=E_t(\pi_{H,t+1})+\frac{\beta}{\lambda}E_t(x_{t+1}) \tag{7-52}$$

将式（7－48）、式（7－49）代入到一阶最优条件式中，可以得到：

$$(1-\alpha)(1+\varphi)x_t-\lambda(1+\varphi)\left\{\frac{1}{\beta}[\pi_{H,t}-\lambda(1+\varphi)\mathrm{x}_t]+\frac{\beta}{\lambda}E_t(x_{t+1})\right\}=0 \tag{7-53}$$

对于该近似的线性经济系统方程，这里采用待定系数法求解，即假设：$x_t=\mathrm{c}\pi_{H,t}$。因此，式（7－53）可以近似表示为：

$$(1-\alpha)(1+\varphi)\mathrm{c}\pi_{H,t}-\lambda(1+\varphi)\left(1+\frac{\beta\mathrm{c}}{\lambda}\right)\frac{[1-\lambda(1+\varphi)\mathrm{c}]}{\beta}\pi_{H,t}=0 \tag{7-54}$$

式（7－54）是一个关于 c 的二次方程，求解此方程可以得到关于 c 的两个解：

$$c_1,c_2=\frac{[\beta\alpha-\lambda^2(1+\varphi)]\pm\sqrt{[\beta\alpha-\lambda^2(1+\varphi)]^2+4\beta(1+\varphi)\lambda^2}}{2\beta\lambda(1+\varphi)} \tag{7-55}$$

$$c_1c_2=-(1+\varphi)\beta<0 \tag{7-56}$$

根据式（7－56）可知，$E_t\{\pi_{H,t+1}\}=\pi_{H,t}\frac{[1-\lambda(1+\varphi)\mathrm{c}]}{\beta}$，为了保证经济系统的稳定，$E_t\{\pi_{H,t+1}\}$ 必须是收敛的，因此有：

$$\frac{1-\lambda(1+\varphi)\mathrm{c}}{\beta}<1 \tag{7-57}$$

所以，c>0。可知，解 c 应取较大的正值，因此方程（7－51）的解为：

$$c=\frac{[\beta\alpha-\lambda^{2}(1+\varphi)]+\sqrt{[\beta\alpha-\lambda^{2}(1+\varphi)]^{2}+4\beta(1+\varphi)\lambda^{2}}}{2\beta\lambda(1+\varphi)} \tag{7-58}$$

据此，可以得到小国开放经济模型最优货币政策规则，也即中央银行最优的货币政策反应函数：

$$r_t=\overline{rr_t}+\frac{c+1}{\beta}\pi_{H,t}+\left[\frac{c+\beta}{\beta}\lambda(1+\varphi)+1\right]x_t \tag{7-59}$$

由式（7－59）可以看出，小国开放经济模型下的最优货币政策规则，也即泰勒规则的扩展形式中，利率水平是实际利率水平、国内价格通货膨胀以及产出缺口的关系式。但是，由于国内通货膨胀数据难以获得，若将利率水平盯住国内价格通货膨胀，则中央银行的实际操作会有很大困难。考虑到国内价格通货膨胀与 CPI 通货膨胀存在一定联系，据此，可以将小国开放经济模型下的最优货币政策规则转化成 CPI 通货膨胀的反应函数。

根据前文关于国内价格通货膨胀与 CPI 通货膨胀的分析可知，国内通货膨胀是 CPI 通货膨胀、汇率水平变化以及国际价格水平变化的函数：

$$\pi_{H,t}=\frac{\pi_t-\alpha(\Delta e_t+\Delta p_t^{*})}{1-\alpha} \tag{7-60}$$

因此，可推出小国开放经济模型最优货币政策规则，也即中央银行最优的货币政策反应函数：

$$r_t=\overline{rr_t}+\frac{c+1}{\beta}\pi_{H,t}+\left[\frac{c+\beta}{\beta}\lambda(1+\varphi)+1\right]x_t \tag{7-61}$$

根据国内价格通货膨胀与 CPI 通货膨胀的分析，可以进一步，将小国开放经济模型下，中央银行最优的货币政策反应函数表示为下式：

$$r_t=\overline{rr_t}+\Lambda_{\pi}\pi_t+\Lambda_x x_t+\Lambda_e\Delta e_t+\Lambda_{p^*}\Delta p_t^{*} \tag{7-62}$$

式中：

$$\Lambda_{\pi}=\frac{1+c}{(1-\alpha)\beta}>1 \tag{7-63}$$

$$\Lambda_x=\frac{c+\beta}{\beta}\lambda(1+\varphi)+1>1 \tag{7-64}$$

$$\Lambda_e=-\frac{(1+c)\alpha}{(1-\alpha)\beta}<0 \tag{7-65}$$

$$\Lambda_{p^*}=-\frac{(1+c)\alpha}{(1-\alpha)\beta}<0 \tag{7-66}$$

据此推导出人民币国际化进程中在小国开放经济模型下，我国中央银行的最优货币政策工具规则，这一利率规则可以看作是泰勒规则的扩展形式，也即开放经济下的泰勒规则。推导结果表明，尽管中央银行的政策目标是实现国内价格通货膨胀与产出缺口的稳定，但在开放经济下，一国的国内价格通货膨胀水平不可避免地受到了汇率水平以及国际价格水平的影响，因此，中央银行的利率需要对汇率水平以及国际价格水平的变动做出相应调整。

首先，小国开放经济模型中最优货币政策规则的通货膨胀系数高于1，这与原始的、经典的泰勒规则相一致。在通货膨胀反应系数大于1的情况下，每当通货膨胀水平提高1个单位，名义利率水平的提高会大于1个单位，进而保证了名义利率的反应能够降低通货膨胀，使得实际利率水平高于0，避免通货膨胀或通货紧缩的自我实现。

其次，小国开放经济模型中最优货币政策规则的产出缺口系数大于1，这表明当实际产出水平高于自然产出水平时，名义利率会提高以抑制过热的经济，最终使得经济回归平稳。

再次，小国开放经济模型中最优货币政策规则的汇率变动系数小于0。由于汇率水平的提高在间接标价法下意味着货币的升值，这将不利于一国的净出口，同时也会形成本币升值的预期，导致热钱的流入。名义利率对汇率变动的反应系数小于0，表明当汇率存在升值预期时，中央银行会降低利率水平，一方面遏制投机资本的大量涌入，另一方面可以促进净出口的增加，最终促进产出的增长。

最后，小国开放经济模型中最优货币政策规则的国际价格变动系数小于0。由于国际价格的提高，导致了一国贸易条件的恶化，进一步对国内消费、国内总需求以及国内经济活动产生了抑制作用。名义利率降低会促进低迷经济的发展。

附1：小国开放经济模型的新凯恩斯菲利普斯曲线

本部分主要集中于分析以产出缺口和国内通货膨胀两个变量规范表示的小国开放经济模型中的动态线性均衡，该均衡与封闭经济模型下的均衡相似。在已有文献中，类似的规范表示为分析和评价可供选择的货币政策规则奠定了理论基础。在引入这一规范表示之前，首先定义 x_t 为产出缺口的对数值，即国内产出偏离自然产出水平的对数值，$x_t \equiv y_t - \bar{y}_t$，其中，$\bar{y}_t$ 被定义为：在世界产出水平一定时，在没有名义刚性的条件下，一国均衡产出水平的对数值。当 $mc_t = -\mu$ 时，可以推导出一国自然产出水平的对数值：

$$\bar{y}_t = \Omega + \Gamma a_t + \alpha \Psi y_t^* \tag{1}$$

式中：$\Omega \equiv \frac{v-\mu}{\sigma_\alpha + \varphi}$，$\Gamma \equiv \frac{1+\varphi}{\sigma_\alpha + \varphi} > 0$，$\Psi \equiv -\frac{\Theta \sigma_\alpha}{\sigma_\alpha + \varphi}$。

进而可知，实际边际成本与产出缺口的关系如下：帽子 $mc_t = (\sigma_\alpha + \varphi) x_t$。将其与式（4－10）结合，可以推导出以产出缺口规范表示的小国开放经济模型中的新凯恩斯菲利普斯曲线（the new Keynesian Phillips curve：NKPC）：

$$\pi_{H,t} = \beta E_t\{\pi_{H,t+1}\} + \kappa_\alpha x_t \tag{2}$$

式中：$\kappa_\alpha \equiv \lambda(\sigma_\alpha + \varphi)$。

在 $\alpha = 0$ 或者 $\sigma = \eta = \gamma = 1$ 的特殊情况下，由于 $\sigma_\alpha = \sigma$，因此小国开放经济模型中的新凯恩斯菲利普斯曲线的斜率 $\kappa_\alpha = \lambda(\sigma + \varphi)$，这与标准封闭经济模型下的 NKPC 一致。

在更为一般的情况下，小国开放经济模型中的新凯恩斯菲利普斯曲线，与标准的封闭经济模型下的新凯恩斯菲利普斯曲线存在相似之处：二者都考虑了国内通货膨胀。可知：第一，在小国开放经济模型中，开放程度 α 仅仅通过影响新凯恩斯菲利普斯曲线的斜率这一渠道，作用于国内通货膨胀。第二，在小国开放经济模型中，国内产出通过影响劳动力需求（由 φ 表示）和贸易条件（由 σ_α 表示，σ_α 是开放程度 α 和国内外产品之间的替代弹性 η 的函数），作用于边际成本。当 $\sigma\eta > 1$ 时，开放程度 α 的增加意味着为了应对国内产出相对于世界产出的变化而需要对贸易条件进行调整的程度下降，进而意味着对边际成本和通货膨胀的影响降低。

附 2：小国开放经济模型的动态 IS 曲线

对前述式子进行迭代，可以推导出以产出缺口规范表示的小国开放经济模型中的动态 IS 曲线：

$$x_t = E_t\{x_{t+1}\} - \frac{1}{\sigma_\alpha}(r_t - E_t\{\pi_{H,t+1}\} - \overline{rr}_t) \tag{3}$$

式中：$\overline{rr_t} \equiv \rho - \sigma_\alpha \Gamma(1-\rho_\alpha) a_t + \alpha\sigma_\alpha(\Theta+\Psi) E_t\{\Delta y_{t+1}^*\}$ 代表小国开放经济模型中的实际均衡利率水平。

可知，小国开放经济模型的均衡可由类似于封闭经济模型框架下的前瞻性的 IS 曲线刻画。当然，二者还存在下述两点不同：首先，开放程度 α 影响产出缺口对利率水平的敏感性。特别当 $\omega>1$ 时（即 η 与 γ 的值较大时），开放程度 α 的增加，通过贸易条件对需求的重要影响，进而增加了产出缺口对利率水平的敏感性。其次，开放程度 α 的存在，使得实际均衡利率水平取决于世界产出水平变动的期望值以及国内生产技术水平。

附 3：人民币国际化进程中的福利损失函数

在 $\sigma=\eta=\gamma=1$ 的特殊情况下，即在国内通货膨胀目标制（DIT）被视为最优的货币政策目标规则的情形下，很容易推导出一国货币政策偏离最优货币政策时，国内代表消费者福利损失的二阶近似表达式。下文推导过程将广泛使用以对数形式表示的，某一变量偏离国内弹性价格均衡值时的二阶近似表达式：

$$\frac{Y_t - Y}{Y} = y_t + \frac{1}{2} y_t^2 + 0(\| a \|^3) \tag{4}$$

式中：$0(\| a \|^n)$ 代表 n 阶无穷小；$\| a \|$ 代表围绕静态波动幅度的范围。

首先，代表消费者的消费对数效用函数可以表示为下式：

$$\log C_t = \bar{c}_t + \tilde{c}_t = \bar{c}_t + (1-\alpha) x_t \tag{5}$$

其中，在推导第二个等式的过程中，运用了 $c_t = (1-\alpha) y_t + \alpha y_t^*$。

其次，代表消费者的劳动力效用函数在弹性价格均衡处展开的二阶近似表达式为：

$$\frac{N_t^{1+\varphi}}{1+\varphi} = \frac{\bar{N}_t^{1+\varphi}}{1+\varphi} + \bar{N}_t^{1+\varphi}\left(\tilde{n}_t + \frac{1}{2}(1+\varphi)\tilde{n}_t^2\right) + 0(\| a \|^n) \tag{6}$$

根据 $N_t = \left(\frac{Y_t}{A_t}\right)\int_0^1 \left(\frac{P_{H,t}(i)}{P_{H,t}}\right)^{-\varepsilon} di$，以及引理：$z_t$ 是价格波动方差的一定比例，z_t 是二阶的，因此，可以将劳动力效用表达成产出缺口的函数：

$$\bar{n}_t = x_t + z_t \tag{7}$$

式中：$z_t \equiv \log\int_0^1\left(\frac{P_{H,t}(i)}{P_{H,t}}\right)^{-\varepsilon}di$。

引理：z_t 是国内价格波动方差的一定比例，即 $z_t = \frac{\varepsilon}{2}Var_i\{P_{H,t}(i)\} + 0(\|a\|^3)$。

首先，令 $p_{H,t}^{\wedge}(i) \equiv p_{H,t}(i) - p_{H,t}$，因此可以得出下式：

$$\left(\frac{P_{H,t}(i)}{P_{H,t}}\right)^{1-\varepsilon} = \exp[(1-\varepsilon)p_{H,t}^{\wedge}(i)]$$

$$= 1 + (1-\varepsilon)p_{H,t}^{\wedge}(i) + \frac{(1-\varepsilon)^2}{2}p_{H,t}^{\wedge}(i)^2 + 0(\|a\|^3) \tag{8}$$

然后，根据 $P_{H,t}$ 的定义，可知：$1 = \int_0^1\left(\frac{P_{H,t}(i)}{P_{H,t}}\right)^{1-\varepsilon}di$。所以，对上式在［0，1］区间积分可得：

$$E_i\{p_{H,t}^{\wedge}(i)\} = \frac{-(1-\varepsilon)}{2}E_i\{p_{H,t}^{\wedge}(i)^2\} \tag{9}$$

接着，根据$\left(\frac{P_{H,t}(i)}{P_{H,t}}\right)^{-\varepsilon}$的二阶近似表达式：

$$\left(\frac{P_{H,t}(i)}{P_{H,t}}\right)^{-\varepsilon} = 1 - \varepsilon p_{H,t}^{\wedge}(i) + \frac{\varepsilon^2}{2}p_{H,t}^{\wedge}(i)^2 + 0(\|a\|^3) \tag{10}$$

最后，结合前述两个式子，可以推导出：

$$\int_0^1\left(\frac{P_{H,t}(i)}{P_{H,t}}\right)^{-\varepsilon}di = 1 + \frac{\varepsilon}{2}E_I\{p_{H,t}^{\wedge}(i)^2\} = 1 + \frac{\varepsilon}{2}Var_i\{P_{H,t}(i)\} \tag{11}$$

因此，引理：$z_t = \frac{\varepsilon}{2}Var_i\{P_{H,t}(i)\} + 0(\|a\|^3)$ 得以证明。因为 z_t 是二阶的，所以可将代表消费者劳动力效用函数的二阶近似表达式重新表述为：

$$\frac{N_t^{1+\varphi}}{1+\varphi} = \frac{\bar{N}_t^{1+\varphi}}{1+\varphi} + \bar{N}_t^{1+\varphi}\left(x_t + z_t + \frac{1}{2}(1+\varphi)x_t^2\right) + 0(\|a\|^3) \tag{12}$$

根据前文的分析可知，在最优劳动补贴率条件下，对于任一时期 t，都有：$\bar{N}_t^{1+\varphi} = (1-\alpha)$，因此，可以得到如下的代表消费者一期的效用函数：

$$U(C_t, N_t) = -(1-\alpha)\left(z_t + \frac{1}{2}(1+\varphi)x_t^2\right) + t.i.p + 0(\|a\|^3) \tag{13}$$

式中：$t.i.p$ 代表所有与货币政策规则不相关的部分，因此 $t.i.p$ 对于最优的货币政策规则的选择没有影响。

引理：$\sum_{t=0}^{\infty}\beta^{t}Var_{i}\{P_{H,t}(i)\} = \frac{1}{\lambda}\sum_{t=0}^{\infty}\beta^{t}\pi_{H,t}^{2}$，其中，$\lambda \equiv \frac{(1-\theta)(1-\beta\theta)}{\theta}$。

此证明，可以参见 Woodford（2003，第六章）。

最后，综合前述两个引理，可以得到小国开放经济模型下，国内代表消费者一生效用函数的二阶近似表达式：

$$W = -\frac{(1-\alpha)}{2}\sum_{t=0}^{\infty}\beta^{t}\left[\frac{\varepsilon}{\lambda}\pi_{H,t}^{2} + (1+\varphi)x_{t}^{2}\right] + t.i.p + 0(\|a\|^{3}) \tag{14}$$

也即：

$$W = -\frac{(1-\alpha)}{2}\sum_{t=0}^{\infty}\beta^{t}\left[\frac{\varepsilon}{\lambda}\pi_{H,t}^{2} + (1+\varphi)x_{t}^{2}\right] \tag{15}$$

对式（15）左右两端同时取期望，并假设 $\beta \to 1$，可知当一国货币政策偏离通货膨胀目标制货币政策时，国内代表消费者的福利损失期望值是国内价格和产出缺口方差的函数：

$$V = -\frac{(1-\alpha)}{2}\left[\frac{\varepsilon}{\lambda}Var(\pi_{H,t}) + (1+\varphi)Var(x_{t})\right] \tag{16}$$

8 人民币国际化进程中的其他风险

第4章的研究结论表明，人民币国际化作为中国的重要战略，影响其因素众多，从风险生成和传导的途径看，除了汇率波动风险、资本项目开放风险以及货币政策操作风险外，还有其他一系列风险生成和传导的途径，如国际金融危机传染、系统性风险溢出效应增大、资产价格过度波动等。虽然这些因素不构成金融风险生成和传导的主渠道，但其中任何一个风险爆发，都有可能影响人民币国际化的顺利进行，甚或诱发金融危机。基于此，本章拟对人民币国际化进程中的其他金融风险进行分析。

8.1 国际金融危机传染

当1997年亚洲金融危机发生时，由于没有过早地开放国内金融市场，我国反而赢得了胜利。而当2008年华尔街金融危机发生后，我国金融体系的安全性和稳定性才真正经受了一次前所未有的严峻考验。从全球视野看，随着2008年华尔街金融危机的传染效应不断增大，给各国经济造成的影响程度之深已经远远超出了人们最初的预期，此时人们才恍然大悟，意识到国际金融危机的传染效应竟然如此之大，因此必须严密防范之。

就在这一关键历史时刻，国际货币体系也因美元的长期滥发而到了不得不改革的新阶段。此时，人民币如果能抓住机遇走向国际，就能获得国际货币发行的一系列收益，也才能与我国国际经济大国的地位相适应。我国也正是看到了这一历史机遇，2008年华尔街金融危机发生后人民币国际化突然提速。这对中国来讲，固然是个千载难逢的历史机遇，但与此同时，人民币国际化的推进无疑也为国际金融危机向我国的传染提供了新的机会，打通了新渠道。由此可见，随着人民币国际化推进加快，国内金融市场进一步开放，一旦发生国际金融危机，就可能会以更快、更多渠道传染到国内。

根据现有研究文献，国际金融危机一般是通过贸易、金融、季风以及心理预期等途径传播。同样，在人民币国际化进程中，国际金融危机也会通过以上四条途径传染到我国。

8.1.1　贸易传染途径

一般意义上的贸易传染途径是指，如果与中国具有密切贸易往来关系的国家发生危机，则会影响这些国家对中国的进口需求，降低我国的对外贸易出口，导致我国经济发展速度放缓。对于中国来讲，随着经济全球化和金融一体化进程不断加快，国内金融自由化程度不断提高，我国经济发展已经和其他国家紧密地联系在了一起。如果国际金融危机发生并通过贸易渠道传导到我国，必然使得我国外贸企业面临较大风险，宏观经济发展受到影响。2008 年华尔街金融危机的发生和对我国的传染就是最好的证明。

人民币国际化进程中的贸易传染途径是指，如果人民币国际化进程加快，则大量的进出口贸易都要采用人民币进行结算，而一旦出现因国际金融危机传染而使得贸易进出口量受阻，那么，通过人民币进行贸易结算的数量必然也要减少，从而人民币的国际流通也会受阻。届时，人民币的发行国——中国将有可能因国际金融危机的传染而最终成为金融危机的爆发源头和重灾区（见图 8 -1）。

具体过程是：因为他国发生金融危机，势必会减少对我国商品与服务的进口需求，同时出口能力降低，这样，贸易的不平衡和贸易量的波动将会严重影响人民币国际化进程。同时，当他国发生金融危机时，主要表现为本国货币大幅贬值，这样，人民币就会出现大幅升值，一旦出现这种情况，就会增大国际投机资本对人民币进行攻击的可能性。如果攻击成功，人民币不但不能实现国际化，还有可能出现货币替代现象。最后，如果情况严重，贸易状况的恶化还会改变资本项目的流动方向，例如 FDI 大量撤离，对实体经济造成直接影响。

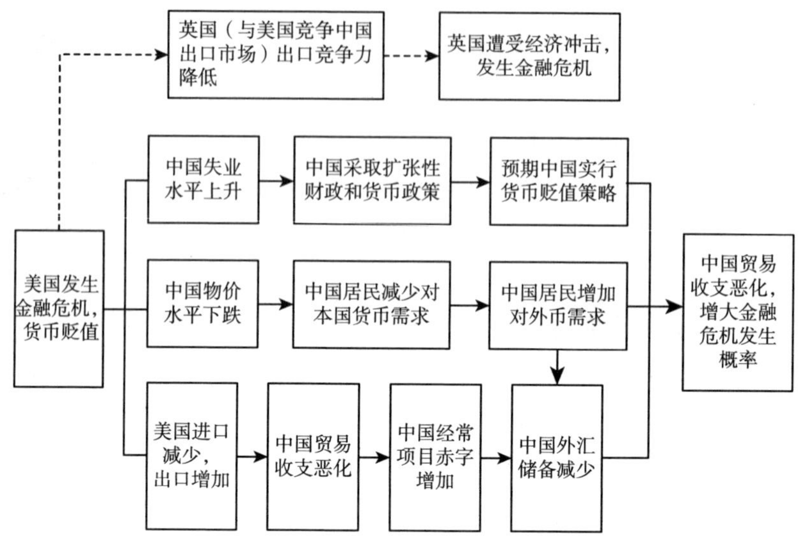

图 8－1　金融危机对中国传染的贸易渠道示意图

8.1.2　金融传染途径

一般意义上的金融传染途径是指金融危机发生国的金融市场缺乏足够的流动性，迫使该国金融中介对其跨国资产进行清算，进而导致与其有密切金融往来关系（包括直接投资、银行贷款等）的国家也出现流动性不足，导致大量资本逃离，进而引起金融市场动荡，诱发金融危机。

人民币国际化进程中的金融传染途径是指由于人民币国际化后人民币可以通过跨境支付等途径流向国际金融市场，成为外国投资者资产组合中的一部分资产配置。由于投资者可以在国际金融市场上购买或出售大量人民币资产，这样人民币在国际金融市场上的价格是否稳定就很关键。当某国发生金融危机后，投资者出于降低投资组合风险的考虑有可能会大量抛售外汇资产，如果大量抛售人民币资产，就会导致人民币资产的国际市场价格发生大幅度波动。当这种风险通过各种途径传导到国内金融市场后，也会引起国内金融市场的连锁反应，出现人民币资产的大幅贬值，甚至出现金融危机（见图 8－2）。

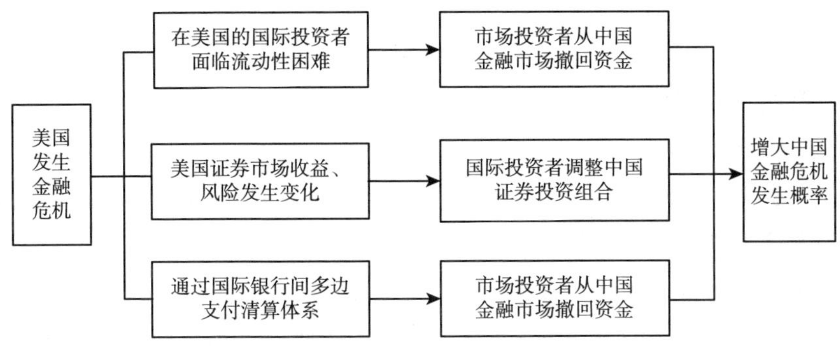

图 8－2 金融危机对中国传染的金融渠道示意图

8.1.3 季风传染途径

一般意义上的季风传染途径最早由 Masson（1998）提出，是指由于某种共同冲击而引起的金融危机传导，如主要工业化国家实施低利率经济政策会对新兴市场国家和地区的经济政策产生相似影响。类似于系统性风险，季风传染无法控制与消除，原因是它会影响所有国家或地区的经济基本面。当一国发生金融危机后，由于“蝴蝶效应”原理，国际金融市场的系统性风险会升高，导致市场出现紧缩。无风险利率上升后工业化国家一般都会提高其国内基础利率并进行货币政策调整，进而会引起全球性紧缩，最终风险会扩散至整个国际金融市场。

人民币国际化进程中的季风传染途径是指随着人民币国际化进程的不断推进，人民币将越来越多地参与国际经济活动中，届时人民币利率对风险更加敏感。如果遇到某一系统性风险冲击，导致某个与中国情况类似的国家或地区发生金融危机，就有可能使人们联想到是否中国也会这样，于是，大量抛售人民币资产，引起人民币大幅度贬值，导致中国也出现金融危机。例如，金砖五国都是新兴市场国家，如果其中一个国家出现金融危机，就有可能导致投机者在别国的市场上抛售其资产，引起该国出现银行挤兑，甚或发生金融危机。在这里，引起季风效应的原因是投机者认为金砖五国的经济发展具有很大的相似性，如果其中一个国家发生金融危机，别的国家也有可能情况不妙，发生危机在所难免。对中国来讲，随着人民币国际化的推进，货币当局必须对季风传染途径反应迅速，才能避免“蝴蝶效应”下国际金融危机对中国的传染。

8.1.4 心理预期传染途径

一般意义上的心理预期传染途径是指，即使国家之间没有贸易和金融联系，金融危机也会在其中间快速传染。引起这种现象出现的原因是投资者因心理预期发生变化而导致其行为发生改变，放弃原有投资策略，转而对经济发展良好的国家进行投机攻击，引起该国发生金融危机，这种心理预期会传染到其他国家，最终会引发其他国家也爆发金融危机。

人民币国际化进程中的心理预期传染途径是指当人民币国际化进程加快，在国际金融市场上的流通范围扩大后，也客观上加大了中国与其他国家之间的经济联系。当别的国家发生金融危机后，会引起投资者浮想联翩，认为中国经济会受到金融危机的影响，于是就会对中国的经济发展状况进行重新评定，从而引发"羊群"效应，促使其他投资者做出非理性的从众行为，也纷纷在国际市场上抛售人民币相关资产，或者对中国进行投机攻击，引起中国国内金融风险加大，甚或发生金融危机。

可将因以上四条国际金融危机传染途径引起的风险传导过程描绘成图 8－3。

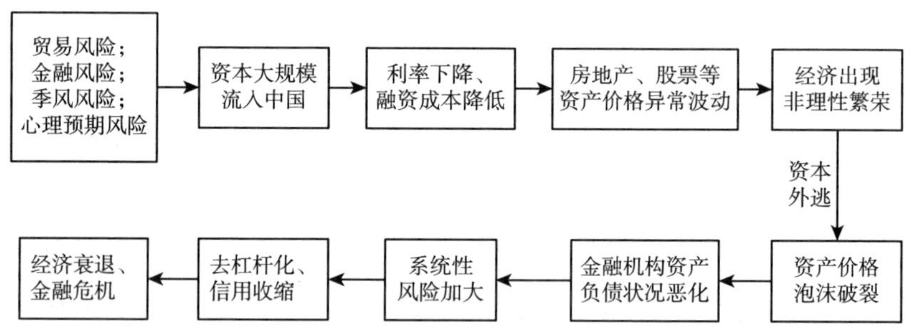

图 8－3 国际金融危机传染引起的金融风险传导

从图 8－3 可以看出，一旦国际金融危机通过以上四条途径中的任何一条传染到中国国内，都会引起国内金融市场价格体系混乱，加大中国金融体系的运行风险，影响实体经济发展，破坏经济、金融稳定，甚或发生经济、金融危机。如果出现这种情况，人民币国际化进程不但不能顺利推进，反而有可能葬送已经取得的成果而最终走向失败。

8.2 系统性风险溢出效应增大

人民币国际化能否顺利推进还依赖于国内金融体系能否稳健经营。2007年次贷危机的发生，使得学术界基本达成了一个共识，即由单个金融机构或者某地区金融机构引发的金融风险最终会在不同的金融子市场之间相互传导，导致系统性风险溢出效应不断增大，最终导致金融体系崩溃，引发金融危机。

为了准确测度我国金融体系运行中潜伏的系统性风险，本节基于CoVaR理论构建GARCH模型，并引入对不同金融子市场之间相关关系描述性更强的Copula函数以及能够刻画资产的尖峰厚尾特性和对非对称性拟合效果更好的Skewed－t分布，分别测度银行、保险、证券、信托四个金融子市场对金融业整体的系统性风险贡献度，并进一步测度各子市场相互之间的风险溢出效应，揭示中国金融业的系统性风险爆发源①。

8.2.1 数据的选取及基本统计量的描述

根据研究的需要，本节选取中证内地金融主题指数（以下简称“中证指数”）作为金融行业的总指数。之所以选取这一指数，是因为该指数的成分股包括中国内地上市的42家金融机构，可以反映目前上市A股中金融机构的整体市场表现。目前，我国已在A股上市的金融机构有45家，本节选取的42家金融机构中包括16家商业银行，3家信托公司、19家证券公司、4家保险公司，总资产占我国金融系统资产的90%以上，具有良好的代表性。

根据中证指数所包含的样本股，从中选取29家（其余13家企业因上市时间短、数据不足而被剔除），以每一交易日收盘价为观测值，得到每一机构观测值1 350个。时间跨度为2007年第4季度至2013年第3季度，可以涵盖2007年次贷危机发生以来的整个时间段、2010年欧债危机及2009年以来我国的宽松财政政策、地方政府债务剧增、利率市场化改革、房地产市场调控等影

① 基于篇幅原因，对CoVaR模型的构建过程在此省略，如有兴趣请参见第8章附录。

响我国金融市场发展的重大事件。数据来源：国泰安数据库，使用 Matlab 对数据进行处理（R2012a）。

基本统计量描述步骤如下：对中证指数及各子市场收盘价取对数一阶差分并乘以 100 以计算每日百分比收益率，计算公式为：$R_t^i = 100 \times \ln(p_t^i / p_{t-1}^i)$。其中 p_t^i 对应该子市场第 t 日市场价格指数；基本信息描述性统计按照所有上市公司股票指数百分比收益率排序，各子市场收益率指该子市场内各机构收益率的均值（表 8－1）。

表 8－1　各股指收益率序列描述性统计

	中证指数	信托	银行	证券	保险
Mean	－0. 051 217	－0. 005 574	－0. 065 278	－0. 089 920	－0. 094 403
Median	－0. 059 854	0. 072 948	－0. 038 130	－0. 088 392	－0. 110 757
Maximum	9. 546 945	7. 687 190	7. 837 316	7. 000 537	7. 222 841
Minimum	－9. 515 117	－17. 707 93	－9. 345 613	－11. 726 05	－7. 926 589
Std. Dev.	2. 247 778	2. 286 344	1. 289 122	1. 362 524	1. 756 981
Skewness	－0. 020 856	－0. 482 305	－0. 424 678	－1. 205 065	－0. 235 789
Kurtosis	5. 456 435	6. 232 826	8. 769 268	13. 770 01	4. 878 001
Jarque－Bera	339. 263 0	639. 742 9	1 911. 413	6 846. 282	210. 740 5
Probability					

表 8－1 说明，每个子市场指数与总指数的偏度系数均略小于 0，并呈现一定向左偏离的状态，峰度系数都远高于 3，呈现明显的“尖峰”特性，其中偏度系数绝对值最大的是证券业，为－1. 205 065，峰度系数高达 13. 770 01，“尖峰厚尾”特征最明显。各股票的 JB 检验结果概率值均为 0，不符合收益率正态性，各股票指数收益率序列在 1% 显著水平下都明显异于正态分布，由此可以得出初步判断：各子市场股票指数收益率序列均不服从正态分布。

为了进一步观察各子市场股票指数收益率特质，接下来将股票收益率序列按照每个子市场的时间变化将其描绘为图 8－4。

图 8－4 告诉我们，股票收益率序列变动情况按各子市场分解总体比较平稳，且走势极其类似。从时间序列看，2010～2013 年间的波动幅度明显小于 2007～2010 年间的波动幅度，说明各金融子市场相互之间的影响关系越来越明显，其中一个子市场出现异常变动都可能波及其余子市场。

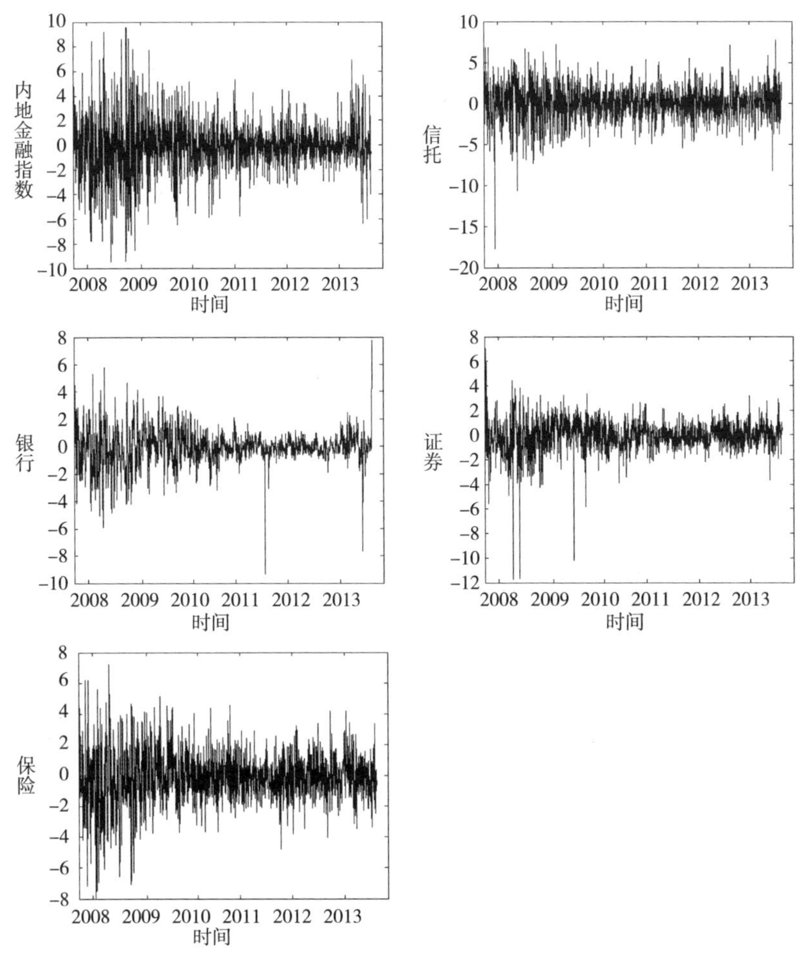

图 8－4　各子市场收益率序列时间变化图

8.2.2　系统性风险溢出效应测度

表 8－1 的分析结果表明，各股票指数收益率序列呈波动丛集，有可能存在 ARCH 效应，对此，需要利用 GARCH 模型拟合各指数收益率序列以弥补正态分布不足问题。但由于本节采集数据属于高频时间序列数据，GARCH 模型的残差项又服从正态分布，因此，无法充分描述各市场指数的尖峰后尾特性。为解决这一问题，特在 GARCH 模型残差项服从 Skewed－t 分布假设下计算其溢出风险值。具体步骤为：

（1）对各股收益率序列、各子市场收益率序列及中证指数收益率序列分别进行 ADF 检验，结果见表 8－2。

表 8－2 ADF 检验结果

公司名称	信托			银行													
	安信	陕国投 A	爱建	工行	建行	中行	兴业	浦发	北京	宁波	华夏	民生	中信	南京	交行	平安	招商
ADF 检验结果	-32.196 54	-38.375 27	-34.608 51	-36.541 31	-36.076 13	-37.495 61	-35.912 28	-37.204 31	-38.859 59	-39.722 95	-38.265 93	-36.733 55	-38.818 14	-39.097 56	-36.498 09	-36.600 18	-36.638 99

公司名称	证券									保险			信托业	银行业	证券业	保险业	中证指数
	太平洋	海通	西南	国金	中信	长江	国元	东北	宏源	太保	人寿	平安					
ADF 检验结果	-38.399 66	-23.429 96	-16.585 21	-36.055 91	-38.138 36	-36.578 00	-37.327 64	-35.396 86	-36.821 42	-37.052 44	-37.200 57	-35.755 47	-35.434 67	-23.685 98	-14.303 53	-33.001 37	-37.172 58

表 8 -2 说明，ADF 检验统计量（或绝对值）显著，大于各股 1% 显著水平下临界值 -3.432 563，可以说在 1% 显著水平下各股指收益率序列平稳，可以直接建立 GARCH 模型计算 VaR 及 CoVaR。

（2）计算各子市场对金融业系统性风险溢出效应、子市场相互之间的风险溢出效应

①各子市场对金融业系统性风险溢出效应测度

第一步：利用附录中式（8 -5）计算各子市场的在险价值 VaR。第二步：将各子市场收益率对应的独立同 skewed - t 分布的残差序列 z_t^i 的 α 分位数 Z_α^i 分别代入附录中式（8 -11）求解，得出整个金融业对应的残差独立同分布序列 z_t^s 的 α 分位数 Z_α^s，再根据式 $CoVaR_{\alpha,t}^{s|i} = V_{t-1}^s Z_\alpha^s \sigma_t^s \sqrt{\Delta T}$，计算条件在险价值 $CoVaR_{\alpha,t}^{s|i}$①。第三步：根据附录中式（8 -2）及式（8 -3），首先计算金融业整体的 VaR 结果（ -2.521 65），然后计算各子市场对金融业整体的溢出风险价值 $\Delta CoVaR_{\alpha,t}^{s|i}$、标准化溢出风险价值% $CoVaR_{\alpha,t}^{s|i}$（见表 8 -3）。

表 8 -3　各子市场对金融业整体的 VaR、CoVaR、ΔCoVaR 及% CoVaR 计算结果

Skewed - t 分布	VaR	CoVaR	ΔCoVaR	% CoVaR
信托	-5.573 0	-2.578 3	-0.056 7	2.248 0
银行	-4.389 6	-3.034 6	-0.512 9	20.341 0
证券	-2.438 7	-2.927 9	-0.406 2	16.108 9
保险	-3.165 7	-2.610 0	-0.088 4	3.504 1

表 8 -3 说明，在险价值 VaR 由大到小依次排序为：信托（ -5.573 0）、银行（ -4.389 6）、保险（ -3.165 7）、证券（ -2.438 7），看来差别不大。但如果按照其标准化溢出风险价值% $CoVaR_{\alpha,t}^{s|i}$大小进行排序，情况却发生了很大变化，表现为银行业的标准化溢出风险价值为 20.341 0，系统性风险贡献度最大；其次为证券业，数值为 16.108 9；而保险业和信托业系统性风险贡献度最小，仅分别为 3.504 1 和 2.224 8。这说明我国金融业不同子市场的系统性风险贡献度差别较大，这一结论的得出与白雪梅等人（2014）的研究结论

① 在计算中选择目前应用最广泛的二元正态 Copula 函数为最优拟合函数。因计算机中数据太多，在此不便对每个子市场的计算结果一一列出，因此仅列示计算结果，各子市场收益率为子市场内各机构收益率的均值。

（银行业系统性风险贡献度最大、证券业系统性风险贡献度最小）不完全一致。

那么，为什么会出现这种迥异现象？我们认为有以下几点：

银行业贡献最大的原因是我国长期以来实行的是银行主导型金融体系。在这种体系下商业银行的融资规模在金融体系融资总量中占比最大。尽管我国目前已经形成了融资渠道的多元化，在社会融资总量中商业银行的信贷规模仅占50%左右，但根据“金融加速器理论”和“银行风险承担理论”，在经济高速发展期，商业银行为了实现收益最大化，必然尽可能提供更多资金支持，出现经济过度繁荣；在经济下行时期，商业银行则可能紧缩贷款。商业银行融资规模过大、流动性不足等困难使其成为我国系统性风险的“天然存储库”。特别是2008年金融危机后4万亿元投资规模的投放，主要投放渠道就是通过商业银行进行的。目前带来的直接结果是不良资产急剧上升。根据《金融时报》，2014年以来商业银行不良贷款余额同比增长22.72%，局部地区的不良贷款和不良率双双急升、系统重要性商业银行不良贷款率骤升①。从今后看，随着“大资管”时代的到来，银行业与其他子市场之间的融合程度将越来越强，也会在一定程度上加大银行业的系统性风险贡献度。如通过银信、银证、银保等合作，信贷资金会通过影子银行等地下管道流向房地产等高风险行业，加大银行业系统性风险的贡献度。

证券业贡献度次之的原因是中国证券市场的功能长期被异化。从股票市场和债券市场的发展历史看，长期以来股票市场的发展远远快于债券市场，导致证券市场处于一种“跛腿”状态。就股票市场发展看，从一开始就出现了功能严重扭曲。在发行市场上，发行制度从一开始就存在制度缺陷，主要是帮助国有企业脱贫解困服务，很多上市公司不是将证券市场作为投融资的场所，而是视作低成本甚或无成本的筹资场所。当大批国有企业通过改制上市，摇身一变成为上市公司后，就等于向市场输送了一大批劣质资源，出现股份制改造的力度越大，证券市场接纳的股份公司越多，“劣币驱逐良币”的现象就越明显。在扭曲的发行制度安排下，股票交易市场自然投机气氛盛行，赌性十足。以上证指数为例，2001年为1 600多点，2007年上升为6 000点，之后持续了8年熊市，2014年上半年为2 000点左右，但是，到2015年5月底高达5 000

① 见《金融时报》，2014年7月24日：不良贷款上涨，“重灾区”向中东部扩展；2015年1月24日：截至2014年12月31日，中国工商银行不良贷款率上升至1.29%，单季度坏账增速0.13%。

点左右。从中可以看出中国的股票市场投机之风何等盛行。为了发展多层次资本市场，近年来，债权市场、金融期货等衍生工具市场也不断形成，从股市分流了部分资金。但问题是，除股票市场之外的其他子市场发展规模仍然偏小，多层次资本市场很不均衡，股票市场仍然独占鳌头。如果股票市场风险很大，就意味着证券业风险很大。以上足以说明证券业对我国金融业整体的系统性风险贡献度位居第二。

保险业和信托业的系统性风险贡献大大低于银行业和证券业的原因是在金融体系中占比较小。随着混业经营的不断发展，近年来一个值得警惕的新情况是，信托业的刚性兑付案件持续上升，因信托业经营风险不断上升而带来的金融业系统性风险溢出效应正不断上升，一个典型案例是2013年先后出现的中诚信托、中融信托、吉林信托等刚性兑付危机。

②计算金融市场的各子市场之间风险溢出效应程度

系统性风险的溢出效应除表现为整体性外，还会在不同金融子市场之间相互溢出。近年来，学术界之所以对金融风险溢出效应关注度较高，原因是金融风险会在不同金融机构和金融子市场之间的快速传染性。基于此，还需要计算系统性风险在不同金融市场子市场之间的相互传染。通过计算，得出在Skewed-t分布假设及0.01置信水平下，各子市场之间的风险溢出结果。见表8-4。

表8-4　各子市场之间的风险溢出效应

	→信托	→银行	→证券	→保险
信托→	—	7.633 3	9.291 9	2.064 8
银行→	7.697 6	—	25.525 0	5.829 4
证券→	9.880 0	23.910 2	—	3.910 7
保险→	2.155 5	5.688 5	3.892 0	—

说明："→"表示风险溢出方向，如信托业对银行业的标准化溢出风险价值为7.6333；而银行业对信托业的标准化溢出风险价值则为7.6976。

从表8-4得出的实证分析结果如下：

首先，各子市场相互之间的风险溢出程度差别较大。银行业与证券业相互之间的风险溢出效应值最大，分别为：银行业对证券业为25.525 0，证券业对银行业为23.910 2。保险业与其他子市场相互之间风险溢出效应值最小，分别为：信托2.155 5、银行5.688 5、证券3.892 0；反过来看，其他子市场对保险业的溢出效应值也不大，分别为：信托 2.064 8、银行 5.829 4、证券 3.910 7。这表明当银行业或证券业出现极端风险情况时传导到对方的程度远远大于信托业和保险业；或者反过来说，当保险业出现极端风险情况时传导到其他行业的程度非常小。出现这种局面的主要原因是，虽然近年来金融创新不断、混业经营迅速，但银行业和证券业，特别是银行业在我国金融体系中占比较重，银信合作起步最早，合作方式多样，因此，相互之间的密切程度大于比其他子市场。相比之下，信托和保险、证券和保险之间的合作途径少。从今后看，情况可能要发生很大变化。原因是随着 2012 年以来信贷资产证券化业务步伐大大加快，银证、银信、银保之间的合作途径将更加多样，由此带来的系统性风险可能要发生新的变化，对此应保持高度警惕。另外，尽管目前来看银信之间的风险溢出效应不算大，仅发生过几起有影响的刚性兑付危机，但由于近年来不少银行资金通过影子银行流入信托，进而流向房地产，而房地产市场近年来的不景气状况正在导致银信之间的资金链脆弱加速，风险溢出效应虽然没有爆发，但潜伏在银信之间的风险溢出效应仍然不可忽视。

其次，各子市场相互之间的风险溢出效应呈非对称性。证券业对银行业的% CoVaR 为 23.910 2，银行业对证券业的% CoVaR 为 25.525 0，两者相差 1.614 8。虽然数字不大，但说明当银行业发生极端风险情况时对证券业的影响略大于当证券业发生极端风险情况时对银行业的影响程度。对此我们认为，由于我国的金融体系不同于发达国家，表现为不同子市场整个金融体系中所占份额大小差异较大，在银行功能观的指导思想下，我国银行业长期以来在整个金融体系中所占份额最大，成为金融体系中的主导子市场。随着近年来业务经营综合性不断增强，银行业已经成为经营金融业务的百货公司，业务种类多、波及面广，如果银行业出现系统性风险必然会波及整个金融业。以证券业子市场中的股票市场为例，尽管上证综合指数连续 7 年熊市之后，从 2014 年下半年以来进入牛市状态，但股市的大起大落对我国金融业风险的整体影响银行业却要小得多。从今后看，情况可能要发生很大变化。随着股票市场“注册制”的推出，以股票市场为龙头的证券市场可能要有一个大发展。另外，随着金融混业步伐加快，各子市场之间的联系越来越密切，如果某一子市场出现极端风险情况，极有可能引起连锁反应，导致金融业系统性风险溢出效应加大。在这种背景下，应当强化上市公司的信息披露制度、完善金融相关法律法规、加强宏观审慎监管，有效控制系统性风险溢出效应加大。

基于本节的研究，我们可以得出如下结论：随着人民币国际化进程不断加快，我国金融市场的开放程度将不断提高，金融体系今后面临的各种系统性风险考验也会不断增多。为了在加快推进人民币国际化的同时保持我国经济金融安全运行，今后必须密切关注系统性金融风险溢出效应，特别应防范银行业的系统性风险溢出效应，为此，加强对系统重要性商业银行的重点跟踪、严防商业银行出现极端风险情况时风险向其他子市场传导、循序渐进地推行混业经营、避免系统性风险演化为系统性金融危机等，就成为今后需要重点关注的内容。

8.3　资产价格过度波动

资产价格稳定和人民币国际化是一个相辅相成的关系。人民币国际化还需要有发展稳健的国内金融市场来支持，如果国内资产价格过度波动也会导致影响人民币国际化进程的顺利推进。反过来看，人民币国际化进程加快也有可能导致我国资产价格发生过度波动，原因主要有三个方面：一是人民币国际化进程中我国会逐渐放开资本项目管制，从而使外资大规模进出，影响我国金融资产价格。二是随着我国金融市场的不断开放，资本市场的规模和结构会发生变化，引起资产价格过度波动。三是资产价格变化有可能会影响或改变投资者的心理预期，从而引起资产价格过度波动①。

资产价格一般通过房地产价格变化和证券价格变化来反映，因此本节就以这两个市场价格波动为对象描述资产价格过度波动所带来的风险。

8.3.1　房价异常波动

全球历次金融危机，特别是2007年美国“次贷危机”告诉我们，由于房地产业在国民经济发展中具有“产业链长、涉及面宽、资金密集”等特殊性，一旦房价过高，出现系统性风险必然危及金融安全，甚或引发金融危机。基于次贷危机的深刻教训，为了维护全球金融安全，IMF、BIS、FSB以及各国金融监管当局已经纷纷将房地产市场风险作为重要变量，纳入宏观审慎监管框架之中。

令人遗憾的是，中国近年来房价持续上涨，风险不断积聚，已成为一个众

① 关于资产价格异常变化，本章8.1节已经进行过初步阐述，详见图8－1。

所周知，也无法回避的现实。我们通过对35个大中城市的住宅价格和居民收入之间关系进行研究发现，居民住房支付能力稳定性比较脆弱，特别是高房价城市[①]。更严重的是，随着房价上涨，还为部分交易者进行投机活动提供了机会，也为引发房价持续上涨积蓄了动力[②]。

面对不断上涨的房价，虽然近年来宏观调控措施不断出台，力度不断加大，但从效果看仍然显得力不从心。在经济调控效率大打折扣的情况下，最后不得不退回到采用“限购”“限贷”等行政手段进行调控的老路上。目前，房价过度波动，房地产市场风险已成为威胁中国金融安全的主要爆发源之一。一旦房价泡沫破裂，房地产市场风险便有可能“爆发→扩散→传染”，引发金融危机，导致经济崩溃。

在问卷调查、市场走访、典型案例分析以及文献阅读的基础上，我们将近年来我国房地产市场风险生成和传导的路径绘成图8－5。

从图8－5可以看出，房价上涨过程即是风险生成过程，而房价下跌过程则是风险传导过程。如果房价由上升转为下降，则风险的传导就会通过金融机构、房地产商以及购房者等三类市场主体形成交叉传导效应，最后演化为金融危机、经济崩溃。

对金融机构来说，表现为抵押物价值会随房价下跌出现大打折扣，进而使其预期收益减少，可提供或预备供给的信贷数量会明显缩水。由此金融机构的资产负债比例失衡威胁必然加大，经营效率大幅降低，最后，以系统重要性银行为主体的金融机构贷款违约损失风险加大，金融不稳定加剧。

对房地产商来讲，房价下降会造成其所建房屋和地产的价值降低，此时，如果待购房者持币观望，则必将导致其销售和经营收益下降。如果投资者同时降低经济的景气预期，金融机构在紧缩市场环境下提供的资金有限，则会使得房地产商竞争激烈，导致金融摩擦增大，成本上升，这必然加大房地产商的融资成本。在这种情况下，房地产商必然要面临资金链断裂的风险。同时，房地产商在破产损失预期上升的舆论与现实压力下，开发意愿下降，造成已购土地积压，在销售不景气的情况下，贷款偿还更加艰难甚至无力偿还贷款，最后资金链断裂，破产加剧。

---

① 沈悦、张学峰：“住宅价格、居民收入及住房支付能力稳定性——基于2000～2009年35个大中城市异质面板的实证”，《山西财经大学学报》2011年第3期。

② 沈悦等：《商品房价格：动力机制、异常波动及调控》，中国社会科学出版社2012年版。

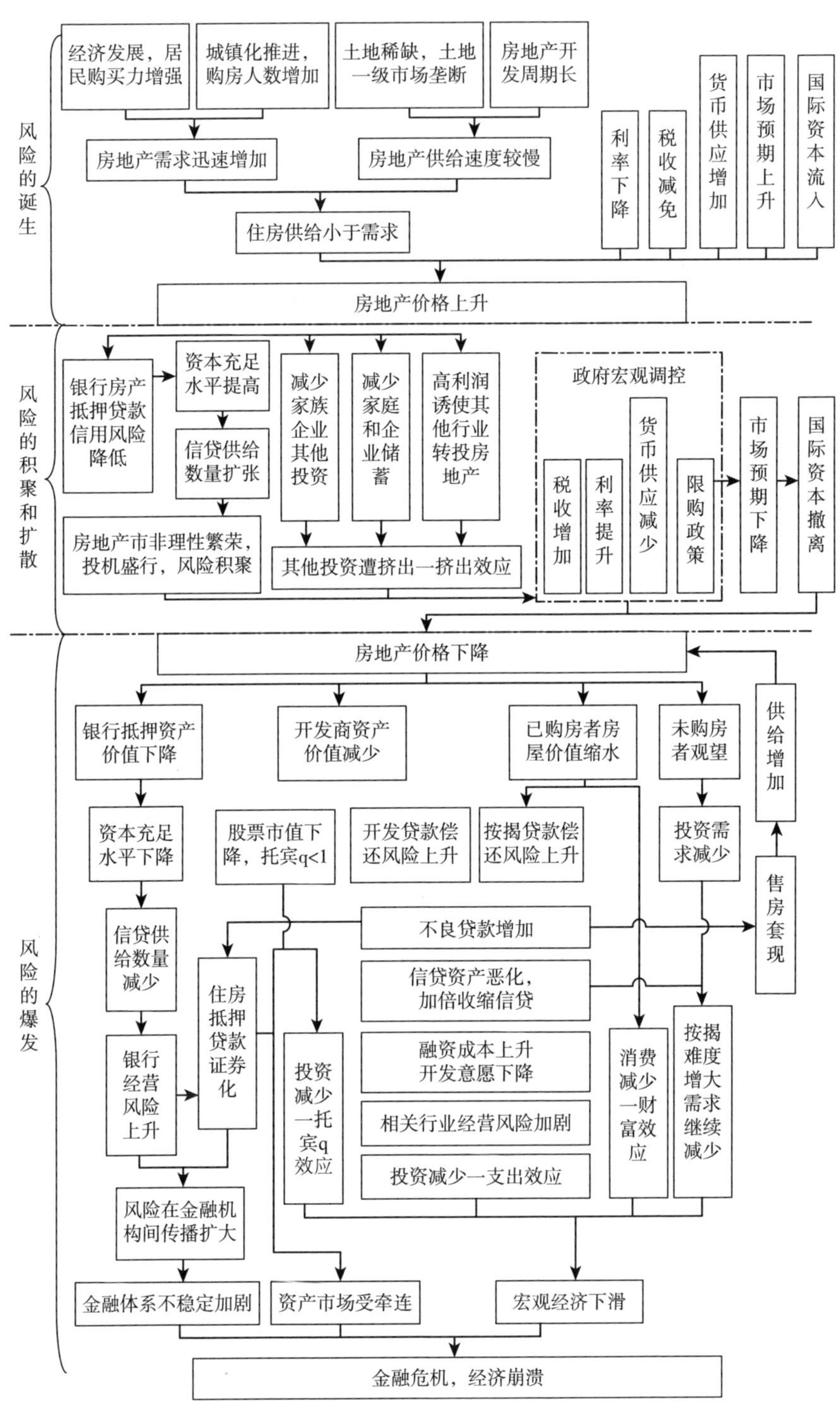

图 8-5 房地产市场风险生成和传导过程图构

对购房者来讲，最大的风险是存在按揭贷款偿还的违约风险。如果房价上涨，投资者可以坐等涨价；但问题是，如果房价出现下跌，就会使其房产价值缩水，投资收益减少，或出现亏损，这会导致已购房者“断供”“弃房”。如果出现这种情况，投资者的按揭贷款当然就成为商业银行的不良资产。这时，风险就由投资者转嫁到了银行，出现银行贷款违约损失风险加大。另外，对那些持币观望者来讲，房价下跌更坚定了其放弃买房的决心。这样，房地产商通过从银行贷款建造的房子必然出现滞销，房地产市场供过于求的局面就会出现。最后，在供求严重失衡的情况下，房地产泡沫破灭，金融危机来临。

8.3.2 证券市场功能变异

“股市是经济的晴雨表”。这一证券市场的古老格言在中国基本失灵了①。自 1990 年底诞生深圳交易所、1991 年初诞生上海证券交易所以来，中国的股票市场很少与中国经济基本面同步运行。2008 年华尔街金融危机发生之前，尽管中国经济长期保持高速增长，但股票市场的走势却似乎并不与之“配合”，时而走高，时而走低，处于一种“随机游走”的状态。2008 年金融危机的发生对我国实体经济确实产生了一定影响，但我国经济仍然保持了较高增长速度。可问题是，近几年股票市场却一直持续熊市行情，走出了与实体经济发展截然不同的行情。诡异的是，进入 2014 年以来，由于中国经济进入“三重叠加”的换挡期，经济发展速度下降，处于各方面都认可的“新常态”阶段。但是，自 2014 年 11 月中下旬以来，股票市场却迎来了一波牛市行情，而且上升幅度之高、持续时间之长令人咋舌。

回顾中国股票市场发展的历史可以发现，在中国证券市场发展中，由于政府在股票市场发展进程中出现过频繁的“救市”行为，长期以来股票市场的走势始终与政府的对市场的“过度关注”密切相关。在股票市场发展的 20 世纪 90 年代，每次出现大的“牛市”都基本上是在政府“利好政策”的刺激下突然爆发，迅速上涨，并能够在短时间内呈现牛市行情，如历史上的“5·19 行情”“5·30 行情”等。经过一个急速拉升之后，由于没有实质性利好消息，

---

① 在中国，制度安排使得证券市场中的“主力军”一直是股票市场，而债券等其他子市场发展相对缓慢。因此，本节以股票市场为例分析中国证券市场功能变异问题。

股市紧接着便会进入漫漫“熊”途。可见，中国股票市场的表现始终呈现出一波又一波的“牛短熊长”市场行情（如图8－6所示）。

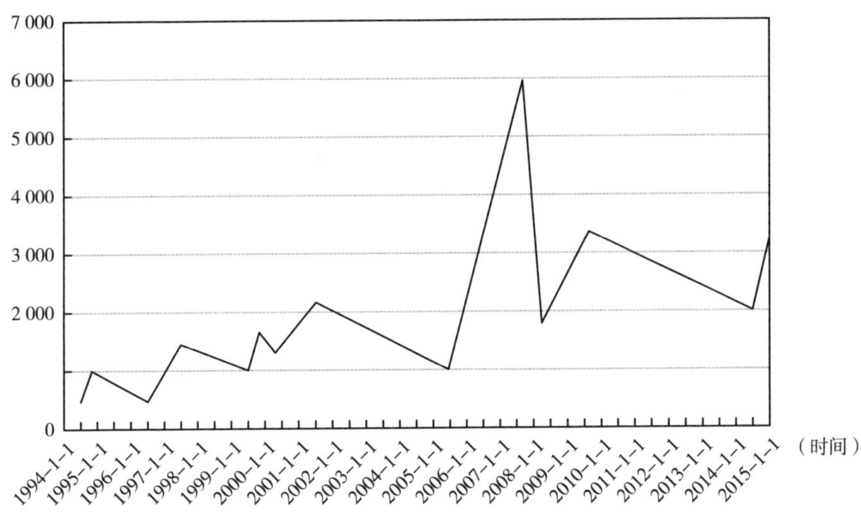

图8－6 1994年以来上海综合指数走势图

注：作者根据1994年以来上海综合指数走势描绘而成

从图8－6可以看出，与成熟证券市场一般是牛市持续的时间长、熊市持续的时间短的普遍规律截然相反，自中国股票市场诞生以来，一直没有摆脱牛市持续时间短而熊市持续时间长的局面。

那么，为什么会出现这种异常现象？这种现象如果持续会带来哪些金融风险？这种功能变异的市场又会对人民币国际化带来哪些影响？

针对中国证券市场自开市以来长期存在的“牛短熊长”现象，学术界和实践部门都投入了大量精力开展研究。Groenewold等（2003）的研究结论是，中国证券市场的运行效率太低；但Chakravarty等人（1998）并不认同，认为是证券市场存在严重的信息不对称所致。从国内学者的研究观点看，很多学者认为“中国证券市场的制度设计存在严重问题”。

从历史视角分析，中国证券市场的诞生和发展与国有企业的股份制改造是对孪生兄弟。最开始的证券市场设计就是为国有企业转换经营机制，因此，中国证券市场产生先天不足，发展中潜伏着很多制度障碍，导致证券市场一开始就定位不清、方向不明，当然，在发展中就会面临一系列问题。

从证券市场的发行制度设计看，当仅有少量国有企业改制并试点发行股票时，由于政府控制股票发行规模，导致证券市场出现了严重的供不应求，投机气氛盛行。但是，当最初那些“敢吃螃蟹者”的投资者获得了高送配等意想不到的高收益后，便有更多的投资者陆续进入证券市场。当更多人在示范效应的作用下纷纷加入“炒股大军”之后，国家便及时抓住了股票市场发展的有利时机，加大了国有企业股份制改革的力度，从而为更多国有企业“脱贫解困”，走股份制改革为上市开辟了一条途径。随着一批批国有企业经过股份制改造陆续进入证券市场，中国的证券市场发展开始进入快速扩容阶段，但由于转制过程太慢，为证券市场健康发展至少埋下了两个严重“隐患”：

第一，股权分置问题。虽然大批国有企业经过股份制改造后成为股份公司，但流通的却仅是个人股，占比重最大的国有股和法人股却无法流通，被置于市场之外，为证券市场健康发展留下了一个很难消化的“鸡肋”，验证了“诺斯悖论”①。虽然经过后来的股权分置改革实践将这一历史遗留问题得到妥善解决，但这种试图利用政府独有的“暴力潜能”推进的证券市场发展在制度设计上存在天生缺陷，使中国证券市场的长期健康发展付出了沉重代价。

第二，经营绩效问题。按照上述发行制度安排，国有企业股份制改造的数量越多，被输送到证券市场上的国有上市公司也越多。中国的 A 股市场上主要是经过股份制改造后的国有企业，其他企业很难上市融资。但是，由于很多上市公司经营业绩较差，导致证券市场上“劣币”过多，很多上市公司少分红或者不分红。在这种“劣币驱逐良币”的制度安排下，真正优秀的非国有企业很难通过发行股票筹集资金，而不一定优秀甚或业绩较差的国有企业却可以借股份制改革的东风，直接进入证券市场筹资，导致证券市场功能被异化。

从证券市场的交易机制看，不少上市公司为了能够在证券市场上长期筹资，即使业绩不好也要想方设法从市场融资。为了达到目的，披露虚假信息便成为“家常便饭”。对于上市公司的种种“劣迹”，尽管证券监管部门多次采取各种严厉监管措施，但不幸的是，证券市场的投机气氛过浓，投资者几乎都是投机者，他们并不关注上市公司给其分红多少，而是关注如何在流通市场上获取低买高卖的价差收益。这种股票市场的供给者和需求者心理“错位”的现实恰好给那些“滥竽充数”的股票发行者留下了“钻政策空子”的巨大空间，进一步异化了证券市场的功能。如果说在股票市场发展的早期阶段，投资者的素质有

---

① 由经济学家诺斯于 1981 年提出。主要观点是指国家具有双重目标：一是国家通过向不同势力的集团提供不同产权，使其可以获取最大化租金；二是国家试图降低交易费用以实现社会产出的最大化，从而增加国家税收。但问题是，由国家安排的这两个目标却经常会发生冲突。

限，上市公司主要限于国有企业股份制改造的特殊情况，股票市场发展功能受限，上市公司鱼龙混杂，信息披露虚假还有历史原因的话，那么，经过30余年的发展，这种市场异常现象仍然存在，这就不能不让人为之叹息了。

至此，股票市场最初被作为帮助国有企业脱贫解困的“良药”而植入中国经济改革开放进程中，由于一开始就定位不准，功能变异，股票市场这一被发达证券市场认为的、现代经济条件下筹资成本最高的融资方式在被引入中国证券市场后反而变异为一种成本最小甚至是零成本的筹资方式。由于中国股票市场发展一直未破“功能是什么”这一命题，导致证券市场已变异为“投机者的天堂”了。

如果说中国实行封闭经济，金融市场的大门尚未打开，那么，这种似“赌场”的游戏充其量也就只能产生“茶杯中的风暴”，无碍中国金融发展的大局。问题是伴随着改革的深入，发展中的中国证券市场格局近年来已经发生了很大变化。首先，我国已于2003年7月正式引入的QFII、QDII制度，开启了中国资本市场对内对外双向开放的大门。其次，更具有里程碑意义的是，我国分别于2011年12月和2014年11月推出了RQFII、RQDII制度，允许境外机构投资者可将批准额度内的外汇结汇投资于境内证券市场；允许境内金融机构以人民币资金投资于境外人民币计价产品。特别是RQDII制度的推出是人民币国际化进程中的一项非常具有历史意义的事情，它有利于境内投资者拓宽资金配置渠道，实现多层次投资需求；有利于扩大境外人民币的资金池，支持境外人民币产品创新；有利于引导境内资本有序流出以缓解资本流入压力。最后，最具有历史意义的是，2014年11月启动了沪港通，允许两地投资者通过当地证券公司（或经纪商）买卖规定范围内的对方交易所上市的股票，这直接开启了我国资本项目开放的大门，大大拓宽了人民币“走出去”的路径。

在这种背景下，如果证券市场发展仍然“猴性十足”，功能变异，定价不准，与中国经济发展和改革开放的步伐不一致，则会直接影响我国金融市场的良性发展、人民币国际化的顺利进行。

8.4 人民币在岸与离岸市场互通机制不畅

近年来尽管人民币离岸市场发展迅速，在全球布局顺利，人民币全球支付地位也不断提高，投资渠道正不断拓宽，越来越多国家的中央银行已将人民币作为其储备货币等，但是，人民币离岸市场的最大交易规模还是在香港地区。因此，本节主要分析内地与香港地区的在岸市场和离岸市场之间的互通机制不畅问题。

8.4.1 人民币回流机制不畅

我国的人民币离岸业务起步于香港地区，因此，人民币跨境贸易结算业务集中发生在香港地区。2009 年中国人民银行与香港金融管理局签署了内地与香港跨境贸易人民币结算试点的补充合作备忘录，允许香港企业与上海、广州、深圳、东莞以及珠海的企业以人民币作为贸易往来结算货币，标志着香港开始成为人民币离岸清算中心。离岸清算中心自建立以来累积了大量的人民币存款，截至 2014 年 10 月末，香港人民币资金池存款总量已超过 1.1 万亿元人民币，人民币离岸资金加起来大约为 2 万亿元。银行贷款余额为 1 680 亿元，比年初增加了 45%[①]。与此同时，由于香港的人民币债券业务发展相对缓慢，加之在香港离岸市场发行的人民币债券多为短期债券，从而使得发行债券的货币回笼效果深受影响。

人民币存款规模急剧攀升与离岸业务发展缓慢制约了人民币双向流通机制的建立，不利于人民币国际化的顺利进行，造成大量资金沉淀在香港金融市场。虽然很多学者呼吁放宽资本项目管制，尽快疏通人民币双向流通机制，但在国内金融体制改革不到位、香港人民币离岸金融市场还不发达的现实条件下，如果为了推动离岸金融市场的单一发展而盲目加快步伐放开资本项目管制，也有可能会将人民币国际化进程暴露在在岸市场与离岸市场的再贷款风险中。具体的风险暴露过程如图 8－7 所示。

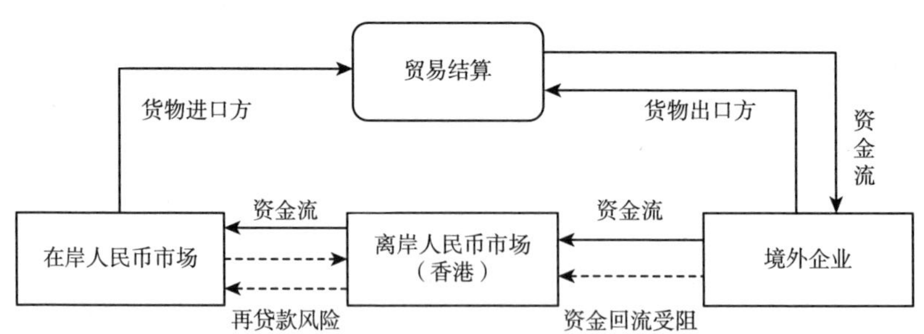

图 8－7 人民币双向流通机制中的风险暴露

① 数据来源：香港金融管理局。

图8-7说明，自2009年以来，在人民币贸易跨境结算中，多数被使用于进口贸易，于是，大量人民币进入香港。2014年前10个月进入香港银行初步贸易结算交易的总金额已达5.07万亿元人民币，比2013年同期增加了73%。内地以人民币支付的对外贸易同比增长也很快，为52%[①]。若离岸市场发展良好，则资金可顺利通过离岸市场人民币业务回流在岸市场。但是，从目前的现实来看，香港离岸市场发展缓慢，规模较小，境外资金难以进入境内。人民币在境内外的顺畅流通是其国际化的基本前提，此时若不优先发展离岸人民币业务，盲目放开资本管制可能会产生以下问题：沉淀在离岸金融市场的大笔资金回流境内，境内富裕的资金又通过类似“再贷款”的形式流向离岸市场，最终使得人民币仅仅完成“地区转移”。

8.4.2 套汇、套利行为增多

2007年6月，经中央银行批准，内地金融机构可以到香港发行人民币债券。从此香港离岸市场（以下简称“CNH市场”）就作为人民币国际化的主要“战场”，发挥了不可替代的作用。同时，在CNH市场发行人民币债券的行为也越来越普遍。仅2014年前10个月就发行人民币债券1666亿元人民币，比2013年同期增长40%。

与此相比，在CNY（在岸市场，以下简称“CNY市场”）与CNH市场套利套汇的投机资本发展更快。香港作为全球经济金融中心，市场化程度远远高于内地市场，这就使得CNH与CNY存在两个不同的汇率与利率，加之香港实行的是联系汇率制度，内地实行的是参考一篮子货币的有管制的浮动汇率制度，不同的汇率制度意味着两方货币当局面临同等程度的汇率波动会采取不同的措施，由此导致的调控结果也会有所不同。也就是说在CNY完全放开汇率管制和资本管制之前，CNY与CNH的汇率差、利率差将一直存在。

从CNH市场的参与主体看，主要包括进出口企业、个人以及银行等金融机构。这里以进出口企业为例来说明跨国公司利用CNH与CNY市场上不同的汇率、利率进行套利。假设美元利率近似为零，人民币债券一年期的收益为0.5%，香港利息为0，远期合约的期限为1年，即期CNH的汇率为6.20，CNY的汇率为6.25，签订远期合约的汇率价格为6.25。此时若进口方企业应

---

① 数据来源：香港金融管理局。

付给出口方200万元人民币货款，且由于CNH汇率一贯高于CNY汇率，那么进口方可以先借入32.5万美元资金并在CNH即期市场将美元兑换成人民币后购买债券。同时在远期美元市场上签订一笔合约，约定好CNH与CNY的远期汇率。当合约到期后进口方通过套利获得的收益为0.401 2万美元（32.5×6.2×1.005－200）÷6.25＝0.401 2（万美元）。

个人投资者和金融机构的套汇、套利机制也类似，即通过即期和远期市场的利率、汇率差价以及单边人民币升值预期进行投机套利。对于个人投资者而言，期初借入一定量的美元资产，在离岸市场上兑换成人民币，购买人民币债券；同时购买一份远期美元合约，一年后按照事先约定好的汇率价格卖出人民币，买进美元；偿还本金后，获取套利套汇收益。金融机构大量签订的远期卖出人民币的合约会使远期人民币价格走低，此时又会吸引大量套利基金进入NDF（远期非交割市场），利用金融杠杆原理谋取巨大的收益。

CNH市场上的参与主体利用CNH和CNY汇率差、利率差进行投机的过程如图8－8所示。

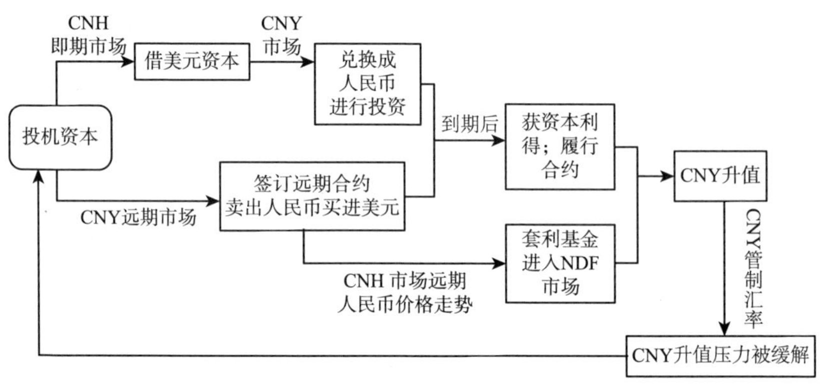

图8－8 投机主体套利套汇传导机制示意图

从图8－8可以看出，CNH与CNY存在市场汇差、利差为投机者提供了很大的套利空间，但套利空间不可能一直存在，会随着套利资本不断进入而消失。CNY市场目前实行的还是管制汇率政策，利率尚未市场化，而CNH市场则相对自由，这样，不同的汇率政策会导致汇差空间持续存在，即当CNH的汇率高于CNY、利率低于CNY市场时，套利资本开始活动。CNH市场同时存在套利和套汇两种投机行为，套汇使CNH汇率被推高，套利使CNH汇率被压低，作用力反向抵消后汇率波动幅度不大。此时，CNY一直有升值压力，为了缓解压力，中央银行必须介入外汇市场释放美元，最终 CNY 汇率基本保持稳定。这样一来汇差空间仍存在，套利、套汇活动继续。

CNH 与 CNY 市场汇率和利率的差额给投机者搭建了“天然平台”。这一点可以从 CNH 市场上的人民币期货成交数量看出。在香港离岸市场上美元兑人民币（香港）期货自 2012 年 9 月 17 日起开始买卖，自该项交易开展以来，成交量上升很快，2012 年 9 月的合约交易量为 2 172，随后开始不断上升。2013 年 2 月 1 日至 3 月 12 日的数据如图 8 -9 所示。

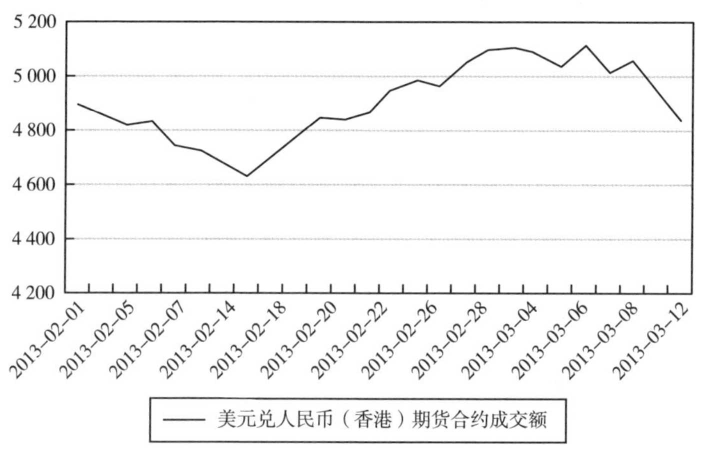

图 8 -9　美元兑人民币（香港）期货合约成交额[①]

从图 8 -9 可以看出，美元兑 CNH 期货交易开展的短短两个多月的时间内，成交合约量上升很快。

随着人民币国际化战略的进一步实施，各项政策将更加灵活，这给投机资本进出 CNH、CNY 市场提供了更多方便。可以预计，随着两岸市场的联系越来越广泛，投机资本的规模也有可能会越来越大。为了严控投机资本规模，CNY 市场不得不放弃管理汇率而实行浮动汇率。有人认为，这种以“资本流动为先，汇率制度改革滞后”的推进路径会严重破坏人民币汇率稳定。为此，有学者认为，在国内人民币汇率形成机制尚未完全实现市场化的背景下，当前推动人民币国际化的所谓“跨境贸易结算 + 离岸市场”模式所产生的套利行为必须警惕（顾玮，2014）。

① 数据来源：香港金融管理局。

8.5 贸易结算不平衡

自2009年4月中央银行公布《跨境贸易人民币结算试点》以来，经过多年的发展，人民币跨境贸易结算总额由2009年下半年的36亿元攀升至2014年的6.55万亿元。由此可见，人民币跨境贸易结算的需要量很大，前景广阔。

使用人民币进行跨境贸易结算，本意是为人民币建立出去与回流的双向机制。然而，随着跨境贸易结算总额的增加，人民币在进出口结算中使用不平衡的现象也愈加明显。2012年第4季度的数据显示，全年跨境贸易人民币结算实收1.30万亿元，实付1.57万亿元，收付比例为1∶1.2，虽较2011年的1∶1.7略有升高，但仍存在2 691.7亿元的差额。2013年跨境贸易人民币结算业务实收1.88万亿元，实付2.75万亿元，收付比降至1∶1.46。贸易"跛足"的情况不但使人民币国际化效果大打折扣，还有违减少外汇储备的初衷，使人民币汇率长期有升值的压力。

从国家外汇管理体制来看，我国的外贸外资企业收到外汇资金后必须在国内商业银行兑换为人民币，这样就增加了外汇市场供给，人民币升值压力增大。另外，由于我国长期保持"双顺差"状态，国外对我国商品和服务的进口需求不断上升。当外商从我国进口时完全使用人民币结算，则首先需要在外汇市场兑换人民币，再购买我国的商品和服务，这样，外汇市场上的人民币需求必然大量增加，导致人民币升值压力。随着人民币国际化步伐不断加快，我国政府对人民币汇率管制会不断放松。如果"双顺差"格局不能得到有效改善，则人民币跨境贸易结算所造成的人民币升值压力将表现汇率过度波动，从而引发金融风险。我们将贸易结算不平衡所造成的金融风险逻辑链条描绘为图8－10。

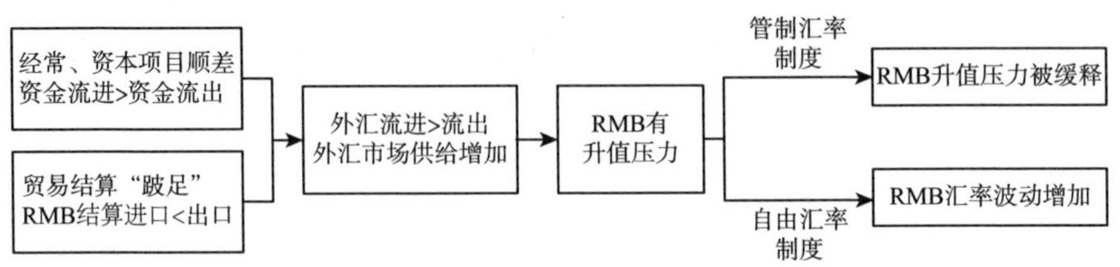

图8－10 人民币贸易结算不平衡引起的金融风险

从图 8 - 10 可以看出，当人民币国际化进程进入加速阶段后，放松汇率管制势在必行。届时“双顺差”的经济格局会对汇率波动起到推波助澜的作用：汇率制度稍有宽松，汇率波动加剧便会得到体现，我国进出口贸易企业将面临更大的风险。

附 1：模型构建

学术界一直都在尝试采用不同的方法测度金融风险，其中 VaR 模型最为流行。但是，从次贷危机到欧债危机的发生打破了人们对金融风险的传统认识，学术界已不再囿于对金融风险的传统计量，转而聚焦于对金融风险的传染性即系统性风险进行测度。自然，作为得到普遍认可并广泛应用的传统计量模型——VaR 模型因无法测度金融风险的传染效应而遭到诟病。这迫使学术界不得不探寻更加科学的风险测度工具。基于这种背景，近年来相继出现了多种测度系统性风险的方法。

Huang 等提出了“压力测试法”，但这一方法只对发达国家的金融市场有效，对于金融市场并不完善的发展中国家来讲，有效性大大降低。Tarashev 等以博弈论为基础提出了夏普利值法，其优点是可将各金融机构的风险相加，但缺点是只能衡量单一固定事件发生时的系统性风险。Gray 等认为，采用未定权益分析法（CCA）更能动态地反映系统性风险程度。但是，以上所有方法均无法衡量金融风险的传染程度。

经过不断探索，Adian 等在 VaR 模型的基础上首次提出了 CoVaR 模型，考虑了金融机构之间的风险联动效应，主要用于测度一家金融机构陷入困境后给其他金融机构乃至金融业带来的风险溢出效应。该方法得到了 Bjarnadottir, Mainik 以及 Schaanning 等人的充分肯定，被认为可操作性强。之后，不少学者采用该方法测度金融金融风险的传染，如 López - Espinosa 等运用 CoVaR 模型分析了全球商业银行系统性风险的影响因素后，认为该方法测度效果很好。

当 CoVaR 模型逐渐成为学术界的流行方法后，中国学者也及时吸收并借鉴了这一方法并尝试对中国金融业的系统性风险进行实证分析，代表性研究成果主要有：范小云等比较了 CoVaR 方法与 MES（边际风险贡献）方法的差异，并对次贷危机前后中国银行业的系统性风险进行了测度。李志辉、樊莉运用 CoVaR 方法和分位数回归技术，对中国上市商业银行的系统性风险溢出效应进行了估计，验证了以 VaR 为核心指标的线性监管政策不能有效防范系统性风险的观点。杨有振、王书华肖璞也分别通过同样的方法证明中国上市商业银行存在系统性风险溢出效应，并发现规模大的银行系统性风险溢出效应较大。高国华、潘英丽利用动态 CoVaR 方法对中国 14 家上市商业银行的财务特征和系统性风险贡献度进行了分析。白雪梅、石大龙应用 CoVaR 模型测度了中国金融体系的系统性风险。

但是，由于以上研究均运用分位数回归技术计算 CoVaR，只能描述分位点与回归变量间的线性关系，不能刻画非线性关系，因此对相关关系的刻画很粗糙，导致 CoVaR 计算不准确。为避免这一问题，谢福座引入 Copula 函数，利用其在描述金融时间序列数据时所具有的优越性，结合 GARCH 模型和 Copula 函数对 CoVaR 进行计算，测度了亚洲三大股票市场指数间的风险溢出效应，大大提升了 CoVaR 计算结果的有效性。刘晓星等；王永巧、胡浩也分别借助同样的方法测度了中国大陆与美国、中国香港等股票市场间的风险溢出效应。

尽管如此，现有研究文献仍然存在两点不足：①研究视角上，只关注中国商业银行或者国内外证券市场之间的系统性风险溢出效应，缺乏对中国不同金融子市场之间的风险溢出效应研究；②技术手段上，大多数研究直接采用分位数回归技术测度 CoVaR，很少结合中国金融数据的特点对模型的拟合进行优化以使测度结果更加精确，即使有人注意到了 Copula 函数的拟合效果，但却忽略了 GARCH 残差项分布对测度结果的影响。

基于此，本章拟采用 GARCH－Copula－CoVaR 模型，分别测度银行、保险、证券、信托对中国金融业的系统性风险溢出效应以及相互之间的风险溢出效应。具体步骤为：首先，构建模型并求解，拓展 CoVaR 模型；其次，测算并分析银行、保险、证券、信托对金融业的系统性风险溢出效应的贡献度以及各子市场相互之间的风险溢出效应；最后，得出研究结论及启示。

附 2：CoVaR 模型

CoVaR 模型是指在一定概率水平下，当某子市场在未来特定时间内达到最大损失时，其他子市场的最大可能损失。给定置信水平 $1-\alpha$，当子市场 i 的损失值为 $VaR_{a,t}^{i}$ 时，子市场 j 的条件在险价值 $CoVaR_{a,t}^{j|i}$ 为：

$$\Pr(\Delta R_t^j \leqslant CoVaR_t^{j|i} \mid \Delta R_t^i = VaR_{a,t}^i) = \alpha \tag{8-1}$$

由定义可以看出，$CoVaR_{a,t}^{j|i}$ 在本质上是 $VaR_{a,t}^i$，当 j = s（s 代表整个金融业）时，将金融业 s 总的风险价值 $CoVaR_{a,t}^{s|i}$ 分成无条件在险价值 $VaR_{a,t}^s$ 和溢出风险价值 $\Delta CoVaR_{a,t}^{s|i}$ 两部分，更能反映一子市场出现危机对其他子市场的影响。子市场 i 对金融业的风险溢出效应可以通过溢出风险价值测度：

$$\Delta CoVaR_{a,t}^{s|i} = CoVaR_{a,t}^{s|i} - VaR_a^s \tag{8-2}$$

为了更加准确的测度子市场间风险溢出效应，将溢出风险价值进行去量纲化处理：

$$\% CoVaR_{a,t}^{s|i} = \frac{\Delta CoVaR_{a,t}^{s|i}}{VaR_{a,t}^s} \times 100\% = \frac{CoVaR_{a,t}^{s|i} - VaR_{a,t}^s}{VaR_{a,t}^s} \times 100\% \tag{8-3}$$

附 3：GARCH – Copula – CoVaR 模型

根据对 CoVaR 模型的介绍可以看出，CoVaR 本质上就是某一随机变量处于 α 分位点时另一随机变量的条件概率分布的 α 分位数。分位数其实就是对密度函数求变上限积分，理论上讲只要知道了密度函数，就可以求得 CoVaR。这里引入 Skewed – t 分布（偏态 t 分布）和 Copula 函数，借助 GARCH 模型对 CoVaR 进行计算，计算步骤如下：

（1）引入 Skewed – t 分布

Skewed – t 分布是由 Hansen 提出的一种 t 分布的扩展分布，在 t 分布的基础上加入了一个偏度参数 λ，对金融资产序列的非对称性和后尾性能够更加准确的描述，其概率密度函数为：

$$h(Z_t \mid \eta, \lambda) = \begin{cases} bc\left(1 + \dfrac{1}{\eta - 2}\left(\dfrac{bz_t + a}{1 - \lambda}\right)^2\right)^{-(\eta+1)/2} & z_t < -a/b \\ bc\left(1 + \dfrac{1}{\eta - 2}\left(\dfrac{bz_t + a}{1 - \lambda}\right)^2\right)^{-(\eta+1)/2} & z_t \geqslant -a/b \end{cases} \tag{8-4}$$

其中 $a = 4\lambda c[(\eta-2)/(\eta-1)]$，$b^2 = 1 + 3\lambda^2 - a^2$，

$c = \Gamma[(\eta+1)/2] / \sqrt{\pi(\eta-2)\Gamma(\eta/2)}$，$2 < \eta < \infty$ 为自由度，$-1 < \lambda < 1$ 为偏度参数，若 λ 为正则变量右偏，存在正收益率，的可能性更大。

显然，当（4）式中 $\lambda = 0$ 且 $\eta \to \infty$ 时，Skewed – t 分布退化为正态分布；当 $\lambda = 0$ 且 η 为任一有限实数时，Skewed – t 分布退化为普通 t 分布。

（2）计算子市场 i 对金融系统 s 的溢出风险价值 $\Delta CoVaR_{\alpha,t}^{s|i}$

首先，对于每一个子市场 i 来说，其在险价值 $VaR_{\alpha,t}^{i}$ 可通过 GARCH 模型拟合结果直接求出：

$$VaR = V_{t-1} Z_{\alpha} \sigma \sqrt{\Delta T} \tag{8-5}$$

其中 V_{t-1} 为该子市场第 $t-1$ 期资产，Z_{α} 为 z_t^i 对应的 α 分位数，σ 为收益率标准差估计值，ΔT 为资产持有期。根据公式（8-5）即可算出资产在一段时间内的 $VaR_{\alpha,t}^{i}$ 值。假设每一个子市场 i 的收益率 R_t^i 满足 GARCH 模型：$R_t^i = \mu_t^i + \varepsilon_{i,t}$；$\mu_t = \alpha_0 + \alpha_1 R_{t-1}$；$\varepsilon_{i,t} = z_{i,t}\sigma_{i,t}$，其中，残差序列 $z_{i,t}$ 独立同分布，这里假设其服从 skewed-t 分布，条件方差满足标准 GARCH(1,1) 条件：$\sigma_{i,t}^2 = \beta_0^i + \beta_1^i \varepsilon_{i,t-1}^2 + \beta_2^i \sigma_{i,t-1}^2$。

接着，运用多元相关性分析函数 Copula 函数计算 $CoVaR_{\alpha,t}^{s|i}$。由于 Copula 满足 Sklar 定理：即当 F 是边缘分布为 F_1，F_2 的二维联合分布函数时，一定存在一个 Copula 函数 $C:[0,1]^2 \to [0,1]$，使得：

$$F(x_1, x_2) = C[F_1(x_1), F_2(x_2)] \tag{8-6}$$

根据 Sklar 定理，可以进一步推导出联合分布 F 所对应的密度函数：

$$f(x_1, x_2) = c[F_1(x_1), F_2(x_2)] f_1(x_1) f_2(x_2) \tag{8-7}$$

其中 $c(\mu,\nu) = \partial C(\mu,\nu)/\partial\mu\partial\nu$ 为 Copula 函数的密度函数，$f_n(x_n)$ 是边缘分布 $F_n(x_n)$ 的密度函数。假设收益率序列 R_t^i 和 R_t^s 的联合密度函数为 $f(R_t^s, R_t^i)$，则序列 R_t^s 关于序列 R_t^i 的条件密度函数

$$f_{s|i}(R_t^s | R_t^i) = \frac{f(R_t^s, R_t^i)}{f_i(R_t^i)} \tag{8-8}$$

又公式（8-7）中 Copula 函数的定义可得：

$$f_{s|i}(R_t^s | R_t^i) = c[F_s(R_t^s), F_i(R_t^i)] f_s(R_t^s) \tag{8-9}$$

由此，收益率序列 R_t^s 关于序列 R_t^i 的条件分布函数为：

$$F_{s|i}(R_t^s | R_t^i) = \int_{-\infty}^{R_t^s} c[F_s(R_t^s), F_i(R_t^i)] f_s(R_t^s) dR_t^s = \alpha \tag{8-10}$$

其中 F_s 和 F_t 为 Copula 函数的边缘分布函数，根据定义，$CoVaR_{\alpha,t}^{s|i}$ 为 $R_t^i = VaR_{\alpha,t}^{i}$ 时 R_t^s 的在险价值。则方程 $\int_{-\infty}^{R_t^s} c[F_s(R_t^s), F_i(VaR_{\alpha,t}^i)] f_s(R_t^s) dR_t^s = \alpha$ 中只有 R_t^s 一个未知数，求解方程即可求出 $CoVaR_{\alpha,t}^{s|i}$。

与计算单个子市场 VaR 相同，假设 R_t^i 和 R_t^s 满足 GARCH 模型，其残差序

列 z_t^i 和 z_t^s 独立同 skewed - t 分布。由于 R_t^i 和 R_t^s 分别是 z_t^i 和 z_t^s 的单调增函数，根据 Copula 函数的性质，相应的 Copula 函数不变，则对收益率序列的研究可以转换为对残差序列的研究，即：

$$\int_{-\infty}^{R_t^s} c[F_s(Z_t^s), F_i(Z_{a,t}^i)] f_s(Z_t^s) dz_t^s = \alpha \tag{8-11}$$

其中 Z_α^s、Z_α^i 分别是 z_t^s 和 z_t^i 的 α 分位数，根据公式 $CoVaR_{a,t}^{s|i} = V_{t-1}^s Z_\alpha^s \sigma_t^s \sqrt{\Delta T}$ 即可更加方便地求出 $CoVaR_{a,t}^{s|i}$。再根据公式（8 -2）和（8 -3）求出相应的 $\Delta CoVaR_{a,t}^{s|i}$ 和 $\% CoVaR_{a,t}^{s|i}$。

9　人民币国际化进程中的金融风险预警

尽管人民币国际化目前还处于起步阶段，在中国的国际收支中以人民币进行结算所涉及的总量依然很小，但可喜的是，自 2008 年华尔街金融危机发生以来，人民币国际化进程加速推进，在短短几年时间内中国人民银行已经和 30 多个国家开展了货币互换，人民币的跨境贸易业务发展也硕果累累。与此同时，自人民币国际化战略以来中国国内经济、金融运行良好，没有发生金融危机。但是，需要保持清醒的是，随着人民币国际化进程的加快，潜伏在中国经济、金融运行中的各种金融风险会通过不同途径传染到实体经济，直接危害经济、金融良性运行。自 2014 年元月份以来，人民币汇率一改 2005 年 7 月汇改以来的单边升值而出现了双向波动趋势，就已经充分说明金融风险随时都有可能生成和传导。

可见，如果对人民币国际化进程中的金融风险不能做到防患于未然，则不但影响人民币国际化战略的推进，更严重的是，还有可能会诱发金融危机。为了有效防范人民币国际化进程中的金融风险对我国经济、金融所造成的冲击，有必要建立一套金融风险预警系统并对金融风险进行动态监测。

金融风险预警系统的主要内容有两个：一是预警指标体系的设置与验证，二是预警方法的比较、选择及应用。从金融风险预警体系的理论研究和实际应用看，目前，不但学术界关于金融风险预警体系的研究成果层出不穷，而且世界上有不少国家，特别是发达国家都建立了自己的金融风险预警体系。但是，关于人民币国际化进程中的金融风险预警体系研究目前还乏人问津。

基于此，本章首先从理论和现实结合的视角，设置与验证一套人民币国际化进程中的金融风险预警指标体系，然后，在比较不同预警方法优缺点的基础上，选择 BP 人工神经网络模型对人民币国际化进程中的金融风险进行预警。

9.1　预警指标体系的设置与验证

对金融风险预警体系的研究与对金融风险预警模型的研究分不开，因为在早期的金融风险预警体系研究中，预警指标体系是分布在不同的预警模型之中的。而金融风险预警模型的发展又与金融危机理论的发展紧密联系在一起。因此，研究金融风险预警指标体系必须从金融危机理论开始。

从金融危机理论的发展看，从产生到发展经历了 40 余年时间。随着 20 世纪 70 年代以来金融危机爆发的频率越来越快，学术界对金融危机的研究不断深入，在研究过程中逐渐形成了四代危机理论。在金融危机理论的形成和不断发展中，关于金融风险预警模型的设计以及预警指标体系的设置与验证问题也得到了每一代金融危机理论的重视，对金融风险预警模型的开发和预警指标的选取及验证也得到了由浅入深的研究。

第一代危机理论由 Krugman 于 1978 年提出。该理论认为，在名义固定汇率制度安排下，如果信贷规模超出货币需求增长，则会导致官方外汇储备持续下降，产生货币投机，最终发生货币危机。在第一代危机理论中，学术界将“官方外汇储备、国内信贷的过度扩张、中央银行对公共部门的信贷、整体的预算赤字以及中央银行对金融机构的信贷”等指标作为预警是否会出现货币危机的指标。之后，Moreno（1995）、Ferretti（1998）等分别对第一代危机理论进行了扩展，认为“实际汇率、贸易或经常账户余额、实际工资水平、本国利率水平”等也可以作为预测是否发生货币危机的预警指标。

第二代危机理论由 Obstfeld 于 1984 年提出。认为货币危机不一定总是发生在经济基本面恶化的情况下，也有可能在经济基本面并不显著恶化的情形下发生。因此，当宏观经济处于薄弱区域时，对货币的投机行为迫使政府放弃固定汇率制，此时即使外汇储备比较高，为了不拖累其他宏观经济指标，政府也会选择浮动汇率制而放弃固定汇率制。在第二代危机理论中，被认为“产量水平、国内外利率水平”等也可以作为货币危机的预警指标。此外，Obstfeld 分别在 1994 年和 1996 年发表论文，认为反映银行系统状况的一些指标，如

“银行股的相对价格变动、不良贷款比例、中央银行对商业银行的信贷、国内存款额巨幅波动”等也可以作为预测是否会发生货币危机的预警指标；同时，政治变量也是一个不容忽视的重要预警指标。

1997 年亚洲金融危机的爆发掀起了对金融危机问题研究的一个高潮，也是金融风险预警体系进一步完善的标志。此次金融危机爆发突然，规模巨大，引起了全世界几乎所有经济学家的注意，因此在研究金融危机的过程中也孕育出了第三代和第四代危机理论。

第三代危机理论主要对道德风险所引起的银行和外汇市场的双重危机、银行恐慌挤兑、企业融资结构等对货币危机产生的影响及金融部门的国际流动性危机开展了进一步研究，认为即使宏观经济没有问题，金融部门的单独行为和脆弱性也可以引发货币危机。

由于前三代危机理论都将汇率这种特殊资产价格放在研究的中枢地位，没有有效考虑其他因素对投机性货币冲击的影响，而且都是在每次冲击爆发后才产生的，于是，Krugman 于 2001 年提出了综合汇率和其他资产价格的广义价格型投机冲击理论，即第四代危机理论。在第四代危机理论中，更强调了资产价格的重要性。近年来，从资产价格变动角度研究金融危机的文献不断增多，资产价格变化成为衡量金融风险的一个重要指标。

从实践看，1997 年亚洲金融危机爆发之前，关于金融危机预警系统的建立主要以发达国家为主。危机爆发后，世界各国的学者和金融监管部门纷纷着手研究并扩展金融风险预警，创新了一系列新方法，并在不同的预警方法中尝试建立符合本国国情的金融风险预警指标体系。

本节专题研究人民币国际化进程中的金融风险预警指标体系的设置与验证。首先，根据第 4 章到第 8 章对人民币国际化进程中的金融风险生成和传导的理论分析，确定风险预警指标体系的设置原则，并确定预警指标体系中所包含的指标数量和相应的安全区间；其次，采用层次分析法（AHP 法）对各指标赋权重值，并运用熵权法对其进行改进，得到每个预警指标的权重以及综合权重；最后，将各指标的得分和风险等级结果与我国的历史经济情况进行比较，进行局部修正，以对所构建的指标体系进行验证分析。经过验证之后的金融风险预警指标体系才能成为 9.1 节进行风险预警时所采用的指标体系。

9.1.1 预警指标体系的设置

(1) 设置原则

选择风险预警指标体系必须依据一定标准，在合理框架下进行。在设置人民币国际化进程中的金融风险预警指标体系时也必须遵循一些基本原则，考虑预警指标阈值和安全区间确定以及如何确定预警指标权重，以确保这些指标可以准确、及时地预测未来金融运行的风险，而不会发出错误信号。据此，设置预警指标应遵循如下具体原则：

①敏感性

对金融风险程度进行预警监测，所构建的指标体系必须具有较高的敏感性，尽可能从微小的变动中就可以直观反映出金融风险的发展变化，迅速判断出金融风险程度，为及时预报风险并对变化情况作出正确决策提供准确依据，防范发生金融危机。

②针对性

不同的风险预警指标体系适用于不同的经济情况，人民币国际化进程中的金融风险预警指标体系必须以人民币国际化为主题，而不是从别的视角进行设计。比如，有些预警指标可能在别的预警指标体系中能够发挥很大作用，但在这里也许就不那么重要；相反，有些指标有可能在别的预警指标体系中作用不大，但在这里却是非常重要的指标。因此，设置预警指标必须围绕人民币国际化进程这一主题，有针对性地设置。

③综合性

预警指标体系要能够综合反映人民币国际化进程中金融风险的动态演变过程，也才能够有效防范并化解风险，因此，预警指标体系的设置要能够客观反映人民币国际化进程中的金融风险程度，划分的指标层次必须科学、合理，选择的指标应该全面、准确、可靠，并且可以运用定量分析方法对系统进行定量描述与分析，以提高对整个系统的认识。设置的金融风险预警指标体系必须将每个层次有机结合起来，形成一个完整、全面、层次分明的预警体系，从而更好地反映人民币国际化进程中的金融风险程度，指标体系应围绕监测与评价目的，全面反映金融风险的各个方面，不能遗漏重要方面或有所偏颇。

④系统性

人民币国际化是一项影响中国经济金融全局的战略，因此，对其进程中的风险预警指标体系的设置应着眼于整体和宏观金融风险的控制，预警指标应具有高度，能准确反映人民币国际化进程中纷繁复杂的金融风险程度。指标体系的设置既要包括对非系统性风险，即微观金融的监测预警，也要包含对系统性风险的动态监测和控制。目前，在国外相对成熟的金融风险测量方法（如美国的 CAMELS 体系等）中，都有关于预警指标体系的设定问题。但是，近年来爆发的大型金融危机表明，传统预警方法所包含的预警指标体系的内容和范围已经不能充分反映大型金融危机对实体经济的危害，预警指标体系也需要进一步完善。尤其是像中国等新兴市场国家，金融市场发育还不完善，一定要防范系统性金融风险带来的危害。

⑤科学性

预警指标体系的设置必须要高度重视定量分析与定性分析相结合，在用具体数值对预警指标进行衡量时，应当结合定性分析。目前，人民币国际化还处于初始阶段，有些方面的推进程度快，而有些则相对滞后，风险变量的分布可能并不连续与平滑，纯粹用定量指标难以衡量。因此，客观的定量分析方法与主观的定性评估方法相结合的选择指标方法，不仅能满足科学性原则，更是符合人民币国际化现实的选择。

（2）预警指标数量的确定

基于对人民币国际化进程中金融风险的识别以及不同的金融风险所生成和传导的具体渠道，本节设置了一套人民币国际化进程中的金融风险预警指标体系。这套指标体系是针对人民币国际化进程中的金融风险情况，选取包括汇率波动风险子系统、资本流动风险子系统、政策操作风险子系统、国际环境风险子系统、银行体系风险子系统以及资产价格波动风险子系统等 6 个方面，共 24 个预警指标对人民币国际化进程中的金融风险进行预警监测，如图 9 - 1 所示。

（3）预警指标安全区间的确定

当预警指标体系的数量和分类情况确定好后，就可以对每个指标进行安全区间的确定了。在确定预警指标安全区间时，我们主要根据以下方法进行：

首先，如果该指标在国际上已经有公认的安全区间，且其基本符合我国情况，则我们就可以直接根据国际标准来确定。

其次，如果该指标在国际上没有公认的安全区间标准，但我国有关单位或研究人员已经结合我国改革开放以来的经验数据提出了一些参考标准，当我们

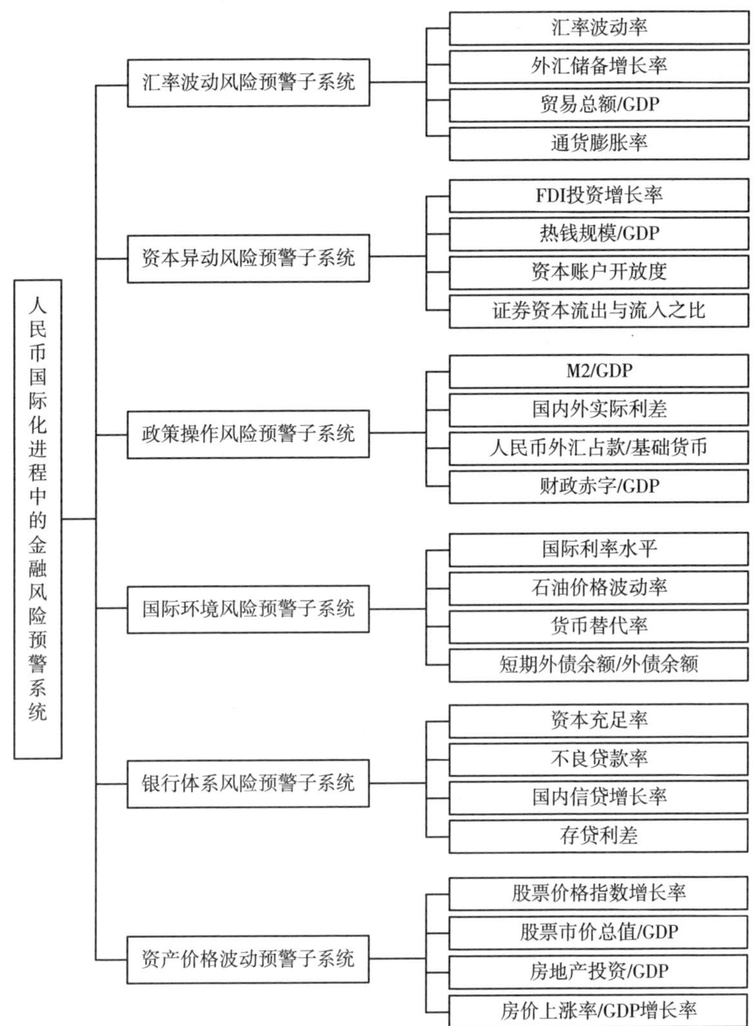

图 9-1 人民币国际化进程中的金融风险指标体系

认为可以作为衡量人民币国际化进程中的金融风险判断的参考标准时，我们也尽量采用。

最后，对于本节新设计的预警指标，显然，国内外都没有提供安全区间，在这种情况下，我们选择根据计算指标值的均值和方差来确定指标的安全区间，即通过（$X \pm 3\delta$），（$X \pm 2\delta$），（$X \pm \delta$）来依次划分预警指标的安全区间。

根据以上判定方法，这里分别确定了图 9-1 中各个预警子系统中的 24 个预警指标的安全区间，见表 9-1 至表 9-6。

表 9－1　　汇率波动风险预警指标安全区间　　单位:%

汇率波动风险预警指标	安全	基本安全	警戒	风险
实际汇率波动率	(0, 1.5)	(－5, 0) (1.5, 3)	(－10, －5) (3, 5)	(－30, －10) (5, 30)
外汇储备增长率	(－20, 20)	(20, 40)	(40, 60)	(60, 150)
贸易总额/GDP	(0, 30)	(30, 50)	(50, 80)	(80, 100)
通货膨胀率	(0, 4)	(4, 7)	(－2, 0) (7, 10)	(－20, －2) (10, 30)

表 9－2　　资本流动风险预警指标安全区间　　单位:%

资本流动风险预警指标	安全	基本安全	警戒	风险
FDI 投资增长率	(0, 10)	(10, 30) (－10, 0)	(30, 100) (－20, －10)	(100, 200) (－40, －20)
热钱规模/GDP	(－12, 12)	(12, 23)	(23, 35)	(35, 100)
资本项目开放度	(0, 40)	(40, 50)	(50, 70)	(70, 100)
证券资本流入与流出比	(0, 2)	(2, 5)	(5, 10)	(10, 100)

表 9－3　　政策操作风险预警指标安全区间　　单位:%

政策操作风险预警指标	安全	基本安全	警戒	风险
M2/GDP	(18, 25)	(25, 50)	(50, 70)	(70, 200)
人民币外汇占款/基础货币	(0, 1.2)	(1.2, 1.8)	(1.8, 2)	(2, 100)
国内外实际利差	(0, 2)	(2, 4) (－2, 0)	(4, 5) (－5, －2)	(5, 10) (－10, －5)
财政赤字/GDP	(－2, 1)	(1, 3)	(3, 9)	(9, 20)

表 9－4　　国际环境风险预警指标安全区间　　单位:%

国际环境风险预警指标	安全	基本安全	警戒	风险
国际利率水平	(0, 3.5)	(3.5, 5.5)	(5.5, 7.5)	(7.5, 10)
石油价格波动率	(－10, 10)	(10, 20) (－20, －10)	(20, 40) (－30, －20)	(40, 70) (－50, －30)
货币替代率	(0, 7)	(7, 10)	(10, 12)	(12, 100)
短期外债余额/外债余额	(0, 25)	(25, 50)	(50, 70)	(70, 100)

表 9-5　　银行体系风险预警指标安全区间　　单位：%

银行体系风险预警指标	安全	基本安全	警戒	风险
资本充足率	(20，30)	(15，20)	(8，15)	(1，8)
不良贷款率	(0，6)	(6，12)	(12，15)	(15，50)
国内信贷增长率	(5，20)	(20，50)	(50，100)	(100，200)
存贷利差	(0，1.5)	(1.5，2.5)	(2.5，3.5)	(3.5，6)

表 9-6　　资产价格波动风险预警指标安全区间　　单位：%

资产价格波动风险预警指标	安全	基本安全	警戒	风险
股票价格指数增长率	(0，10)	(10，20)	(20，60) (-10，0)	(60，200) (-80，-10)
股票市价总值/GDP	(0，30)	(30，60)	(60，90)	(90，200)
房地产投资/GDP	(0，4)	(4，6)	(6，8)	(8，20)
房价增长率/GDP 增长率	(0，1)	(1，2) (-1，0)	(2，3) (-2，-1)	(3，6) (-3，-2)

9.1.2 预警指标权重的确定

对预警指标体系中指标的个数及安全区间确定好后，接下来需要做的是对每个指标及每个子系统在总体系中的权重进行赋值。对此一般采用主观赋权法和客观赋权法相结合的方法进行。主观赋权法主要通过结合专家经验和专业知识来确定预警指标权重；客观赋权法主要根据客观资料所反映的统计信息来确定预警指标权重，这两种方法是最为重要的预警指标赋权法。但是，主观赋权法和客观赋权法各有利弊，主观赋权法是根据专家意见得到的，虽然能有效地描述中国当前实际经济运行状况，但难免会有主观随意性，不能较好地满足赋权时的科学性要求；客观赋权法是按照实际数据进行赋权，虽然具有很强的真实性，但由于客观因素的复杂性和不确定性，不能较好地从专业知识的角度给予解释。因此，为了使本节的预警指标权重有更好的科学性与合理性，这里采用主观赋权法即 AHP 法，并结合客观赋权法即熵权法来共同确定各指标的权重。

(1) AHP 法权重确定

AHP 法的基本原理就是将所研究的问题看成一个系统，当某个系统元素数目众多且联系过于复杂时，常常会将大的系统分解为相互关联的子系统。其中：位于顶层的是所要研究的总目标，即目标层；中间是分目标，称为系统的“准则层”和“子准则层”；底下是所要进一步解释分目标的最底层，称为“方案层”。通过建立多层次的递阶结构，对系统中的每个因素进行全面分析，确定各个因素之间的相关关系，并用量化的数字形式表示每一层次中各因素与其他因素相比的重要程度。通过两两因素的比较，确定每一层次中各个因素的相对重要程度，然后构建判断矩阵，确定这些因素的相对权重。

根据前面所设立的人民币国际化进程中的金融风险预警指标体系即目标层（A）、6个预警子系统即准则层（B）以及24个经济预警指标即方案层（C）来构建递阶层次结构。建立好递阶层次结构以后，即可构造判断矩阵。令 $C_i,\cdots,C_n$ 是某一子准则层中的方案层元素，它们所构成的判断矩阵 $A=(a_{ij})(i、j=1,2,\cdots,n)$ 是互反矩阵，互反矩阵的元素满足下面条件：

首先，若 $a_{ij}=a$ 则 $a_{ji}=1/a$，$a\neq0$；

其次，如果元素 C_i 和 $C_j(i、j=1,2,\cdots,n)$ 具有同等重要性，则 $a_{ij}=1$，$a_{ji}=1$。

特别地，有 $a_{ii}=1,(i、j=1,2,\cdots,n)$，于是某一子准则层有如下的形式：

$$A=\begin{bmatrix}1 & a_{12} & \cdots & a_{1n}\\ 1/a_{12} & 1 & \cdots & a_{2n}\\ \vdots & \vdots & \ddots & \vdots\\ 1/a_{1n} & 1/a_{2n} & \cdots & 1\end{bmatrix} \tag{9-1}$$

式（9-1）中：a_{ij}是元素 C_i 和 C_j 比较对它们之间相对重要程度的判断值的度量（C_i，C_j）。

同一子准则层中的最底层元素（C_i，C_j）相对重要性比较可以采用专家意见法。AHP法通常采用1～9级的标度来对同一层的不同方案进行比较（见表9-7），从而对判断矩阵中的元素进行赋值。

表9-7　　AHP法1级～9级相对重要性标度说明

标度	说　　明
1	表示两个因素相比，具有同等重要性
3	表示两个因素相比，一个因素比另一个稍微重要
5	表示两个因素相比，一个因素比另一个明显重要

续表

标度	说　明
7	表示两个因素相比，一个因素比另一个强烈重要
9	表示两个因素相比，一个因素比另一个极其重要
2、4、6、8、	表示上述相邻标度的中间值

计算判断矩阵的特征值及其特征向量。对判断矩阵 $A=(a_{ij})$ (i、$j=1,2,\cdots,n$) 计算特征向量 $W=(W_1,W_2,\cdots,W_n)^T$ 和最大特征值 λ_{max}，特征根值的计算公式为：

$$\lambda_{max}=\sum_{i=1}^{n}\frac{(AW_i)}{nW_i} \tag{9-2}$$

式（9－2）中：n 是判断矩阵的维数；W_i 表示特征向量。

此外，还需对判断矩阵的一致性进行估计，采用公式（9－3）作为一致性的检验指标，记为 C. I. 。当 C. I. ＝0 时，判断矩阵具有完全一致性。而 C. I. 越大，即 $\lambda_{max}-n$ 之间的差值越大，判断矩阵的一致性就差。

$$C.I.=\frac{\lambda_{max}-n}{n-1} \tag{9-3}$$

为了使判断矩阵有更好的满意一致性，还需要将 C. I. 与平均随机一致性指标（R. I. ）进行比对，R. I. 的取值见表 9－8：

表 9－8　　平均随机一致性指标 R. I.

维数	1	2	3	4	5	6	7	8	9
R. I. 值	0. 00	0. 00	0. 58	0. 90	0. 12	1. 24	1. 32	1. 41	1. 45

当 $C.R.=\frac{C.I.}{R.I.}\leq 0.1$ 时，认为判断矩阵具有满意的一致性。如果 $C.R.=\frac{C.I.}{R.I.}>0.1$ 则需要对判断矩阵重新赋值，直到随机一致性指标通过检验为止。

以判断矩阵 A－B 为例，在各准则层即汇率波动风险预警子系统（B1）、资本流动风险预警子系统（B2）、政策操作风险预警子系统（B3）、国际环境风险预警子系统（B6）、银行体系风险预警子系统（B5）、资产价格波动风险预警子系统（B6）之间进行重要性比较，见表 9－9。

表 9-9　　相对总目标的各预警子系统间相对重要性比较

A	B1	B2	B3	B4	B5	B6
B1	1	1/3	2	3	7	5
B2	3	1	1	3	5	5
B3	1/2	1	1	3	7	5
B4	1/3	1/3	1/3	1	5	3
B5	1/7	1/5	1/7	1/5	1	1
B6	1/5	1/5	1/5	1/3	1	1

通过计算得，$\lambda_{max}=6.3790$，C. I. =0. 0758，R. I. =1. 24，C. R. =0. 06 < 0. 1。当 C. R. <0. 1 时，认为判断矩阵具有满意的一致性，所得到的权重通过一致性检验。

6 个准则层中的各自底层元素间的相对重要性比较与准则层间的相对重要性比较方法一致，其计算、检验过程见附录。最后，汇总 6 个准则层及其各自底层元素的权重，得到了预警指标的层次分析法权重，见表 9-10：

表 9-10　　人民币国际化进程中的金融风险预警指标 AHP 权重

子系统名称	子系统权重	预警指标项	各指标相对于子系统权重	各指标相对于总目标权重
汇率波动风险	0. 25	汇率波动率	0. 50	0. 126 5
		外汇储备增长率	0. 29	0. 073
		贸易总额/GDP	0. 15	0. 037 1
		通货膨胀率	0. 07	0. 016 6
资本流动风险	0. 31	FDI 投资增长率	0. 10	0. 031 3
		热钱规模/GDP	0. 28	0. 084 9
		资本项目开放度	0. 48	0. 147 1
		证券资本流入与流出之比	0. 14	0. 044 3
政策操作风险	0. 24	M2/GDP	0. 09	0. 022
		人民币外汇占款/基础货币	0. 36	0. 087
		国内外实际利差	0. 41	0. 098 8
		财政赤字/GDP	0. 14	0. 033 6

续表

子系统名称	子系统权重	预警指标项	各指标相对于子系统权重	各指标相对于总目标权重
国际环境风险	0.11	国际利率水平	0.27	0.030 2
		石油价格波动率	0.08	0.009 4
		货币替代率	0.15	0.017 4
		短期外债余额/外债余额	0.50	0.056 2
银行体系风险	0.04	资本充足率	0.19	0.007 3
		不良贷款率	0.17	0.006 4
		国内信贷增长率	0.56	0.021 5
		存贷利差	0.07	0.002 8
资产价格波动风险	0.05	股票价格指数增长率	0.12	0.005 6
		股票市价总值/GDP	0.12	0.005 6
		房地产投资/GDP	0.28	0.012 9
		房价上涨率/GDP 增长率	0.48	0.022 3

(2) 熵权法权重确定

仅采用 AHP 法确定的指标权重常常有一定的主观随意性。因此，我们需要结合客观赋权法，即熵权法来进一步确定指标权重，以满足指标权重的科学性。熵权法就是依据熵的概念和性质，通过对各个指标的信息量化来得到指标权重的一种方法。运用熵权法对人民币国际化进程中的金融风险预警指标体系赋权重，具体操作步骤如下：

①构造评价矩阵

根据人民币国际化进程中的金融风险预警指标体系来确定多指标的评价矩阵，共有 $m=24$ 个评价指标，$n=23$ 个评价对象，对评价矩阵标准化得到：

$$R=(r_{i,j})_{24\times 23}=\begin{bmatrix} r_{1,1} & r_{1,2} & \cdots & r_{1,23} \\ r_{2,1} & r_{2,2} & \cdots & r_{2,23} \\ \vdots & \vdots & \ddots & \vdots \\ r_{24,1} & r_{24,2} & \cdots & r_{24,23} \end{bmatrix} \tag{9-4}$$

其中：$r_{i,j}$——是第 j 年第 i 项预警指标 i 标准化后的值，即 $r_{i,j}\in[0,1]$。

将标准化评价矩阵转换为“概率”矩阵 R'：

$$R' = (p_{i,j})_{24 \times 23} = \begin{bmatrix} p_{1,1} & p_{1,2} & \cdots & p_{1,23} \\ p_{2,1} & p_{2,2} & \cdots & p_{2,23} \\ \vdots & \vdots & \ddots & \vdots \\ p_{24,1} & p_{24,2} & \cdots & p_{24,23} \end{bmatrix} \tag{9-5}$$

其中：p_{ij}——p_{ij}表示第 j 年第 i 项预警指标 i 的“概率”，即 $p_{ij} = \frac{r_{ij}}{\sum_{j=1}^{n} r_{ij}}$。

②计算预警指标的熵权重

首先利用公式（9－6）计算出第 i 个预警指标的信息熵，再根据公式（9－7）计算出第 i 个预警指标的熵权重为：

$$H_i = -k \sum_{j=1}^{n} p_{ij} \ln p_{ij} \qquad i = 1,2,\cdots,m \tag{9-6}$$

其中：k——为玻尔兹曼常数，即 $k = \frac{1}{\ln n}$；

$$l_i = \frac{1 - H_i}{m - \sum_{i=1}^{m} H_i} \qquad i = 1,2,\cdots,m \tag{9-7}$$

最终计算得到各项预警指标的熵权重，见表 9－11。

表 9－11　　人民币国际化进程中的金融风险预警指标熵权重

子系统名称	子系统权重	预警指标项	各指标相对于子系统权重	各指标相对于总目标权重
汇率波动风险	0.24	汇率波动率	0.46	0.110 8
		外汇储备增长率	0.16	0.039 3
		贸易总额/GDP	0.18	0.042 6
		通货膨胀率	0.20	0.047 1
资本流动风险	0.16	FDI 投资增长率	0.12	0.019 8
		热钱规模/GDP	0.24	0.037 8
		资本项目开放度	0.34	0.053 9
		证券资本流入与流出之比	0.30	0.047 9

续表

子系统名称	子系统权重	预警指标项	各指标相对于子系统权重	各指标相对于总目标权重
政策操作风险	0.11	M2/GDP	0.23	0.024 8
		人民币外汇占款/基础货币	0.43	0.047
		国内外实际利差	0.24	0.026 9
		财政赤字/GDP	0.14	0.015 6
国际环境风险	0.16	国际利率水平	0.16	0.026 3
		石油价格波动率	0.17	0.026 7
		货币替代率	0.35	0.056 3
		短期外债余额/外债余额	0.30	0.048 1
银行体系风险	0.15	资本充足率	0.27	0.040 2
		不良贷款率	0.46	0.068 5
		国内信贷增长率	0.22	0.032 9
		存贷利差	0.07	0.010 4
资产价格波动风险	0.18	股票价格指数增长率	0.32	0.057 1
		股票市价总值/GDP	0.21	0.037 1
		房地产投资/GDP	0.29	0.052 3
		房价上涨率/GDP 增长率	0.17	0.030 7

(3) 综合权重确定

为了使最终确定的人民币国际化进程中的金融风险指标体系的权重更加科学与合理，本节通过结合 AHP 法和熵权法的指标权重，兼顾两者各自的优点，计算出人民币国际化进程中的金融风险预警指标体系的综合权重。计算过程如下：

$$\omega_i = \frac{l_i \times w_i}{\sum_{i=1}^{m} l_i \times w_i} \qquad i = 1,2,\cdots,m \tag{9-8}$$

其中：

l_i—— 是熵权法下的指标权重，$0 \leqslant l_i \leqslant 1, \sum_{1}^{m} l_i = 1 \qquad i = 1,2,\cdots,m$；

w_i—— 是 AHP 法下的指标权重，$0 \leqslant w_i \leqslant 1, \sum_{1}^{m} w_i = 1 \qquad i = 1,2,\cdots,m$。

在 AHP 法权重的基础上，用熵权法对其进行改进，计算得到人民币国际化进程中的金融风险预警指标的综合权重，见表 9 - 12。

表 9 - 12　　人民币国际化进程中的金融风险预警指标综合权重

子系统名称	子系统权重	预警指标项	各指标相对于子系统权重	各指标相对于总目标权重
汇率波动风险	0.40	汇率波动率	0.73	0.285 9
		外汇储备增长率	0.15	0.058 5
		贸易总额/GDP	0.08	0.032 2
		通货膨胀率	0.04	0.015 9
资本流动风险	0.26	FDI 投资增长率	0.04	0.012 6
		热钱规模/GDP	0.23	0.065 5
		资本项目开放度	0.57	0.161 7
		证券资本流入与流出之比	0.15	0.043 3
政策操作风险	0.17	M2/GDP	0.07	0.011 1
		人民币外汇占款/基础货币	0.52	0.083 4
		国内外实际利差	0.34	0.054 2
		财政赤字/GDP	0.07	0.010 7
国际环境风险	0.10	国际利率水平	0.17	0.016 2
		石油价格波动率	0.05	0.005 1
		货币替代率	0.21	0.020 0
		短期外债余额/外债余额	0.57	0.055 1
银行体系风险	0.03	资本充足率	0.20	0.006 0
		不良贷款率	0.30	0.008 9
		国内信贷增长率	0.48	0.014 4
		存贷利差	0.02	0.000 6
资产价格波动风险	0.04	股票价格指数增长率	0.17	0.006 5
		股票市价总值/GDP	0.11	0.004 2
		房地产投资/GDP	0.36	0.013 8
		房价上涨率/GDP 增长率	0.36	0.014 0

表 9 - 12 就是确定好的人民币国际化进程中的金融风险预警指标体系中每个指标、每个子系统在总体系中所占的权重。

9.1.3　预警指标体系的验证

预警指标的权重确定好后，还需要对其进行验证，目的是检验所确定的各指标的权重是否符合中国实际。

(1) 风险等级的确定

为了确定人民币国际化进程中的金融风险预警指标体系的综合得分，本节选取 1995 ~ 2017 年的年度数据进行验证。各个预警指标的最终数据均来自 CEIC 数据库、Wind 数据库、《中国统计年鉴》、国家统计局以及中国人民银行网站，通过直接获得原始数据或计算得到最终数据。

本节利用插值法对各预警指标所对应其风险区间的安全分数进行计算，首先根据每个预警指标实际数据值找出它在安全区间敬戒线的上限和下限中的相对应位置，然后按照相同比例的原则映射到分数上限和下限的对应位置进行赋值，得到预警指标的评价分值。通过计算，得到各个预警指标的平均分值，见本章附表 1 - 附表 6。

计算好的风险等级状态及相应的分值见表 9 - 13。

表 9 - 13　　风险状态与赋值分数

风险等级	安全	基本安全	警戒	风险
赋值分数	0 ~ 20	20 ~ 50	50 ~ 80	80 ~ 100

在表 9 - 13 中，“安全”表示金融风险极小，但可能丧失一些收益机会；“基本安全”表示金融风险相对较小，处在可以接受的范围内，但需要对金融体系进行监控；“警戒”表示可能会出现一定金融风险，且风险不容忽视，需要加大监管力度并积极应对风险；“风险”表示出现金融风险的程度最大，随时有发生金融危机的可能，必须及时控制风险对实体经济的传导。

在各预警指标值映射为评价得分以后，需要对得分进行综合处理，以更好地判断预警系统的风险状态。首先，结合利用指标的综合权重计算出各风险预警子系统的综合分数，确定各风险预警子系统风险程度；其次，利用各金融风险预警子系统对中国金融风险系统总目标权重算出整个金融预警系统的风险程度综合得分值；最后，根据最后综合得分值确定整个金融风险的等级。下面将 1995 ~ 2017 年的 6 大预警子系统，即汇率波动风险预警子系统 (B1)、资本流动风险预警子系统 (B2)、政策操作风险预警子系统 (B3)、国际环境风险预警子系统（B6）、银行体系风险预警子系统（B5）、资产价格波动风险预警子系统（B6）和总指标系统（A）的综合得分结果统一罗列如表9－14所示：

表9－14 预警指标综合得分表

年份	B1	B2	B3	B4	B5	B6	A
1995	52	9	28	28	57	25	34
1996	17	9	35	22	55	31	20
1997	12	14	26	23	57	28	18
1998	7	6	14	22	56	14	11
1999	5	9	23	22	55	35	14
2000	40	7	30	27	49	28	28
2001	8	7	20	35	53	25	14
2002	12	7	30	32	56	38	18
2003	12	14	27	34	56	43	20
2004	16	17	28	40	32	47	22
2005	22	17	21	47	32	56	25
2006	43	35	33	48	34	50	40
2007	68	39	28	48	35	62	50
2008	71	24	31	43	25	65	48
2009	25	15	51	44	28	76	30
2010	16	16	47	52	24	44	26
2011	61	15	40	55	21	50	43
2012	30	17	41	52	20	62	32
2013	41	16	41	56	18	55	36
2014	38	32	27	50	22	38	35
2015	17	36	28	51	23	61	29
2016	62	46	25	43	23	67	49
2017	21	46	22	48	23	47	32

以表9－13为参照，从表9－14计算出来的结果看，似乎自1995年至2017年期间的中国金融风险程度并不高，其中最右边的总风险程度激活度均在50以下，表明中国金融体系运行中的金融风险总体不大。但是，如果分别从6个子系

统的情况看，情况则很不一样，有的系统数值很低，而有的则相对较高。

（2）指标的验证分析

风险等级确定出来后，还需要将其与中国的历史实践相比照，以验证预警指标体系的合理性。从人民币国际化进程中的金融风险预警体系的综合得分表（表9－14）可以看出，在人民币国际化不断推进的过程中，由于中国经济发展在整体上较为稳定，金融改革步伐稳健，改革开放以来中国几乎没有发生过像西方国家历史上曾经出现过的金融危机。在绝大部分年份里，中国的金融态势都处于基本安全状态，风险较小。因此，计算出来的金融风险预警体系的得分自然不高。但如果进行动态分析，情况并不乐观。原因是可以将表9－14中的总指标系统（A）的综合得分结果绘成图9－2，从中可以发现，2005年之前的得分虽有波动，但总体上较低。2005年之后的得分不但上升而且波动较大，特别是2007～2008年期间总指标体系的得分较高（对应得分值分别为50和48），接近于警戒状态，这与美国次贷危机引发的华尔街金融危机对我国的影响和传染有极大关系。因此可以说，表9－14得出的计算结果和图9－2描述的动态变化与我国的现实情况基本一致。

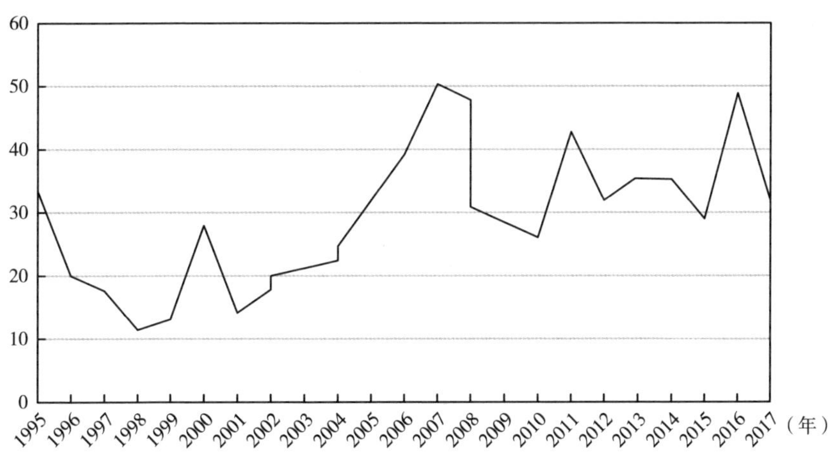

图9－2 人民币国际化进程中的金融风险预警体系的综合得分

验证了综合得分的合理性后，还需要对每个子系统进行验证。下面针对各个风险预警子系统的得分情况，通过绘图分别对每个子系统进行进一步验证：

①汇率波动风险子系统

为了分析方便，可将表9－14中的汇率波动风险预警子系统（B1）的得分结果绘成图9－3。

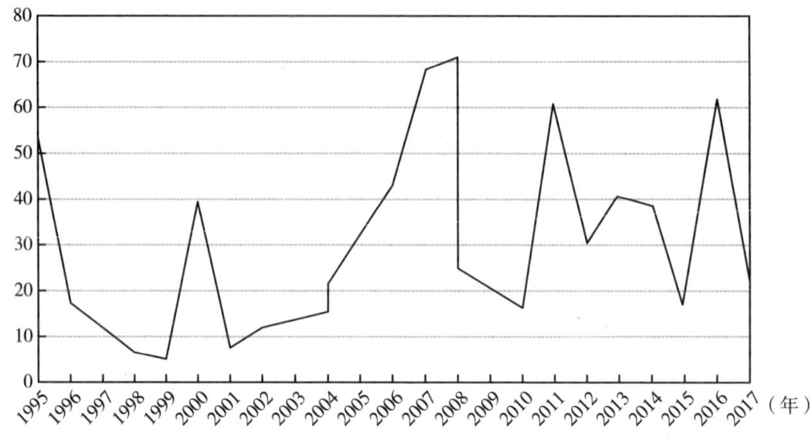

图 9－3 汇率波动子系统得分情况

从图 9－3 可以看出，汇率波动风险子系统的得分情况起伏很大，可以被视为跌宕起伏。这一点与我国汇率体制改革有直接关系，也反映了汇率制度改革以来的现实。从 1994 年汇率并轨后，人民币汇率出现了贬值情况，随后，我国开始实施以市场供求为基础的、有管理的浮动汇率制度，随后人民币汇率稳中有升，市场对人民币信心增强。因此，从 1994 年到 2005 年的得分除 1999～2001 年之外，基本都处于 20 以下，非常安全。2005 年 7 月实行人民币汇率制度改革之后，汇率波动风险的得分出现上升，2007 年达到最高接近 70，处于警戒区域，之后，出现下降，然后，又有所上升，2011 年达到 50，处于警戒边缘。如果将以上得分与中国金融改革的现实相比较，可以发现自 2005 年实行有管理的浮动汇率制后，人民币汇率的波动幅度确实是加大了，这导致国内外对人民币的信心一度出现动摇，但之后就出现了信心增强，得分自然也就出现了下降。因此可以说，随着人民币汇率制度改革，人民币汇率由升值通道变为双向波动后，人民币汇率波动风险确实加大了。汇率波动风险子系统（B1）的得分情况符合我国的历史发展情况。

②资本流动风险子系统

为了分析方便，可将表 9－14 中的资本流动风险预警子系统（B2）的得分结果绘成图 9－4。

从图 9－4 可以看出，除 2005 年至 2008 年之外，资本流动风险子系统的得分情况较为平均。具体来看，虽然 1994 年至 2004 年稍有起伏，但总体

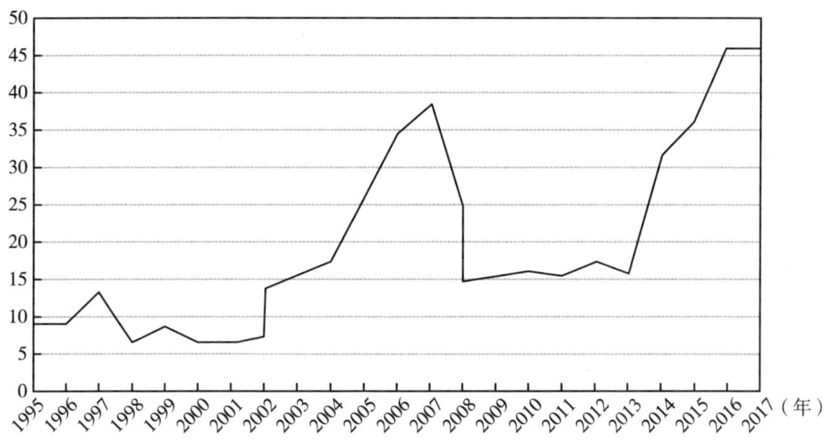

图 9－4　资本流动风险子系统得分情况

波动不大，表现较为平稳；2005 年以后得分出现上升，2007 年最高达到 40，但还处于基本安全的区域，未达到警戒状态；之后，又开始进入平稳状态，2009 年至 2013 年保持在 15 左右，非常安全；自 2014 年以后，得分值一路攀升，但并未突破警戒状态。从现实情况看，改革开放以来我国对资本项目开放持审慎态度，虽然资本项目开放也在向前推进，但资本项目的开放步伐相对较慢，在这种情况下，国际资本的流进、流出必然要受到一定的限制，这使得目前我国在推进人民币国际化的进程中，因资本大规模进出而带来的风险较小。因此可以说，截止到 2017 年底，资本流动风险子系统（B2）的得分情况基本符合我国的历史发展情况。但是，近年来一个值得关注的现实是，随着人民币国际化进程的加快，自 2009 年实行人民币贸易结算以来，中国事实上已经在相当程度上开放了资本项目下的一些子项目，如资本市场工具、货币市场工具、商业信贷、金融信贷等，这些项目大都同短期资本跨境流动有关（余永定，2014）。这些短期资本跨境流动会通过进出口“绕道”自由进、出中国金融市场。这样，资本项目开放子系统的得分必然要上升。

③政策操作风险子系统

为了分析方便，可将表 9－14 中的政策操作风险预警子系统（B3）的得分结果绘成图 9－5。

从图 9－5 可以看出，在 2008 年华尔街金融危机发生之前，政策操作风险子系统的表现虽有波动，但相对起伏不大，基本围绕在 20～30 之间，但是，2008 年华尔街金融危机发生后，货币政策操作风险的得分出现上升，2009 年

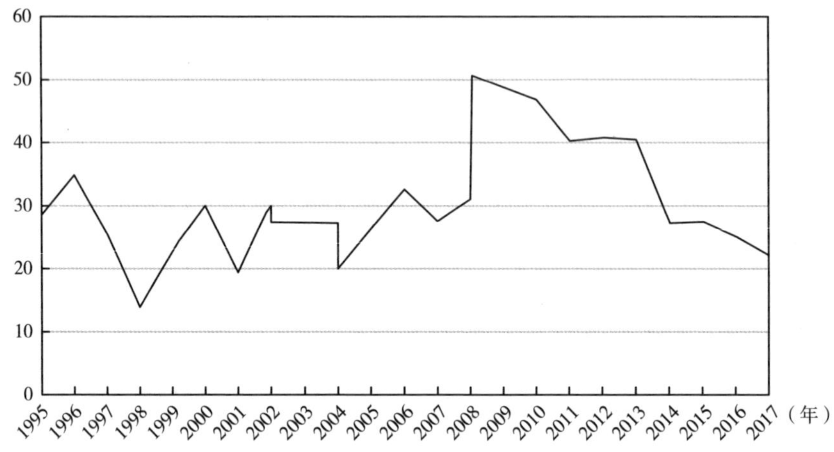

图 9-5 政策操作风险子系统得分情况

达到 50，处于警戒状态。直至 2017 年底，得分值一路下降并接近 20，仍旧处于基本安全状态。从现实看，1997 年亚洲金融危机、2008 年华尔街金融危机发生后，中国政府为应对国外金融危机对国内的传染做出了巨大努力，有效阻截了国际金融危机向我国的传染。特别是 2008 年华尔街金融危机发生后，我国政府向市场投放了 4 万亿元人民币，一方面刺激了经济发展，另一方面也为经济进一步发展埋下了很多隐患。从这一角度来说，从 4 万亿元投放的直接结果来看，通过特殊时期采用特殊政策，我国有效防范了金融危机的发生，保持了经济、金融的稳定发展，但同时政策操作风险也一下子加大了。因此可以说，政策操作风险子系统（B3）的得分情况符合我国的历史发展情况。

④国际环境风险子系统

为了分析方便，可将表 9-14 中的国家环境风险预警子系统（B4）的得分结果绘成图 9-6。

从图 9-6 可以看出，国际环境风险子系统的得分呈逐级上升态势。可以将其划分为四个阶段：1998 年之前，数值处于 20 ~ 30 之间，表明国际环境比较安全；1999 ~ 2009 年之间，虽然得分已经逐级提高，但低于 50，处于基本安全区域；进入 2010 年后，得分高于 50，处于警戒状态；在 2015 年之后，数值有所下降。这一变化过程说明，随着中国经济改革开放进程加快，所面临的国际环境日益复杂，风险不断提高。从现实看，1997 年亚洲金融危机、1999 年后出现石油价格的大幅上升、2001 年我国加入 WTO 以及 2008 年美国次贷

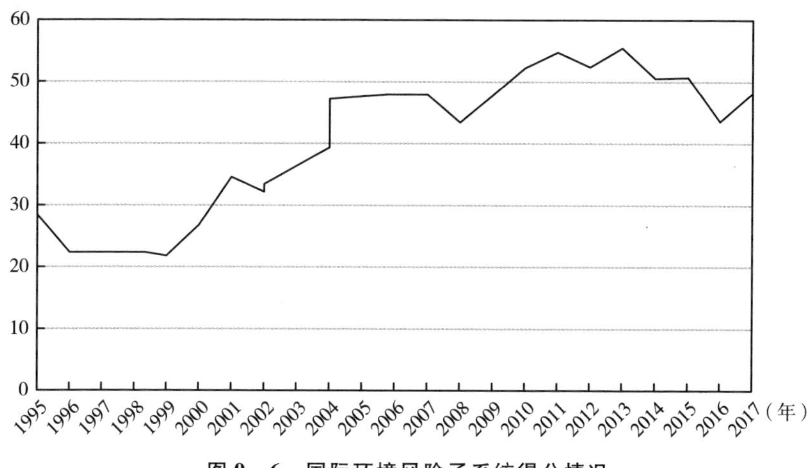

图 9-6 国际环境风险子系统得分情况

危机等事件相继发生，使得我国经济、金融发展与国际的联系日益广泛。这样，一方面有利于我国加快改革开放；另一方面，也将我国经济置于国际经济大循环的洪流中，我国经济面临的国际环境已经越来越复杂。在当今国际经济、金融环境日益复杂，系统性金融风险不断加大的国际环境下，我国经济面临的国际金融风险也逐步增大。因此可以说，国际环境风险子系统（B4）的得分情况符合我国的历史发展情况。

⑤银行体系风险子系统

为了分析方便，可将表 9-14 中的银行体系风险预警子系统（B5）的得分结果绘成图 9-7。

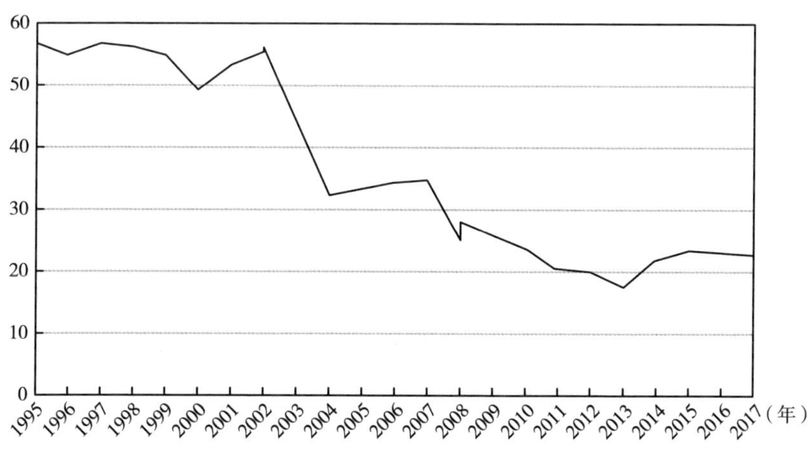

图 9-7 银行体系风险子系统得分情况

从图 9－7 可以看出，银行体系风险子系统的得分呈稳步下降趋势，2002 年之前，得分高于 50，处于警戒状态；进入 2003 年之后，风险大幅下降，连续好几年处于 30～40；2010～2017 年间，得分在 20 上下波动，处于基本安全区域。从现实看，在中国以银行为主导的金融体系下，银行体系是中国金融系统中最重要的领域。近年来，我国银行业改革不断深入，以四大国有控股商业银行为代表的银行业风险程度也得到了较好控制，近年来整体风险水平稳步下降。这一方面是由于我国金融市场还未完全对外开放，中国的银行业经营在很大程度上受政策保护，银行业的竞争主要是在国内的竞争，境外商业银行的渗透相对较小。另一方面，是由于商业银行改革进程中我国银行业的竞争能力普遍增强，抗风险的能力也不断提高。据国际金融稳定委员会（FSB）的排名，截止到 2014 年 9 月份，中国银行、中国工商银行以及中国农业银行都已跻身全球系统重要性商业银行行列。因此可以说，银行体系风险子系统（B5）的得分情况符合我国的历史发展情况。

但是，一个值得警惕的新现象是，随着中国经济发展速度放缓，微观经济活力下降，从 2013 年起，全国商业银行普遍出现了不良资产率上升的坏兆头，银行体系子系统的风险程度目前正在上升，这一新情况出现后可能会加大银行体系的风险。

⑥资产价格波动风险子系统

为了分析方便，可将表 9－14 中的资产价格波动风险预警子系统（B6）的得分结果绘成图 9－8。

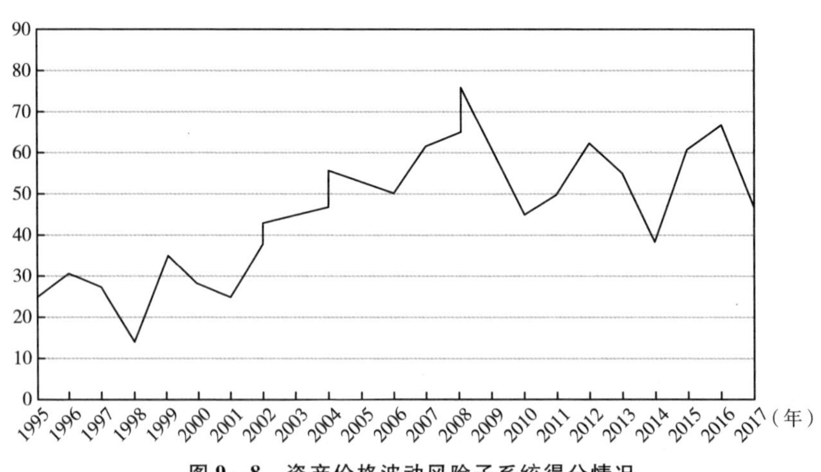

图 9－8　资产价格波动风险子系统得分情况

从图 9－8 可以看出，代表资产价格波动风险的两个标志性指标——股票市场和房地产市场的风险虽有起伏，但总体上得分均呈波动上升趋势。2001 年之前基本在 30 左右，处于安全区域。2002 年之后，得分不断上升，风险不断加大，2009 年达到最高，接近 80，处于风险区域。之后虽然有所下降，但仍然维持在 50 ~ 60 之间，处于警戒区域。从现实看，中国的股票市场发展近年来一直低迷，证券化率较低，多种原因导致股票指数波动较大，但由于近年来一直在低位运行，所以总体来讲风险不大。与此同时，经过十余年的高速发展，中国的房地产业已成为我国国民经济发展的支柱产业，在房地产行业高速发展的同时，居民生活水平也得到了很大提高。但是，与之相伴的一个严重问题是，由于发展太快，房地产业“野蛮生长”，已经在很大程度上导致我国经济发展出现扭曲现象，房地产市场风险已经成为引发系统性金融风险的主要爆发源之一。全球历次金融危机，特别是 2007 年美国“次级房贷泡沫危机”告诉我们，由于房地产业在国民经济发展中具有“产业链长、涉及面宽、资金密集”等特殊性，一旦房价过高，出现系统性风险必然危及金融安全，甚或引发金融危机。基于次贷危机的深刻教训，为了维护全球金融安全，IMF、BIS、FSB 以及各国金融监管当局已经纷纷将房地产市场风险作为重要变量，纳入宏观审慎监管框架中。因此可以说，资产价格波动风险子系统（B6）的得分情况符合我国的历史发展情况。

通过对综合得分和 6 个子系统的得分分别进行分析可以看出，本节所设置的人民币国际化进程中的金融风险预警指标体系比较好地描述了中国及国际金融发展的实际情况，具有较强的科学性。因此，这套预警指标体系可以作为人民币国际化进程中的金融风险预警指标体系。

9.2 预警模型的选择及结果分析

在构建好人民币国际化进程中的金融风险预警指标体系之后，接下来需要做的是选择合适的预警模型来对中国金融风险进行科学预警。本节通过比较分析，我们认为 BP 人工神经网络模型在数据的可得性和模型的可操作性方面都有优势，比较适合对人民币国际化进程中的金融风险进行预警。因此，本节最终选择该方法对人民币国际化进程中的金融风险进行预警。主要步骤是，首先利用 MATLAB 对 BP 人工神经网络进行训练和检验，其中将 1995 ~ 2015 年的数据作为训练样本，利用 2016 ~ 2017 年的数据对模型进行检验，然后根据已经过训练和检验的模型对 2018 年的金融安全运行态势进行预警，最后对预警结果进行分析。

9.2.1 预警模型的比较与选择

(1) 预警模型的优缺点比较

为了较好地预警人民币国际化进程中的金融风险，首先必须选择一种合适的预警方法。根据对国内外金融风险预警模型的文献梳理，我们发现主流的金融风险预警方法都各有优缺点，必须对其进行比较与分析，最终才能选择出最适合的预警方法。

最早的风险预警是经济景气监测预警，可追溯到19世纪末期的法国经济学家，其以颜色表示法国当时的经济波动。而受到西方公认的经济景气预警则是从美国开始的。1909年，美国的Babson统计机构就发布了由商业、货币、投资等领域的12个敏感指标构成的Babson经济活动指数，被认为是世界上最早监测宏观经济运行的指数。但是，这期间最有影响、成就最大的指数当推1919年由哈佛大学推出的哈佛指数①，之后，欧洲各国和日本也纷纷效仿美国建立自己国家的经济景气预警系统。经济合作与发展组织（OECD）也于20世纪70年代基于循环经济思想，运用景气分析方法编制其成员国的经济景气指数。

20世纪70年代以来，在国际金融领域，随着布雷顿森林体系崩溃，国际金融市场上汇率波动频繁，资本流动速度加快，货币危机频繁爆发，这引起了学术界的担忧，于是，对金融危机预警的研究步伐大大加快，研究成果不断增多，其中对金融危机预警模型的开发也大大加快，因此，金融危机预警模型不断出现，涌现了一大批预警模型，如FR方法、KLR方法、横截面方法、神经网络方法、在险价值模型以及Logit模型等方法。

研究表明，进入20世纪90年代以来，大量的关于金融风险预警的模型和非模型方法被开发了出来②。而且运用模型预警方法对金融风险预警的精确性

---

① 该指数依据宏观经济的时间序列，筛选出3类17个最为敏感，且变动具有规律性的指标，并剔除一些长期趋势、季节变动和不规则因素的影响，据此计算其变动率，并编制出3个经济景气动向指数，用来描绘美国经济周期波动规律，预测美国宏观经济景气程度。该指数因屡次准确预测了美国经济的巨大波动而名声大震。但由于对1929年的大危机发出了错误信号，最后不得不停止使用。

② 非模型方法主要是对经济体中的一系列经济指标进行综合评价以及预测该经济体未来发生风险的可能性，主要包括债券利差法、权威信用评级和货币市场分析法等。模型方法主要是通过风险预警指标的设计以及指标阈值的选择，通过比较金融风险发生前后一些经济指标变化的特征，进一步预警指标模型估算预测金融风险未来发生的可能性，如KLR方法、横截面方法、神经网络方法、在险价值模型以及Logit模型等。

要远远高于非模型预警方法（Berg 等，2005；Brooks 等，2008）。

基于此，本节拟通过比较当前主流模型预警方法的优缺点，然后选出适合人民币国际化进程中金融风险特点的预警模型。

①KLR 方法

该方法由 Kaminsky、Lizondo、Reinhart 等（1997）联合开发，属于“信号分析法”的非参数预警方法，自开发出来后被全球金融风险预警文献多次引用。主要步骤是：首先选取一些风险预警指标，并确定各指标的阈值，通过指标提供的安全信号区间判断一国的金融风险程度或危机程度。当超过预警指标的阈值时，认为模型发出了未来一段时间内会发生金融危机的信号。阈值设定的大小非常关键，如果阈值太大，在危机到来前不会发出预警信号；如果阈值太小，则会频繁发出错误信号。阈值的确定是根据经济运行状态的好坏来判断的，但是，将经济金融运行状态划分为“正常”或是“不正常”涉及较多的主观判断，这成为 KLR 方法难以克服的主要缺陷。

KLR 方法设计了四类合成指标，通过条件概率大小来判断是否发生危机，预测危机发生的概率为：

$$P(C_{t,t+24} | I_i < I_t < I_j) = \frac{\text{在未来 24 个月内发生危机,且 } I_i < I_t < I_j \text{ 月份数}}{I_i < I_t < I_j \text{ 的月份数}} \tag{9-9}$$

式（9 -9）中：P 表示危机发生的条件概率；表示在未来的 24 个月内有危机发生；I_j 表示合成指标 I_t 的上边界值；I_i 表示合成指标 I_t 的下边界值。

和 KLR 方法类似的非参数方法还有 DCSD 方法，该方法由 Berg 等人（2005）提出，研究结果表明 DCSD 模型对 1999 ~ 2000 年的数据预测效果比 KLR 模型差。

②横截面回归法（STV 方法）

该方法由 Sachs、Tornell、Velasco 等（1996）首先提出，着重研究发生原因类似的一组危机，并对引发该危机的重要原因进行详尽分析。他们运用该方法研究了 1995 年其他新兴市场国家对 1994 年发生于墨西哥的金融危机的反应，并对决定不同国家发生金融危机的重要决定因素进行了实证检验。发现虽然不能预知危机的影响在何时发生，但能指出当全球经济环境恶化后哪些国家会受到影响。

他们利用 20 个国家的横截面数据首先估计了模型的参数，得到以下模型：

$$IND = \beta_1 + \beta_2 RER + \beta_3 LB + \beta_4 RER \cdot DLR + \beta_5 LB \cdot DLR + \beta_6 RER \cdot DWF + \beta_7 LB \cdot DWF \quad (9-10)$$

式（9－10）中：IND 表示危机指数，定义为储备减少百分比与外汇减少百分比的加权和；RER 表示实际汇率贬值幅度；LB 表示贷款繁荣程度，以私人贷款额的增加幅度表示；DLR 表示低储蓄的虚拟变量，当外汇储备与 M_2 的比值在低四分位中时为 1，其他为 0；DWF 表示弱基本变量的虚拟变量，当 RER 在低四分位中或者 LB 在高四分位中时为 1，其他为 0。

③主观概率法

斯坦福大学刘遵义教授对金融危机模型也有很好的研究。1995 年在南非召开的联合国世界经济预测项目秋季年会上，他明确指出："下一个墨西哥在东南亚吗?"从而较为准确地预报了东南亚金融危机。在预警金融危机的具体做法上，刘遵义（1995）以墨西哥为参照国家，运用实证比较的数量分析方法和综合模型模糊评价方法，分析了东南亚国家发生金融危机的可能性。首先观测 1985～1995 年东亚 9 个国家的经济发展状况，并和墨西哥进行比对，当预警指标表现好时用"√"作为标记，当预警指标表现不好时用"×"作为标记，并定义预警能力差的预警指标个数与总体预警指标个数的比值作为金融危机发生的主观概率。该方法的操作性较强，但主要考虑的是小样本情形，主观性比较强，所以预测效果受到一定限制。

④人工神经网络法

该方法由 Nag 和 Mitra（1999）提出，其基本原理是通过对神经网络模拟，对网络单元输入和输出以及网络扑跌结构对信息进行处理。人工神经网络是将同一系列的例子输入和输出数据作为训练"样本"，然后依据一定训练算法对神经网络进行足够的训练，让神经网络学到输出解中的基本原理。经过反复训练，模型就可以求解出相似问题。人工神经网络方法包括网络层数、输入节点、输出节点、隐藏层节点个数以及连接方式。操作步骤是：先对所有连接权进行权重初始化，确保网络不会过早地进入饱和状态；再设定一个计算模式输入到网络中去并计算网络的输出值；接下来计算输出值与输入值的误差，然后逆向调整权重；最后对网络中的所有训练集采取这种步骤重复多次，直到整个训练误差达到所设定的满意度。其模型结构如图 9－9 所示。

人工神经网络法的优点是在一定程度上突破了传统风险预警方法，具有捕捉各个变量指标之间复杂关系的能力，不同预警指标的设定也更具有灵活性。

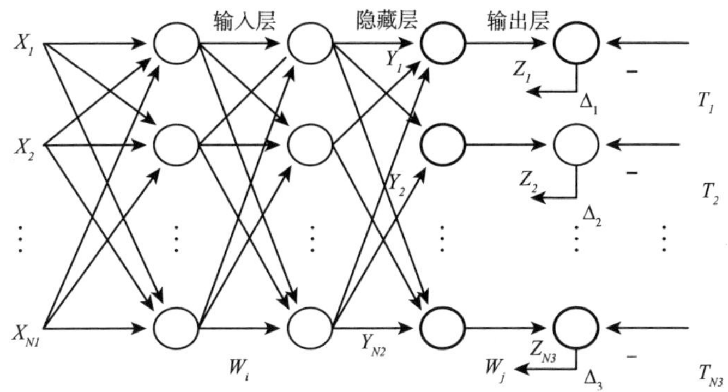

图 9-9 神经网络结构图

该方法的缺陷是结果中会出现较大的拟合问题；具有黑箱特征，各个预警指标没有具体的参数估计值，相互作用复杂多变，不能很好地预警哪些指标会出现异常情况。

⑤在险价值法（VaR 法）

该方法由 Blejer 和 Schumacher（1998）提出，主要对中央银行清偿力风险进行深入研究，并对清偿力风险进行评估以预警是否会发生货币危机。他们将国际利率、国家风险以及汇率波动作为风险暴露因素，用中央银行的偿债能力作为危机指标的替代变量，使得该方法具有良好的说服力。该方法在实际操作过程中存在的缺陷是，在险价值可以通过不同公式计算得到，如蒙特卡洛法、历史方差-协方差等，这就导致在险价值数据不同，这样，预警结果令人怀疑。此外，对于极端情况该法也不适用。

⑥Logit 模型

该模型是通过对一系列预警指标变量进行回归估计，得到金融危机是否发生的概率水平。根据定性因变量的不同类别，Logit 模型被分为基本的二元模型和扩展的多元模型，但其基本原理是相似的。

以基本的二元模型为例：定义事件发生，$Y=1$；事件不发生，$Y=0$。建立回归方程为：

$$Y=\beta X+\mu,\ Y=1 \text{ 或 } 0 \tag{9-11}$$

式（9-11）中：μ 表示随机干扰项。

μ 与经典模型一样，表示模型中解释变量不能解释的干扰因素。不同的是，虚拟因变量模型并不估计虚拟因变量 Y 自身取值大小，而是衡量事件是否发生的概率，即 Y 值取 1 或者 0 的概率大小。因为 Y 的观测值是 1 或者 0，

而估计量 $\hat{\beta}X$ 取值并不在 [0, 1] 的范围内，因此，必须引入一个不可观测变量 Y^* 来代替虚拟因变量 Y，利用解释变量 X 对 Y^* 进行估计，考虑模型 $Y^* = \beta X + \mu$，且有虚拟因变量 Y 和不可观测变量 Y^* 的关系如式（9－12）所示：

$$Y = \begin{cases} 1 & Y^* > t \\ 0 & Y^* \leqslant t \end{cases} \tag{9-12}$$

式（9－12）中：t 表示临界值。

当 Y^* 大于 t 时，Y 取 1；当 Y^* 小于 t 时，Y 取 0。一般情况下，t 取值为 0，当 $Y^*>0$，虚拟因变量取 1，当 $Y^* \leqslant 0$，虚拟因变量取 0。此时，虚拟因变量为 1 或 0 的概率大小可以由式（9－13）得到：

$$P(Y=1|X) = P(Y^*>0) = P(\beta X + u \geqslant 0) = P(u \geqslant -\beta X) = F(\beta X) \tag{9-13}$$

式（9－13）中：$F(\cdot)$ 表示是随机干扰项 μ 的累积分布函数；X 表示解释变量；β 表示参数向量。

需要指出的是，此时的 β 已不再是经典回归模型中所阐述的解释变量对因变量变化的边际效应，而是解释变量对衡量事件发生与否的虚拟因变量概率大小的影响。根据 Green（1998）的定义，其具体的近似计算公式为式（9－14）：

$$\frac{dP(Y=1)}{dx_i} \approx [g(\hat{\beta}X)\hat{\beta}_i]\Delta x_i \tag{9-14}$$

式（9－14）中：$g(\cdot)$ 表示随机干扰项 μ 的概率密度函数。

这样，当某一个解释变量的系数值越大时，表示该解释变量对事件发生概率的影响就越强。

传统二元 Logit 模型的优点是能够比较容易地预测出金融危机发生的概率，也可同时考虑多个解释变量对金融危机的影响，较容易衡量预警指标超出其阈值时的影响程度大小。但该模型存在的缺陷是：采用相同的测量指标，没有考虑到不同国家间的差异性；对样本要求比较大，一定程度上限制了模型的适用性；不能将危机爆发时期和危机爆发后的经济恢复时期有效分开，估计结果不准确。基于以上缺陷，有人开始尝试采用三元 Logit 模型对金融风险进行预警，但由于还不成熟，目前还未得到更多应用。

基于以上比较分析，可将主流金融风险预警方法的优缺点归纳为表 9－15。

表 9－15　　主流金融风险预警方法的优缺点

预警方法	综合评价	
	优点	缺点
1. KLR 非参数法	较完善；操作性强；选择指标较多；运用“噪音－信号比率”能够有效地筛选预警指标，准确性较高	能预测危机是否发生，但不能肯定危机发生的准确时间；预警指标的不确定性大；预警指标的权重较难选择
2. 横截面回归法	考虑国别之的差异性；数据处理较简单	很难找到危机发生的原因相类似的国家作为样本；线性模型（过于简单）；考虑的因素较少；能否准确度量金融危机发生还不确定
3. 主观概率法	操作性强	预警效果不理想；只考虑了小样本；仅以 1994 年墨西哥危机为参照缺乏合理性
4. 人工神经网络方法	具有能较好捕捉每个指标间复杂关系的能力	拟合较大；具有黑箱特征，预警指标没有准确的参数估计值，对金融危机的预测能力不是特别显著；操作性较差
5. 在险价值法	考虑风险因素较多；用央行偿债能力作为危机指标的替换变量	计算方法不同，得出的在险价值也不一样，预警能力有待商榷
6. Logit 模型	预警准确性高；考虑各个变量间的交互作用；兼顾非线性影响	国别差异性没有考虑；仅使用年度数据，无法满足数据样本的要求；仅对货币危机进行预警；没考虑金融危机发生后预警指标的数据变化后所包含的有用信息

从表 9－15 可以看出，主流金融风险预警模型各有优、劣势：KLR 非参数方法虽然选择指标比较全面，操作性较强，筛选预警指标的能力也较强，但只能预测出金融危机是否会发生，而不能肯定危机发生的确切时间，其预警的准确性有待进一步提高；横截面回归法（STV）在数据处理方面比较简单，但在模型操作时假定各种指标呈线性关系，导致预警结果有较大偏差；主观概率法虽然操作性较强，但主要针对小样本进行预警，其效果也不理想；在险价值法在操作上有一定难度，且 VaR 值的可靠性难以把握，预警能力较低；人工神经网络方法能较好地捕捉到各个因素之间的交互关系，并考虑到各个因素之间的线性关系，但具有黑箱特性，不能估计出每个因素对整体金融风险的影响大小，操作较为复杂；Logit 模型虽然考虑到了各个指标之间的交互作用以及

非线性关系的存在，但是其只在预警货币危机时具有较强的可操作性，对整体的金融风险预警还不够全面。

（2）预警模型的选择

从以上比较分析可以看出，国际上目前没有任何一个预警模型是十全十美的，每个模型都各有优缺点。在这种情况下，选择合适的预警模型并非易事，只能根据预警对象的不同选择尽可能适合的预警模型。

根据本节设置与验证好的人民币国际化进程中的金融风险预警指标体系，我们经过反复权衡，认为就人民币国际化进程中的金融风险预警这一问题来讲，采用“人工神经网络模型”进行预警相对比较合适。理由主要是：虽然人工神经网络模型具有一系列缺点，如“较大的拟合问题；具有黑箱的特征，各预警指标没有具体的参数估计值，金融危机预测能力不是特别显著；操作性较弱”等，但是，该方法是一种非参数模型化方法，优点是“不需要提前进行任何的参数假设，只需要根据所设定的函数对样本进行训练与检验，当样本被训练到达到一定精度之后即可采用模型进行预警；通过非线性转换函数解决各种复杂问题，具有很强的识别能力和信息处理能力”。

9.2.2 预警过程设计与运行

神经网络模型有很多种类，但现有的神经网络可分为三大类——前向网络、反馈网络和自组织网络。BP 人工神经网络模型是前向网络的核心部分，体现了神经网络中最精华的内容，其误差反向传播的算法在经济预测中应用最为广泛。基于此，本节采用一种基于 BP 人工神经网络的改进算法——模式识别，对人民币国际化进程中金融风险指标体系的数据进行训练和检验，形成良好的网络。

BP 人工神经网络具有典型的三层或三层以上的多层神经网络，由输入层、输出层和隐含层（一个或者多个）构成。图 9－10 为三层前馈 BP 人工神经网络示意图。

信号的正向传播和误差的反向传播是 BP 网络学习的两个过程。信号的正向传播是指输入样本从输入层输入，经过隐含层的逐层处理，传向输出层。如果输出层的实际输出与期望输出不相符，则转向误差的反向传播。误差的反向传播是将输出的误差以某种形式通过隐含层向输入层反向传播，并将误差分摊给各层的所有单元，在这个过程中，权值不断调整，一直进行到输出的误差达到要求的标准，即使网络输出值与期望值的误差平方和达到最小。

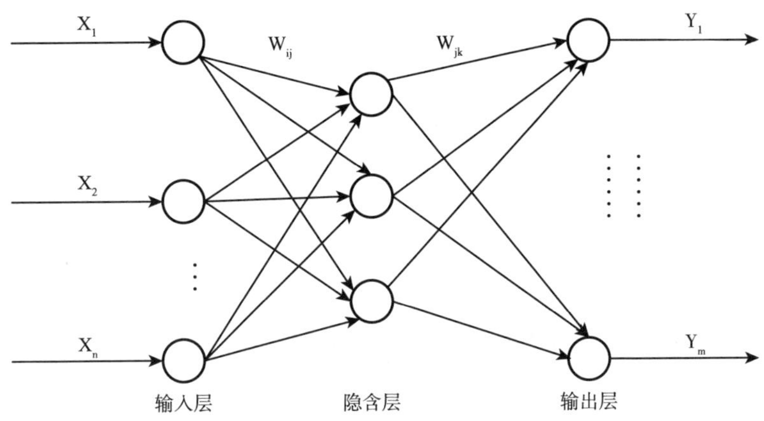

图 9－10　BP 人工神经网络结构图

（1）模型的建立

运用 BP 人工神经网络方法建立人民币国际化进程中的金融风险预警模型的步骤如下：

①数据的归一化处理

在建立 BP 人工神经网络之前，需要对数据进行归一化处理，将数据转化为无量纲性的指标值，这样不仅使各指标具有可比性，而且使 BP 人工神经网络得到更好的训练，因为在 BP 人工神经网络中，隐含层使用的转化函数是属于 S（Sigmoid）型函数，而且 S 型函数是一个非线性函数，具有自动增益功能。

根据上一节设置与验证预警指标体系所选择的时间节点，本节选取每个指标的时间也是以 1995～2017 年的年度数据作为样本。同时把这 23 年的数据分为训练样本集和测试样本集。其中 1995～2015 年样本数据构成训练样本集，2016～2017 年的样本数据构成测试样本。在 MATLAB 中对数据进行归一化处理。

②网络层数的确定

研究表明，只要隐含层节点数足够多，无论是单隐层网络还是含有多个隐含层的网络，都可以任意精度逼近一个非线性映射（韩庆兰，梅运先，2004）。因此，本节选用双层隐含层来建立 BP 人工神经网络模型。

③输入层节点数的确定

输入层节点的多少与评价指标的个数相对应。本节选取 1995～2015 年的

24 个预警指标值对人民币国际化进程中的金融风险程度进行评价。因此，网络输入层节点数 m = 24。

④输出层节点数的确定

输出节点的选择对应于评价结果，为此，需要确定期望输出。在本节所构建的 BP 人工神经网络预警模型中，将各预警指标的风险水平划分为安全、基本安全、警戒以及风险等四个评价区间，相对应的，本模型的输出节点数 n = 4。

⑤隐含层节点数的确定

隐含层节点数对神经网络模型的性能优劣有很大影响，其个数的确定是一项较为困难的工作，目前学术界还没有统一且精确的方法来确定。隐含层节点数的大小与输入层输出层的多少有直接的关系，本节参考公式（9 - 15）来确定：

$$n_1 = \frac{m+n}{2} + a \tag{9-15}$$

式（9 - 15）中，n_1，m，n，a 分别是隐含层节点数、输入层节点数、输出层节点数以及常数项，a 是 1 - 10 中随机可选的常数。

⑥目标向量的确定

针对上文选取的指标，将安全等级划分为安全、基本安全、警戒和风险这四个等级。由此得到网络的期望输出向量：$P = [1000, 0100, 0010, 0001]^T$，对应关系见表 9 - 16：

表 9 - 16　　期望输出向量与安全等级对应关系

期望输出向量	风险分值	安全等级
[1000]	0 ~ 20	安全
[0100]	20 ~ 50	基本安全
[0010]	50 ~ 80	警戒
[0001]	80 ~ 100	风险

在以上工作的基础上，接下来的工作是将构建 B1、B2、B3、B4、B5、B6、A 这七个 BP 人工神经网络模型，进行训练、检验和预警。

（2）模型的训练、检验及预警

构建好 BP 人工神经网络模型之后，便可以对其进行训练了。为此，本节选用 MATLAB 软件来对模型进行实证研究。与计量经济技术不同的是，人工神经网络模型无法用拟合优度、致信度和显著性等检验指标来判断预测性能，而其采用的是误差等相关指标来判断模型的预测性能。

①模型的训练

在 BP 人工神经网络模型训练前，首先要设定训练函数、学习函数、隐含层激活函数、输出层激活函数、学习率以及可接受的误差平方和等参数，参数设定好后方可进行训练。

在此我们假设金融危机的滞后效应为 1 年，将 1995 ~ 2015 年归一化后的样本数据作为训练样本，期望输出则为 1996 ~ 2016 年的数据。对已建立好的神经网络模型进行学习和训练，将实际输出与期望输出相比较，如果满足误差要求则进行模型检验。否则重新调整网络参数进行训练，直至达到误差要求后停止训练，然后用 2016 年的数据进行模型的检验。BP 人工神经网络模型参数及训练参数如表 9 - 17 和表 9 - 18：

表 9 - 17　BP 人工神经网络模型参数表

函数	参数
训练函数	trainlm
学习函数	learngdm
隐含层激活函数	tansig
输出层激活函数	purelin

表 9 - 18　BP 人工神经网络模型训练参数表

训练目标	net. trainparam. goal = 0. 0001
训练次数	net. trainparam. epochs = 5000
学习率	—

隐含层节点的个数对神经网络模型的性能优劣有很大影响，因此，根据隐含层节点个数的公式（9 - 15），采取试练方法来确定隐含层节点数。将隐含层节点数从 14 至 24 逐次改变对神经网络模型进行训练。比较训练误差的收敛性以及检测样本的期望输出与模型实际输出的误差大小。结果发现，在隐含层节点数为 24 个的时候，网络性能和检验效果达到最好，故将隐含层的节点个数设定为 24。网络训练的误差曲线图如图 9 - 11 所示：

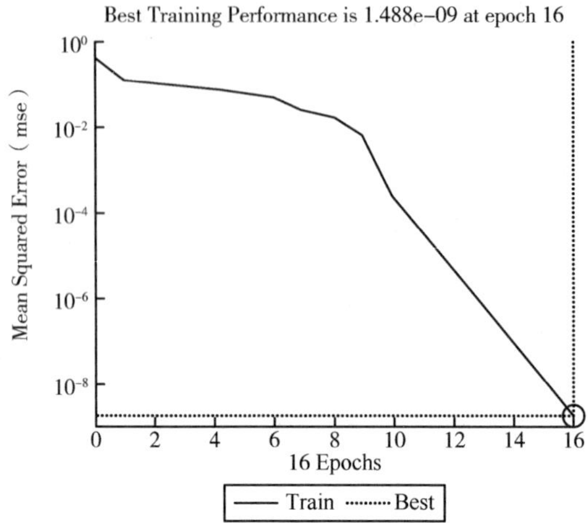

图 9－11　网络训练误差曲线图

从图 9－11 可以看出，误差性能曲线逐渐收敛于目标误差曲线（即图中的水平虚线），网络模型在训练到 16 步的时候，达到了训练目标精度的要求，此时训练结束。其中，训练样本集的期望输出与实际输出对照结果如表 9－19 所示。

表 9－19　　神经网络训练输出

年度	期望输出	实际输出			
1996	[0100]	0.000 1	0.999 9	0.000 0	0.000 0
1997	[1000]	1.000 0	0.000 0	0.000 0	0.000 0
1998	[1000]	1.000 0	0.000 0	0.000 4	0.000 0
1999	[1000]	1.000 0	0.000 1	0.000 0	0.000 0
2000	[0100]	0.000 1	0.999 9	0.000 1	0.000 0
2001	[1000]	0.999 9	0.000 1	0.000 0	0.000 0
2002	[1000]	1.000 0	0.000 3	0.000 0	0.000 0
2003	[0100]	0.000 1	0.999 9	0.000 0	0.000 0
2004	[0100]	0.000 1	1.000 0	0.000 0	0.000 0
2005	[0100]	0.000 3	0.999 8	0.000 0	0.000 0
2006	[0100]	0.000 1	0.999 8	0.000 0	0.000 0
2007	[0010]	0.000 1	0.000 0	0.999 9	0.000 0

续表

年度	期望输出	实际输出			
2008	[0100]	0.000 1	0.000 0	0.999 8	0.000 0
2009	[0100]	0.000 1	0.990 5	0.203 0	0.000 0
2010	[0100]	0.000 4	1.000 0	0.000 0	0.000 0
2011	[0100]	0.000 1	0.999 9	0.000 0	0.000 0
2012	[0100]	0.000 1	0.999 8	0.000 0	0.000 0
2013	[0100]	0.000 3	0.999 8	0.000 0	0.000 0
2014	[0100]	0.000 1	0.999 9	0.000 0	0.000 0
2015	[0100]	0.000 1	1.000 0	0.000 4	0.000 0
2016	[0100]	0.000 0	1.000 0	0.000 0	0.000 0

从表 9 - 19 可以看出，从 1996 年开始，到 2016 年，各年的训练样本集的期望输出数据与实际输出数据逐渐趋于一致，说明 BP 人工神经网络模型已经被训练成功，可以开展下一步的工作了。

②模型检验

通过图 9 - 11 和表 9 - 19 可知，BP 人工神经网络模型在训练后已经达到了较好的性能，因此，接下来就可以用 2016 年的样本数据对上述训练好的网络模型进行检验，检验的期望输出为 2017 年的样本数据，见表 9 - 20。

表 9 - 20　神经网络检验输出

子系统	期望输出	实际输出			
B1	[0100]	0.009 3	0.997 5	0.002 4	0.000 0
B2	[0100]	0.000 1	0.999 9	0.000 0	0.000 0
B3	[0100]	0.000 0	1.000 0	0.000 0	0.000 4
B4	[0100]	0.000 0	0.990 5	0.204 0	0.000 0
B5	[0100]	0.000 0	1.000 0	0.000 3	0.000 0
B6	[0100]	0.000 1	0.999 8	0.000 0	0.000 0
A	[0100]	0.000 1	0.999 9	0.000 0	0.000 0

从表 9 - 20 的检验结果可知，在用训练好的模型进行检验时，实际输出与期望输出非常接近，绝大多数指标的拟合效果很好，且满足误差要求。因此，

我们可以用训练好的网络模型对 2018 年人民币国际化进程中的金融风险进行预警。

③模型预警

由于已训练好的网络模型具备较好的检验效果，可用于模型的预警。因此，接下来我们用 2017 年的样本数据来判断 2018 年的情况，得到在 2018 年人民币国际化进程中的金融风险状况如表 9 – 21 所示。

表 9 – 21　　神经网络预警输出

子系统	预警输出				输出向量	预警结论
B1	0.000 2	0.999 7	0.011 3	0.000 0	[0100]	基本安全
B2	0.000 0	1.000 0	0.000 0	0.000 4	[0100]	基本安全
B3	0.000 0	0.999 8	0.000 3	0.000 0	[0100]	基本安全
B4	0.000 0	0.000 0	0.999 9	0.000 0	[0010]	警戒
B5	0.000 0	1.000 0	0.000 0	0.000 3	[0100]	基本安全
B6	0.000 0	0.006 1	0.999 8	0.000 0	[0010]	警戒
A	0.000 7	0.999 8	0.000 0	0.000 0	[0100]	基本安全

从表 9 – 21 可以看出，在人民币国际化进程中的综合金融风险处于基本安全状态。但是，如果分别从子系统的预警结果看，却存在很大差异，主要表现为：汇率波动风险子系统、资本流动风险子系统、政策操作风险子系统以及银行体系风险子系统风险度相同，处于基本安全状态；而国际环境风险子系统与资产价格波动风险子系统则处于警戒状态。因此，应当重点关注这两个子系统的风险变化。

9.2.3　预警结果分析

表 9 – 21 只输出了预警结果的直观数字，并未告诉我们出现这种结果的原因是什么。对此，需要进一步分析为什么在人民币国际化进程中综合金融风险不大，但分别来看，有的子系统很安全，而有的却处于警戒区域。

（1）综合金融风险体系分析

从表 9 – 21 可以看出，综合金融风险预警系统的输出向量为 [0100]，表明 2018 年人民币国际化进程中的金融风险总体上处于基本安全的状态，所面临的金融风险程度总体不高，人民币国际化的基础经济条件具备，中国金融市场环境较好，同时，国际环境也有利于人民币国际化的推进。换句话说，正是由于良好的国内外环境才使得自2008年华尔街金融危机以来的人民币国际化快速推进能够顺利进行。之所以会形成这一良好环境一方面得益于我国经济保持高速增长，工业化、信息化、城镇化、农业现代化等深入推进，为扩大内需、发展实体经济提供了广阔的市场空间；另一方面，也得益于国际经济环境的变化，表现为部分新兴市场国家的经济增长正在趋稳，而发达国家的经济发展却没有出现明显的上升趋势，有些国家甚至出现了经济衰退。这两方面的因素为中国顺利推进人民币国际化提供了国内外环境。

但是，值得注意的是，随着人民币国际化进程的加快，中国目前面临的国内外环境正在发生新变化，从国际环境看，目前国际力量对比正在发生巨大变化，一些新兴大国的崛起正猛烈地冲击着西方国家长期以来积累的传统国际优势，挑战其国际主宰地位及由其主导的国际格局。在这一新的博弈格局中，国际大国并不甘心退让，仍然会通过各种办法威胁或制约新兴国家的强大；在国内，经济发展出现了速度减慢，产能过剩等新问题，经济发展已经进入“新常态”；金融市场发展也出现了因利率市场化而带来的一系列新挑战。这两方面的变化意味着在今后人民币国际化进程中将受到一系列来自国内外的不利因素影响，对此应密切关注。另外，由于金融风险是复杂多变的，受到制度、环境和人为等各方面因素的影响，而BP人工神经网络预警模型自身又具有黑箱特性，因此，我们不能仅以一个样本数据来反映总体情况，还必须结合各个风险预警子系统的预警情况来分析综合金融风险的动态变化。

（2）汇率波动风险预警子系统分析

从表9-21可以看出，汇率波动风险预警子系统的输出向量为［0100］，表明该子系统处于基本安全状态，面临的风险不大，即尽管人民币汇率波动已由单边升值转变为双向波动，但在推进人民币国际化的进程中中国所面临的金融风险不是很大，仍然处于正常波动范围。从人民币汇率改革进程看，2005年新一轮汇率改革启动以来，人民币汇率制度在逐步走向市场化。自2011年9月以来，人民币汇率一改以往的单边升值之势，进入双向波动时代。政府在2013年推行了一系列打击热钱套利行为的政策，进一步加强了对短期资本流入的监管，使得汇率波动风险较小。自2014年3月17日起，中央银行决定将银行间即期外汇市场人民币兑美元交易价浮动幅度由1%扩大至2%，从总体来看，汇率波动处于正常范围，其风险对人民币国际化进程的推进影响不是很大。

但是，正如第五章的研究结论所言，随着人民币国际化进程的不断推进，未来国内外市场的不确定性加大可能会引起人民币汇率波动幅度的不断加大。一个有力的证明是2014年1月中旬起，人民币汇率突然一改长期以来的升值趋势，出现了大幅度贬值。在短短两个月里，贬值的幅度超过了2%，几乎抹去了2013年全年的升值。与之相关的另一个市场现象是，自中央银行2014年3月17日起规定人民币汇率浮动幅度扩大至2%后，整个2014年人民币汇率的双向波动幅度更大、也更频繁。这令很多投资者担忧：这是否开启了一个“潘多拉盒子”？今后，人民币汇率浮动幅度的政策不可能一直停留在2%的水平，还有可能进一步扩大，那么，人民币汇率波动幅度会出现何种新变化？对此应时刻保持警惕，以免汇率大幅波动给宏观经济带来冲击。

（3）资本流动风险预警子系统分析

从表9－21可以看出，资本流动风险预警子系统的输出向量为［0100］，表明该子系统处于基本安全状态。从原因看，主要是因为目前我国的资本项目并未完全开放，资本进出中国的数量有限，对人民币国际化进程还未构成威胁。但是，按照IMF《汇兑安排与汇兑限制年报》（2011年）的评估分析，目前中国的资本项目已经有75%实现了部分开放及以上水平。其中实现完全可兑换的有5项；基本可兑换的有8项；部分可兑换的有17项；剩余的不可兑换额度只有10项。从今后看，随着我国改革开放步伐的进一步加快，对外开放程度的不断加深，进一步开放资本项已是大势所趋。这说明随着人民币国际化进程的不断推进，资本管制的逐步放松，国际资本通过“套汇”“套利”及“套价”等途径进出中国的规模和频率将会不断增大，这必然会加大资本大规模进出而带来的风险。因此，如何处理好资本项目开放进程中的有效监管以及资本管制逐步放开之间的关系，防范资本项目开放进程中的金融风险是今后需要重点关注的内容。

（4）政策操作风险预警子系统分析

从表9－21可以看出，政策操作风险预警子系统的输出向量为［0100］，表明该子系统处于基本安全状态，暂时没有太大风险。之所以会得到这一结果，主要原因是人民币国际化的步伐虽然很快，但推进时间有限，人民币的国际化程度还不高，国际因素对中央银行的货币政策操作影响有限。2008年华尔街金融危机发生之前，人民币国际化的进程非常缓慢；危机之后，人民币国际化的步伐才大大加快。尽管如此，2009 年人民币香港离岸市场才建立起来；上海自贸区虽然已于 2013 年 9 月份建立，但改革的时间太短，进程不大；截止到 2014 年底中央银行的人民币互换业务也才三十多个国家。与“欧洲美元”概念相应的“欧洲人民币”等国际化的关键标志还未形成。因此可以说，在人民币国际化的初期阶段，由于人民币走出去的程度不高，外国居民对人民币的投资热情还较有限，“货币替代”现象也不明显，中央银行的货币政策操作还具有很强的独立性。在以上环境下，政策操作风险自然不高。

今后，随着人民币国际化进程不断加快，将对货币政策的操作产生重要影响，带来一系列风险，如在“特里芬难题”和“三元悖论”作用下，因人民币的货币需求函数和供给函数发生相应变化而产生的人民币存量管理难度加大，人民币面临货币替代效应，货币政策的传导机制阻塞，传统货币政策工具失灵，货币政策传导效果失效等。另外，在人民币国际化进程中，货币政策和财政政策的关系也增添了新内容，需要财政政策和货币政策的有效配合来应对国内外经济环境的变化。因此，应密切关注货币政策操作过程中的内外部环境变化，尽量避免人民币国际化进程中政策操作风险给宏观经济发展带来的冲击。

（5）国际环境风险预警子系统分析

从表 9－21 可以看出，国际环境风险预警子系统的输出向量为［0010］，表明该子系统处于警戒状态，有一定风险，需要时刻保持警惕。之所以会出现这种情况主要是近年来国际环境发生了很大变化。以 2008 年华尔街金融危机为时间节点，在此之前国际经济舞台上唱主角的主要是以美国为首的发达国家，发展中国家处于一种“被国际化”“被自由化”的地位；金融危机的发生使得国际经济金融环境出现了历史上未曾有过的变化，以美元为主导的国际货币体系受到诟病，国际经济贸易关系也发生了相应变化。随着中国经济对外开放，中国的经济实力得到很大提升，人民币国际化的进程也大大加快。但是，今后，我国经济发展与国际经济的依存性和融合度将会进一步提高，国民经济的内外均衡问题将变得越来越复杂。我国面临国际环境的不利局面有所扩大，如石油价格的剧烈波动、国际利率水平对国内的冲击以及现有国际货币之间的博弈都会阻碍人民币国际化的步伐。对此，我们应时刻警惕国际环境发生的变化，严防国际金融危机传染产生的“蝴蝶效应”给国内经济与金融稳定造成的巨大冲击。

(6) 银行体系风险预警子系统分析

从表9-21可以看出，银行体系风险预警子系统的输出向量为［0100］，表明该子系统处于基本安全状态，即没有较大风险。在中国长期以来以银行为主导的金融体系下，银行体系处于基本安全区域为我国综合金融风险度的降低提供了坚实支持，做出了很大贡献。在这种金融格局下，只有拥有健全的银行体系，中国在推进人民币国际化的同时才可以顺利实施其他金融对外开放的政策。

但是，一个值得高度关注的新现象是，近年来，我国商业银行体系中的不良资产规模有所上升，已成为引发系统性金融风险的导火索之一。一个最好的证明是，进入2014年以来，全国商业银行的不良贷款余额同比增长了22.72%，① 局部地区不良贷款和不良率甚至出现双双骤升的趋势②。2014年，中国银行业的整体盈利增长步入下降通道，已由连续10年的两位数增长下降为个位数，预计2015年将有部分商业银行出现盈利的零增长甚至负增长（詹向阳，2014）。更严重的是，新增不良贷款主要来自于市场经济较活跃、中小企业较密集、外向型程度较高的长三角以及珠三角地区；风险逐步由小微企业向大中型企业蔓延、从产能过剩行业向上下游行业蔓延、从风险已经集中显现的华东及沿海地区向中西部蔓延的态势。

就在商业银行经营业绩持续下降的过程中，金融业的进一步改革还将给商业银行经营带来进一步挑战，如2014年11月21日，中央银行宣布非对称降息并扩大存款利率的上浮区间；2014年11月30日，国务院就《存款保险条例》向社会公开征求意见。这些重大举措的密集推出进一步释放了深化金融改革、加快利率市场化的信号，未来对商业银行的产品定价能力、资本运营与管理能力以及信用风险管理能力等都会带来更严峻的挑战。

此外，随着金融业混业经营趋势的形成，银行业与其他金融领域的融合程度已经越来越强，一旦银行业出现重大风险将会对整个金融体系产生巨大冲击。根据我们的前期研究，中国金融业的系统性风险高度集中在银行体系，银行业在我国金融体系中最脆弱，系统性风险最容易从银行业爆发。

---

① 沈悦："不良贷款上涨，'重灾区'向中东部扩展"，《金融时报》，2014年7月24日。

② 根据东方资产公司2014年12月4日发布的《2014中国金融不良资产市场调查报告》，2014年4季度全国不良贷款余额为8 277亿元，不良贷款率为1.23%。该公司预计2015年四个季度的不良贷款余额分别为8 973亿元、9 716亿元、10 506亿元和11 347亿元，不良率分别为1.29%、1.36%、1.44%和1.52%。

银行业之所以对中国金融风险的贡献最大，是因为我国长期以来一直实行的是银行主导型的金融体系，与其他子市场相比，商业银行掌握的金融资源最多，地位最高，融资规模占比最大，是系统性金融风险的天然存储库。即使是在融资渠道已实现多元化的今天，商业银行的信贷规模仍然占社会融资总规模的50%左右。根据“金融加速器理论”和“商业银行风险承担理论”，商业银行出于自身利益考虑，在经济保持高速发展时期，为了实现其收益最大化，必然尽其可能为实体经济提供更多信贷资金支持，从而推动经济过度繁荣；但当经济发展速度变慢，出现下降后，商业银行的表现则刚好相反。因此，过高的融资规模和流动性不足的特质使我国银行业成为系统性风险的最大爆发源。尤其是2008年金融危机后，4万亿元投资规模的投放主渠道就是商业银行。这种集中、大规模投放必然导致信贷规模急剧膨胀，不良资产急剧上升①。

在这种背景下，防范银行体系的金融风险应当重点关注银行体系的不良资产变化情况，避免出现因不良资产率上升所引发的金融风险。一旦银行体系的风险状态由基本安全上升到警戒状态，就应当保持高度警惕。

（7）资产价格波动风险预警子系统分析

从表9－21可以看出，资产价格波动风险预警子系统的输出向量为[0010]，表明该子系统处于警戒状态，有一定风险。之所以会输出这一结果，有两个关键原因，其一是中国的股票市场尽管诞生于20世纪的90年代初，经过二十多年的发展已经初具规模，但是，市场的投机气氛却一直没有得到遏制。经过长时间低迷之后，2014年11月下旬至12月底，股票市场在基本面没有利好的情况下突然爆发，大幅上涨，然后巨幅波动，上证综合指数就上涨了800多点之后，时而大幅拉升，时而巨幅下跌，由此可见市场的投机气氛严重程度。就房地产行业来说，虽然经过十余年高速发展后中国房地产业已成为我国国民经济发展的支柱产业，但由于发展太快，“野蛮生长”，目前已经出现了严重的供过于求现象，“房地产市场风险成为引发系统性金融风险的主要爆发源之一”这一结论已经得到公认。正是由于这两个市场发展的不规范，才导致资产价格波动风险处于警戒区域。

从人民币国际化进程对资产价格变化的影响看，今后人民币作为主要的资

---

① 沈悦、戴士伟、罗希：“中国金融业系统性风险溢出效应测度——基于GARCH－Copula－CoVaR模型的研究”，《当代经济科学》，2014年第12期。

产进行计价和结算，国际资本的大规模进出等都会对我国资产价格变化带来一定冲击。当资产价格波动走向极端时，会给我国金融机构或金融市场发展带来严重影响。比如，股票市场的持续下跌不但使得增量流动性不会进入，而且现有的股票存量流动性也会逃离股市，对股市带来巨大冲击，从而影响国内金融市场的稳定。当资产价格大幅缩水时，借款人的偿还能力和银行贷款的质量均会迅速下降。随着银行不良资产率的提高，整个银行体系同样会出现不稳定现象。加上近年来我国房地产业风险较大、不确定性较大，这都会引起资产价格过度波动，给宏观经济金融运行带来冲击。

基于此，在防范人民币国际化进程中的金融风险时应当高度关注资产价格过度波动风险。

9.2.4 主要警情判断

以上预警结果分析表明，人民币国际化进程中的金融风险总体上处于基本安全状态，中国经济金融运行中所面临的金融风险程度不高。但是，如果对预警系统的六个子系统预警结果分别进行分析却不难发现，每个子系统之间的风险程度不仅差异较大，而且还呈动态变化过程。

以资本流动风险预警子系统为例，其预警结果的输出向量为［0100］，目前处于基本安全状态，面临的金融风险较小。但是，如果从2014年以来的资本项目开放进程来分析，情况却并非人们想象的那么简单，2014年4月10日李克强总理在博鳌论坛上强调要“积极创造条件，建立上海与香港股票市场交易互联互通机制，进一步促进中国内地与中国香港资本市场双向开放和健康发展”，两地证券监管当局随后联合发布公告，原则上批准沪港股票市场交易互联互通机制试点；2014年11月17日，沪港通试点正式启动，标志着中国资本市场发展进入一个新阶段，我国资本项目开放迈出了重要一步，为我国资本项目进一步开放积累了宝贵经验和奠定坚实基础，但同时，由于沪港通的资金流动采用“闭环运作”模式，也使沪港通成为引发资本流动、汇率波动等的管道，只要大陆和香港两地有套利机会，投机资本就会伺机而动，由其所带来的风险自然就不可回避。由此可见，随着沪港通的开通，资本项目开放作为最敏感、风险最大的改革之一，如何在今后的开放进程中防范风险已成为人民币国际化进程中需要重点关注的内容之一。

再从银行体系风险预警子系统的情况看，其预警结果的输出向量为

[0100]，处于基本安全状态。但是，随着我国经济进入“换挡期”，开始步入以转变发展方式、调整结构和提质增效为重点的“新常态”后，经济金融领域出现了许多新情况和新问题，商业银行的风险管理正在面临一系列挑战：随着经济发展速度放缓，商业银行的不良资产正在升高；随着利率市场化改革的最后冲刺，商业银行的利润空间将会被挤压得越来越小。一个典型事实是进入2014年以后，在经济增速下行压力较大、结构调整任务艰巨的背景下，全国银行业来自息差收窄、负债成本大幅上升、收费业务监管从严以及不良贷款加速暴露等多方面的压力有增无减，银行业整体盈利增长步入下降通道。截至2014年9月末，16家上市银行2014年前三季度归属于母公司净利润的平均增速为9.69%，五大行中4家银行的盈利增速已降至个位数。对此，中国工商银行金融研究总监詹向阳的解释是国内商业银行未能及时转型，过分依赖贷款，对利率市场化、金融脱媒及资本监管强化等新环境下产生的利差收窄、客户流失等很不适应。从今后看，在中国以银行为主导的金融制度安排下，商业银行如果出现经营风险加大，必将影响整个金融业改革进程。因此，对银行体系风险预警子系统的风险上升应当保持高度关注。

相反，从国际环境风险预警子系统来看，虽然其预警结果的输出向量目前为［0010］，处于一种警戒状态，但是，随着以美国为首的发达国家从经济危机中摆脱出来，全球经济金融发展速度加快，市场环境变好，以及中国在国际经济金融舞台上的地位不断提高，我国面临的国际环境也正在发生变化，风险度正在不断降低。今后，当我国对国际环境的变化由不适应到不断适应后，在国际经济金融领域内的话语权将不断提高。虽然也可能要面临来自发达国家的威胁等一系列严峻挑战，但从国际环境的发展演变趋势看，我国面临的国际环境风险将会出现新的变化。

由此可见，人民币国际化进程中的金融风险是一种动态变化过程，虽然有些子系统目前来看处于安全状态，但未来的风险却属于一种上升趋势；相反，有些子系统目前虽然处于警戒状态，但未来也可能会因为内外部环境的变化而风险降低。在这种情况下，对人民币国际化进程中的金融风险必须进行全面、动态地审视，建立全面的金融风险控制体系，以防范人民币国际化进程中的金融风险传导、扩散、爆发，乃至演化为金融危机。

附：

本附为第 9 章的六个金融风险预警子系统运用数据插值法计算各个预警指标所得出的得分情况，共分为汇率波动风险预警子系统、资本流动风险预警子系统、政策操作风险预警子系统、国际环境风险预警子系统、银行体系风险预警子系统以及资产价格波动风险预警子系统，见附表 1 至附表 6。

附表 1　　汇率波动风险子系统得分情况

年份	人民币兑美元汇率波动率	外汇储备增长率	贸易总额/GDP	通货膨胀率
1995	52	54	33	87
1996	6	54	26	63
1997	4	40	26	14
1998	2	4	23	68
1999	0	7	25	59
2000	50	7	34	2
2001	0	32	33	4
2002	0	42	39	62
2003	0	51	52	6
2004	0	67	60	20
2005	14	41	63	9
2006	44	35	65	8
2007	74	55	63	28
2008	83	31	57	39
2009	23	25	41	23
2010	12	19	50	17
2011	74	12	50	29
2012	35	4	46	16
2013	48	15	42	13
2014	45	15	37	10
2015	18	6	29	7
2016	81	4	24	10
2017	24	8	25	8

附表 2 资本流动风险子系统得分情况

年份	FDI 投资增长率	热钱规模/GDP	资本项目开放度	证券资本流入与流出之比
1995	22	7	7	18
1996	22	7	6	21
1997	17	8	9	40
1998	1	3	9	3
1999	76	5	8	1
2000	2	4	8	7
2001	28	7	6	3
2002	24	6	8	2
2003	3	8	13	29
2004	25	12	18	23
2005	48	15	19	8
2006	9	15	53	4
2007	33	15	56	13
2008	40	19	28	17
2009	42	11	15	13
2010	31	12	17	16
2011	19	9	18	16
2012	39	11	17	24
2013	26	7	17	24
2014	3	10	46	20
2015	11	3	56	20
2016	49	3	71	20
2017	8	6	73	20

附表 3　　政策操作风险子系统得分情况

年份	M2/GDP	人民币外汇占款/基础货币	国内外实际利差	财政赤字/GDP
1995	85	5	54	20
1996	86	5	74	18
1997	87	6	47	18
1998	88	6	9	21
1999	90	7	31	34
2000	90	7	50	43
2001	91	9	17	39
2002	93	9	46	44
2003	94	11	37	37
2004	94	13	37	25
2005	94	17	10	24
2006	94	29	29	18
2007	93	30	14	9
2008	93	26	30	16
2009	97	28	79	33
2010	97	23	77	27
2011	97	16	70	21
2012	98	16	70	27
2013	99	15	70	29
2014	98	16	29	32
2015	99	15	26	52
2016	100	13	22	54
2017	99	12	16	54

附表 4 国际环境风险子系统得分情况

年份	国际利率水平	石油价格波动率	货币替代率	短期外债余额/外债余额
1995	61	17	56	9
1996	54	41	26	10
1997	59	43	20	11
1998	50	93	20	9
1999	53	80	21	8
2000	70	95	28	7
2001	25	71	22	39
2002	19	16	19	42
2003	12	44	15	46
2004	18	59	14	54
2005	34	68	12	62
2006	47	41	10	63
2007	44	22	8	66
2008	18	69	7	62
2009	19	32	6	66
2010	19	60	6	78
2011	19	74	6	82
2012	19	9	7	83
2013	19	17	7	88
2014	3	1	8	84
2015	5	83	8	77
2016	8	23	9	68
2017	10	70	7	73

附表 5　　银行体系风险子系统得分情况

年份	资本充足率	不良贷款率	国内信贷增长率	存贷利差
1995	87	89	26	14
1996	86	89	21	53
1997	86	91	23	64
1998	94	97	15	53
1999	94	109	4	81
2000	90	93	4	81
2001	93	88	14	81
2002	94	86	20	75
2003	97	82	22	75
2004	58	40	15	75
2005	61	39	14	75
2006	64	33	21	81
2007	64	30	24	75
2008	61	10	18	67
2009	59	6	27	85
2010	62	4	18	71
2011	64	4	11	67
2012	65	3	10	61
2013	63	3	6	58
2014	70	4	12	61
2015	72	6	13	61
2016	73	6	12	61
2017	73	6	11	61

附表 6 资产价格波动风险子系统得分情况

年份	股票价格指数增长率	股票市价总值/GDP	房地产投资/GDP	房价上涨率/GDP 增长率
1995	10	4	38	26
1996	52	9	28	31
1997	61	14	20	24
1998	7	15	24	8
1999	31	19	29	48
2000	53	38	35	7
2001	16	29	47	7
2002	74	21	57	8
2003	67	21	72	10
2004	6	15	81	43
2005	93	11	81	27
2006	81	31	82	10
2007	89	86	83	21
2008	96	28	83	45
2009	92	61	84	66
2010	11	56	87	14
2011	57	35	88	14
2012	98	49	90	22
2013	60	48	92	18
2014	4	32	91	4
2015	81	62	90	22
2016	97	52	90	35
2017	16	56	89	16

10 人民币国际化进程中的金融风险防范

第9章的研究结果表明，人民币国际化进程中的金融风险是一种动态变化过程。随着国内外环境以及经济金融形势的不断变化，随时都潜伏着发生金融风险的不确定性因素。为此，防范人民币国际化进程中的金融风险就成为必不可少的工作。本章拟在第九章研究的基础上，从货币国际化进程中金融风险防范经验的一般分析出发，在总结美元、日元、欧元国际化进程中金融风险防范的基础上，设计一套人民币国际化进程中的金融风险防范体系，并从汇率、资本项目开放、货币政策等方面提出一系列风险防范对策。

10.1 货币国际化进程中的金融风险防范：一般分析

要研究如何防范人民币国际化进程中的金融风险首先需要理解什么是货币国际化进程中的金融风险防范；要理解货币国际化进程中的金融风险防范就需要将金融风险防范梳理清楚；要清楚梳理金融风险防范的概念就需要从一般的风险防范开始。因此，本节首先从风险防范概念入手，对货币国际化进程中的金融风险防范进行一般理论分析。

10.1.1 风险防范

风险防范是指通过对风险的生成、传导以及扩散等进行有针对性的控制或管理，以使风险程度尽可能减小，或者将风险造成的损失尽可能减到最小。风险防范分为微观视角的风险防范和宏观视角的风险防范。微观视角的风险防范对象是针对微观个体可能面对的风险而言的；而宏观视角的风险防范则是从宏观角度出发，面向全面风险管理而言的。

就宏观视角的风险防范来看，主要是指通过建立一套风险防范系统，运用宏观政策和措施来防范风险，以免风险生成→传导→扩散→爆发，影响全局稳定或导致全面危机爆发。

10.1.2 金融风险防范

金融风险防范是为针对金融风险加大或将金融风险造成的损失尽可能减小而采取的一系列管理行为和手段。金融风险防范也可以分为微观金融风险防范和宏观金融风险防范。从宏观视角看，金融风险防范是针对宏观金融运行中的金融风险状态的各种可能变化而采取的一系列风险管理行为。

从金融风险防范的理论发展脉络看，金融风险理论作为现代风险管理理论的组成部分，自现代风险收益理论诞生以来①，人们就开始关注这一问题，只不过前期的研究主要停留于微观视角，而且主要从研究风险和收益之间的关系中研究系统风险（Systematic Risk）和非系统风险（Unsystematic Risk）问题。但是，随着金融市场发展中金融风险的不断提高，人们逐渐认识到宏观视角的金融风险管理更加重要，原因是自20世纪80年代以来金融全球化和金融一体化浪潮的不断影响，全球金融市场环境已经变得日益复杂化和多样化，全球金融危机的发生频率越来越高，金融风险程度已远远超过了历史上任何时候。于是，学术界更加关注宏观视角的金融风险防范问题。

进入20世纪90年代中后期，由于英国巴林银行倒闭、亚洲金融危机发生等一系列金融的冲击，使人们逐渐意识到金融危机的发生原因越来越复杂，往往不是由单一因素，而是由一系列金融风险（如信用风险、市场风险、操作风险、国家风险等）多因素综合影响新城的。因此，学术界开始将跨国企业组织结构中的全面风险标准管理方法应用于金融风险管理中，提出了全面金融风险管理理论，该理论将信贷资产、非信贷资产等全部囊括，将信用风险、市场风险、操作风险同时考虑，形成一种全面风险防范。

2008年华尔街金融危机发生后，学术界突然意识到金融危机的传染效应

① 20世纪50年代初，马克威兹提出了资产组合理论，被认为是开创了现代风险收益理论之先河。之后，相继诞生了一系列风险收益理论流派，如资本资产定价模型、套利定价理论、有效市场假说等，都试图揭示风险和收益之间的关系。

比历史上任何时候都大，于是，更加重视宏观视角的金融风险研究，并提出了与微观视角研究相对应的一个新概念——系统性风险（Systemic Risk）。近年来，关于如何控制宏观金融风险，防范金融危机的传染效应在全球扩散已经成为当今世界各国际金融发展与合作机构、各国政府监管部门宏观金融管理的重要命题之一①。

由于金融风险从生成到最后传导到实体经济实际上也是金融风险本身的一系列非常复杂的运动过程，其中涉及很多环节，众多因素，因此，对金融风险进行全面防范的步骤一般包括：识别→测度→预警→监测→处理等。可见，金融风险防范实际上就是针对金融风险所进行的一系列风险管理行为。

10.1.3 货币国际化进程中的金融风险防范

与一般意义上的金融风险防范概念相同，货币国际化进程中的金融风险防范也可以被视为是针对一国或地区的货币国际化进程中可能出现的金融风险所进行的识别、传导、预警、监测以及处置的一系列管理行为。但有所不同的是，由于货币国际化进程一般持续时间长，影响变量复杂，金融风险防范的环节过多，过程复杂，因此，在货币国际化进程的不同推进阶段对金融风险防范也就有不同的侧重点。

以人民币国际化进程中的金融风险防范为例，根据第九章的研究结论，由于目前的人民币国际化还处于起步阶段，推进过程比较顺利，面临的金融风险程度相对不高，因此，关于人民币国际化进程中的金融风险研究目前还处于前瞻性阶段。研究的重点应当从人民币国际化的具体实践出发，对可能发生的金融风险进行识别，找出可能的风险爆发源，然后，对不同风险爆发源的传导路径进行梳理，在此基础上，找出具体的风险生成因素，并对可能发生的金融风险进行提前预警，最后，根据预警结果提前采取措施对风险加以防范，以免金融风险爆发，导致金融危机或经济危机。相比较而言，目前人民币国国际化还处于起步阶段，推进过程比较顺利，尚未发生过因人民币国际化而产生的风险加大或金融危机，因此，关于金融风险的测度（或评估）、处理等环节尚不构成目前研究的重点内容。

---

① 基于本书研究的主题是人民币国际化进程中的金融风险问题，因此，如无特别说明，本章的金融风险防范专指宏观视角的金融风险。

10.2 货币国际化进程中的金融风险防范：国际经验

任何货币的国际化进程都不可能一帆风顺，必然会发生各种各样的金融风险，因此，如何通过风险防范将货币国际化进程中的金融风险尽可能减小不仅是研究货币国际化问题的学术界所关注的热点问题，也是各国政策制定者需要考虑的现实问题。就目前已有的实践看，有的货币在国际化进程中由于风险防范做得较好，货币国际化推进顺利，货币国际化自然取得了成功；而有的则正好相反，不但没有实现货币的国际化，还导致本国经济出现长期衰退。基于此，本节试图通过总结美元、日元、欧元三种主要货币国际化进程中的金融风险防范经验和教训，为建立人民币国际化进程中的金融风险防范体系提供借鉴。

10.2.1 美元

自布雷顿森林体系建立以来，美元可谓风光无限，成为当今世界最主要的国际货币，确立了其在国际货币体系中的霸主地位。从历史发展看，在美元国际化进程的不同阶段，也经历了不同的金融风险，但美国政府对美元国际化进程的金融风险防范可谓比较成功。

在金本位制度下，英国凭借其强大的海外殖民扩张，建立了海外殖民地与本土经济之间紧密联系的英镑货币体系，使英镑成为当时世界上最主要的国际货币。在此阶段，作为弱势货币的美元则只有在国内积蓄力量，通过整合国内货币体系，使经济实力得到增强。虽然至第一次世界大战之前，随着美国经济实力的增强，美元已有走出国门的意向，但囿于英镑的强大，美元始终处于弱势地位，美元国际化只能处于蛰伏阶段。

第一次世界大战期间，由于各国普遍禁止黄金兑换纸币，黄金地位下降。“一战”结束后，金块本位制和金汇兑本位制出现，黄金地位进一步降低。由于战后英国经济受到削弱，黄金大量流入美国，导致美国国内流动性过剩，由此滋生了大量投机行为。恰逢英国宣布加息并大量撤走美元以防黄金外流，直接诱发了1929年的华尔街股市大崩盘。自然，此时的美元国际化问题根本无法提及。

第二次世界大战后，世界各国的经济实力发生了很大变化。其中英国的经济实力大大削弱，而美国则因战争大发横财，经济实力得到很大提升。为了争取在国际货币体系中的领导地位，英美两国分别抛出了“凯恩斯计划”和“怀特计划”（见本报告第7章），美国凭借其强大的经济实力使“怀特计划”获得通过，而“凯恩斯计划”则由此搁浅。1944年在美国布雷顿森林，由44个国家参加的全球货币金融会议通过了以“怀特计划”为基础的布雷顿森林协定，标志着以美元为中心的新国际货币体系的建立，从此，美元霸权得以确立。可见，美元的国际化有其天然的有利条件，这种模式是其他货币国际化无法复制的。虽然如此，美元国际化进程中的金融风险防范难度也加大了：如“美元与黄金挂钩、其他国家的货币与美元挂钩”的双挂钩制度安排要求美国必须拥有巨额的黄金储备；美国必须保持大量贸易顺差以维持美元币值的稳定。显然，这两个前提条件与美元的国际化目标存在难以调和的矛盾。当美国不能如约按照35美元兑换1盎司黄金，同时又背负大量国际贸易赤字之时，人们对美元的信心必然会出现动摇，直接导致美元贬值。这样，虽然美国利用布雷顿森林体系占据了国际货币体系的中心，实现了美元国际化的目标，但同时美元国际化进程中的金融风险防范却成为美国难以解决的关键问题。

随着美国国内经济出现滞涨，美元国际化的经济基础出现动摇，美国只有靠发行货币弥补财政赤字，这又导致人们对美元的信心进一步下降，美元汇率进一步波动。在不得已的情况下，20世纪70年代初，布雷顿森林体系宣告结束，国际货币体系进入牙买加体系时期。尽管在新的国际货币体系下美元仍然处于核心地位，但日元和欧元的先后兴起开始对美元的国际霸权地位提出了严峻挑战，使得美元作为国际货币面临一系列难以防范的风险：美国经济实力出现下降，必然导致美元的国际地位降低；美元发行缺乏约束导致美元在全球泛滥，币值不稳定；美元汇率波动频繁，又反过来冲击了美国国内经济的良性发展。

可见，美国经济实力增强既有利于美元国际化，同时也得益于美元国际化，但由于布雷顿森林体系后期美元国际化进程中的金融风险防范不力，也给美国经济发展带来一系列负面效应。但总体来看，美元国际化进程中的金融风险防范还是比较成功的。看来，如何防范好货币国际化进程中的金融风险是任何大国货币走向国际化进程中的关键环节。

10.2.2 日元

如果说美元国际化进程中的金融风险防范还有值得借鉴的经验的话，那么，日元国际化进程中的金融风险防范则被认为是教训深刻。日元国际化始于20世纪70年代日本经济的崛起。当时日本国内经济发展良好，在日本政府的极力推动下日元开始国际化。但是，由于日元国际化的很多内外部条件不好，日元国际化进程中的金融风险无法得到有效控制，导致日元国际化最终以失败而告终。

20世纪60年代，日本政府接受了IMF协定第八条款的承诺，实现了日元在经常项目下的自由兑换，并于1965年首次实现了贸易顺差，其后很长时间内日本都保持了外贸顺差。与此同时，美元则由于金融危机的发生以及贸易逆差的扩大而出现了疲软现象。这样，日元兑美元自然出现了急速升值，加上日本主动通过对外贷款、投资等向外输出资本，从而使日本成为20世纪80年代最大的债权国，而美国则积累了很多贸易和财政赤字。为摆脱困局，美国利用其在国际货币体系中的重要地位和话语权，联合以英国、德国、法国，与日本签订了《广场协议》（见本报告第七章），促使日元兑美元大幅升值。从日本方面来说，日元升值虽有利于日元国际化进程的加快，但日本却为此付出了沉重代价，即日元国际化进程中的金融风险无法得到有效控制，表现为日元急剧升值不利于日元在国际市场上广泛流通，不利于日元国际化的进一步深入；日元急剧升值还导致国际套利资本，特别是短期投机资本的大量流入，推动日本国内资产价格过度上涨，产生泡沫，而当国际投机资本获得汇率和资产价格的“双重套利”并大量撤离之后，又加速了日本资产价格的大幅下跌，导致泡沫破裂；在日元升值过程中，日本人盲目乐观，大量向海外投资，导致国内经济发展“空心化”，非常不利于日本经济良性发展，以至于当大量海外资本后来撤回国内后无法得到很好利用，经济的衰退局面无法得到控制。

从日元国际化进程中金融风险防范的失败教训中可以得出以下启示：

首先，日本国内经济发展低迷是日元国际化进程中金融风险难以有效防范的关键。货币的天然基础是经济，没有经济实力的强有力支撑，货币国际化进程很难取得成功。20世纪80年代初，日本的资产价格泡沫开始积聚，到80年代末，泡沫达到顶峰，但过高的资产价格没有实体经济的支撑必然要破灭。

以日本政府限制价格政策和紧缩性货币政策为导火索，日本众多企业出现亏损，以土地为抵押的不良银行贷款大增，银行体系受到牵连。当实体经济和银行体系到出现亏损时，就意味着日本经济进入了全面衰退时期。之后，虽然日本政府采取了宽松的货币政策和财政政策，但对挽救已经进入衰退通道的日本经济来说已回天无力。祸不单行的是，正当日本经济积蓄力量，准备在20世纪90年代上半期走出衰退之时，1997年亚洲金融危机爆发了，这对日本经济来说又是一次沉重的打击。由于金融危机的发生，日本在海外的金融机构大量撤退，直接导致日元在国际市场上的流通范围受阻，日元汇率波动过度，削弱了人们对日元的信心，日元被大量减持。在这种情况下，日元的国际化问题也就只能暂时搁置了。这一搁置对日元的国际化影响很大，随着国际金融环境的变化，也许日元的国际化已经很难再达到这一历史水平了。

其次，“政府主导型”策略是日元国际化进程中金融风险难以有效防范的政策因素。在日本，虽然“二战”之后实行的是市场经济体制，但日元国际化的直接推动者却是政府。为了推进日元国际化战略，日本政府出台了一系列政策措施，但失败的是对日元国际化却起了反作用，从而使日元国际化最后走向了失败。如为了日元国际化，政府允许日元汇率过早、完全自由浮动，由于汇率放开后日元汇率过度波动，严重影响了日元在国际贸易和结算中的使用，就连很多日本的企业都不愿意以日元进行结算，更别说别国的企业了，这非常不利于日元的国际化。再比如货币政策的操作，在日元国际化进程中的很长时间内，迫于日元升值的压力，日本政府担心国内经济衰退和国际投机资本攻击，一直实行宽松的货币政策，长期维持零利率，但在流动性过剩的条件下，大量廉价资金流向股市和房市，直接导致资产价格出现泡沫。当看到泡沫严重后，日本政策才采取紧缩性货币政策，这反倒加速了泡沫破灭，给日本实体经济发展带来了毁灭性打击，导致日本更长时间的经济衰退。

最后，与美国“市场主导型”的金融发展格局完全不同的是，日本是一个典型“银行主导型”的金融发展格局。金融市场欠发达一方面不能为日元国际化提供可以对冲风险的日元衍生品，自然也增加了金融风险防范的难度。另一方面，由于“金融加速器”的作用机理，日本的商业银行普遍在经济繁荣时期主动承担风险，将资金贷放给房地产企业，加剧了经济的过度繁荣；而当经济出现萧条之时，商业银行又强行收回贷款，从而加速了经济下降速度。

10.2.3 欧元

与美元、日元国际化的路径完全不同，欧元国际化是通过主权国家的一系列制度安排来实现的，因为其国际化进程中的金融风险防范有欧盟国家条约的既定框架制约，风险防范相对较好。但是，由于欧元的诞生存在一系列先天不足，欧元国际化进程中也面临一系列难以防范的金融风险。

欧共体的成立为欧元诞生提供了先天条件。1992 年 2 月 7 日，欧共体 12 国外长和财政部长正式签订了《马斯特里赫特条约》条约（以下简称《马约》），规定在欧共体内部实现资本自由流通，统一市场，并最迟于 1998 年 7 月 1 日成立欧洲中央银行，1999 年 1 月 18 日在欧共体内发行统一货币。《马约》的签订是欧洲一体化进程中的一次突破性进展，标志着欧共体将朝着一个经济、政治、外交以及安全等多项职能同时兼备的一个联合体方向发展。《马约》生效后，欧共体升级为欧盟，在欧盟内部统一使用欧元（ECU）。为了防范欧元诞生后的金融风险，《马约》对欧盟的汇率、通胀率、利率、赤字率、债务率等进行了一系列规定，以降低欧元生效后的运行风险。

尽管如此，欧元诞生后，在很长时间内仍然比较疲弱。原因是欧洲国家经济发展水平高低不一，有些国家经济发展结构不合理，导致欧元本身存在较大风险。如各国的经济增长率和失业率差异较大，导致货币政策在执行中存在问题，无法实现经济平衡发展的目标。从欧盟各成员国的经济实力看，德国和法国的经济实力明显较强，而希腊等东欧和南欧国家的经济实力明显较弱，以至于欧债危机发生后，希腊等国的经济发展实力又下降了，而德国和法国则保持较好发展，因此，欧盟各国之间的经济发展差距进一步扩大了，这非常不利于欧元币值的稳定，大大增加了欧元运行的风险。

另外，在货币政策和财政政策的配合上，欧元区也有先天不足，导致金融风险防范难以达到既定目标。表现为货币政策的统一性和财政政策的分散性，即欧元诞生后，欧盟各成员国统一使用欧元，其原有的货币退出流通和使用，货币政策统一由欧洲央行制定，各成员国不具有独立制定货币政策的权利。与此同时，欧盟各成员国之间却实行分散的财政政策，由欧盟一级进行的财政预算规模小到几乎可以忽略不计。这样，统一的货币政策和分散的财政政策无法实现有效配合，对欧元的币值稳定带来了一系列潜在风险，欧债危机期间不少国家债务率超过警戒线就是很好的证明。

目前来看，作为一个年轻的国际货币，欧元国际化才走过20余年，经历了欧债危机之后，欧盟在欧元国际化进程中的金融风险防范方面的成功经验和制度设计中存在的不足已经得到公认。今后，欧元国际化进程中可能还会遇到前所未有的金融风险，如何进一步完善欧元国际化进程中的金融风险防范机制还需要欧盟各成员国不断努力①。

10.3 人民币国际化进程中的金融风险归类

正如本章10.1节所言，目前关于人民币国际化进程中金融风险的研究重点主要是风险识别、风险预警以及风险防范，因此，当本报告第4章至第8章的研究对人民币国际化进程中的金融风险进行了识别、传导机制分析以及预警之后，就为本章设计人民币国际化进程中的金融风险防范体系提供了理论分析基础，也充分揭示了人民币国际化进程中的各类金融风险来源。为了全面、科学地构建人民币国际化进程中的金融风险防范体系，首先需要对引起金融风险的各种因素进行梳理和归类，基于此，本节以第9章的预警结果分析为基础，将人民币国际化进程中的各种可能风险因素进行系统梳理，以便为建立金融风险防范体系，分门别类地控制金融风险提供基础。

关于引发金融风险成因的研究，自金融危机理论诞生以来就有各种学术流派一直在努力探索，然而至今还存在着各种分歧较大的观点，始终没有得出得到普遍认可的结论，但是，在关于货币国际化进程中金融风险生成和传导的因素分析中，众多学者都在理论上认可“三元悖论”和“特里芬难题”的分析框架，并试图以此为理论基础寻找可能的风险来源线索。

本书第3章至第9章的研究表明，人民币国际化的理论逻辑和推进路径决定了在人民币国际化进程中同样可能面临“三元悖论”和“特里芬难题”的问题。因此，在人民币国际化进程中所引起的金融风险因素众多，既有来自金融体系内部的，也有来自金融体系外部的；既有来自国内的，也有来自国际的；既有微观方面的，也有宏观方面的。这样，就需要对这些金融风险进行

① 根据中国人民大学欧盟研究中心主任王义桅的研究，欧元区经济目前主要面临三大风险：经济增长乏力、通货紧缩以及希腊等多国大选可能会影响欧洲政治经济一体化进程，《金融时报》，2015年1月13日。

归类。

为了研究的方便，这里将人民币国际化进程中的金融风险因素划分为两个大类：来自金融系统内部的因素和来自外部——经济环境变动的因素。金融系统内部的因素主要涵盖金融机构自身的脆弱性、金融制度安排不合理、金融市场中个体行为非理性三个方面；外部因素则覆盖面较大，包含了各种经济基本面因素、政府政策以及国内外制度环境因素等，另外，国际金融风险传染因素也是影响金融安全的一个方面。

根据以上风险来源，这里将人民币国际化进程中的金融风险因素梳理为“两条来源、五大因素、十二个指标”，具体如图 10 - 1 所示：

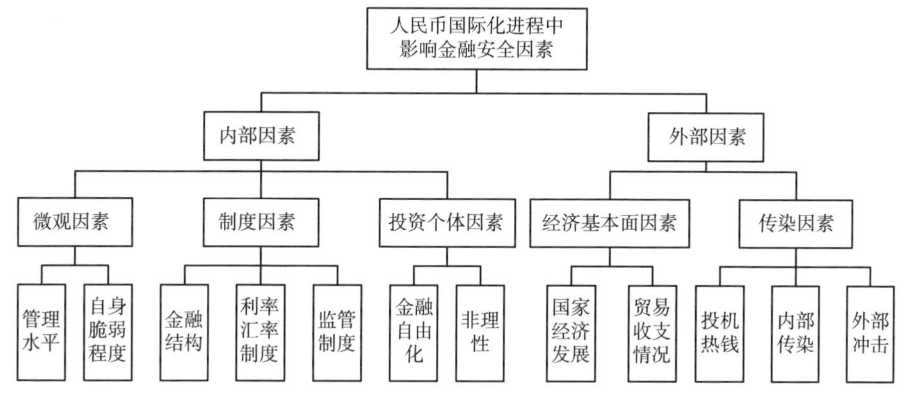

图 10 - 1　人民币国际化进程中的金融风险因素

图 10 - 1 说明，尽管引起人民币国际化进程中的金融风险因素比较复杂，但都可以将其归为内部影响因素和外部影响因素。

从内部影响因素看，主要是来自金融机构的微观层面、制度层面以及金融市场中金融个体层面。微观层面的因素主要有金融机构自我风险管理水平和金融体系自身的脆弱程度；制度层面的因素主要是金融机构的组织形式，利率的市场化程度，汇率的开放浮动空间以及监管制度的完善；而金融个体的影响因素则主要包括金融市场中的个人以及机构投资者的非理性和由羊群效应造成的不良投资环境，此外还包括国内外个人和机构的投机行为。

从外部影响因素看，主要由基本经济层面和金融传染层面两部分构成。经济基本层面主要包括我国的国家经济发展状况和国际贸易收支状况以及金融市场的自由化程度如资本项目的开放程度等；传染因素可分为来自本国的金融危机传染和由于日渐开放的金融政策而带来的国外金融危机对我国的传染以及国际投机资本对本国金融市场的攻击等。

由此不难看出，每一个风险因素对整个金融系统的安全都有不同程度的影响。要使人民币国际化中的金融风险得到控制，不仅需要对每一个因素加以防范，更要学会利用各因素之间的关系，对风险进行系统的管理和防范。因此，本节所划分的金融风险因素可为建立人民币国际化进程中的金融风险防范体系以及提出相应的风险防范措施提供基础。

10.4 人民币国际化进程中的金融风险防范体系设计

10.4.1 设计思路

金融风险无时不有，无处不在，进行风险防范并不能够完全消除风险，而是通过对风险进行识别、预警，并通过实施一系列政策和措施对其进行防范，从而降低金融风险。

本着这一研究思路，在设计人民币国际化进程中的金融风险防范体系时，我们首先引入“顶层设计”的概念①。这一设计理念在系统工程学中的思想内涵主要是，用系统论方法，以全局视角，对项目建设的各方面、各层次、各要素等进行统筹考虑，以和谐各种关系，确定目标，选择实现目标的具体路径，制定正确的战略战术，并适时调整，规避可能导致失败的风险，提高效率，降低成本。第二次世界大战前后，这一概念被西方各国广泛应用于军事及社会管理领域，成为政府统筹内外政策、制定国家发展战略的重要思维和方法；在我国，“顶层设计”在经济领域的应用首见于国家的“十二五”发展规划，也成为进入中央经济工作会议的内容之一。著名经济学家吴敬琏认为，落实“十二五”发展规划要推进全面改革，需要进行“顶层设计”。

在本书中，我们将“顶层设计”这个概念应用于人民币国际化进程中金融风险防范体系的设计中，主要是利用这一系统工程学的概念将风险防范体系的设计具体化，这样，在按照防范体系控制风险时就可以实现操作的具体化，容易达到风险防范目标。如果只有风险防范体系的总体规划，缺乏具体

① 这一概念来自“系统工程学”，原是指为完成某一大型工程项目所采用的从高端向低端、从一般到特殊而展开系统推进的设计方法。

实施风险防范体系手段的话，则难以达到防范人民币国际化进程中的金融风险的最终目的。具体来讲，对于人民币国际化进程中的金融风险防范体系的顶层设计，我们认为在具体层面上可包括实施金融风险防范的优先次序排序、防范的重点领域、相关的战略安排以及相应的风险防范措施等内容。当然，在进行金融风险防范的顶层设计时，也不要忽略在人民币国际化进程中所进行的金融改革和金融创新，只有根据情况的不断变化调整风险防范的思路，才能不断创新，防范风险的进一步演化，加快人民币国际化的推进速度。

10.4.2 设计原则

根据顶层设计构建人民币国际化进程中的金融风险防范体系时，应该遵循如下原则：

（1）有利于人民币国际化整体战略的执行

就人民币国际化进程中的整体风险防范体系而言，处于最顶层的应当是最高层，即对人民币国际化整体推进战略的政策制定者。作为顶层设计来讲，应当包含人民币国际化战略整体推进中的风险防范整体思路设计、基本方向的确定等，这对全面防范人民币国际化进程中的金融风险而言有着重大影响。同时也意味着政策制定者要能够担当起顶层设计师的责任，保障人民币国际化进程中中国的经济金融能够安全运行。

（2）有利于统筹人民币国际化推进战略中各方面的协调性和系统性

顶层设计涵盖了人民币国际化进程中所涉及的各领域、各方面、各环节，具有全方位、多角度、立体式等特征。因此，如要通过顶层设计安排好人民币国际化的整体战略，防范发生金融风险，就需要立足全局，从整体上进行系统思考，统筹谋划，将风险控制在尽可能小的程度内。

（3）应根据不同风险程度合理安排先后次序

顶层设计既要有通盘全面的考虑，也要有重点的安排；既要有终极目标的实现，也应该制定阶段性实施目标。据此，对人民币国际化进程中的金融风险防范体系设计，也应该根据风险来源的不同和风险程度及传导效应的大小，明确风险防范的先后次序和重点任务，通过有计划、分步骤、有重点地组织实施，不断在重点领域和金融安全的薄弱环节取得进步和突破，将风险降低到最小。在此，为了对人民币国际化进程中的金融风险防范体系中的不同风险进行先后次序排序，我们参考麦肯锡最早提出的通过任务事项的“重要性”和“紧急性”确定先后排序，如图 10－2 所示。

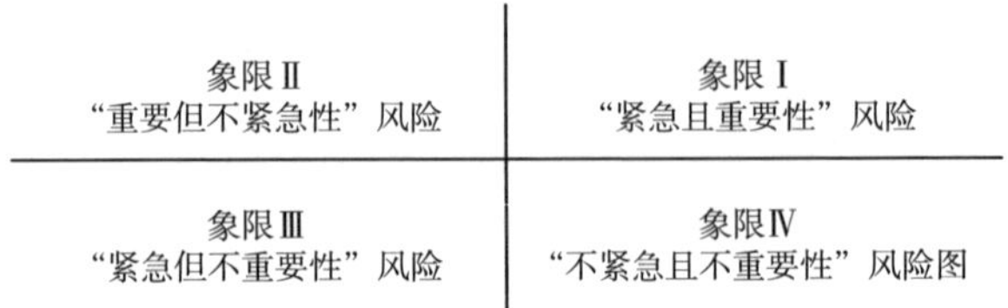

图 10－2　金融风险防范的优先排序

从图 10－2 的优先排序图中可以很容易地根据象限序号排出这四类事件中“理想的风险防范有限序”。在实际操作中，并不一定能够完全按照这一顺序处理程度不同的金融风险，如可能会出现对“紧急但不重要”风险的防范优先于“重要但不紧急”风险的防范。因此，通常处理不同类型的金融风险时要兼顾短期防范目标与长期防范目标的一致性，并在进行局部风险防范的同时顾全整个大局。可见，虽然现实操作情况复杂，要确立风险防范的优先顺序并不是一件容易的事情，但是，在理念上遵循风险排序原则有利于把风险控制得更好。

（4）风险防范体系尽可能缜密科学

金融风险防不胜防，要防范好人民币国际化进程中的金融风险并非易事。没有科学性，按照顶层设计构建人民币国际化进程中的金融风险防范体系就失去了意义。因此，在进行风险防范体系的顶层设计时，需要结合人民币国际化的具体推进情况，将防范体系设计得尽可能科学，做到无论风险从何时、何处爆发，都能够通过风险防范体系及时监测到，并能及时处理之。

10.4.3　主要内容

根据顶层设计的思路和原则设计人民币国际化进程中的金融风险防范体系必须能够体现各种风险因素之间相互作用而影响人民币国际化进程的相关联系。

（1）风险防范体系

从上一节对人民币国际化进程中引起金融风险因素的分析可知，虽然形成金融风险的因素多种多样，但我们已经根据其来源不同将其划分为来自金融系统内部的因素和来自金融系统外部的因素。在这里，引入“顶层设计”这一概念后可以使我们利用顶层设计的思想，对整个金融风险防范体系设计一个整体框架，即“两个方面、五项内容、十一条防范措施”的全面风险防范体系，如图 10－3 所示。

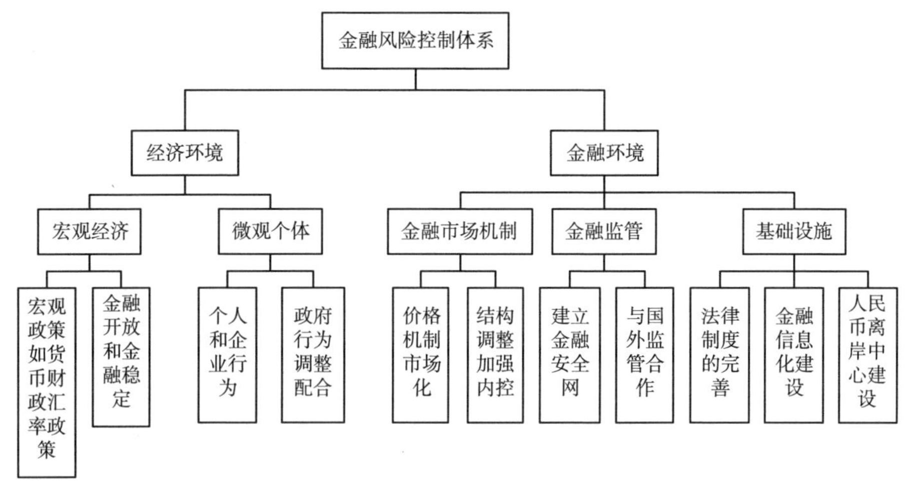

图 10－3 人民币国际化进程中的金融风险防范体系

在图 10－3 中，人民币国际化进程中的金融风险防范体系主要包括经济环境和金融环境两个方面；宏观经济、微观组织、金融市场机制、金融监管以及金融基础设施建设等五项内容；从宏观政策到人民币离岸中心建设等 11 个防范措施所构成。就不同层次、不同内容、不同防范措施之间的关系来看，应当是相辅相成，相互联系，共同构成一套科学、严密、有效的人民币国际化进程中的金融风险防范体系。

从经济环境所包含的内容来看，既有来自宏观层面的影响因素，也有来自微观层面的影响因素。就宏观层面来说，为了减少宏观经济对人民币国际化进程中金融体系稳定程度的影响，必须先改善宏观政策环境，即货币政策、财政政策和汇率政策协调一致，为金融系统稳定这一目的服务，同时，还应该考虑逐步开放的金融环境对整个金融体系的影响，稳步开放资本项目，减少来自国外对金融系统的不利冲击发生的概率。从微观层面来看，主要是金融市场个体行为对整个金融系统稳定的影响，注重对居民个人以及企业实行正确的引导，及时调整政府行为，防止国外游资的投机行为，降低金融风险发生的概率。

从金融环境所包含的内容来看，分别是金融市场自身机制、金融监管以及金融市场的基础设施建设。金融市场机制主要是调整市场结构，转变经营模式，在市场体系建设中起主导作用的是价格，因此首先要改革利率制度，使得利率市场化。金融监管体系层面则包括建立最为核心的金融安全网，加强国内各监管机构之间的合作，同时与世界接轨，与各国进行金融监管的协商合作。金融市场基础设施则是人民币国际化进程中金融风险防范的硬件条件保障和技术支持，包括建立完善的法律机制打击地下钱庄等非法活动，建立完善的支付体系，加强金融信息化工程建设、人民币离岸中心的建设以及国内中心金融城市的规划与建设。

(2) 风险防范流程

风险防范体系设计好后，接下来需要设计实施金融风险防范的具体流程，即如何对人民币国际化进程中的金融风险进行全方位控制。根据人民币国际化进程中金融风险生成和传导的特点，在这里，我们参考英国金融监管机构的风险评估方法（Advanced Risk - Responsive Operating Framework，ARROW），将整个金融风险防范的流程分为七个步骤，形成一个完整、封闭的风险控制闭合圈（见图 10 -4），在该闭合圈中，包括准备风险测试阶段、可能性风险评估阶段、制定风险缓解计划阶段、内部确认和调整阶段、具体措施实施阶段、跟踪实施防范效果阶段以及新的风险测试循环阶段。

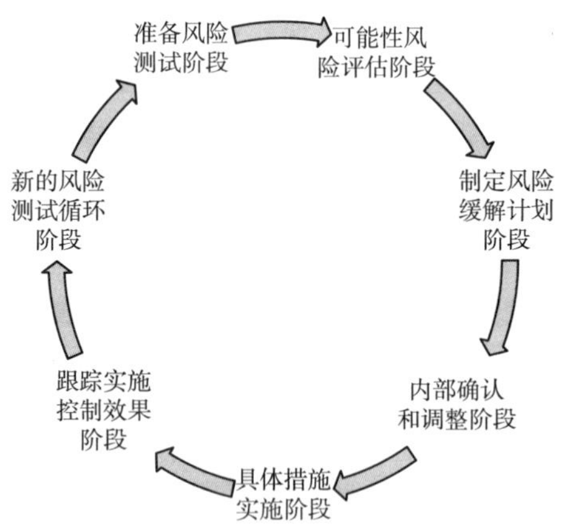

图 10 -4 人民币国际化进程中的金融风险防范流程

图 10 -4 有以下特点：关注整个金融体系内部和外部存在的，对监管和金融稳定构成威胁的所有风险因素；对风险的关注程度取决于评价过程中风险发

生的可能性以及其影响程度大小；整个风险防范系统设置了统一的评价标准，可以保证风险评价的准确度；根据对风险的关注程度确定具体的防控措施，提供及时的政策指导和帮助，防止风险进一步恶化导致最终出现巨大损失的发生。

从图 10 -4 可以看出，人民币国际化进程中的金融风险防范流程是一个闭合圈，每一个阶段所进行的风险防范工作既是本阶段任务的完成，也是下一阶段工作的开始。由此也可以看出，人民币国际化进程中的金融风险防范是动态的，连续性进行的，始终伴随人民币国际化的整个进程。

10.5 人民币国际化进程中的金融风险防范对策

上一节所设计的金融风险防范体系为人民币国际化进程中具体的风险防范对策提供了理论指导和实施思路。基于此，本节在上一节研究框架的基础上，进一步根据顶层设计思想中关于金融风险防范时应当根据风险类别和程度不同而采取的“优先排序”原则，分别从“建立金融风险控制系统、深化人民币汇率制度改革、稳妥推进资本项目开放、完善货币政策调控手段、完成利率市场改革的最后任务、完善金融市场以及金融监管体系”等七个方面提出具体的风险防范对策。

10.5.1 建立一套金融风险控制系统

客观地说，从今后看，随着人民币国际化进程的不断深入，金融风险不但始终存在，而且还可能在某些阶段或某些方面面临更大风险。如果控制得好，风险就有可能被“消灭在萌芽”中；反之，风险就有可能生成、传导、爆发，甚或导致金融危机。在这种背景下，为了做到未雨绸缪、防患于未然，建立一套人民币国际化进程中的金融风险控制系统就显得尤为必要。

从目前人民币国际化的推进现实看，由于起步时间较晚，期间还未发生过较大的金融风险，因此，关于防范人民币国际化进程中金融风险的研究也才起步，关于如何建立一套风险防范体系的研究还未曾被提及。虽然本报告第 9 章对人民币国际化进程中的金融风险设计了一套风险预警指标体系，并采用 BP 人工神经网络模型进行了全面预警，揭示了一系列风险爆发源，但是，这一研究结论是建立在对历史验证的一种前瞻性分析的基础上。要将这种分析结论转化为在现实中能够操作的具体对策措施，还需要从政策管理的高度，建立一套与人民币国际化进程相适应的，动态、全面、可以操作的金融风险控制系统，以实时、动态、全面地监测人民币国际化进程中的各种金融风险变化情况，并适时采取措施加以防范，促进人民币国际化进程的顺利推进。

既然如此，则接下来所应当做的就是如何构建该系统。基于此，本书提出应建立一套与人民币国际化进程相适应的金融风险控制体系。根据该套风险控制系统所应达到的目标，我们认为在该系统建设中至少应当从以下方面着手：

（1）构建一套人民币国际化进程中的金融风险预警系统

根据第 10 章设计的金融风险防范流程的内容构成，我们认为首先要建立一套金融风险预警系统。通过这套风险预警系统的运行，可以实时动态地监测人民币国际化进程中可能出现的各种金融风险爆发源，如近年来出现的汇率过度波动、国际资本流动异常、商业银行不良资产上升、影子银行、资产价格过度波动等。一旦发现哪个方面或环节出现异常，就可以持续跟踪，实时监测，并及时采取措施，将风险控制在尽可能小的范围之内。

基于这一思路，这套金融风险预警系统应当包括预警指标体系的设置与验证、预警模型的比较与选择两个方面。从预警指标体系看，本报告第 9 章中构建的包含汇率波动风险子系统、资本异动风险子系统、政策操作风险子系统、国际环境风险子系统、银行系统风险子系统以及资产价格波动风险子系统等六个子系统，涵盖 24 个指标的预警指标系统可以作为本章的参考。

预警指标系统确定后，在建立风险预警系统时还需要选择预警的模型或方法。在本报告第九章中，我们通过比较与选择，选取 BP 人工神经网络模型对人民币国际化进程中的金融风险进行预警。但是，在现实操作中，也有可能出现因各种主客观原因而无法操作的情况，如该模型的设定和运行相对复杂，对开展预警工作的人员素质要求高，现有人员不一定能熟练运用该模型等。因此，在现有预警模型各有优缺点的情况下，具体需要采用哪种预警模型还需要进行充分比较与选择，才能做最后决定。

通过以上两个方面的工作将风险预警系统建立起来后，就可以投入运行，对人民币国际化进程中的金融风险进行预警。具体的预警流程如图 10－5 所示：

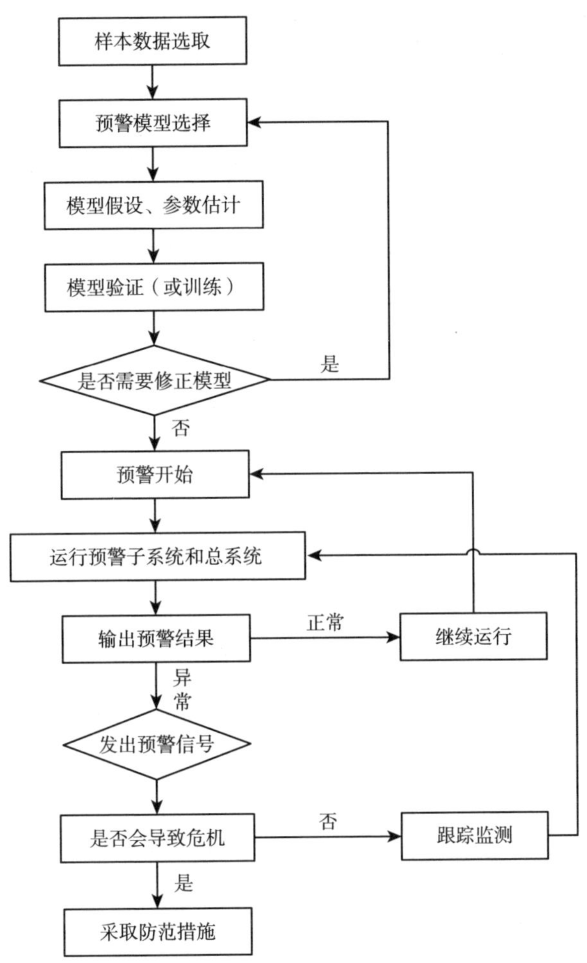

图 10－5　人民币国际化进程中的金融风险预警流程图

(2) 建立一套完善的风险管理技术支持系统

要建立一套人民币国际化进程中的金融风险预警系统，还必须有相应的维持这套体系运行的技术支持系统，通过这套技术支持系统可以对金融风险进行实时、动态跟踪，如对风险的识别、评价、监测、控制等各个环节进行动态反映。在金融风险管理中，有些分析方法，如 KMV、Credit Metrics 等一般都是采用数理统计模型来衡量并监控风险，从而使得风险管理和控制更多的是建立在客观性与科学性相结合的科学管理的基础上。目前来看，这些方法的应用范围已经比较广泛。那么，能否将其应用于人民币国际化进程中的金融风险控制还需要进一步视具体条件和技术难度进行选择。但是，不管采用何种计算办法，都需要相应的技术支持系统。可见，建立一套完善的风险管理技术支持系统也是防范人民币国际化进程中金融风险管理的必要手段和措施。

另外，与风险管理技术支持系统相配套的是，需要建立一套为进行金融风险实时监测的数据信息库，通过整合、分析历史数据，为预警未来一段时间的金融风险情况提供数据支撑。

（3）培育与人民币国际化进程相适应的金融风险控制专业队伍。

人民币国际化是中国对外开放进程中的一项长期战略，为了保证这一战略的顺利实施，必须严格控制可能出现的各种金融风险。除了客观上的金融风险控制系统建设外，更重要的是还要从主观上树立金融风险的防范意识，提高对风险进行实时监测的水平。为此，除提高与人民币国际化相关的宏观管理部门及相关管理人员的风险防范意识外，还需要培育一批能够通过风险预警系统的运行及时发现警情并能做出科学预测的专业管理队伍，将风险控制渗透到与人民币国际化业务相关的各个环节，形成一个前后连贯的管理过程，动态、系统地监测风险大小。如果预警人员的水平高，就能够在预警系统输出的结果中发现金融风险生成和传导的“蛛丝马迹”，通过跟踪监测，就能够将风险控制在尽可能小的范围；否则，如果预警人员的素质不具备，即使有金融风险正在形成，也有可能不会被及时发现，更不用说跟踪和监测了。因此，在建立起金融风险预警系统的“硬件”控制人民币国际化进程中的金融风险的同时，还需要提高预警人员的“软件”建设水平，这套风险预警控制系统才能得到正常运行。

10.5.2 深化人民币汇率制度改革

本书的理论和实证研究结果表明，汇率波动风险是人民币国际化进程中风险生成和传导的主渠道之一。尽管目前来看，由于中国对人民币汇率波动实行2%的涨跌停板制，汇率波动风险不大，处于基本安全区域，但是，自2014年初开始，人民币汇率出现双向波动趋势，人民币汇率的波动幅度变大。今后，随着汇率制度改革的进一步深入，因汇率过度波动而引起的金融风险加大就成为影响人民币国际化能否顺利推进的重要因素。对此，必须通过人民币汇率制度改革的深化进行防范。

学术界关于人民币汇率制度改革的观点很不相同。近年来，由于中国的经济总量和对外开放程度发生了实质变化，使得人民币汇率改革成为国内外理论界讨论的热点。不少学者研究了中国汇率制度的选择问题，提出了一系列最优汇率安排的观点。从这些观点看，存在严重分歧，目前难以达成共识。例如，Krugman 曾经多次批判中国，认为政府在操纵汇率，但是，McKinnon 却坚持认为，人民币汇率应当盯住美元，IMF 的研究结论是以浮动汇率为默认标准衡量改革成败的观点未必成立。即使人民币汇率可以“自由浮动”，从规范研究出发，评价中国汇率制度改革的动态进程说服力不足。

目前，人民币汇率制度确实存在一系列问题：首先，人民币汇率形成机制扭曲。理论上看由于我国实行的是“以市场供求为基础的、参考一篮子货币进行的、有管理的浮动汇率制度”，人民币的汇率很大程度上可以反映市场的供求关系。但现实中，由于人民币存在着强制性的银行结售汇以及银行间封闭的外汇市场，扭曲了人民币汇率形成机制，从而难以真正实现均衡汇率；其次，人民币汇率的波动没有灵活性。自 2005 年以来，虽然人民币汇率制度进行了一系列改革，人民币汇率制度已经由原来的官定汇率逐步向市场化改革，在每日 0.3% 涨跌停板制的基础上，逐渐过渡到 2014 年 3 月的 2%，人民币汇率也由单边升值改变为双向波动，但是，即使如此，目前人民币汇率波动仍然还很僵硬，其中承载的政治因素太浓。目前，稳定人民币汇率已经成为我国政治、经济稳定最重要标志之一。再次，调整汇率波动区间的依据缺乏科学性。由于存在信息不对称和不确定性，由中央银行制定汇价难以准确计算出“市场出清”条件下的供求均衡汇率水平。最后，维持目前的人民币汇率制度成本过高。维持现行汇率制度的成本有：社会交易成本、外汇管理费用以及出口退税等，这无疑会造成的政府财政负担等都逐渐加重。

未来人民币汇率变化主要受我国经济增长速度、国际收支变化以及未来美元走势等因素影响，人民币汇率还将继续呈现双向波动趋势。从未来美元走势看，由于中美货币政策取向可能会出现差异，因美元走强而引发的国际资本流动将成为影响人民币汇率的首要因素（需要指出的是，由于美国 2014 年退出 QE，呈现出新兴经济体的货币对美元普遍贬值的态势。2015 年初以来，由于全球对美联储加息预期不断加强，大批资本正从新兴市场经济体流向美国，这其中也包括中国。如果预期变为现实，则国际资本流出必然会带来人民币贬值）；从我国国际收支变化情况分析，目前正面临两难选择：一方面，由于我国贸易顺差尤其是对美国的贸易顺差一直保持着较大的水平，这种不平衡的贸易水平制约着人民币的贬值空间。但另一方面，由于资本项目在我国国际收支中的占比不断加大，如果人民币对美元出现大幅度的贬值，则会引发资本外逃的风险；从中国国内的经济发展看，今后投资增速回落将成为拉低经济增长的主要因素。基于中国经济发展进入“三重叠加”新阶段，中国国家主席习近平提出中国经济要适应“新常态”，引发各界的高度关注。中国人民银行2015年工作会议指出，要“认识新常态，适应新常态，引领新常态，进一步做好宏观调控和金融改革发展稳定工作。”在这种历史背景下，冷静思考如何深化人民币汇率制度改革以及相关政策措施，对防范人民币国际化进程中的汇率波动风险具有重要意义。

为此，我们认为应从以下方面入手来加快人民币汇率制度改革的步伐：

（1）完善人民币汇率形成机制

人民币国际化战略的推进是为实现我国经济发展和对外开放的需要，进一步融入国际经济金融的重大战略举措。要适应这一战略，人民币汇率的市场化改革是必经之路。要建立真正意义上的以市场供求关系为决定基础的有管理的浮动汇率制度，首先，人民币汇率的波动应当是市场供求关系的真实反映。根据防范金融风险要求，既要保持汇率稳定，也要通过放松外汇管制，扩大外汇管制区间，使人民币汇率波动尽可能反映外汇市场的供求变化，为汇率制度进行进一步市场化改革打好基础。其次，管理方式和手段多样化。应结合人民币国际化进程中宏观经济环境的变化，采用多种方式调节调节汇率变化。再次，扩大汇率浮动区间，根据市场变化进行双向波动。自2005年7月人民币汇率制度改革以来，美元兑人民币的日涨跌幅度由0.3%扩大到2014年3月的2%，中国用了将近九年时间，随着中国市场经济的步伐加快，金融改革不断深入，人民币国际化进程逐渐加快，人民币汇率波动的幅度也应当不断加宽，建议5年内在目前2%的基础上扩大为8%～10%。

进一步完善人民币汇率形成机制的市场化改革方向可以降低人民币汇率制度改革的成本，实现人民币汇率制度改革的实质性跨越，成为国际上最先进的汇率制度之一，为人民币国际化战略的实现和中国真正成为世界经济强国提供强有力支撑。

（2）减少外汇储备损失

现阶段，我国外汇储备余额居世界第一，巨额的外汇储备是人民币国际化十分有利的条件①。中央银行可以以巨额外汇储备资金为基础进行公开市场操

① 2015年1月15日，中国人民银行公布最新数据，截止到2014年12月末，国家外汇储备余额为3.84万亿美元。《金融时报》，2015年元月16日。

作，在外汇市场上买卖外汇以实现外汇市场供求平衡，维持人民币汇率的相对稳定，与此同时，外汇储备充足能够提高人民币的国际信誉。但是，如果人民币兑美元汇率持续单边升值，为了维护人民币汇率稳定，中央银行干预外汇市场必然需要外汇储备，这样无疑会造成我国外汇储备损失。因此，在人民币国际化进程中如何保持合理的外汇储备，稳定人民币汇率值得思考[①]。在减少外汇储备损失，使巨额外汇储备使用多元化方面，2014 年的一项重要改革非常具有历史意义：除购买国债、资源、对外投资等渠道外，11 月 8 日，中国宣布由中国出资 400 亿美元筹建丝路基金，其中首期的资本金 100 亿美元中由外汇储备出资 65 亿美元。这项改革可谓一举多得，对减少外汇储备损失，提高外汇利用效率，提高人民币国际信誉等都有积极意义。我们在此提出，为了减少外汇储备损失，在国内经济结构处于"三重叠加"的换挡期，内需一时难以快速扩大，外需也因国际环境变化而存在不确定性的情况下，防止外汇储备损失减少需要科学测度合理何为合理的外汇储备，通过外汇储备多元化保持外汇资产保值升值。为此，一方面应发挥主权基金的作用，合理配置海外投资，获得资本利得；另一方面应进一步鼓励企业和个人持有外汇，既藏汇于民，又提高了民间资本对外投资比重。

（3）完善外汇市场体系

从国际经验看，在现代金融市场日益发展的情况下，为了防范金融风险，凡是主张货币国际化的国家，都需要在本币现货市场发展的基础上，发展衍生市场，以对冲外汇市场风险。因此，在人民币国际化进程中不仅需要完善的人民币现货市场，更需要加快发展各种外汇衍生产品市场，这样，完善的外汇市场体系不仅能为经济个体提供更多的套期保值、价格发现工具，更重要的是，还可以通过不同市场的相互参照，降低人民币汇率波动以稳定市场。目前，人民币的衍生市场在大陆和香港都已开展，但还不是很发达。为此，需要鼓励创新，完善服务，打造多元化的交易品种和方式，如设计种类丰富的债权型金融产品、期权、期货、互换等人民币金融衍生产品，完善交易、清算、结算和托管等环节的金融基础设施建设。当然，在外汇市场体系的建设进程中，也要及时跟进监管体制的改革和监管手段的调整。

---

① 中国人民银行副行长、国家外汇管理局局长易纲（2014）认为，过高的外汇储备不利于国家发展。当前中国继续积累外汇储备的边际成本已经超过边际收益，继续增加外汇储备已不合算；国家外汇管理局国际收支司司长管涛（2014）也认为，"中国早已明确不追求外汇储备越多越好"。

需要补充的是，要防范人民币国际化进程中的汇率波动风险，首先需要国内发达的实体经济来支撑。在新常态下，我国当前经济结构面临优化升级，因此，这对人民币国际化来讲会带来两个影响，一方面，由于缺乏核心技术，“中国制造”科技含量低，可替代性强，不利于我国经济结构的优化，容易加大汇率波动风险。另一方面，经济结构优化升级可为人民币国际化积蓄更大能量，提高人民币国际化的后劲，降低人民币国际化进程中的金融风险。

10.5.3 稳步推进资本项目开放

一般来讲，汇率自由浮动和资本项目开放是一国货币国际化成功推进的必经之路。国际经验表明，如果对资本项目的管制过多，会阻碍货币国际化的进程，但是，过快的开放资本项目也会影响本国经济的稳定性，掌控失当甚至会导致经济危机，从而也影响货币国际化的顺利推进。所以，货币国际化和资本项目开放到底应该遵循何种规律，对防范货币国际化进程中的资本项目开放风险尤为重要。

在资本项目开放方面，目前国际上还没有任何组织或机构要求任何国家必须开放其资本项目，表面上看，一个国家是否以及如何开放本国的资本项目，完全由主权国家自己决定，任何国际组织或机构都无权干涉，但是，伴随着一国经济融入国际经济体系的程度不断提高，众多国家都程度不同地主动开放其资本项目，以适应加入国际经济体系的需要。可见，不同国家面临的国内外环境不同，所采取的开放策略也不相同，没有开放的固定模式。

本书第6章已详细分析了人民币国际化进程中的资本项目开放问题，并提出了最稳妥的资本项目开放策略。基于该章的研究结论，我们认为，在中国的资本项目已经实现部分开放，并且还在稳步进行的背景下，今后应当如何继续稳步推进，需要结合国内的经济环境、社会环境、政治环境等条件的变化，有目的、有计划地逐步进行。在具体推进策略上，应采取渐进式开放策略，即在顺序上应遵从“先放松流入、后放松流出；先放开对金融机构的管制、后放开对非金融机构和个人的管制；先放开有真实背景的交易、后放开无真实背景的交易”；在开放内容的排序上，应遵循从“部分可兑换→基本可兑换→完全可兑换”的开放顺序。

据此，今后稳步推进资本项目开放应采取以下策略：

(1)“引进来”和“走出去”均衡发展

2014年，国家先后出台了香港人民币无限额兑换、沪港通以及人民币合格境内机构投资者等政策，成为“引进来”和“走出去”的重要里程碑，标志着资本项目开放已被提上人民币国际化的重要议事日程。从今后看，基于“先流入、后流出”的政策基础，坚持“引进来”和“走出去”均衡发展。一方面，除了继续传统的直接投资方式之外，还应该结合国际潮流，通过兼并重组对资本的流入实施引导并加以监控；另一方面，应该进一步放松管制，鼓励对外投资，充分利用国际资源为本国资本获利。鼓励本土企业到资源优良、劳工成本低的国家和地区进行投资，同时鼓励创新，发展我国的高科技核心产业，在政策和资金上对高科技研究机构予以支持，提高我国在高科技领域的竞争力。此外，允许境外企业保留利润，并给予一定的汇率优惠，用于其在境外企业的再投资。在资本项目开放的具体措施方面，如提高境内企业和个人购买外汇的额度，将目前的水平分别提高至100万美元和10万美元，并允许企业和个人向境外汇出相应额度的人民币；扩大QFII、QDII规模，特别应当借助沪港通扩大RQFII、RQDII额度，将目前的规模大大提高；鼓励非居民在中国境内通过发行股票、债券以及借款等融资，并允许其将所筹集资金换回外汇并汇出；向非居民开放人民币投资市场，如购买理财产品、基金等。

(2) 防范国际投机资本攻击

20世纪80年代以来，随着全球经济金融一体化程度不断扩大，各国金融开放力度也不断加大，国际投机资本在全球金融市场的活动范围也随之扩大。在对人民币升值预期的大背景下，国际投机资本出入我国的规模和速度不断增大。近年来，国际投机资本也通过各种渠道流入我国，获得了三重套利机会：人资产价格套利机会、利差套利机会和人民币预期升值机会。通过以上套利行为，国际投机资本对我国经济金融已经带来了以下影响：

①市场流动性和宏观政策的可控性减弱。国际投机资本进入我国后，直接导致我国外汇占款增加，货币投放量规模扩大。同时，由于国际投机资本隐蔽性强，难以监管，从今后看，随着资本项目开放力度加大，如果大规模流入我国必然会扰乱我国货币发行计划，影响利率政策和汇率政策的有效性，加剧资产价格波动。

②资产价格过度波动。国际资本进入我国有两条主要途径，一是房地产，二是证券市场。从房地产市场看，国际资本可以直接购买房地产，还可以直接投资房地产企业，如通过设立外资房地产公司，或者通过债权投资等。从证券

市场途径看，随着我国证券市场的对外开放力度加大，国际资本可以直接投资国内证券市场，或者通过持有上市公司股份、购买债权等途径进行投资，获得利润的同时导致股票价格过度波动。

③直接进入产业领域。国际资本也有可能先通过一些监管不严的途径进入实体经济，伺机行动。如果存在资产价格套价空间再投资房地产或证券市场。一个经典案例是，2005 年 7 月 1 日汇改之前，国际投机资本预期人民币会在短时间内大幅升值，于是，在我国对外汇管制还相对严格的情况下，通过地下钱庄等途径流进中国，但是，由于我国对人民币汇率实行 0.3% 的日涨跌幅限制，人民币套利空间不大。为了获取更多收益，国际资本转而投向房地产领域，获取了大量收益。从 2014 年以来，当我国股票市场进入牛市后，投机资本又从实体经济转移资金，大规模投向股票市场，加速资产价格上涨速度。而当股市泡沫严重后，投机资本会选择逃离，从而带动资产价格大幅下跌。

可见，在资本项目开放进程中应当构建一个完善的资本流动监管体体系。由于我国是以银行为主导的金融体系，国际投机资本进入我国的主渠道是银行，因此首先应加强银行体系的监管。依据巴塞尔协议监管要求，通过对银行实施监管能够使其审慎经营，防范因国际投机资本攻击引起的系统性金融风险。同时，加强离岸金融中心监管。离岸金融市场是一种特殊的金融市场，金融当局无法向国内金融机构一样对其进行监管，对此应该采取其他措施实时严密监测该市场的高风险机构，弥补监管漏洞。

（3）建立人民币资本项目下的回流机制

近年来，人民币跨境贸易结算发展迅速，人民币的国际信誉不断提高，人民币替代美元用于企业国际贸易中进口支付的比重呈现越来越高的趋势，这看起来似乎有利于人民币国际化程度而提高，但是，由于回流渠道不畅，反而不利于人民币国际化战略目标的实现，具体表现为：一方面，使用人民币后反而减少了国内外汇市场上的外汇需求，使得原本就供大于求的外汇市场更加偏离均衡状态，另一方面，流出去的人民币没有很好的回流渠道，导致当前通过跨境贸易发展来促进人民币输出的成本较大，反而有可能造成国内经济发展的不稳定。

截止到 2015 年元月，我国已在中国香港、英国、欧洲、加拿大、澳大利亚等多个国家和地区建立人民币离岸市场或离岸中心。2015 年元月 20 ~ 22 日，李克强访问瑞士，宣布中国与瑞士合作在苏黎世建立人民币离岸市场。尽管如此，但由于人民币的回流机制没有建立起来，目前大量流到中国境外的人民币通过地下通道流回内地，使得货币走私和地下钱庄日益活跃。驱动人民币贸易结算快速发展的主要因素是境外对人民币升值的预期，投资者可以借此套利。如果发现套利机会消失，人民币就会遭到大量抛售，会给中国经济金融的健康发展带来非常不利的影响。

为此，在向外推广人民币国际化的同时，还应建立人民币资本项目下的回流机制。通过发展区域资本市场，如建立人民币在亚洲债券市场上的流通，提高人民币在亚洲的声誉，打破“美元独大”的市场格局。目前，人民币债券发行和流通更多的还是在中国香港。随着人民币离岸市场发展，人民币债券发行和流通范围将不断扩大（目前已经有伦敦离岸市场、苏黎世离岸市场、新加坡离岸市场等）。从今后看，随着“一带一路”倡议的实质性实施，人民币国际化的路径的变化，从仅瞄准亚洲转向瞄准中亚、南亚、欧洲等更广泛地区。为此，需要积极创造条件，鼓励更多地方政府和企业到境外发行人民币债券，并通过回流机制将资金汇回。政府还应该加强与周边国家及地区的政府合作，建立流通顺畅的人民币回流机制。

（4）加强打击资本外逃

从国内资本流出方面看，作为发展中国家，中国国内的金融体系和金融监管还不够完善，经济实力虽大不强，资本的非法外逃和地下银行系统的非法外汇交易对资本项目自由化有着很大威胁①。虽然短期内不会对国内经济产生过大影响，但是在资本项目开放的同时，资本的过度流出将会影响到国内经济健康发展，所以建立起高度灵敏的跨境资金流动监管体系迫在眉睫。

我们应当建立起一套跨境资金流动监测体系，以实现加强打击资本外逃和国际投机资本攻击的力度。此体系能使监管当局及时掌握大额资金的流动状况，有效防范国际游资大规模的投加攻击，有效制止货币投机。考虑到我国的现状，这一监管体系应该依存外汇跨境银行，同时和有密切关系的国家和地区协议建立一个监管机构，建立相互间的内在联系和信息共享，以便能更有效的监管。

---

① 2014 年 12 月 16 日，总部设在华盛顿的全球金融诚信组织公布题为“发展中国家非法资本流动：2003～2012”的报告，称过去 10 年中国的非法离境资本达 1.25 万亿美元；2015 年元月 13 日，高盛分析师 MK Tang 和 Maggie Wei 发表报告指出，中国国际收支平衡表中误差与遗漏自 2010 年起逆差累计已达 3 000 亿美元以上（近两万亿元人民币），包括 2014 年 3 季度创下的负 630 亿美元的历史极值。

10.5.4 完善货币政策调控手段

根据本书第7章的研究结论，货币国际化的一个重要前提是建立一个高度开放的、不受管制的金融市场和保持本国币值稳定。这样，选择何种货币政策就至关重要。根据人民币国际化进程中的最优货币政策选择，完善货币政策调控手段应从以下几方面入手：

（1）货币政策决定民主、透明化

要建立科学的货币政策决策体制，提高货币政策的民主化和透明化。规范货币政策决策的过程，明确中央银行在货币决策进程中的作用和责任。同时通过官方声明和媒体公布货币政策的决策过程和最终结果，阐明货币政策的下一阶段目标和实施手段，正确引导市场和公众预期。同时，在每一项货币政策决策之前必须首先明确政策实施的中介目标和最终目标。当前，我国货币政策的中介目标是货币供应量，最终目标是调控经济增长率和通货膨胀率。但是在人民币国际化的大背景下，维持币值稳定是重要的但并不是唯一的最终目标，结合我国当前的国情，应扩大货币政策的目标，将经济增长、产业结构优化、就业增加、市场健康稳定、国际收支平衡纳入货币政策的调控目标，形成货币政策的目标集。就我国而言，随着人民币国际化进程的推进，货币的替代产品将会逐步增加，在金融市场激烈的竞争环境下交易成本会降低，货币的可替代性增强，利率在货币政策传导机制中的作用会越来越凸显，中介目标的选取可以采用“泰勒规则”提出，以真实利率作为中介目标来衡量物价和经济增长之间的长期稳定关系。

（2）充分发挥三大货币政策工具的作用

首先，以多样化方式冲销多余外汇，建设人民币公开市场业务，同时可以考虑结合银行间市场，通过调节利率引导资金的流向，加大公开市场操作的效果。其次，通过调整存款准备金比率来调控银行业的信贷规模。建立并完善差别存款准备金制度，对治理存在缺陷、监管不够严格、过往坏账比率较高的信用度不好的银行提出较高的存款准备金要求，控制其资产的风险规模，并对金融机构形成良好的激励与约束。同时调整商业银行的超额准备金存款利率，使得商业银行对央行的依赖性降低。最后，要充分发挥票据再贴现在中央银行投放基础货币中的作用，积极运用再贴现推动票据市场的发展，使得再贴现成为公开市场操作的重要辅助工具。

（3）加强同各国货币政策协调

与相关各国建立不同层次的货币合作机制，同时建立危机预防和解决机制，在与各国宏观政策有效沟通的基础上，实施高效且相互配合的政策，尤其是各国央行之间的沟通合作。中国的各项政策包括货币政策的实施应协调好各国的政策，尤其要加强同美国等国际大国的政策协调，引导国际金融市场形成一个有效健康的体制。

（4）注意货币政策和财政政策的协调配合

财政政策和货币政策是宏观经济政策体系中的主要政策，是政府最主要的调控工具，它们虽具备各自特定的传导途径和调节功能，但也有共同的宏观调控目标，并存在共同作用的联系机制。因此，既要发挥它们各自的调节功能，又要取得两者相机抉择和搭配使用的协调效果。应该结合宏观经济的具体需求，来决定货币政策和财政政策之间的主从关系，进行准确的搭配，减少政策实行的主观性，增加其科学性。

10.5.5 顺利完成利率市场化改革

人民币国际化必然导致资本的自由流动。在资本自由流动条件下，如果利率市场化改革没有完成，就会出现因境内外市场之间的利差而产生的投机套利行为。因此，推进利率市场化改革是人民币国际化的必然要求，也是人民币国际化后维持国内外金融市场稳定的必要条件。

我国利率市场化的改革从1993年开始，经历了20多年，现在已经接近尾声，利率市场化改革的核心内容——存贷款利率市场化正在快速推进之中。尽管如此，利率市场化改革还有最后一段路程要走，如何顺利完成利率市场化改革的最后任务需要进一步探讨。我们认为，至少可以从以下方面进一步完善：

（1）赋予金融交易主体利率决定权

金融活动的主要内容是市场中资金的有效配置。而利率作为资金使用的价格，在其中扮演着重要的角色。作为金融活动的交易主体，应该有权决定交易的资金规模、偿还方式、担保方式等具体条款，逐步形成以市场化的利率引导各金融交易主体在市场中活动，逐渐形成有效的利率传导机制。

（2）建立利率风险对冲机制

随着利率市场化改革的不断深化，建立利率金融衍生品市场，推出多样化的利率衍生品工具（包括信用违约互换、总收益互换、信用利差期权等），给金融交易主体如银行等机构控制利率风险提供套期保值的工具。

(3) 中央银行享有间接影响金融资产利率的权利

利率市场化并不是意味着中央银行完全放弃对金融市场的调控权利，就如市场经济也不完全排斥政府的宏观调控一样。但在利率市场化的背景下，中央银行只能通过间接手段进行调节，并主动疏通价格信号的传导渠道，引导金融个体对政策形成正确预期，使整个金融市场有一个有机的内在联系机制，满足利率市场化的根本要求。

10.5.6 完善国内金融市场

人民币国际化进程实际上也是国内金融市场适应国际金融市场的过程。发达的国内金融市场可为本币国际化提供支持。如果没有完善的国内金融市场，货币国际化将缺少推进的基础。只有健全完善有效的金融市场，才能使得更多的国际结算、投资经过该国市场，利用该国货币，从而使得该国货币在全球范围内顺畅流动。因此，完善国内金融市场，尽快与国际金融市场接轨是实现人民币国际化的重要基础条件之一。

经过 40 多年的改革开放，我国金融市场发展较快，但其仍存在很多问题，如金融市场的深度和广度还不够，尚未形成一个高度开放、规模巨大、品种繁多、营利性和安全性达到规范的适应货币国际化要求的金融市场；利率和汇率尚未市场化；金融市场主体竞争力较弱；金融市场的失衡等。为此，我们认为应该从以下几方面完善国内金融市场：

(1) 进一步完善金融市场体系

金融市场体系建设应以推进产品创新和制度建设为重点，增强市场功能。通过大力发展资本市场，允许并鼓励企业融入债券市场中，逐步增加直接融资的规模，提高企业直接融资意识。同时，重视货币市场、外汇市场以及金融衍生市场等的协调发展，建立完善的子市场之间资金流动的途径，使各市场之间联通互动，提高金融市的整体效率，发挥金融市场的资源配置功能，以适应人民币国际化进程的需要。

(2) 加强金融市场基础设施建设

扩大境外对国内市场参与的规模与便捷程度，积极创造条件推动国内资产走出去，为金融市场国际化进一步做好准备。其中加快建设国际金融中心首当其冲，因为拥有一个高度开放和发达的国际金融中心是人民币走向国际化的重要基础和保证。

(3) 提高商业银行的风险管理能力

本书第 8 章的研究结论认为，在以银行为主体的金融市场结构下，提高我国商业银行风险管理能力尤为重要。为此，首先应逐步完善我国商业银行的风险管理体系，进一步完善法人治理结构，将管理和行政分开，明确各负责人的权责，形成高效的制约机制；其次要完善我国商业银行的风险管理模式，在以信用风险管理为主的基础上，兼顾如汇率风险、操作风险、政治风险和流动性风险等其他多类风险，由原来单一的信用风险管理模式向多类型综合风险管理模式过渡；再次，强化资产组合风险管理的概念，虽然资产组合管理对我国商业银行来说短期内难以实现，但长期来看，可以通过加强资产组合限额管理，逐步向资产组合管理过渡。除此之外，还应该重视对国家风险的管理，虽然目前国内商业银行所涉及的境外业务相比国际上大的跨国银行来说比较少，但从长远发展来看，应该逐步将国家风险也纳入风险管理的目标中，构建相应的国家风险管理机制，为以后开拓更多的国际业务提供管理上的支撑。最后，应该努力加强风险管理的数据系统的建立，采用高科技，开发风险数据处理系统，为以后分析管理各种风险提供历史经验支撑和技术支撑。

10.5.7 完善金融监管体系

人民币国际化的成功推进离不开国内完善的金融监管体系。金融监管能在一定程度上降低市场中信息不对称产生的无效率，规范市场主体的行为，从而增强市场的信心，实现整个市场机制的高效运转，合理的监管制度和监管模式可以有效地控制和降低人民币国际化进程中的风险。

为此我们认为，应从以下方面完善监管手段：

(1) 建立适当的监管目标

在人民币国际化背景下，保持人民币币值稳定是首要监管目标，同时要兼顾平衡国际收支目标。人民币汇率稳定是币值稳定的重要表现之一，应当建立严格的监管体系防止人民币汇率过度波动；国际收支平衡既包括了经常项目平衡也包括了资本项目平衡，特别是应加强对短期资本流动的监管；科学设置人民币流入流出国境的监测点，对人民币的跨境流动以及人民币对周边国家和地区的汇率进行实时监测，以便能及时掌握周围国家和地区对人民币的接受状况，加强与人民币接受度高的国家的合作，坚决打击地下钱庄和洗钱等各种违法活动。

(2) 突出监管重点，把握监管重点内容

在人民币国际化背景下，国内市场和国外市场都对人民币有一定需求，为此中央银行应综合考虑国内外因素确定货币供应量；货币国际化后，利率和汇率都会受到国际市场的影响，因此要建立适当的监管体系和综合的监管指标来实时监测我国的利率和汇率；分析资本流入是长期还是短期，是否为投机资金，通过充足的外汇储备和灵活的人民币发行机制抵制国际游资的冲击，提前防范外汇风险，防止套利资金对外汇市场产生不利影响。

(3) 建立多元化监管模式

人民币国际化的推行对我国的监管部门提出了更为复杂的高要求，需要变革监管手段以适应整个经济的开放，监管部门应采取宏观政策和法律手段相结合的办法，通过现场检查和非现场检查的制度，建立科学的预警体系，加强对人民币国际化进程中风险的监管。通过货币政策、财政政策、贸易政策等多种手段的调控来实现国内外经济的平衡。同时对各金融机构的监管需要加强，提高其信息的可靠性和透明度，对已经出现的问题进行补救的同时还需后期对其进行重点监控，由于危机的出现总是动态的，所以监管模式也应该是一个不断改进完善的动态模式。

(4) 加强国际金融监管合作

2015 年 3 月 28 日出台的《推动共建丝绸之路经济带和 21 世纪海上丝绸之路的愿景与行动》明确提出，要加强金融监管合作，推动签署双边监管合作谅解备忘录，逐步在区域内建立高效监管协调机制。

人民币国际化不断提高了原本分割的地区之间的金融市场的交流频率，也使得国内金融体系在国际金融市场范围内面临着更多风险。通过和各国政策目标的沟通协调，实现人民币在维持本国经济稳定的同时担负起作为国际货币应该承担的义务是人民币国际化过程中必须解决的问题之一。从目前我国的金融监管体系来看，我国可以和亚洲周边国家和地区建立双边或区域性经济合作组织。同时还应加入国际金融组织，就货币政策、金融体系稳定、国际经济环境的健康等问题和各经济大国进行沟通过合作，建立互惠互信、互相制约的金融监管体系。积极参与并主动履行国际监管的国际性协议，担负起一个经济大国的责任。

11 结论与展望

人民币国际化是中国改革开放进程中的一项重要战略，2008 年美国金融危机发生后，人民币国际化进程突然提速。但是，货币国际化的历史也是一部充满金融风险的历史，国际上主要货币的国际化历史进程都充满了“艰难险阻”，不管是早期的英镑，还是后来居上的美元，抑或是刚刚站稳脚跟的欧元，以及无疾而终的日元，都程度不同地经历过各种金融风险冲击的考验。因此，在人民币国际化进程中必然也会面临一系列考验中国人智慧和决心的金融风险。如何既能顺利推进人民币国际化，又能控制好各种金融风险，避免因人民币国际化而给中国经济金融发展带来的不利影响，对于中国经济社会可持续发展、人民币国际化战略目标的实现等都具有重要理论和现实意义。

在人民币国际化战略推出四年后，中国提出了“一带一路”倡议，人民币国际化的步伐显著加快并进入了快车道。可以说，“一带一路”倡议为人民币国际化插上了快速推进的翅膀。因此可以说“一带一路”倡议的提出和实施是一个重要的时间节点，带动了人民币国际化进程。为此，需要从“一带一路”倡议与人民币国际化的内在联系出发，深入分析“一带一路”倡议下的人民币国际化，前瞻性地研究人民币国际化进程中可能出现的各种金融风险。

基于以上研究背景，本书系统研究了人民币国际化进程中的金融风险及其防范对策。在梳理相关文献，总结现有研究的贡献，揭示现有研究不足的基础上，本书首先对人民币国际化的理论逻辑和推进战略进行了理论分析，对人民币国际化进程中的金融风险进行了识别，梳理出了人民币国际化进程中的三个主要金融风险爆发源：汇率过度波动风险、资本项目开放风险以及货币政策操作风险，并对每个风险生成和传导的途径进行了理论和实证分析。然后，根据不同的金融风险生成和传导特征，构建了一套人民币国际化进程中的金融风险预警系统，设置与验证了包含六个子系统，共计 24 个预警指标体系；比较了国际上主要金融风险预警模型的优缺点，选择 BP 人工神经网络模型对 2014 年中国金融体系的运行风险进行了判断，指出了最安全的金融领域和容易产生风险的金融领域。最后，根据预警结果分析，分别从“汇率制度改革、资本项目开放、货币政策操作、利率市场化改革以及金融监管”等方面提出了一系列人民币国际化进程中的金融风险防范对策。

11.1 研究结论

通过理论和实证研究，本书共得出以下研究结论：

（1）“一带一路”倡议与人民币国际化战略具有内在联系

2009 年 4 月 8 日，国务院正式决定在上海和广州、深圳、珠海、东莞等城市开展跨境贸易人民币结算试点，标志着人民币国际化迈开了关键一步。在“一带一路”倡议提出前，人民币国际化的推进步伐并不快，“一带一路”倡议为人民币国际化插上了快速推进的翅膀。反过来看，人民币国际化的顺利推进也有利于“一带一路”倡议的深化。

（2）人民币国际化有其内在理论推进逻辑和现实可行性

货币国际化的理论基础和国际主要货币——英镑、美元、欧元、日元等国际化的经验和教训表明，任何经济体的主权货币要走向国际，都是基于一定的经济金融基础的并且都要面临一系列严峻挑战。主权货币国际化并非易事，一旦货币国际化失败，将会给开放国带来一系列金融风险。因此，货币国际化必须要有其坚实的理论基础和现实可行性。否则，不但货币国际化会以失败而告终，而且还会危及国内经济金融的良性运行。

人民币作为中华人民共和国的唯一合法货币，是我国对外开放战略中的重要组成部分之一，虽然其国际化并非是在“万事俱备”的条件下向前推进的，在前进的道路上也必然会充满艰难险阻，但是，人民币国际化有其国际国内的一系列有利因素，如现有国际货币体系需要改革、中国在国际经济舞台上的地位提高、中国经济发展实力增强、国际贸易规模不断扩大、外汇储备充足、人民币币值稳定等，这些有利条件充分说明，人民币国际化战略的实施有其内在的理论推进逻辑和现实可行性。

为此，我们认为，中国应当抓住这一历史机遇，适时推进人民币国际化。在具体推进战略上把握好两个维度：从货币职能维度来看，人民币国际化应遵循首先成为“交换媒介”，然后成为“计价货币”，最后成为“储备货币”的逻辑思路；从货币流通范围维度来看，人民币国际化则应当遵循首先实现“周边化”，在此基础上实现“区域化”，最后实现“国际化”战略目标。

（3）人民币国际化进程中潜伏着一系列金融风险爆发源

根据国际经验，一国货币要走向国际必然会面临一系列来自国内外的、错综复杂的金融风险的考验。美元的成功经验和日元的失败教训形成了鲜明对比，令人难忘。在人民币国际化进程中是否一定会遇到来自不同方面的金融风险？我们通过研究发现，在当今世界已形成国际货币竞争格局的新时代，人民币国际化要作为新成员参与竞争，不但会面临各种金融风险的考验，而且在推进人民币国际化战略中稍有不慎，或者改革措施之间相互不匹配都有可能加大金融风险溢出效应，甚或引发金融危机。本书从货币国际化面临的金融风险视角出发，系统全面地梳理了人民币国际化进程中可能会出现的各种金融风险爆发源，分析了不同金融风险来源的生成机理、传导机制以及相互之间的影响关系，最终，识别出人民币国际化进程中潜伏的一系列风险来源：如汇率过度波动风险、资本项目开放风险、货币政策操作风险、国际金融危机传染风险、系统性风险溢出效应增大、资产价格过度波动、人民币在岸市场和离岸市场互通机制不畅、贸易结算不平衡等。

根据以上风险来源对人民币国际化进程的影响及其生成和传导的效应大小不同，我们利用系统动力学方法进行了勾画，从中梳理出六条重要的金融风险传导途径，识别出三个最主要的金融风险爆发源：汇率过度波动风险、资本项目开放风险以及货币政策操作风险。

（4）汇率过度波动是人民币国际化进程中面临的首要金融风险

自 2005 年 7 月汇率制度改革以来，人民币汇率基本处于升值趋势。但是，进入 2014 年 3 月份以来，人民币汇率却一改长达 9 年的升值趋势而出现“双向波动”趋势。刚刚进入 2015 年，随着美国经济复苏，欧洲推出量化宽松货币政策、中国经济进入“新常态”等国内外环境因素的影响，人民币汇率就出现迅速贬值，又迅速升值，“双向波动”幅度进一步加大。不但如此，人民币对不同货币的汇率变化还出现了不同方向的分化走势，表现为对有的货币出现升值（如欧元、日元、加拿大元等），而对有的货币却出现贬值（如对美元）的现象。可见，人民币国际化进程中的汇率波动风险已成为引起金融风险加大的首要因素。本书的实证分析结果表明，自 2005 年 7 月汇率制度改革以来，人民币汇率过度波动对我国经济增长、国际贸易、价格、利率以及就业都产生了不同程度的影响。短期内，人民币汇率贬值对经济增长具有扩张效应，但是从长远来看，人民币稳定对我国经济增长具有正向促进作用；人民币汇率波动对净出口的影响比较小；人民币升值对国内物价的影响不确定，且对价格具有“不完全传递效应”；对利率的影响除了符合利率平价理论之外，与汇率变动的预期也有关。

根据以上研究结论，本书依据开放经济条件下的均衡汇率理论，进一步在理论上推导出了人民币国际化进程中的最优均衡汇率，并提出了开放经济条件下的均衡汇率政策选择，指出，为了防范人民币国际化进程中的汇率过度波动风险，应当进一步完善人民币汇率形成机制的市场化改革方向、减少外汇储备损失、完善外汇市场体系等。

（5）资本项目开放风险在人民币国际化进程中最容易突然爆发

由于20世纪80年代初以南锥体国家为试验田的金融自由化改革失败，新兴市场国家都引以为戒，在后来的资本项目开放方面都谨小慎微，缓步推进。但是，金融开放应当与经济开放保持同步，当经济开放进程大大加快之时，金融市场也应当加快开放步伐。这样，金融市场开放进程必然会倒逼资本项目开放。尽管目前世界上还没有一个国家完全放开资本项目管制，即使是资本市场已经高度开放的美国也存在一定程度的资本管制，但开放资本项目是所有实行对外开放经济战略的国家或地区必然的选择。

对于中国来讲，正是由于没有过早地开放资本项目，当1997年亚洲金融危机发生时幸运地躲过了一劫。但是，今天中国经济金融改革的进程已经与1997年的情况完全不同了，资本项目开放程度已经很高，特别是2013年9月上海自贸区成立，2014年11月沪港通成功开通后，意味着中国资本项目开放的进程已经大大加速。基于此，本书从理论上研究了人民币国际化和资本项目开放之间的内在联系，并通过英国、新西兰以及南锥体国家的不同案例揭示了货币国际化进程中资本项目开放的风险生成和传导机制，并对短期国际资本流动、货币替代、过度债务风险等生成机理和传导机制进行了专门分析。在得出一系列分析结论的基础上，本书还从理论上推导出了人民币国际化进程中的最优资本项目开放策略选择，并提出了稳步推进资本项目开放进程中防范金融风险的对策，如“引进来”和“走出去”均衡发展、防范国际投机资本攻击、建立资本项目下的人民币回流机制、加强打击资本外逃等。

（6）货币政策操作风险有可能会随着人民币国际化进程的加快而放大

目前，学术界的主流观点认为，一国货币国际化将增加其中央银行货币政策操作的难度和复杂性，对一国的货币政策造成巨大冲击。如果该国货币政策操作出现风险，将会影响其经济实现内外均衡，货币国际化目标难以实现。具体就中国正在推进的人民币国际化实践而言，虽然已经有一些学术成果问世，提出了人民币国际化对货币政策的影响以及货币政策操作的风险问题，但是，现有研究存在的主要问题是，基本上还处于定性分析和经验描述阶段，缺乏对人民币国际化进程中货币政策操作风险的系统分析和最优货币政策选择的研究。

本书在现有研究文献的基础上，基于对现代国际货币制度理论中的两个著名命题——“特里芬难题”及“三元悖论”的解读，从货币政策的内容构成，也即货币政策的操作基础、操作工具、传导机制及政策效果等四个环节来探讨人民币国际化对货币政策的影响以及货币政策操作风险，得出结论认为，人民币国际化进程中的货币政策操作风险会通过以下环节传导到实体经济，最后导致经济衰退：国内外对人民币的需求增加→货币需求管理难度加大→中央银行运用货币政策操作工具失灵→货币政策传导机制不畅通→无法达到宏观调控目的。

根据以上分析结果，本书从理论上分析了开放经济条件下市场经济主体的博弈行为以及由此带来的总供给和总需求之间的关系，分别推导出了开放经济条件下的最优货币政策目标规则和最优货币政策工具规则。在此基础上，提出应完善货币政策调控手段，如实现货币政策决策的民主化和透明化、充分发挥三大货币政策工具的作用、加强同各国间的货币政策协调、注意货币政策和财政政策的协调配合等。

（7）应当建立一套人民币国际化进程中的金融风险预警系统

本书的理论和实证研究结论表明，如果对人民币国际化进程中的金融风险不能做到防患于未然，则不但影响人民币国际化战略的推进，更严重的是，还有可能会诱发金融危机。为了有效防范人民币国际化进程中的金融风险对我国经济金融体系所造成的冲击，有必要建立一套金融风险预警系统并对风险进行动态监测。为此，我们首先从理论和现实结合的基础上，设置与验证了一套人民币国际化进程中的金融风险预警指标体系；然后，在比较了不同预警模型优缺点的基础上，选择 BP 人工神经网络模型对人民币国际化进程中的金融风险进行预警。

预警结果显示，我国金融体系运行的综合风险输出向量为［0100］，表明 2014 年人民币国际化进程中的金融风险总体上处于基本安全的状态，所面临的金融风险程度总体不高，人民币国际化的基本经济条件具备，中国金融市场环境较好，同时，国际环境也有利于人民币国际化战略的推进。由此可见，建立一套人民币国际化进程中的金融风险预警系统，就可以使我们对风险的动态监测建立在科学判断基础上。

（8）应密切关注人民币国际化进程中金融风险的动态变化

虽然中国目前面临的金融风险程度总体上不高，但是，金融风险呈现一种动态变化过程，随着国内外环境的不断变化，不同子系统之间的风险变化状态会发生相应换位，有些子系统目前的风险很大，但随着环境的变化，风险可能会降低，而有些子系统目前来看风险并不大，但是，随着环境的变化，特别是人民币国际化进程的加快，风险程度可能会迅速上升。

从国内外环境变化情况看，正是由于有利的国内外环境才使得自2008年华尔街金融危机以来的人民币国际化能够快速进行。之所以会形成这一有利环境：一方面，得益于我国长时间内经济保持高速增长，工业化、信息化、城镇化、农业现代化等深入推进，为扩大内需、发展实体经济提供了广阔的市场空间；另一方面，也得益于国际经济环境的变化，表现为部分新兴市场国家的经济发展表现良好，而发达国家的经济发展却没有出现明显的上升趋势，有些国家甚至出现了经济衰退。这两方面的因素为中国顺利推进人民币国际化提供了天然良机。

但是，值得注意的是，随着人民币国际化进程的加快，中国目前面临的国内外环境正在发生新的变化。从国际环境看，目前国际力量对比正在发生巨大变化，一些新兴大国的群起正猛烈地冲击着西方国家长期以来积累的传统国际优势，挑战其国际主宰地位及由其主导的国际格局。在这一新的博弈格局中，国际大国并不甘心退让，仍然会通过各种办法威胁或制约新兴国家的强大；在国内，经济发展出现了增长速度需要换挡，结构调整出现阵痛、深层次矛盾需要解决的三期叠加，经济发展已经进入“新常态”，金融市场发展也出现了因利率市场化而带来的一系列新挑战。国内外环境的变化意味着今后在人民币国际化进程中将会出现一系列新的不利因素的影响，对此应密切关注。

另外，从研究方法来看，由于金融风险是复杂多变的，受到制度、环境和人为等各方面因素的影响，而BP人工神经网络预警模型自身又具有黑箱特性，因此，我们不能仅以一个样本数据来反映总体情况，还必须结合各个风险预警子系统的预警情况来分析综合金融风险的动态变化。

(9) 应采取有效措施控制好人民币国际化进程中的金融风险

防范人民币国际化进程中的金融风险必须要有战略高度，进行通盘考虑。为了对人民币国际化进程中的金融风险防范做到严而不漏，我们引入了“顶层设计”这一系统工程学的理念，首先，对人民币国际化进程中的金融风险进行归类，将金融风险因素划分为两个大类：来自金融系统内部的因素（金融机构自身的脆弱性、金融制度安排不合理、金融市场中个体行为非理性）和来自宏观经济的外部因素（各种经济基本面因素、政府政策以及国内外制度环境因素等）。其次，根据一系列原则，构建了一个由“两个方面、五项内容、十一条防范措施”构成的全面风险防范体系框架和由“七个步骤”组成的金融风险防范流程。最后，从“深化人民币汇率制度改革、稳步推进资本项目开放、完善货币政策调控手段、顺利推进利率市场化改革以及完善金融监管”等方面提出了防范人民币国际化进程中金融风险的若干条对策措施。

11.2 研究展望

人民币国际化进程中的金融风险研究是一个包含内容非常丰富的大课题。我们经过四年多的研究，取得了本书的研究成果，也公开发表了一些科研论文，但由于目前国内外对这一问题的研究才刚刚起步，我们的研究工作开展时间和水平均有限，今后，在以下方面还需要进行进一步研究：

(1) 关于人民币国际化战略推进方向的问题

关于人民币国际化的推进战略问题一直是学术界研究的热点问题。目前的主流观点是人民币国际化战略应当遵循周边化→区域化→国际化。我们在第3章关于人民币国际化的理论逻辑和推进战略中也持这种观点。但是，随着“一带一路”倡议的推进，我们认为人民币国际化战略再囿于目前的说法值得商榷。原因：一是在现有推进倡议中，人民币的周边化实际上已经实现，区域化问题很令人头疼，因为亚洲各国的经济发展水平差异很大，人民币能否在亚洲地区实现流通面临很多挑战。二是在“一带一路”倡议推进中，中国会和很多亚欧国家进行金融合作，在金融合作过程中，人民币首先可以作为计价和结算货币使用，进而扩大职能范围，这对人民币国际化很有帮助。因此，当国家的对外开放战略出现新变化后，关于人民币国际化战略的研究也应当顺应潮流，与国家的发展战略相适应。这样，人民币国际化的路线图就需要在目前主流研究观点的基础上进行适当修正，由原来的“向东南方向看”转变为“向西南方向看”，紧紧围绕“一带一路”倡议进行布局。

（2）关于人民币国际化进程中金融风险的动态变化问题

我们在本书中根据中国目前面临的国内外环境对人民币国际化进程中的金融风险进行了深入研究，梳理出了一系列影响人民币国际化顺利推进的风险因素。这也只能说是基于中国目前的现实而展开的研究。但是，风险是无时不在、无处不有的。随着环境的变化，风险的大小以及来源都会发生相应变化。也许在研究中有些风险因素还没有被我们挖掘出来，而有些风险因素又被我们赋权太重了。在今后的研究中，不管是预警指标体系设置与验证中的指标个数还是每个指标的权重大小都要根据环境的变化而重新进行调整。

（3）关于对金融风险预警模型的选择问题

自金融风险预警模型诞生以来，预警模型就层出不穷。我们只是筛选了目前国内外比较流行的主流模型，比较了其优缺点，然后选择 BP 人工神经网络模型进行预警。事实上，没有一种模型是十全十美的，我们所使用的模型也有其不足之处。随着研究手段的不断提高，今后还有可能出现更多更新的预警模型。我们认为应当根据环境的变化合理选择预警模型。

（4）关于人民币替代风险问题

谈到人民币替代风险，很多人想到的首先就是“万一人民币国际化不成，反而会被别的货币所替代”的所谓“反向替代风险”。但是，人民币国际化进程中真正遇到的风险却是人民币由中国走向世界，代替了已经在位的主要国际货币而给中国经济金融发展所带来的新问题。在本书的研究中，我们只是将这一问题作为第 7 章中的一节进行研究，没有将其展开。原因是人民币国际化还在起步阶段，这一问题的出现还很不明晰。在目前国际金融市场存在多货币竞争格局的条件下，如何深入研究人民币替代问题非常重要。

主要参考文献

一、英文部分

[1] Qing H, Iikka K, Junjie G, Fangge L. The geographic distribution of international currencies and RMB internationalization [J]. *International Review of Economics & Finance*, Volume 42, March 2016, Pages 442 –458.

[2] Fan Z, Miaojie Y, Jiantuo Y, Yang J. The effect of RMB internationalization on Belt and Road initiative: evidence from Bilateral Swap Agreements [J]. *Emerging Markets Finance & Trade*, 2017, 53.

[3] Chalongphob S. On the economics of RMB internationalization [J]. *Asian Economic Papers*, 2016, 15 (1): 127 –130.

[4] Hansen, B. Autoregressive conditional density estimation [J]. *International Economic Review*, 1994 (35): 705 –730.

[5] Eichengreen B. The International Monetary System after the Financial Crisis [J]. *Open Economies Review*, 2016, 9 (1): 701 –708.

[6] Eichengreen B. The Renminbi goes global: The meaning of China's money [J]. *Foreign Affairs*, 2017, 96 (2): 157 –163.

[7] Cavallo E, Eichengreen B, Panizza U. Can countries rely on foreign saving for investment and economic development? [J]. *Social Science Electronic Publishing*, 2016 (1): 1 –30.

[8] Cohen BJ. *The Future of Sterling as an International Currency* [M]. Macmillan Press, 1971.

[9] George S. Tavlas. The International Use of the US Dollar: An Optimum Currency Area Perspectivc [J]. *The World Economy*, Volume 20, Issue 6, pages 709 ~747, September 1997.

[10] López – Espinosa G, Moreno A, Rubia A, et al. Shortterm wholesale funding and systemic risk: a global CoVaR Approach [J]. *Journal of Banking &*

Finance, 2012, 36 (12): 3150 -3162.

[11] Bergsten C. F. *Dilemmas of the Dollar - The Economics and Politics of United States International Monetary Policy* [M]. New York University Press, 1975, pp: 204 -215.

[12] Mundell RA. The International Monetary System and the Case for a World Currency [J]. *Warsaw*, 23 October 2003.

[13] Frankel JA. The Japanese Cost of Finance: A Survey [J]. *Financial Management*, 1991, 20 (1).

[14] Charles W. An International Role for the Euro? [J]. *Graduate Institute of International Studies and CEPR*, 1997, pp: 34 -36.

[15] Tavals, George S. Internationalization of Currencies: The Case of the US Dollar and Its Challenger Euro [J]. *The International Executive*, 1998, pp. 581.

[16] Fujiki, Hiroshi, Otani, Akira. 2002. Do Currency Regimes Matter in the 21st Century? An Overview, Monetary and Economic Studies, Institute for Monetary and Economic Studies [J]. *Bank of Japan*, Vol. 20 (S1), pp 47 -79.

[17] Chinn M and Frankel J. Will the Euro Eventually Surpass the Dollar as Leading International Reserve Currency? [C]. Presented at NBER conference on G7 Current Account Imbalances: Sustainability and Adjustment Newport, RI, June 1 -2, 2005.

[18] Frankel J. The Yen/Dollar Agreement: Liberalizing Japanese Capital Markets [D]. Policy Analyses in International Economics (Institute for International Economics) . The MIT Press, 1984.

[19] Park YC, Kwanho Shin. Internationalization of Currency in East Asia: Implications for Regional Monetary and Financial Cooperation [C]. BOK - BIS Seminar on currency internationalization. Feb 2009. pp: 9 -16.

[20] Stier O, Bernoth K, Fisher A. Internationalization of the Chinese Renminbi: an opportunity for China [J]. *German Institute for Economic Research*. Vol. 6, No. 17, 2010.

[21] Stiglitz JE. 2002. Capital Market Liberalization and Exchange Rate Regimes: Risk without Reward [J]. *The Annals of the American Academy of Political and Social Science* 579: 219 -248.

[22] Kose, Ayhan, Prasad E, Rogoff K, and Shang - Jin Wei. Financial

Globalization: A Reappraisal [C]. IMF Working Paper 06/189. International Monetary Fund, 2006.

[23] Kose AM. , Eswar S. Prasad, Marco E. Terrones. 2008. Does Openness to International Financial Flows Raise Productivity Growth? [C]. NBER Working Paper No. 14558.

[24] Tavalas. The International Use of Currencies – the U. S. Dollar and the Euro [J]. *Finance and Development. June.* 1998: 46 –49.

[25] Richard P, Helene R. The Emergence of the Euro as an International Currency [C]. NBER Working Paper, 1998.

[26] Alberto G, Mayer C. *European Financial Integration* [M]. University of Cambridge Press. pp: 127 –129.

[27] Robert N. McCauley, William R. White. *The Euro and European Financial Markets* [M]. 1997; pp: 324 –325.

[28] Michael B. Growing Up to Financial Stability [J]. *Economics*, April 2008.

[29] Tadokoro M. After Dollar? International Relations of the Asia – Pacific. Vol. 10 (2010), pp: 415 –440.

[30] Nakagawa T. Internationalization of the Renminbi and Its Impact on East Asia [J]. *Institute for International Policy Studies.* 2003. pp: 7 –8.

[31] Park YC. RMB Internationalization and Its Implications for Financial and Monetary Cooperation in East Asia [J]. *China and World Economy.* Vol. 18, No. 2, 2010. pp: 18 –19.

[32] Tadokoro, M. . *The Asian Financial Crisis and Japanese Policy Reactions, in G. R. D. Underhill* [M]. Cambridge: Cambridge University Press, 2003.

[33] Grimes WW. *Currency and Contest in East Asia: the Great Power Politics of Financial Regionalism* [M]. Chapel Hill: Cornell University Press, 2009.

[34] Randall R. Safe Guarding the Banking System in An Environment of Financial Cycles: An Overview [J]. *New England Economic Review.* 1994: I: mar: p: 3 –14.

[35] Fisher I. The Debt – Deflation Theory of Great Depressions [J]. *Econometrica*, Vol. 1, No, 4, pp. 337 –357, 1933.

[36] Brunner K, Allan H. Meltzer. The Uses of Money: Money in the Theory

of An Exchange Economy [J]. *The American Economic Review*, Vol. 61, No. 5, pp. 784 -805, 1971.

[37] Krugman P, A Model of Balance - of - payments Crises [J]. *Journal of Money, Credit and Banking*, Vol. 11, No, 3, pp. 311 -325, 1979.

[38] Kamsky. G and Reinhart C. Banking and Balance - of - payments Crises: Models and evidence. Washington DC, Working Paper, Board of Governors of the Federal Reserve. 1996.

[39] Faisal A, Shengzu W. Internationalization of Emerging Market Currencies—A Balance Between Risks and Rewards [J]. *University of California Press*, Vol. 53 (2013); pp: 348 -368.

[40] Triffin, Robert. *Gold and the Dollar Crisis* [M]. New Haven: Yale University Press, 1961.

[41] Bilson JFO. Leading Indicators of Currency Devaluations [J]. *Columbia Journal of World Business*, 1979, 14 (12): 62 -76.

[42] Amemiya T. Qualitative Response Models: A Survey [J]. *Journal of Economic Literature*, 1981, 19 (4): 1483 -1536.

[43] Stock J H, Watson MW. *New Indexes of Coincident and Leading Economic Indicators* [M]. Cambridge: MIT Press, 1989.

[44] Diebold F, Rudebusch G. Scoring the Leading Indicators [J]. *Journal of Business*, 1989, 62 (3): 369 -391.

[45] Chamberlain G. Analysis of Covariance With Qualitative Data [J]. *The Review of Economic Studies*, 1980, XLVII (1) (146): 225 -238.

[46] Frankel JA, Rose AK. Currency Crises in Emerging Markets: An FRPirical Treatment [J]. *Journal of International Economics*, 1996, 41 (3 - 4): 351 -366.

[47] Sachs JA. Tornell & A. Velasco. Financial Crises in Emerging Markets, Brookings Papers on Economic Activity [J], 1996 (01): 147 -215.

[48] Kaminsky GL. Currency and Banking Crises: The Early Warnings of Distress [EB/OL]. [December 1999]. IMF Working Paper No. 99/178.

[49] Nag A, Mitra A. Neural Networks and Early Warning Indicators of Currency Crisis [R]. Reserve Bank of India Occasional Papers. 1999, 20 (2): 183 -222.

[50] Ravi V, Pramodh C. Threshold accepting trained principal component neural network and feature subset selection: Application to bankruptcy prediction in banks [J]. *Applied Soft Computing*, 2008, 8 (4): 1539 - 1548.

[51] Blejer MI, Schumacher LB, Reinhart CM. Central Bank Vulnerability and the Credibility of Commitments: A Value at Risk Approach to Currency Crises [EB/OL]. [1998]. IMF Working Paper No. 98/65.

[52] Fratzscher M. What Causes Currency Crises: Sunspots, Contagion or Fundamentals? [R]. European University Institute Department of Economics, EIU Working Paper NO. 9939, 1999.

[53] Jeanne O, Masson P, Currency Crises, Sunspots and Markov Switching Regimes [J]. *Journal of International Economics*, 2000, 50: 327 - 350.

[54] Martinez P, Maria S. A Regime Switching Approach to Studying Speculative Attacks: A Focus on EMS Crises [J]. *FR Pirical Economics*, 2002, 27 (2): 229 - 334.

[55] Kamin SB, Schindler JW, Samuel SL. The Contributions of Domestic and External Factors to Emerging Market Devaluation Crises: An Early Warning Systems Approach [EB/OL]. [September 2001]. Board of Governors of the Federal Reserve System, International Finance Discussion Paper NO. 711.

[56] Hardy DC, Pazarbasioglu C. Leading indicators of banking crises: Futher evidence [J]. *International Monetary Fund Staff Papers*, 1999, 46 (3): 274 - 258.

[57] Ciarlone A, Trebeschi G. Designing an early warning system for debt crises [J]. *Emerging Markets Review*, 2005, 6 (4): 376 - 395.

[58] Eliasson AC, Kreuter C. On currency crisis: A continuous crisis definition [EB/OL]. Conference paper of " X International " Tor Vergata " Conference on Banking and Finance, December 2001 " . [2001 - 12].

[59] Vlaar PJG. Currency Crises Models for Emerging Markets [R]. De Nederlandsche Bank Staff Report NO. 45, 2000.

[60] Burkart O, Coudert V. Leading Indicators of Currency Crises for Emerging Countries [J]. *Emerging Markets Review*, 2002, 3 (2): 107 - 133.

[61] Goldstein M, Reinhart C. Forecasting Financial Crises: Early Warning Signals for Emerging Markets [J]. *Washington, DC: Institute for International*

Economics, 1997.

[62] Baumol, WJ. The Transactions Demand for Cash: An Inventory Theoretic Approach [J]. *Quarterly Journal of Economics*, 66, 1952, 545 -556.

[63] Jordan JV, Mackay RJ. Assessing Value at Risk for Equity Portfolios: Implementing Alternative Techniques [D]. Pamplin College of Business, Virginia Polytechnic Institute and State University. 1995.

[64] Linsmeier TJ, Pearson ND. Risk Measurement: An Introduction to Value at Risk [D]. University of Illinois at Urbana - Champaign. July 1996.

[65] Jorion P. Value at Risk: *The New Benchmark for Controlling Market Risk* [M]. New York: McGraw - Hill Companies, Inc, 1997.

[66] Morgan JP, Reuters. *Risk Metrics - Technical Document*: 4*th edition* [M]. New York: Risk Metrics Group, 1996.

[67] Dowd, K. *Measuring Market Risk* [M]. Wiley Finance Series. John Wiley & Sons Ltd. 2002.

[68] Artzner P, Delbaen F, et al. Coherent Measures of Risk [J]. *Math Finance*, 1999, 9 (3): 203 -228.

[69] Fisher RA, Tippett LHC. Limiting Forms of the Frequency Distributions of the Largest of Smallest Member of A Sample [J]. *Proceeding of Cambridge Philosophical Society*, 1928 (24): 180 - 190.

[70] Gumbel EJ. Statistics of Extremes [N]. New York: Columbia University Press, 1958.

[71] Jenkinson AF. The Frequency Distribution of the Annual Maximum (or Minimum) Values of Meteorological Elements [J]. *Quarterly Journal of the Royal Meteorological Society*, 1955 (87): 158 -171.

[72] Pickands J. Statistical Inference Using Extreme Order Statistics [J]. *Annals of statistics*, 1975 (3): 119 -131.

[73] Jansen D W, Vries C G D. On the Frequency of Large Stock Perspective [J]. *The Review of Economics and Statistics*, 1990 (5): 18 -24.

[74] Koedijk K G. The Estimates of East European Exchange Rates [J]. *Journal of Business& Economic Statistics*, 1992 (10): 83 -89.

[75] Diebold F X. Horizon Problems and Extreme Events in Financial Risk Management [R]. University of Pennsylvania, 1998.

[76] Andrew J. Patton. Modeling Time – Varying Exchange Rate Dependence using the Conditional Copula [C]. UCSD Discussion Paper No. 01 – 09.

[77] Eric B, Valdo D, Ashkan N et al. Copulas for Finance – A Reading Guide and Some Applications [C]. Social Science Research Network working paper, 2000.

[78] Velasco A. Financial Crises and Balance of Payments Crises: A Simple Model of the Southern Cone Experience [J]. *Journal of Development Economics*, 1987, 27 (1 – 2): 263 – 283.

[79] Galbis V. High Real Interest Rates Under Financial Liberalization: Is There a Problem? IMF Working Paper, Available at SSRN: http://ssrn.com/abstract = 883422.

[80] Stock JH. *Intermediation and the Business Cycle under a Species Standard: The Role of the Gold Standard in English Financial Crises*, 1790 – 1850 [M]. Mimeo: University of Chicago, 1994.

[81] Edwards S. Real Exchange Rates, Devaluation, and Adjustment: *Exchange Rate Policy in Developing Countries* [M]. Cambridge: MIT Press, 1989.

[82] Calvo GA, Leiderman L, Reinhart CM. Capital Inflows and Real Exchange Rate Appreciation: The Role of External Factors [J]. *International Monetary Fund Staff Papers*, 1993, 40 (1): 108 – 151.

[83] Obstfeld M. The logic of Currency Crises [J]. *économiques et month monthétaires*, 1994 (43): 189 – 213.

[84] Kaminsky GL, Lizondo S, Reinhart CM. Leading Indicators of Currency Crises [EB/OL]. [July 1997]. IMF Working Paper No. 97/79, Available at SSRN: http://ssrn.com/abstract = 882365.

[85] Eichengreen B. The Renminbi as An International Currency [J]. *Journal of Policy Modeling*, 2011 (5): 723 – 730.

[86] Berg A, Pattillo C. Are Currency Crises Predictable? A Test [J]. *International Monetary Fund Staff Papers*, 1999a, 46 (2): 107 – 138.

[87] Bussiere M, Fratzscher M. Towards a New Early Warning System of Financial Crises. ECB Working Paper No. 145, 2002, Available at SSRN: http://ssrn.com/abstract = 357482.

[88] Ito. T. China as Number One: How about the Renminbi? [J]. *Asian*

Economic Policy Review, 2010, 5 (2): 249 – 276.

[89] Subramanian, A. Renminbi Rules: the Conditional Imminence of the Reserve Currency Transition [R]. Peterson Institute for International Economics, Working Paper, 2011, 11 – 14.

[90] Subramanian, A. and Kessler, M. The Renminbi Bloc is here: Asia Down, Rest of the World to Go? [R]. Peterson Institute for International Economics, Working Paper, 2012, WP 12 – 19.

[91] Subacchi, P. One Currency, Two Systems: China's Renminbi Strategy [R]. Chatham House, International Economics Briefing Paper, 2010 /01.

[92] Frankel, J. Internationalization of the RMB and Historical Precedents [J]. *Journal of Economic Integration*, 2012, Vol. 27: 329 – 365.

[93] Cohen BJ. The Yuan Tomorrow? Evaluating China's Currency Internationalization Strategy [J]. *New Political Economy*, 2012, 17 (3): 361 – 371.

[94] Ito T. The Internationalization of the RMB: Opportunities and Pitfalls [R]. Council on Foreign Relations, 2011 /11.

[95] Maziad S. , Farahmand P. , Wang S. , Segal S. , and Ahmed F. Internationalization of Emerging Market Currencies: A Balance between Risks and Rewards [R]. IMF Staff Discussion Note, No. 11 /17, 2011.

[96] Bottelier P, Dadush, U. The Future of the Renminbi as an International Currency [N]. International Economic Bulletin, 2011 (2).

[97] Otero Iglesias, M. The Internationalization of the Renminbi: Prospects and Risks [R]. Oxford Brookes University, 2011.

[98] McCauley, R. Renminbi Internationalization and China's Financial Development [R]. BIS Quarterly Review, December, 2011.

[99] Islam, MS. andBashar, OKMR. International of Renminbi: What does the Evidence Suggest? [J]. *World Review of Business Research*, 2012, 2 (5): 65 – 85.

[100] Jason Y, Yuantung C, Guochen W. Renminbi Internationalization: Progress, Prospect and Comparison, China & World Economy [J], 2012, Vol. 20 (5), pp. 63 – 82.

[101] Paul B, Baotai W. Renminbi Internationalization: A Journey to Where? Development and Change [J], 2013, Vol. 44 (6).

[102] Schwarcz, SL. Systemic Risk [J], The Georgetown Law Journal, 2008 (97), pp. 193 -249.

[103] Bemanke, BS., Reducing Systemic Risk [Z], Speech at the Federal Reserve Bank of Kansas City's Annual Economic Symposium, Jackson Hole, Wyoming, 2008.

[104] Minsky, HP., The Financial Instability Hypothesis: Capitalist Process and the Behavior of the Economy in Financial Crisis: Theory, History and Policy [C], edited by Charles P., Kindlberger and Jean - Pierre Lafargue, 13 - 38. Cambridge: Cambridge University Press, 1982.

[105] IMF. *Global Financial Stability Report* [M]. Online at http://www.imf.org/external/pubs/ft/gfsr, April 2009.

[106] IMF. Early Warning System: A Survey and a Regime - Switching Approach, IMF Working Paper Chapter 6 (Washington International Monetary Fund).

[107] Mishkin, FS., 2001, . Financial Policies and the Prevention of Financial Crises in Emerging Market Economic [J]. *The World Bank policy research working paper*, No. 2683.

[108] Alicia GH and Pedrodel R, 2003: Financial Stability and the Design of Monetary Policy, Servicio De Estudios. Working PaperNo. 0315, Madrid: Banco de Espana. [3] Kristina Perrson.

[109] Berg A, Patillo C. Predicting Currency Crises: The Indicator s Approach and anAlternative [J]. *Journal of International Money and Finance*, 1999, 18 (4): 561 -586.

[110] Brüggemann A, Linne T. Bank of Finland. Are the Central and Eastern European transition countries still vulnerable to a financial crisis? Results from the signals approach [EB/OL]. BOFIT Discussion Paper, 2002. Available at SSRN: http://ssrn.com/abstract=1015699.

[111] Kumar M, Moorthy U, Perraudin W. Predicting Emerging Market Crash [J]. *Journal of FRPirical Finance*, 2003, 10 (4): 427 -454.

[112] Kumar RP, Ravi V. Bankruptcy Prediction in Banks and Firms via Statistical and Intelligent Techniques — A review [J]. *European Journal of Operational Research*, 2007, 180 (1): 1 -28.

[113] Collins SM. A Model of the Timing of Currency Crises [R]. George-

town University Unpublished Manuscript. 2001.

[114] Abiad A. Early Warning Systems: A Survey and a Regime Switching Approach [EB/OL]. IMF Working Paper No. 03/32, 1999, Available at SSRN: http: //ssrn. com/abstract = 879107.

[115] Zhiwen Z. Speculative Attacks in the Asian Crises [R]. IMF Working Paper NO. 01189, 2001.

[116] Wendy D, Paul RM. Will the Renminbi Become A World Currency? [J]. *China Economic Review*, 2009 (20), pp: 124 - 135.

[117] Stiglitz, JE, Andrew Weiss. Credit Rationing in Markets with Imperfect Information [J]. *American Economic Review*, 1981 (71): 393 - 410.

[118] Richard H. Pettway, Joseph F Sinkey JR. Establishing On - Site Bank Examination Priorities: An Early - Warning System Using Accounting and Market Information [J]. *The Journal of Finance*, 1980, 3 (35): 137 - 150.

[119] Xin H, Zhou Haibin Zhu. A framework for assessing the systemic risk of major financial institutions [R]. BIS Working Paper No 281, 2009: 1 - 37.

[120] Tarashev N, Borio C, Tsatsaronis K. Attributing systemic risk to individual institutions [R]. BIS Working Papers No 308, 2010: 1 - 21.

[121] Gray, D., Jobst, A. Systemic CCA: A Model Approach to Systemic Risk [R]. IMF Working Paper, 2010b.

[122] Adrian T, Brunnermeier M K. CoVaR [R]. Fed Reserve Bank of New York Staff Report, 2009: 1 - 27.

[123] Bjarnadottir F. Implementation of CoVaR, A Measure for Systemic Risk [D]. KTH, 2012.

[124] Mainik G, Schaanning E. On dependence consistency of CoVaR and some other systemic risk measures [J]. *ArXiv preprint arXiv*: 1207. 3464, 2012: 1 - 32.

二、中文部分

[1] 李曦晨，张明，朱子阳．资本流动视角的人民币国际化：套利还是基本面驱动？[J]．世界经济研究，2018 (2)：26 - 37，134.

[2] 叶亚飞，石建勋．人民币国际化进程中的货币替代效应研究——以香港地区离岸人民币为例 [J]．经济问题，2018 (2)：28 - 35.

［3］宿玉海，姜明蕾，刘海莹．短期资本流动、人民币国际化与汇率变动关系研究［J］．经济评论，2018（2）：122－134.

［4］郭仕捷，丁国民．人民币国际化发展前景及推进路径研究［J］．亚太经济，2017（9）：47－52.

［5］王胜，廖曦．人民币国际化与最优货币政策——基于汇率传递视角的分析［J］．经济与管理研究，2018（2）：109－118.

［6］彭红枫，谭小玉．人民币国际化研究：程度测算与影响因素分析［J］．经济研究，2017（2）：125－139.

［7］杨荣海，李亚波．资本账户开放对人民币国际化“货币锚”地位的影响分析［J］．经济研究，2017（1）：134－148.

［8］李扬，张东阳．人民币国际化进程中的国家金融安全研究［J］．理论探讨，2017（1）：106－110.

［9］李艳军，华民．人民币国际化：继续前行还是暂停推进［J］．财经科学，2016（1）：13－23.

［10］陆长荣，丁剑平．我国人民币国际化研究的学术史梳理与述评［J］．经济学动态，2016（8）：93－101.

［11］陆磊，李宏瑾．纳入 SDR 后的人民币国际化与国际货币体系改革：基于货币功能和储备货币供求的视角［J］．国际经济评论，2016（9）：55－57.

［12］从德国马克到欧元——欧洲货币一体化对人民币国际化的启示［J］．国际贸易，2016（5）：41－53，5.

［13］范小云，王道平，方意．我国金融机构的系统性风险测度与监管——基于边际风险贡献与杠杆率的研究［J］．南开经济研究，2011（4）：3－20.

［14］李志辉，樊莉．中国商业银行系统性风险溢价实证研究［J］．当代经济科学，2011（6）：13－20.

［15］杨有振，王书华．中国上市商业银行系统性风险溢出效应分析——基于 CoVaR 技术的分位数估计［J］．山西财经大学学报，2013（7）：24－33.

［16］肖璞、刘轶、杨苏梅．相互关联性、风险溢出与系统重要性银行识别［J］．金融研究，2012（12）：96－107.

［17］高国华，潘英丽．银行系统性风险度量——基于动态 CoVaR 方法的分析［J］．上海交通大学学报：自然科学版，2011（12）：1753－1759.

[18] 白雪梅，石大龙. 中国金融体系的系统性风险测度 [J]. 国际金融研究，2014 (6)：75 – 85.

[19] 谢福座. 基于 GARCH – Copula – CoVaR 模型的风险溢出测度研究 [J]. 金融发展研究，2010 (12)：12 – 16.

[20] 刘晓星，段斌，谢福座. 股票市场风险溢出效应研究：基于 EVT – Copula – CoVaR 模型的分析 [J]. 世界经济，2011 (11)：145 – 159.

[21] 王永巧，胡浩. 基于时变参数 Copula 的 ΔCoVaR 度量技术 [J]. 统计与信息论坛，2012 (6)：50 – 54.

[22] 何建雄. 建立金融风险预警系统：指标框架与运作机制 [J]. 金融研究，2001 (1)：105 – 117.

[23] 张元萍，孙刚. 金融危机预警系统的理论透析与实证分析 [J]. 国际金融研究，2003 (10)：32 – 38.

[24] 吴军. 当代金融预警方法述评 [J]. 世界经济文汇，2006 (6)：71 – 83.

[25] 丁志杰. 警惕诱导性日元贬值的风险 [J]. 中国金融，2006 (6)：96.

[26] 沈悦，张珍. 中国金融风险预警指标体系设置研究 [J]. 山西财经大学学报，2007，29 (10)：89 – 94.

[27] 沈悦，徐有俊. 复合属性贝叶斯模型在银行危机预警中的应用 [J]. 宁夏大学学报（人文社会科学版），2009，31 (2)：118 – 222.

[28] 周稳海，赵桂玲. 开放条件下金融风险预警指标体系研究 [J]. 特区经济，2010 (4)：72 – 74.

[29] 李梦雨. 中国金融风险预警系统的构建研究 [J]. 中央财经大学学报，2012 (10)，25 – 30.

[30] 姜波克，朱云高. 资本账户开放研究：一种基于内外均衡的分析框架 [J]. 国际金融研究，2004 (4)：12 – 18.

[31] 余永定. 寻求资本项目开放的共识 [J]. 国际金融研究 .2014 (7)：3 – 7.

[32] 余永定. 从当前的人民币汇率波动看人民币国际化，国际经济评论. 2012 (1)：18 – 28.

[33] 余永定. 人民币贸易结算与短期资本跨境流动 [J]. 上海交通大学选报（哲学社会科学版），2014 (3)：6 – 7.

[34] 石淇玮. 人民币国际化的路径研究——基于美元、德国马克和日元国际化历史的经验分析 [J]. 上海金融. 2013 (10): 47 - 52.

[35] 马骏. 人民币离岸市场与资本项目开放 [J]. 金融发展评论. 2012 (4): 1 - 41.

[36] 陈炳才, 田青. 资本账户开放与人民币国际化 [J]. 中国金融. 2013 (11): 51 - 52.

[37] 马荣华. 人民币国际化成本与收益的再思考 [J]. 现代经济探讨. 2014 (2): 45 - 50.

[38] 凌星光. 试论人民币升值和中国国际货币战略 [J]. 管理世界, 2002 (2): 57 - 64.

[39] 李建军, 田光宁. 三大货币国际化的路径比较与启示 [J]. 上海金融, 2003 (9): 34 - 35.

[40] 张宇燕. 人民币国际化: 赞同还是反对? [J]. 国际经济评论, 2010 (1): 38 - 46.

[41] 中国人民银行人民币国际化研究课题组. 人民币国际化的时机、途径及其策略 [J]. 中国金融, 2006 (5): 12 - 13.

[42] 张晓朴, 系统性金融风险研究: 演进、成因与监管 [J]. 国际金融研究, 2010 (7): 58 - 67.

[43] 马勇, 系统性金融风险: 一个经典注释 [J]. 金融评论, 2011 (4): 1 - 17.

[44] 余永定: 人民币国际化的逻辑, 中国投资管理, 2014. 7: 1 - 5.

[45] 陶士贵. 人民币国际化进程中的风险防范 [J]. 金融发展研究. 2013 (6): 34 - 38.

[46] 石海城: 资本项目开放中的风险管理探讨 [J]. 青海金融, 2014 (8): 23 - 27.

[47] 韩嘉莹、沈悦: 二元经济条件下巴拉萨 - 萨缪尔森效应分析 [J]. 上海金融, 2012 (10): 3 - 7.

[48] 黄亭亭. 人民币国际化基本条件分析: 基于风险和责任角度 [J]. 上海金融, 2009 (4): 56 - 58.

[49] 麦金农: 美元和人民币的未来之路, 中国金融, 2014 (19): 74 - 76.

[50] 韩庆兰, 梅运先: 基于 BP 人工神经网络的物流配送中心选址决策

[J]. 中国软科学, 2004 (6): 139－142.

[51] 国家计委外经所课题组. 美元欧元日元地位变化趋势及其对人民币汇率机制的启示 [J]. 管理世界, 2001 (6): 106－114.

[52] 刘力臻. 人民币国际化独特路径及其发展前景 [J]. 华南师范大学学报 (社科), 2010 (1): 112－117.

[53] 李华民. 铸币税的国际延伸: 逆转风险与人民币强势战略 [J]. 经济学家, 2002 (6): 90－95.

[54] 王华庆. 国际货币、国际货币体系和人民币国际化 [J]. 复旦学报 (社科版), 2010 (1): 16－23.

[55] 赵海宽. 人民币可能发展成为世界货币之一 [J]. 中央财经大学学报, 2002 (5): 1－5.

[56] 金发奇. 人民币国际化探讨 [J]. 四川大学学报 (哲学社会科学版), 2004 (1): 36－39.

[57] 刘力臻, 谢朝阳. 东亚货币合作与人民币汇率制度的选择 [J]. 管理世界, 2003 (3): 24－44.

[58] 张杰. 银行制度改革与人民币国际化: 历史、理论与政策 [M]. 中国人民大学出版社, 2010.3.

[59] 沈悦、王小霞. 中国金融自由化进程中的安全预警研究 [M]. 科学出版社, 2010.7.

[60] 刘昌黎. 日元国际化的发展及其政策课题 [J]. 世界经济研究, 2002 (4): 65－70.

[61] 陈雨露, 王芳, 杨明. 作为国家竞争战略的货币国际化: 美元的经验证据—兼论人民币的国际化问题 [J]. 经济研究, 2005 (2): 35－44.

[62] 李晓, 李俊久, 丁一兵. 论人民币的亚洲化 [J]. 世界经济, 2004 (2): 21－35.

[63] 钟伟. 略论人民币的国际化进程 [J]. 世界经济, 2002 (3): 56－59.

[64] 黄达. 人民币的风云际会: 挑战与机遇 [J]. 经济研究, 2004 (7): 4－8.

[65] 王爱俭. 人民币国际化政策考量与理念创新, 现代财经 (天津财经大学学报), 2013 (9): 3－15.

[66] 李永宁, 郑润祥等. 超主权货币、多元货币体系、人民币国际化和中国核心利益 [J]. 国际金融研究, 2010 (7): 30－42.

[67] 裴长洪．国际货币体系改革与人民币国际地位［J］．国际贸易，2010（6）：27－33.

[68] 黄达．人民币的风云际会：挑战与机遇［J］．经济研究，2004（7）：4－9.

[69] 吴念鲁等．论人民币可兑换与国际化［J］．国际金融研究，2009（11）：4－12.

[70] 谢平．人民币资本项目全开放条件已具备，第一财经日报（上海），2011－5－11.

[71] 景学成．对未来人民币国际化战略框架的思考［J］．国际金融，2012（4）：3－11.

[72] 王元龙．关于人民币国际化的若干问题研究［J］．财贸经济，2009（7）：16－22.

[73] 黄亭亭．人民币国际化基本条件分析：基于风险和责任角度［J］．上海金融，2009（4）：56－58.

[74] 杜长江，刘俊民．人民币国际化的基础条件以及风险探析［J］．理论学刊，2010（2）：44－47.

[75] 张云，刘俊民．人民币国际化的历史趋势与风险应对探析［J］．经济与管理研究，2010（3）：65－70.

[76] 弗兰克·H. 奈特．风险、不确定性与利润［M］．安佳译．北京：商务印书馆，2006.

[77] C. 小阿瑟·威廉斯，迈克尔·L. 史密斯．风险管理与保险［M］．北京：经济科学出版社，2000.

[78] 王元龙．我国对外开放中的金融安全问题研究［J］．国际金融研究，1998（5）：33－39.

[79] 刘锡良等．中国经济转轨时期金融安全问题研究［M］．中国金融出版社，2004.

[80] 李婧，管涛，何帆．人民币跨境流通的现状及对中国经济的影响［J］．管理世界，2004（9）：45－52.

[81] 李晓．“日元国际化”的困境及其战略调整［J］．世界经济，2005（6）：3－18.

[82] 牛昂．VALUE AT RISK：银行风险管理的新方法［J］．国际金融研究，1997（4）：61－65.

[83] 郑文通．金融风险管理的 VAR 方法及其应用 [J]．国际金融研究，1997 (9)：58－62.

[84] 陈守东，俞世典．基于 GARCH 模型的 VaR 方法对中国股市的分析 [J]．吉林大学社会科学学报，2002 (4)：11－17.

[85] 李稻葵，刘霖林．人民币国际化：计量研究及政策分析 [J]．金融研究，2008 (11)：1－16.

[86] 章奇，何帆，刘明兴．金融自由化、政策一致性和金融脆弱性：理论框架与经验证据 [J]．世界经济，2003 (12)：3－14.

[87] 徐奇渊，李婧．国际分工体系视角的货币国际化：美元和日元的典型事实 [J]．世界经济，2008 (2)：30－39.

[88] 封建强．沪、深股市收益率风险的极值 VaR 测度研究 [J]．统计研究，2002 (4)：34－37.

[89] 陈守东，孔繁利，胡铮洋．基于极值分布理论的 VaR 与 ES 度量 [J]．数量经济技术经济研究，2007 (3)：118－133.

[90] 张尧庭．连接函数 (copula) 技术与金融风险分析 [J]．统计研究，2002 (4)：48－51.

[91] 苏卫东，张世英．多元长记忆 SV 模型及其在沪深股市的应用 [J]．管理科学学报，2004 (2)：38－44.

[92] 韦艳华，张世英．金融市场的相关性分析——Copula－GARCH 模型及其应用 [J]．系统工程，2004 (4)：7－12.

[93] 陈守东，胡铮洋，孔繁利．Copula 函数度量风险价值的 Monte Carlo 模拟 [J]．吉林大学社会科学学报，2006 (3)：85－91.

[94] 吴振翔，陈敏，叶五一等．基于 Copula－GARCH 的投资组合风险分析 [J]．系统工程理论与实践，2006 (3)：45－52.

[95] 傅强，邢琳琳．基于极值理论和 Copula 函数的条件 VaR 计算 [J]．系统工程学报，2009 (5)：531－537.

[96] 任仙玲，张世英．基于非参数核密度估计的 Copula 函数选择原理 [J]．系统工程学报，2010 (1)：36－42.

[97] 董文泉，高铁梅，姜诗章等．经济周期波动的分析与预测方法 [M]．长春：吉林大学出版社，1998.

[98] 郑建明，曹龙骐．人民币升值压力的货币化、资产泡沫与宏观调控 [J]．国际金融研究，2005 (8)：63－58.

[99] 奚君羊．资本流动对人民币汇率的影响 [J]．国际金融研究，2002 (2)：46 –49．

[100] 陆凯旋．中国金融风险问题探析 [J]．财贸经济，2005 (8)：30 –33．

[101] 王兆星．中国金融体系风险稳定发展的若干问题 [J]．中国金融，2009 (23)：8 –11．

[102] 董小君．金融风险预警机制研究 [M]．北京：经济管理出版社，2004．

[103] 南旭光，孟卫东．基于等比例危险模型的金融危机预警 [J]．重庆大学学报 (自然科学版)，2007 (5)：138 –142．

[104] 沈悦，张珍．中国金融风险预警指标体系设置研究 [J]．山西财经大学学报，2007 (10)：89 –94．

[105] 沈悦，王小霞，张珍．AHP 法在确定金融风险预警指标权重中的应用 [J]．西安财经学院学报，2008 (2)：65 –69．

[106] 沈悦，闵亮，徐有俊．基于金融自由化的中国金融风险预警研究 [J]．金融发展研究，2009 (6)：3 –6．

[107] 沈悦，徐有俊．复合属性贝叶斯模型在银行危机预警中的应用 [J]．宁夏大学学报 (人文社会科学版)，2009 (2)：118 –222．

[108] 禹建丽，孙增圻，Valeri. Kroumov 等．基于 BP 神经网络的股市建模与决策 [J]．系统工程理论与实践，2003 (5)：15 –20．

[109] 谢赤，欧阳亮．汇率预测的神经网络方法及其比较 [J]．财经科学，2008 (5)：45 –53．

[110] 黄梅波，熊爱宗．论人民币国际化的空间和机遇 [J]．上海财经大学学报，2009 (2)：67 –75．

[111] 扬长湧．人民币国际化可能的路线图及相关问题分析 [J]．国际金融研究，2010 (11)：20 –28．

[112] 沈悦，郭品，李善燊．国际游资冲击对中国资产价格的影响 [J]．现代财经，2012 (10)：42 –52．

[113] 沈悦，董鹏刚、李善燊．人民币国际化的金融风险预警体系研究 [J]．经济纵横，2013 (8)：88 –93．

[114] 徐妍、沈悦．人民币国际化进程中的汇率风险识别、传导及预警 [J]．价格理论与实践，2013 (12)：87 –88．

[115] 钟永光，贾晓箐，李旭等．系统动力学［M］．北京：科学出版社，2009：1－265.

[116] 唐旭，张宝生，邓红梅，冯连勇．基于系统动力学的中国石油产量分析［J］．系统工程理论与实践，2010（2）：207－212.

[117] 巴曙松，栾雪剑．经济周期的系统动力学研究［J］．系统工程，2009（11）：14－19.

[118] 李晋玲，刘人境，贺柯柯．陕西省人口迁移与人口城市化系统动力学分析［J］．西安交通大学学报（社会科学版），2007（5）：44－49.

[119] 王晓燕．社会医疗保险费用控制方案的系统动力学模拟［J］．财贸研究，2007（4）：64－69.

[120] 李农，王其藩．我国宏观经济 SD 模型与模拟［J］．系统工程理论与实践，2001（9）：1－6.

[121] 许光清，邹骥．系统动力学方法：原理、特点与最新进展［J］．哈尔滨工业大学学报（社会科学版），2006（7）；72－77.

[122] 王其藩，李旭．从系统动力学观点看社会经济系统的政策作用机制与优化［J］．科技导报，2004（5）：34－36.

[123] 王彬．基于系统分析的住房会积金供需均衡研究［D］．西安建筑科技大学博士学位论文，2007：70.

[124] 胡雨村，沈岐平．香港住宅产业发展的系统动力学研究［J］．系统工程理论与实践，2001（7）：32－37.

[125] 林文浩．系统动力学模型关键参数的遗传算法估计［J］．福建农林大学学报（自然科学版），2002（3）：404－407.

[126] 王其藩．高级系统动力学［M］．北京：清华大学出版社，1995：199.

[127] 贾仁安，丁荣华．系统动力学——反馈动态性复杂分析［M］．北京：高等教育出版社，2002：148.

[128] 沈悦等，商品房价格、动力机制及调控，中国社会科学出版社，2012：1－318.

[129] 沈悦，王飞．汇率波动与货币政策调控的互动效应分析——基于人民币国际化的视角［J］．经济经纬，2017（4）：55－61.

[130] 沈悦，李博阳，张嘉旺．系统性金融风险：测度与时空格局演化分析［J］．统计与信息论坛，2017（12）：42－52.